上海市高校高峰高原计划高原（1）建设计划 / 哲学规划项目

上海市普通高等学校人文社会科学重点研究基地

上海师范大学中国传统思想研究所

上海市道德文明与宗教文化研究中心

上海师范大学哲学系

邓　辉　主编

东方哲学

【第十七辑】

广西师范大学出版社

·桂林·

图书在版编目（CIP）数据

东方哲学.第十七辑／邓辉主编.—桂林：广西师范大学
出版社，2022.12
ISBN 978 – 7 – 5598 – 5046 – 1

Ⅰ．①东… Ⅱ．①邓… Ⅲ．①东方哲学－文集
Ⅳ．①B3 – 53

中国版本图书馆 CIP 数据核字（2022）第 239459 号

东方哲学·第十七辑
DONGFANG ZHEXUE · DI SHIQI JI

出 品 人：刘广汉
责任编辑：刘孝霞　吕解颐
装帧设计：李婷婷

广西师范大学出版社出版发行

（广西桂林市五里店路9号　　邮政编码：541004
网址：http://www.bbtpress.com ）

出版人：黄轩庄

全国新华书店经销

销售热线：021 – 65200318　021 – 31260822 – 898

山东韵杰文化科技有限公司印刷

（山东省淄博市桓台县桓台大道西首　邮政编码：256401）

开本：720 mm × 1 000 mm　1/16
印张：18.5　　　　　　字数：347 千
2022 年 12 月第 1 版　2022 年 12 月第 1 次印刷
定价：78.00 元

目　录

名家讲坛

中国古代神谱

李 申[*]

摘　要：谈论中国传统中的信仰,总绕不开几个基本问题,即孔子信不信神,儒家是不是宗教。其实,这又可以引申出一个问题,即四书五经、大小庙宇中不计其数的神祇,古人究竟信不信。儒教是否为宗教,最早由梁启超提出,蔡元培也参与过讨论,但他们都出于某种政治原因而不能下最后的结论。任继愈先生作为纯粹的学者,肯定了儒教是教说。但这一判断并不容易下,因为在下这一判断之前,我们还是必须回到中国古代信仰的基本问题,即中国古代神祇是否"存在",古人对经典中的神祇究竟是什么态度。如果能勾勒出这样一个中国古代的神谱,那么对于我们理解中国传统信仰,有着非常现实的意义。

关键词：中国古代的神谱;神祇;儒教

明朝末年,利玛窦到中国传教。为了吸引中国人信仰天主教,他向梵蒂冈汇报说,中国人的祭孔、祭祖活动仅具有纪念意义,不是宗教活动,这为他的传教事业留出了很大的空间,也为不少中国信徒留出了在保持祭孔、祭祖传统的条件下信仰天主教的权利。不过利玛窦的说法首先引起了他的同行们的反对,所以利玛窦一死,所谓"利玛窦规矩"就被破坏了。这不仅在中国天主教内部引起了长达三百多年的所谓"礼仪之争",导致中国和梵蒂冈断交,而且引起了一个学术上迄今为止争论不休的问题,那就

---

* 作者信息：李申,男,1946 年生,河南孟津人,哲学博士,上海师范大学哲学与法政学院教授,博士生导师,主要研究方向为中国古代哲学和自然科学、儒教和宗教理论等。

是中国古代的儒教是不是宗教。欧洲一些对基督教不抱好感的学者认为,中国是一个世俗的国家,至少是宗教气氛并不浓厚的国家。

19世纪,以鸦片战争为标志的帝国主义对中国的侵略,迫使越来越多的中国人去学习西方文化,以求"师夷制夷"。19世纪末到20世纪初,以严复为代表的中国翻译家将大量的西方学术著作译进中国。和曾在基督教统治下的欧洲进行比较,中国一些学者发现了儒教和基督教的许多不同。首先是梁启超,他几年前还追随老师康有为,认为孔教是教,孔子为教主;1902年,他发表《保教非所以尊孔论》,第一个主张儒教或孔教不是宗教。紧接着是蔡元培。蔡氏1907年至1911年在德国留学,其学位论文《中国伦理学史》认为,汉代儒家具有"宗教的形式",到宋明理学,儒家遂成为"普及之宗教"。1912年,蔡氏出任中华民国教育总长,对于如何处理孔教或儒教,尚持保留意见。1916年,国会重开。面对孔教会要求定孔教为国教的形势,蔡氏遂干脆认为"孔子、宗教两不相关",所以国教也就不能成立。此后是陈独秀,面对一波未平、一波又起的君主复辟闹剧,陈在自己创办的《新青年》杂志上,更鲜明地主张儒教不是宗教,甚至认为中国古代是"无宗教国"。在当时的政治形势之下,由于这几位广有影响的人物的推动,儒教不是宗教、中国古代是无宗教国的观念,几乎未经讨论,就被中国学术界广泛接受,并且成为谈论中国古代文化性质的立论基础。以致到20世纪70年代,当任继愈先生重提儒教是教说的时候,几乎遭到所有学者的反对,而无一人赞成。

从任继愈先生重提儒教是教说到现在,差不多快半个世纪过去了。能够接受儒教是宗教的学者也越来越多。然而还有一个问题需要继续澄清,那就是:中国古人是信神的吗,信的是什么神?因为所谓宗教,不论有多少不同的定义,但有一条是不能回避的,即拥有一个信神的群体。没有信神的群体,就不是宗教。

古希腊时期,他们有一个《神谱》。那么,我们中国古代是否也有个神谱呢?回答是:"有的。"本文只是对中国古代自生自信的神谱的概述,希望成为读者认识中国传统文化的参考。

一、先秦时期中国的神谱

(一)《山海经》中的上古神谱

《山海经》自称是大禹治水时对山川湖海位置、走向以及各地物产的记述,因而是一部地理书。其中也记载了当时的神祇信仰,可以说包含了中国最早的神谱。

《山海经》中出现的最高神是"帝"。有泛称的帝,也有名称确定的帝。泛称的帝,后世研究者多认为就是黄帝。有定称的帝则有天帝、帝俊、黄帝、炎帝、白帝少昊、帝尧、帝喾、帝颛顼、帝舜、帝丹朱、帝鸿、帝江等十二位。其中"天帝"除了"天帝之山"一处提示以外,再无其他内容。而帝江则是"混沌无面目"的动物形象。其他十位有定称的帝,多有自己的谱系。

其中最显赫的当是帝俊。帝俊生中容、晏龙、帝鸿、黑齿、季釐、后稷。帝俊的妻子有娥皇,生"三身之国",有人据此认为帝俊即是帝舜;有羲和,生十日,即十个太阳;有常羲,生十二个月亮。郭沫若等先生认为,帝俊是商朝人的祖先。

其次是黄帝。黄帝生禺猇,东海之神,有孙始均;生苗龙,是犬戎的祖先;生骆明,有孙白马(骆明的儿子),就是鲧(大禹的父亲)。因此,黄帝是大禹的曾祖父。妻雷祖(后来多写作嫘祖),生昌意。在黄帝和蚩尤的战争中,黄帝曾命应龙和天女魃助战。

炎帝的女儿名女娃;一孙名灵恝,一孙名伯陵。炎帝有妻听訞,生炎居。又三代后有孙祝融,为火神。祝融生共工。共工有子后土,即古代土神。

白帝少昊,长留山之神。一说"东海之外大壑"有少昊之国。生倍伐。又一子威姓,脸中间有一只眼睛。

帝颛顼,生伯服;生老童,老童生祝融,为火神;生䲙头,是苗民的祖先;有子淑士,做了国君,其国有神十人,名字叫作"女娲之肠"。

帝舜,生戏,戏生摇民;生无淫,"降载处,是谓巫载民"。

帝鸿,帝俊之子,生白民。

后世说颛顼、少昊都是黄帝的子或孙,帝尧之子为丹朱,帝舜之子为商均,《山海经》中均无记述。

这些帝,活动的地域一般在山上,死后也葬在山上。他们有妻有子,是当时的帝王,同时也是最高神。太阳、月亮是帝俊的儿女。黄帝可以让应龙和天女帮助自己作战。颛顼命令他的孙子重献和黎印,一个上天,一个下地,管理日月星辰的运行。这是地上对天上的统治。

每座山,每条河,每个湖和海,都有自己的神。这些神,多是半人半兽,或者不同兽禽有用器官的组合。许多神都有了姓名,比如渤山神蓐收、吉神泰逢、光山神计蒙、丰山神耕父、钟山神烛阴、水伯天吴、东方神句芒、司法神孟涂、雷神、雨师、北海神禺京、东海神禺猇、南极风神因因乎、犬戎国神犬戎等。其中只有蓐收、句芒等少数几位后来成为独尊儒术的国家的重要神祇。绝大多数,都湮没在历史的长河中。只有那些专门的研究者,从这本书中知道中国上古时代曾经信仰和祭祀过这些神祇。

(二) 甲骨文中的商代神谱

《尚书·多士篇》载,周公在瀍河西修筑王城以后,又在瀍河东修建了成周,让殷朝的"顽民"居住,并给这些顽民发表了一篇告诫性的训话。其中讲到"惟殷先人,有册有典"。也就是说,殷朝"有册书,有典籍"。这些册书、典籍现在都不见了。流传下来的是 19 世纪末年开始出土的甲骨文字。

据甲骨文字的记录,商代把自己的祖先加以排序,然后按照顺序,周而复始地进行祭祀,大约每年轮换一遍。这是商朝人的祖先神。

商朝人祭祀祖宗,但甲骨文中却不见他们祭祀上帝。我们可以进行合理的推测,商代的祖宗神就是帝代的上帝。因为商代最高君主的称呼,就是帝。

甲骨文中,有风、云、雨之类的神,只有一个推测的名字而已。他们的典册中记载的神,很可能流传到周代,形成了周代比较完备的神谱。

(三) 以《周礼》为基础的周代神谱

《周礼》被认为是周公所制的礼。有人不同意,认为它是战国时代才出现的著作。然而该书反映了周代官制、神谱的基本状况,则难以质疑。

依《周礼》,周代的官吏分天、地、春、夏、秋、冬六个系统。分别负责宫廷(天官)、民政(司徒)、祭祀神祇(春官)、军事(夏官)、刑罚(秋官)、营造(冬官)等方面的事务。每个方面都有自己的祭祀或称宗教义务,只有春官,是专管祭祀的部门,集中反映了周代的神祇系统。

最高神或至上神,称昊天上帝。昊天上帝的名称,又多见于《诗经》,或简称为"昊天"。又称"旻天""苍天"。《周易》《尚书》中,则称"皇天上帝"、"上帝"或"天",都是指当时的最高神或称至上神。

五帝,应是低于昊天上帝的上帝。

日月星辰,是低于五帝的神。据《左传》,二十八宿的心宿(大火)的主宰之神是高辛氏帝喾的大儿子阏伯;参宿的主宰神,是阏伯的弟弟实沈。

再下一等,是司中、司命、风师、雨师。这四神,也是星辰之神。司中、司命分别是文昌宫第五、第四颗星。风师被认为是二十八宿的箕宿,雨师被认为是二十八宿的毕宿。

从昊天上帝开始，到风师、雨师为止，都是天上的神。

以下是地上的神，称祇。

首先是社稷、五祀、五岳。

社稷，就是社神（土神）和稷神（谷神）。据《左传·昭公二十九年》，社神，又称后土，是共工氏的儿子句龙："共工氏有子曰句龙，为后土，后土为社。"稷神就是谷神，夏朝以前的谷神是烈山氏的儿子柱；从商朝开始，以周朝人的祖先弃为稷。弃在世时，曾是尧舜时代的稷官，即现在的农业部长。

五祀，说法不一。据《左传》，五祀是上古的五行之官。少昊氏有四个叔叔：重、该、修、熙。重做了勾芒，木神；该做了蓐收，金神；修和熙，轮流做玄冥，即水神。颛顼氏的儿子犁，做祝融，即火神。共工氏的儿子句龙做后土，即土神。后世一般认为，五祀是门、窗户、中霤、灶、行（道路之神），都是与人们日常生活最密切相关的器物。

五岳是当时所知的五座最高的山。其中东岳岱宗，即泰山；另有南岳衡山、西岳华山、北岳恒山、中岳嵩山。《论语·八佾》："季氏旅于泰山。"孔子说："呜呼！曾谓泰山不如林放乎！"意思是说，泰山神是鲁国境内的名山之神，只有天子和鲁国国君才有资格祭祀。季氏仅仅是个大夫，却要用"旅"礼祭祀泰山。孔子说，难道泰山神还不如林放懂得礼仪吗？它一定不会接受季氏祭祀的。

其次是山林川泽，即山、河、湖、海之神。《论语·雍也》："子谓仲弓曰：'犁牛之子骍且角。虽欲勿用，山川其舍诸？'"这里的山川，指的就是大山和大河之神。

再其次，是"四方百物"，也就是天下所有的神。这些神，当时分为八类，每年年末，即十二月，统一祭祀，称为"八蜡"。这八类神是：第一先啬，第二司啬，第三农，第四邮表畷，第五猫和虎，第六坊，第七水庸，第八昆虫。其中先啬、司啬和农，被认为都是古代优秀的农业人才或农业官员。邮表畷，是田间道路的标记。祭猫，因为它吃田鼠；祭虎，因为它吃野猪。它们都对保护农业有功。坊是堤防，水庸是水渠，都是水利设施。祭昆虫，不是祭昆虫本身，而是祭消灭昆虫有功的人士。

以上是地祇，是第二大类神祇。

第三类神祇，是人鬼，即被祭祀为神的人。

这类神，从国家来说，第一是自己的祖宗，第二是历代的"先王"。至于普通民众，则各以自己的祖宗为神，由自己的后代祭祀。另外还有一类，就是为国家、民族建立了伟大功勋的人物。《国语·鲁语》记载："夫圣王之制祀也，法施于民则祀之，以死勤事则祀之，以劳定国则祀之，能御大灾则祀之，能捍大患则祀之。非是族也，不在祀典。"

根据这个标准,先是柱,后是弃,被祭祀为稷神,因为他们对农业有大贡献。句龙被祭祀为社神,是因为他"能平水土"。至于历代著名的帝王,都对国家和民族有大贡献,他们也有更高规格的祭祀:禘礼和郊礼。

据《礼记·大传》:"礼,不王不禘。王者禘其祖之所自出,以其祖配之。"王者,不是后来一般的王,而是普天下的君主,才有资格实行禘礼。禘礼的意思,就是王者祭祀诞生了自己祖先的上帝,由自己的祖先陪同享受祭祀。郊,就是在国都的城郊祭祀上帝。所以,被用禘礼、郊礼祭祀的对象,就是当时的上帝。据《国语·鲁语》,夏朝用禘礼祭黄帝,用郊礼祭鲧,即把黄帝、鲧作为上帝,把颛顼和大禹作为祖宗;商朝人用禘礼祭舜,用郊礼祭冥,即把帝舜和冥作为上帝,把契和汤作为祖宗;周朝用禘礼祭祀帝喾,用郊礼祭祀稷(弃),即把喾和弃作为上帝,把文王和武王作为祖宗。

此外,各个行业的领袖人物,死后也被该行业奉为神。比如著名乐师,死后会被他的后继者祭祀为"乐祖"。

春秋时代,礼崩乐坏。诸侯、大夫纷纷突破传统法定的祭祀制度,建立自己的神祇系统。据《史记·封禅书》,齐国有八神:天主、地主、兵主、阴主、阳主、月主、日主、四时主。秦始皇到海边视察,曾经祭祀齐国的八神。其他诸侯国,则祭祀天地、天社、天水、房中、堂上,或五帝、东君、云中、司命、巫社、巫族人、先炊等神祇。明朝末年,利玛窦到中国传教,用"天主"来作他们 Deus 的中文译名。兵主,据说就是和黄帝作战失败的蚩尤。天地,应当就是天和地。五帝,应当和《周礼》的五帝相同,至少是同名,指五位上帝。先炊,《史记索隐》认为是"古炊母之神",古代的女厨师。其他神祇,汉代以后就少有人知道他们的内容。

在突破传统的祭祀制度方面,秦国的表现更加突出。他们先后开启了对黄帝、炎帝、青帝、白帝等上帝的祭祀,不顾自己的诸侯身份,要直接和上帝交通。他们建立的神祇系统,被汉代继承,成为以后统一大帝国神祇系统的基础。

二、秦汉到南北朝时期的神谱

(一) 上帝观念和名号的演变

秦汉到南北朝时期的神谱,最重要的是天或称上帝的祭祀。

秦国先后开启了黄帝、炎帝、青帝、白帝的祭祀。黄帝、炎帝,就是《山海经》里已经提到的黄帝、炎帝。白帝,是秦国最早创立的祭祀。因为他们认为白帝少昊是自己的祖先："(秦襄公)自以为主少皞(昊)之神,作西畤,祠白帝。"(《史记·封禅书》)秦国创立的上帝祭祀制度可以证明,在此以前,周、商,以及更早时期祭祀的上帝,应当就是祭祀者的祖宗神。这四位上帝的祭祀,都被汉朝继承了下来。

秦朝被推翻以后,刘邦做了汉王。在和项羽作战的间隙,刘邦问群臣:我听说上帝有五位,为什么现在只有四位? 臣子们都答不上来。刘邦说,我明白了,这是让我来补足五位。于是新建了黑帝祠,祭祀黑帝颛顼。

五帝之中,青、赤(炎帝)、白、黑四帝,分别居于东、南、西、北四方。黄帝则居于中央,是最尊贵的上帝。司马迁作《史记》,把尧、舜、商朝君主、周朝君主和秦朝君主的远祖都追溯到黄帝,以说明他们都是真正的"天子",即"上帝之子",具有做天下共同君主的资格。

汉武帝时期,亳州人缪忌对武帝说,天上最尊贵的神是太一,五帝不过是太一神的辅佐。于是武帝又创建了太一神祭坛。从此,汉代的上帝就有六位。王莽时代,朝廷上有一幅《紫阁图》,即天上的皇宫图。其中说到,太一和黄帝,都是成仙上天的人。这件事说明,在汉代许多人的心目中,天上的六位上帝,就是六位有肉体的、长生不老的神人。以致从秦始皇到汉武帝,才花费了那么多的精力和财富,去追求成仙。

只是从孔子开始,儒家的学者,似乎不承认上帝是人形,甚至不承认还有肉体的神。在《论语》《孟子》《荀子》等儒家著作中,对至上神只称天。只有在引用其他儒经的时候,才用原文中的"上帝"。到董仲舒,认为至上神天,就是布满日月星辰,能够行云布雨的天穹。

西汉后期,儒教继缪忌之后,又创立了两套新的五帝名称。其中一套是青帝灵威仰、赤帝赤熛怒、白帝白招矩、黑帝叶(读:xié)光纪、黄帝含枢纽。另一套是苍(青)帝名灵符、赤帝名文祖、白帝名显纪、黑帝名玄矩、黄帝名神斗。

王莽执政,以国家的名义,依儒经,给太一神命名为皇天上帝太一。其他五帝为中央帝黄灵后土、东方帝太昊青灵勾芒、南方炎帝赤灵祝融、西方帝少皞白灵蓐收、北方帝颛顼黑灵玄冥。

从此开始,根据儒经为上帝定名,成为历代国家的基本做法。东汉建国,称上帝为"皇天上帝",去掉了后面的太一,使上帝名称完全奠基于儒家经典之上。三国时期,蜀国自认为是继汉正统,所以沿袭皇天上帝。曹魏则从儒经中找到了"皇皇后帝",并自创了"皇皇帝天",为上帝命名。晋朝建国,根据《周礼》,称上帝为"昊天上帝"。此后几个朝代多少有些变通,但从儒经里为上帝取名,则成为惯例。到隋代,终于确定为

"昊天上帝",为后代所沿袭。

昊天上帝是至上神,在他的下面,还有五位上帝。从晋代开始,五帝的名称也开始摆脱人间君主的称号,改称灵威仰、赤熛怒等。原来的黄帝、炎帝等,被认为是"人帝",即人间的君主,不再是上帝,即天上的、主宰整个世界的君主。

(二) 其他神祇和神祇观念

随着上帝名称的改变,关于上帝的数量也发生了激烈争论。汉代儒者,以郑玄为代表,认为上帝有六位,即五帝加上后来的太一或皇天上帝。三国时代,儒者王肃反对郑玄,认为上帝只有一位,就是昊天上帝。五帝,不是和昊天上帝并列的上帝。到隋代,确认至上神只有一位:昊天上帝。灵威仰、赤熛怒等五帝,是昊天上帝的下属,是各自分管一方的次一等的上帝。至于原来的黄帝、炎帝,则被称为"五人帝",即都是人间的帝,而不是天上的帝。

随着上帝观念的改变,其他神祇的观念也发生了变化。以社稷神为代表。虽然儒经上明确指出,社神是句龙,稷神是弃,但是东汉末年,经过儒者们的激烈争论,国家最后采纳的意见是:社神是土的精灵,稷神是谷的精灵,句龙和弃仅仅是神的"配食者",即陪同享受祭祀的人鬼。

在秦朝,上帝以下的神祇中,天上的神有北斗、南斗、荧惑(火星)、太白(金星)、岁星、填星(土星)、二十八宿、风伯、雨师等;地祇类则有五岳、四海、黄河、长江和其他名山大川,比如济水、淮河,南方的湘山,陕西、四川境内的大山,等等。泾河、渭河由于在秦地附近,也被纳入祀典。此外还有寿星以及杜主等神。杜主,就是周宣王时代的将军杜伯。秦朝还有一尊特殊的神祇,就是陈宝,即野鸡神。

汉代继承了秦代的上帝、日月星辰、五岳、四海、黄河、长江等神祇,自己创立的神祇有灵星,即二十八宿中的东方七宿的角、亢二宿,也称为龙星,被认为是与农事相关的星。有兵主,就是蚩尤,今天一般称为战神。此外还有冥羊、马行、武夷君、阴阳使者。秦二世也是汉代新增的神,称为秦中。祭祀秦中的理由是,二世被刺丧命,非正常死亡,是为厉鬼,有所祭祀,就不会危害人间。

汉武帝时,又到汾阴祭祀后土。汉宣帝时,又增加仙人、玉女等神。王莽执政,用儒者"天父、地母"说,认为天子应该"父事天,母事地"。天就是皇天上帝,地就是后土。于是合祭天地,从祀的神祇有一千七百多位。至于这个后土和句龙是什么关系,和社神又是什么关系,直到封建社会终了,儒者们也没有统一的说法。

汉代以后的数个朝代,就地神的性质不断发生争论。有采纳天父地母说的,认为天地是夫妻,有认为大地和天都是级别相同的至上神的。这个争论直到明朝才得到最后解决。

(三) 孔圣被列入国家祀典

汉朝新增的最重要的神祇,是孔圣。

汉武帝确立了独尊儒术的政策。但是如何对待儒术的创始者孔子? 却没有一定的章法可循。依照儒经的祭祀原则:"法施于民则祀之,以死勤事则祀之,以劳定国则祀之,能御大灾则祀之,能捍大患则祀之。"这几条,都没有符合孔子的。所以长期以来,孔子仅仅作为孔家的家族神,享受孔家后人的祭祀。

为了使孔子能作为国家的公神享受国家的祭祀,汉代的儒者们在至少一二百年的时期里,不断制造"孔子为汉制法"的舆论。也就是说,孔子整理的儒经和创作的《春秋》,都是为汉朝人制定的行事规则。并且为此还编造了许多相应的神话。东汉末年,一位叫史晨的官员做孔子家乡的地方官,向朝廷上书,要求把孔子作为国家祭祀的公神。主要理由是"孔子为汉制法",合乎"法施于民则祀之"的祭祀原则。史晨的报告得到朝廷官员的一致赞同,于是皇帝批准,把孔子作为国家公神,级别和社稷相同。从此,孔子就成为国家公神,和社稷一样,是历代国家不可缺少的神祇。

三、唐宋至明清的神谱

(一) 神祇等级制度的建立

《周礼》明确把神分为天神、地祇、人鬼三类。从唐代开始,又把所有的神祇,依照其重要程度,分为大祀、中祀、小祀三等。据《旧唐书》《新唐书》记载:

> 昊天上帝、五方帝、皇地祇、神州及宗庙等,为大祀。
>
> 社稷、日月星辰、先代帝王、岳镇海渎、帝社、先蚕、文宣王、武成王等,为中祀。
>
> 司中、司命、风伯、雨师、诸星、山林、川泽、马祖、先牧、马社、马步等,为小祀。

其中"皇地祇"和"神州",都是大地之神。文宣王是文神孔子,武成王是武神姜尚。唐代开始,选择历代优秀的儒者从祀孔庙,武臣从祀武成王庙,被后代沿袭。

从宋代开始,历代都对这个神祇系统多少有所增删,但神祇分三等,天地、祖宗为大祀,社稷、日月星辰、五岳、四渎和文宣王是中祀,司中、司命等神为小祀,总体上没有变化。只是由于各朝代的历史不尽相同,对儒经的理解有所出入,祭祀的神祇多少显出了各自的特点。

宋代基本上沿袭唐代神祇,但是增加了隐退很久的太一神。辽代基于他们自己的宗教传统,在木叶山上祭祀生了八个子女的他们的祖先神人和天女。元代把汉代还是上帝的伏羲、神农、黄帝称为"三皇",把他们尊为医学的鼻祖,建立三皇庙进行祭祀。明代取消了五帝祭祀,也取消了武成王姜尚的祭祀。因为姜尚协助周武王推翻商朝是以臣弑君的行为,不可提倡。清代除了传统的祭天、祭祖等活动以外,保留了自己传统的祭天礼仪:"堂子"祭祀;其标志为,每年要立一根大木杆,向木杆拜祭,同时在静室内合祭社稷诸神。

然而唐代以后增加的传统神祇中,最具有普遍意义也最显眼的,是城隍、文昌、妈祖、关帝四神。

(二) 四尊新增的重要神祇

第一是城隍神。城是城墙,隍是城墙下面的沟,可以蓄水,俗称护城河。因此,城隍神,顾名思义,是城市的保护神。

然而中国上古传统中没有这尊神。那时候,君主、诸侯或者大夫在自己的领地上修建城池,那城池就是自己的私产。祭祀祖宗的家庙也在城内,就是城的保护神,不需要另外设保护神。

然而秦朝实行郡县制以后,地方官不断轮换,主官的祖宗不能承担城市保护神的任务。城隍祭祀逐渐发展起来。现在能够查到的最早的城隍神庙,建于南朝萧梁时代。城隍祭祀在唐宋时代不断发展,在元代正式纳入国家祀典。明朝起曾按照官吏爵位等级评定各地城隍职位高低,后来全部取消,只称城隍。

城隍神起初各自选择有名望的将军充当,后来改由文官充当。城隍庙往往建在城市官府对面,城隍神相当于阴间的市长,和人间的城市主官一起治理儒教国家的城市。

第二是文昌神。文昌星是北斗星方框前头的六颗星组成的星座。它们的名称分别是上将、次将、贵相、司命、司中、司禄。司命、司中周代时就是载入祀典的神祇,唐代又增加了司禄,都是与个人命运相关的神祇。星座的总体名称又是文昌,所以随着科举考试在国家事务中地位的稳固和提升,参加科举考试的书生逐渐也把文昌作为他们最重要的神祇而加以祭祀。元代时，认为是"帝命梓潼掌文昌府事及人间禄籍，故元加号为帝君，而天下学校亦有祠祀者"（《明史·礼志》）。清代大学士朱珪撰碑记，认为文昌帝君即文昌星，周初降世为张仲，隋唐之际为王通云云。咸丰年间，升格为中祀。

第三是妈祖。元代把泉州林氏女先加封为南海女神灵惠夫人，后因其保护海运有功，加封为天妃。明代，天妃的祭祀已经非常普遍，沿海的重要城镇几乎都建有天妃庙。到了清代，又加封为天后。清朝后期，腐朽的清朝政府无力抵抗帝国主义从海上的侵略，把希望寄托于神灵。清朝定例，神灵封号，最多只能加到四十字。然而到光绪末年，天后的封号竟然加到了六十字。妈祖，是浙江、福建一带民间对天妃或天后的称呼。现在不少人把妈祖归于民间信仰，其实她是天妃或天后，是纳入国家祀典的重要的公共神祇。

第四是关帝。三国时蜀国将领关羽为孙权所杀，头颅被送到洛阳安葬，身体则葬在当阳的玉泉山。两地居民因为关羽是非正常死亡，所以依儒教礼仪，将其当厉鬼祭祀。唐代创立武成王祭祀，关羽作为历史名将，从祀武庙。宋代及以后，关羽对于君主哥哥刘备的忠诚，受到越来越多的赞扬。到明代，国家废除武成王祭祀，在京城及各地陆续为关羽建庙。到清朝，国家对关羽的祭祀更加普遍，关羽实际上已经代替姜尚，成为国家新的武神或称战神，并被加封为"帝君"。

（三）唐宋以后新的上帝、鬼神观念

唐代初年，儒者们经过讨论，认定上帝只有一位：昊天上帝。其意义是：

> 所谓昊天上帝者，盖元气广大则称昊天。据远视之苍苍然，则称苍天。人之所尊，莫过于帝。托之于天，故称上帝。（《开元礼》）

也就是说，所谓昊天上帝，就是人们头顶上的那一大团"广大"元气。

元气是物质，怎么能做上帝呢？宋代儒者给予了理论解释。张载的解释是："气之性本虚而神"，"神与性乃气所固有"。（《正蒙·乾称篇》）也就是说，物质的气中，固有精神和本性。程氏兄弟和朱熹的解释是：气，是有理的，理和气不能分离。所谓昊天上帝的主宰作用，就是气中之理的主宰作用。从这个意义上说，天即理也。也就是说，作为至上神的天或者上帝，就是气中的"理"。

宋代以后，程朱的上帝观念成为儒教国家正式承认的观念。

利玛窦到中国传教，著《天主实义》，反驳当时的上帝观念。他说，理必须附着于气，不能独立存在，怎么能够作为上帝呢？利玛窦尤其反对把大地也当成神祇。因为大地不仅是物质的硬块，而且是藏污纳垢的地方，怎么能够成为和上帝同样尊贵的神呢。利玛窦的言论不过是站在基督教的立场对儒教进行的抨击罢了，儒者们很少加以理睬。到了清代，也有儒者提出这样的问题：如果说天就是理，那么，我们祭天不就是祭理了吗？也有人认为，昊天之所以被尊为上帝，是因为气中固有精神性的灵。然而这只能是某些儒者的个人意见，无法动摇唐代儒者奠定的、程朱加以发展的新的上帝观念。

利玛窦对程朱上帝观念的抨击表明，儒教和基督教信奉着不同的哲学观念。儒教认为天地万物都是气的凝聚，而气中是固有神与性的。神，就是精神，或称气中之灵；性就是气中之理。气聚成物，这气中之理就构成各个物的本性。气和气中的理、气中的神与性是不能分开的，所以中国的鬼神，也都有物质的气作为存在的基础。利玛窦的西方哲学，认为精神和物质是可以分离的，所以认为神是独立于物质之外的、纯粹的精神存在。

四、中华民国时期对传统神祇的清理

辛亥革命推翻了清王朝的统治，同时也废除了传统的神祇祭祀。天坛、地坛等被开辟成了公园，供一般群众游览。孔庙或被改为学堂，或改作他用。其他众多群龙无首的神祇信仰，由于来自封建社会，所以被称为"封建迷信"。

然而对这些神祇的供奉，过去是不少群众谋生的手段。其中的一些神祇，也是历史上对国家、对民族做出了贡献的人物。因此，1930 年 4 月 30 日，国民党中央执行委员会秘书处转发了内政部制定的《神祠存废标准》（后文简称"《标准》"），对传统的神祇进行了清理。

《标准》认为，神祇的产生，是"民智未开"的结果，后世更是"淫祀盛行"。历史上，有许多"智识优越之贤哲"，"悉其诞妄"，曾不断掀起"破除迷信""打破神权"的运动。现在，我们应该向先哲学习，对古代留存的神祠进行清理。

《标准》把古代神祇分为四类：

第一是"先哲类"，共列举十二个。他们是：伏羲、神农、黄帝、嫘祖、仓颉、后稷、大禹、孔子、孟子、公输般、岳飞、关羽等。

《标准》认为，这类神祠，应该保存而不应废弃。不同的是，在古代，他们是国家祭祀的公神；现在，只是把他们作为应该纪念的英雄、先哲。

第二是"宗教类"，有佛教、道教、回教、耶教。依照"信仰自由"的原则，这些宗教的神祠"一律应予保存"。

第三是"古神类"。有日月星辰，有山川土地之神，还有风云露雷之神，等等，也就是今天人们所说的"自然神"。这些神，虽然古人认为有祭祀的必要，但今天"均无存在价值"，应该全部取缔。

第四是"淫祠类"。开列的淫祠，有张仙、送子娘娘、宋江、时迁、二郎、狐仙等。这类神祠，古代都常被取缔，现在更不能保留。

因此，这个《标准》，是一篇对中国古代神谱的简要总结。对于长期争论不休的中国古人是不是信仰神祇，中国古代是不是"无宗教国"等问题，它是一篇极有参考价值的当时的官方文献。

先秦哲学研究

孔子"周之德"表述的经学意蕴发微

李　政*

摘　要：《论语·泰伯》记载的孔子关于"周之德"的表述,具有融贯"五经"经义系统的丰富意蕴。《尚书·皋陶谟》之"天秩五礼"以及《召诰》所谓"惟王位在德元",揭示了"周之德"在由"天"或曰"天命"决定的政治秩序中具有的制度性含义。相应于"周之德"的"三分天下有其二"之政治格局,以及"服事殷"之事,皆属于文王"受命作周"所成就之"盛德大业"的真实呈现;"周之德"由此作为圣王效法"天道"以"王天下"之传统的重要内容,而堪称一种"至德"。孔子"周之德"的表述,表达了他对一种贯通天人之政治理想的深刻承诺,同时也是孔子"追定'五经'"之现实关切的集中体现。

关键词：周之德;天命秩序;至德;政治理想;孔子

　　孔子自谓"述而不作,信而好古"①。作为"至道鸿教"的"五经"即承载着一种由孔子所"好"之"古"构成的传统②,见于《论语·泰伯》篇的"周之德,其可谓至德也矣"

---

* 作者信息：李政,男,1984 年生,山东济南人,聊城大学政治与公共管理学院讲师,主要研究方向为儒家哲学、经学。

① 《论语·述而》："子曰：述而不作,信而好古。窃比于我老彭。"皇侃疏："述者,传于旧章也。作者,新制礼乐也。……夫得制礼乐者,必须德位兼并,德为圣人,尊为天子者也。"(皇侃：《论语义疏》卷四,高尚榘校点,北京：中华书局,2013 年,第 153 页)

② 《文心雕龙·宗经》："三极彝训,其书言经。经也者,恒久之至道,不刊之鸿教也。"《周易·系辞上》："子曰：《易》其至矣乎! 夫《易》,圣人所以崇德而广业也。"《荀子·儒效》："圣人也者,道之管也：天下之道管是矣,百王之道一是矣。故《诗》《书》《礼》《乐》之道归是矣。《诗》言是其志也,《书》言是其事也,《礼》言是其行也,《乐》言是其和也,《春秋》言是其微也。"此皆表明"经"作为"至道"之要旨。

等表述,则蕴含着孔子"复好古先王之道"①的重要内容。历来学者多依据殷周之际的"史事"或曰"事实",将"周之德"系属于文王"服事"纣王的行为,乃至等同于文王之"臣德"。②然而,上述观点皆基于对"周之德"含义的表面化理解而成立。唯有在《诗》《书》《易》《春秋》等经传的整体经义系统中,孔子"周之德"表述之丰富而深刻的意蕴,才可能得到恰当而充分的把握与揭示。

一、"周之德"是政治秩序中的"周国之德"

《论语·泰伯》记孔子言曰:"三分天下有其二,以服事殷。周之德,其可谓至德也矣。"包咸曰:"殷纣淫乱,文王为西伯而有圣德,天下归周者三分有二,而犹以服事殷,故谓之至德也。"皇侃认为:"虽圣德之盛,犹服事恶逆之君,故可谓为德之至极者也。"③显然,包、皇二说皆主张"周之德"这一表述所指涉的真实内容即"圣德"或曰"文王之德"④。但依孔子语脉,承接"三分天下有其二,以服事殷"的是与"殷"相关的"周"而非与纣相关之文王。这意味着,"周之德"首先表明的是一种"殷"与"周"的政治关系。

考诸经典,《尚书·西伯戡黎》:"西伯既戡黎。"郑玄注:"西伯,周文王也。时国于岐,封为雍州伯也。国在西,故曰西伯。"⑤《史记·殷本纪》:"纣……赐弓矢斧钺,使得征伐,为西伯。"⑥郑玄云:"至纣,又命文王典治南国江、汉、汝旁之诸侯。"⑦是以文王具

---

① 皇侃:《论语义疏》卷四,第154页。

② 此类典型表述请参见苏轼《苏轼文集》卷五《论武王》,北京:中华书局,1986年,第138页;洪迈《容斋随笔·容斋三笔》卷一,上海:上海古籍出版社,1978年,第423页;刘宗周《刘子全书》卷三十一《论语学案》,载王有立主编《中华文史丛书》第57册,台北:华文书局,1969年,第2504页。

③ 皇侃:《论语义疏》卷四,第202页。

④ 陈祥道顺此进路发挥云:"文王有君民之大德,有事君之小心。……不谓'文王之至德'而曰'周之至德'者,以明周之世世修德若文王也。"(陈祥道:《论语全解》卷四,影印《文渊阁四库全书》第196册,第131页)刘宝楠亦认为:"然不曰'文王之德'而曰'周'者,明服事之诚,武王与文王同,故统言周也。"(刘宝楠撰:《论语正义》卷九《子罕第九》,高流水点校,北京:中华书局,1990年,第312页)

⑤ 孔颖达疏:《尚书正义》卷十,台北:艺文印书馆,2001年,第144页。

⑥ 司马迁:《史记》卷三,北京:中华书局,1982年,第106页。

⑦ 郑玄笺,孔颖达疏:《毛诗正义·诗谱序》,台北:艺文印书馆,2001年,第7页。

有的"西伯"之位,乃本于周国作为殷朝之诸侯国的客观政治秩序而成立,而相应于"西伯"的权力正是周国在此秩序中具有的合法政治力量。

显然,"周"作为诸侯国,相应于其通过殷朝赐命而获得的权力,承担着一种"服事殷"的义务或曰天职(Obligation),此种职分即文王"朝聘乎纣""奉勤于商"①的制度根据。详言之,在殷末,周国虽然被众多诸侯国拥戴为事实上的共主,但这并未改变"天子之位"作为统治秩序中最高分位的"法理"(Rechtsgrundlage)格局。文王作为国君,也没有因为周国势力的强大,而在由殷天子统治之"天下"中别立一朝乃至自称"天子"②,而是作为殷之诸侯,与其他国君一起接受殷天子的统辖,故曰:"文王才得六州,未能天下统一,虽则大于诸侯,正是诸侯之大者耳。"③

因此,正是本于"周"在"殷"之王朝秩序中所处的地位,文王施政之德才得以呈现并广及殷末诸国,形成"雍、梁、荆、豫、徐、扬之人咸被其德而从之"④的局面。无论就"三分天下有其二"的现实局面而言,还是就文王"率殷之叛国以事纣"的举措而言⑤,"周之德"既是"西伯"这一命位的固有之德,也是周国作为"天子之位"治下的诸侯国的应有之德。

更进一步讲,"天子之位"及相应之统治秩序的权威性,并非基于或源于特定王朝的现实权力,而是以"天"或曰"天命"为终极根据。《尚书·泰誓》:"天降下民,作之

① 《小雅·四牡》:"四牡骓骓,周道倭迟。"毛传:"文王率诸侯抚叛国,而朝聘乎纣,故周公作乐,以歌文王之道,为后世法。"(郑玄笺,孔颖达疏:《毛诗正义》卷九,第317页)《逸周书·程典解》:"维三月既生魄,文王合六州之侯,奉勤于商。"(黄怀信、张懋镕、田旭东:《逸周书汇校集注》卷二,上海:上海古籍出版社,2007年,第165页)

② 两汉经学中有"文王称王"说,此说包含两项核心要素,即"文王受命王天下"和"文王生时称王"。"文王称王"并不等同于"文王自命为天子",而汉儒认同的"文王称王"说本身即蕴含了"王"与"天子"之间的一种"名号"与"分位"的张力关系。相关论述请参见李政《两汉经学中"文王称王"说义理建构之检讨》,《原道》第35辑,2018年。

③ 郑玄笺,孔颖达疏:《毛诗正义》卷一,第19页。

④ 同上书,第7页。

⑤ 《左传·襄公四年》:"韩献子……言于朝曰:'文王率殷之叛国以事纣,唯知时也。'"杜预注:"知时未可争。"(杜预注,孔颖达疏:《春秋左传正义》卷二十九,台北:艺文印书馆,2001年,第503页)《西伯戡黎》伪孔传:"文王率诸侯以事纣,内秉王心。"孔疏:"貌虽事纣,内秉王心,布德行威,有将王之意。"(孔颖达疏:《尚书正义》卷十,第144页)

君,作之师,惟曰其助上帝宠之。"①《吕刑》:"今天相民,作配在下。"②而由"天子之位"主导、统辖的品级秩序,即《尚书·皋陶谟》所谓:"天秩有礼,自我五礼有庸哉! 同寅协恭和衷哉。"③郑玄云:"五礼,天子也,诸侯也,卿大夫也,士也,庶民也。"④此所谓"天秩",即由"天"决定的人间秩序,其由自"天子"至"庶民"的不同职分依等次构成。董仲舒指出:"人之得天得众者,莫如受命之天子。下至公、侯、伯、子、男,海内之心悬于天子,疆内之民统于诸侯。"⑤就此而言,"周"作为事实上独立的政治力量"服事殷",意味着顺从由"天"命于人间的统治格局,而非妄自恃"三分天下有其二"的现实形势,援引"殷之叛国"造成以"周"代"殷"的权力更替。

概言之,根据《书》经传之义,"三分天下有其二,以服事殷"首先是关于周国在殷末"天下"政治秩序中所处地位的表述;此种特殊地位彰显的,固然涉及文王(作为商朝"西伯")的个人威望与德行,归根到底则是周国之政治力量顺应"天秩"之统治格局的运作方式。就此而言,"周之德"的首要含义,就是"周"之政权相应于"天子之位"主导下的统治秩序而呈现之"德"。

二、"周之德"是"有周佑命"之德

从根本上讲,在殷朝政权体系中呈现的"周之德",其最终决定者在"天"。依照"天命","周国"必然取代殷朝统治天下,这正是"周之德"的根本要义。

---

① 《孟子·梁惠王下》:"《书》曰:天降下民,作之君,作之师。惟曰其助上帝宠之,四方有罪无罪,惟我在,天下曷敢有越厥志。"伪《古文尚书·泰誓上》作:"天佑下民,作之君,作之师,惟其克相上帝,宠绥四方。有罪无罪,予何敢有越厥志。"江声云:"宠,尊居也。言天降生下民,为作之君,为作之师者,惟曰其助天牧民,故尊宠之,使居君师之任。我,我君师也。在,察也。四方有罪无罪,惟我君师司察焉。天下何敢有踰越其志者乎?"(江声:《尚书集注音疏》卷十二,《续修四库全书》第 44 册,第 677 页)

② 伪孔传:"今天治民,人君为配天在下。"(孔颖达疏:《尚书正义》卷十九,第 303 页)《潜夫论·述赦》:"天下本以民不能相治,故为立王者以统治之,天子在于奉天威命,共行赏罚。"(王符著,汪继培笺,彭铎校正:《潜夫论笺校正》卷四,北京:中华书局,1985 年,第 180 页)

③ 伪孔传:"衷,善也。以五礼正诸侯,使同敬合恭而和善。"(孔颖达疏:《尚书正义》卷四,第 62 页)王先谦谓:"自朝廷至岳牧,同敬协恭,遵行典礼,自能上合天心。"(王先谦:《尚书孔传参正》,北京:中华书局,2011 年,第 176 页)

④ 孔颖达疏:《尚书正义》卷四,第 63 页。

⑤ 苏舆:《春秋繁露义证》卷九《奉本第三十四》,北京:中华书局,1992 年,第 278 页。

《尚书·多士》云："我有周佑命，将天明威，致王罚，敕殷命终于帝。"所谓"我有周佑命"，意即"我有周受天佑助之命"，或"天有命而我有周助天行之"①，总而言之即"上天降命于周"。《诗经·大雅·文王》亦云："周虽旧邦，其命维新。有周不显，帝命不时。"而正所谓"天令之谓命，命非圣人不行"②，文王就是将周之"新命"落实于人间的主要执行者。如《大诰》云："天休于宁王，兴我小邦周。"《文侯之命》："惟时上帝，集厥命于文王。"《大明》诗云："有命自天，命此文王。"换言之，文王是承担着"有周佑命"事业的"受命王"，这一事业的总体实践规模即《康诰》所谓"天乃大命文王，殪戎殷，诞受厥命，越厥邦民，惟时叙"。而与"三分天下有其二，以服事殷"相关的一系列事件即在"有周佑命"事业的落实进程中发生。因此，既可以认为"帝命"通过文王之"受命"而成为周邦之"新命"；亦可以说，文王作为"受命王"而代表周邦承受"天命"并将其落实于人间。故《文王》诗序云："《文王》，文王受命作周也。"郑玄笺："受命，受天命而王天下，制立周邦。"③

详言之，文王"受命"的事迹，或者说文王作为"受命王"的身份与功业，皆是周邦之"新命"的重要呈现方式。首先，文王的出生就是周邦接受"天命"的象征。孔子曰："昔者尧……命后稷为姬氏，为有文王也。大王命季历，明天瑞也。"④《史记·周本纪》记载，文王生而有"圣瑞"，太王见而叹云："我世当有兴者，其在昌乎？"⑤而"圣瑞"既是文王"受命"的证验，更是昭示"天命"的表征，故又可谓"天瑞"。⑥又如《大明》经云："天监在下，

---

① 王先谦：《尚书孔传参正》，第753页。

② 班固：《汉书》卷五十六《董仲舒传》，北京：中华书局，1962年，第2515页。

③ 郑玄笺，孔颖达疏：《毛诗正义》卷十六，第531页。

④ 司马迁：《史记》卷十三，第505页。

⑤ 司马迁：《史记》卷四，第115页。

⑥ 王充认为："王者受富贵之命，故其动出见吉祥异物，见则谓之瑞。"（王充著，张宗祥校注：《论衡校注》第三卷《指瑞第五十一》，上海：上海古籍出版社，2013年，第350页）与"受命"王者相应之"瑞"，本身就是王者应天行事以统治天下的证验，故可称"符瑞"或"瑞应"。《尚书·皋陶谟》："以昭受上帝，天乃申命其用休。"裴骃《史记集解》引郑玄曰："天将重命汝以美应，谓符瑞也。"（司马迁：《史记》卷二，第80页）《礼记·仲尼燕居》："诸侯朝，万物服体，而百官莫敢不承事矣。"郑玄注："服体，体服也，谓万物之符长，皆来为瑞应也。"（郑玄注，孔颖达疏：《礼记正义》卷五十，台北：艺文印书馆，2001年，第856页）董仲舒发明王者得"天瑞"之义云："臣闻天之所大奉使之王者，必有非人力所能致而自至者，此受命之符也。天下之人同心归之，若归父母，故天瑞应诚而至。"（班固：《汉书》卷五十六《董仲舒传》，第2500页）

有命既集。"孔颖达谓:"文王初生,已有天命之意。"①此皆表明文王"禀命定于身中"②。

　　同时,文王作为"受命王"而成就的所有功业,皆是周邦"新命"的具体实践。《尚书大传》曰:"文王受命一年,断虞芮之讼。二年伐邘。三年伐密须。四年伐犬夷。五年伐耆。六年伐崇。"③《文王有声》云:"文王受命,有此武功。既伐于崇,作邑于丰。"而周邦能够在殷末成为诸侯的实际领袖,且造成"三分天下有其二"的局面,这一切皆通过文王的上述功业达成。因此,文王的文治武功是周邦"新命"落实于人间的核心内容。

　　进一步讲,依《康诰》《多士》经义,周邦所受之"天命",其现实形态绝非旨在维持殷朝的统治秩序,而必呈现为周取代殷以统治天下的政治格局,即所谓:"皇天改殷之大命,维文王受之,维武王大奉之,咸茂厥功。"④又如《皇矣》经云:"皇矣上帝,临下有赫。监观四方,求民之莫。"而正所谓"王者,民之所归往也"⑤,则"求民之莫"义同于《多方》之"天惟时求民主",乃统指天下之"民"而言,是谓:"文王卒受天命,作物配天制典……民明教,通于四海。"⑥

　　固然,文王未亲自完成"改殷之大命"的事业,但武王"行天之罚"伐纣灭商,正是对文王开创之"有周佑命"功业的继承⑦,故《周颂·武》云:"允文文王,克开厥后。嗣武受之,胜殷遏刘,耆定尔功。"又如《尚书·康王之诰》:"皇天改大邦殷之命,惟周文武诞

---

① 郑玄笺,孔颖达疏:《毛诗正义》卷十六,第 1136 页。

② 《论衡·初禀》云:"夫王者……禀命定于身中,犹鸟之别雌雄于卵壳之中也。……夫王者天下之雄也,其命当王。"又云:"王者一受命,内以为性,外以为体。"(王充著,张宗祥校注:《论衡校注》,第 61、62 页)

③ 郑玄笺,孔颖达疏:《毛诗正义》卷十六,第 1115 页。

④ 黄怀信、张懋镕、田旭东:《逸周书汇校集注》卷八《祭公解》,上海:上海古籍出版社,2007年,第 932 页。

⑤ 《春秋谷梁传·庄公三年》传:"其曰王者,民之所归往也。"又如《韩诗外传》卷五:"天下往之谓之王。"《吕氏春秋·慎大览》:"王也者,天下之往也。"《春秋繁露·灭国》:"王者,民之所往。"《春秋文耀钩》:"王者,往也。神所向往,人所归乐。"(李昉等撰:《太平御览》卷七十六《皇王部一》)近儒曹元弼云:"夫众所归往谓之王。……天子于诸侯有不纯臣之义,而朝诸侯即为有天下。虞芮质成,诸侯闻而归者四十于国。德广所及,六州咸附,非王而何? 当是时也,文王改正朔、易服色、布王号于天下,可也;行大义、平残贼,以应天顺人,可也。"(曹元弼:《复礼堂文集》卷三《文王受命改元称王辨上》,载王有立主编《中华文史丛书》第 46 册,民国六年[1917]刊本影印,第 326—327 页)

⑥ 孔广森撰:《大戴礼记补注》卷十一,王丰先点校,北京:中华书局,2013 年,第 216 页。

⑦ 《礼记·中庸》:"武王……善继人之志。"孔颖达疏:"人,谓先人。若文王有志伐纣,武王能继而承之。"(郑玄注,孔颖达疏:《礼记正义》卷五十二,第 887 页)

受羡若,克恤西土。"①司马迁云:"维弃作稷,德盛西伯;武王牧野,实抚天下。"②

概言之,"三分天下有其二,以服事殷"以及武王伐纣灭商,作为周之政权取代殷之政权统治天下的不同阶段,既是"有周佑命"的落实方式,也是文王"受命作周"功业的组成部分,文王作为"受命王"之"德"即由此获得真实内容。故《尚书·君奭》云:"在昔上帝割申劝宁王之德,其集大命于厥躬。"《大明》诗云:"厥德不回,以受方国。"又如《周颂·维天之命》云:"维天之命,於穆不已。於乎不显,文王之德之纯。"毛传:"纯,大。"③参照《文王》诗之"有周不显,帝命不时",可知文王所彰显之"纯德"或曰"大德",实即周邦之"新命"。《皇矣》诗序亦云:"天监代殷,莫若周。周世世修德,莫若文王。"④换言之,周邦承受自天之"新命",就其在人间的呈现内容而言,同于文王"受命作周"之"纯德",统而言之可谓"有周佑命"之德;而此"德"最终落实为周之政权作为"万邦之方,下民之王"的至高统治地位,故"有周佑命"之德即由"天"或曰"天命"决定并广被万邦黎民的"周之德"。

三、"周之德"是"仪刑文王"之德

毋庸置疑,一种通过"周"之政权的统治而实现并贞定的"天下"秩序,正是"周之德"——亦即周邦之"新命"——落实于人间的必然形态,此即《尚书·召诰》所谓:"其惟王位在德元,小民乃惟刑用于天下,越王显。"而文王之"王天下"实践,就是有周"继体守文"之君⑤欲保守天命及"王位"所必须遵奉、效法的典范。

---

① 王先谦云:"言文、武二王,大受天命而善顺治,克抚恤西土,以开王业也。"(王先谦:《尚书孔传参正》,第906页)

② 司马迁:《史记》卷一百三十,第3301页。

③ 郑玄笺,孔颖达疏:《毛诗正义》卷十九,第708页。

④ 郑玄笺,孔颖达疏:《毛诗正义》卷十六,第567页。

⑤ 《史记·外戚世家》:"自古受命帝王及继体守文之君,非独内茂也。"司马贞《索隐》:"继体谓非创业之主,而是嫡子继先帝之正体而立者也。守文犹守法也,谓非受命创制之君,但守先帝法度为之主耳。"(司马迁:《史记》卷四十九,第1968页)《汉书·匡衡传》:"盖受命之王,务在创业垂统,传之无穷;继体之君,心存于承宣先王之德而褒大其功。"(班固:《汉书》卷八十一,第3338页)庄存与云:"文王,受命之祖也。成康以降,继文王之体者也。武王有明德,受命必归文王,是谓天道。武王且不敢专,子孙其敢或干焉。命曰'文王之命',位曰'文王之位',法曰'文王之法'。所以尊祖,所以尊天也。"(庄存与:《春秋正辞》卷一,《续修四库全书》第141册,第4页)

有周既本"天命"而有"王位",那么相应于"王位"的"德元"实即"天德"。①《尚书·吕刑》:"惟克天德,自作元命,配享在下。"荀子认为,"天德"通过"王者之政"落实。②王先谦云:"然则皇极即天德也,建极则能肩任天德矣。"③因"德元"直接由"天"决定,且《易·说卦传》云"乾为天",故"德元"亦可谓"乾元"。特就"元"义考察,《乾卦·文言》云:"元者,善之长也。"《说卦传》:"乾为君。"《九家易》曰:"《乾》者,君卦也。六爻皆当为君。始而大通,君德会合,故'元'为'善之长也'。"④总体来看,作为"天德"之"德元",蕴含着"君德"通达天、地、人三才并会合万物之义,而"王位"的根本要务即在于此。⑤

进而言之,"德元"是在"天命"落实于人间的进程中从"王位"下达于"小民"的。《尚书·吕刑》:"一人有庆,兆民赖之。"意即"天子有善德,天下之人皆蒙之也"⑥。董仲舒指出:"唯天子受命于天,天下受命于天子,一国则受命于君。君命顺,则民有顺命;君命逆,则民有逆命。"⑦是以本于"天子之位"——掌握统治权之"王位"——而建立的政治秩序,正是"天命"自上而下落实于民的制度形态,也是"德"(善)从"天"达于"民"的客观保障。又如《礼记·祭义》云:"天子有善,让德于天。诸侯有善,归诸天子。卿、大夫有善,荐于诸侯。士、庶人有善,本诸父母,存诸长老。"由此可知,"天"是人间一切"德""善"的最终归宿(Endzweck),"天子"是人间之"德"通达于天的枢机,故《洪范》云:"曰皇极之敷言,是彝是训,于帝其训。凡厥庶民,极之敷言,是训是行,以近

---

① 江声云:"王者体元居正,位乎天德,故曰'王位在德元'。"(江声:《尚书集注音疏》卷七,《续修四库全书》第 44 册,第 548 页)

② 相关论述请参见王先谦《荀子集解》卷五,北京:中华书局,1988 年,第 148—149 页。

③ 王先谦:《尚书孔传参正》,第 939 页。

④ 李道平:《周易集解纂疏》卷一,北京:中华书局,1994 年,第 41 页。

⑤ 董仲舒云:"古之造文者,三画而连其中,谓之王;三画者,天地与人也,而连其中者,通其道也,取天地与人之中以为贯,而参通之,非王者庸能当是。"(苏舆:《春秋繁露义证》卷十一《王道通三第四十四》,第 328—329 页)李道平申明"德元""乾元"之通义云:"人君上体乾元,足以继天立极,故曰'元者,善之长'。《书·召诰》曰'惟王位在德元',是其义也。"(李道平:《周易集解纂疏》卷一,第 41 页)

⑥ 张铣曰:"庆,善也。赖,蒙也。言天子有善德,天下之人皆蒙之也。"(《六臣注文选》卷七《藉田赋》,北京:中华书局,1987 年,第 151 页)《荀子·君子篇》云:"是以为善者劝,为不善者沮;刑罚綦省而威行如流,政令致明而化易如神。传曰:'一人有庆,兆民赖之。'此之谓也。"(王先谦:《荀子集解》卷十七,第 451 页)

⑦ 苏舆:《春秋繁露义证》卷十一《为人者天第四十一》,第 319 页。

天子之光。"①而这种人间之"德"向其最终本原的上溯等次,亦基于落实"天命"的政治秩序而成立。

依《召诰》经义,天下之"小民"须遵循出于"王位"之法度②,即孔子所谓"礼乐征伐,自天子出"③。而文王就是周朝天子在为天下万民定立法度时所必须效法的典范。《大雅·文王》经云:"仪刑文王,万邦作孚。"郑玄笺:"仪法文王之事,则天下咸信而顺之。"④此所谓"文王之事"即文王"受命作周"的功业,亦包括由此呈现之"德"。《周颂·我将》亦云:"仪式刑文王之典,日靖四方。"《尚书·君奭》中更明确要求周朝统治者须承续文王之德以保守天命,即"我道惟宁王德延,天不庸释于文王受命"。

另一方面,《召诰》经中指出,"小民"是"德元"施用于天下的重要对象。《梓材》亦云:"皇天既付中国民,越厥疆土于先王,肆王惟德用和怿先后迷民,用怿先王受命。"因此,本于"王位"而安顿"小民",也是效法文王的重要内容。如《大雅·文王》经云:"文王在上,於昭于天。""文王陟降,在帝左右。"毛传:"在上,在民上也。"又云:"言文王升接天,下接人也。"⑤所谓"升接天"表明文王本其"受命王"的身份遵奉天命而行事,"下接民"指文王作为"在民上"的君主教化民众。孔颖达云:"人君在人之上,在天之下,其升降惟天人耳……天则恭敬承事以接之,人则恩礼抚养以接之。"⑥而"三分天下有其二"或曰"雍、梁、荆、豫、徐、扬之人咸被其德而从之"的局面,正是文王"下接民"的效

---

① 刘逢禄云:"王者常以极之敷言为教训,斯顺于帝,则庶民亦顺行是言,则可以近天子盛德之光辉也。"(刘逢禄:《尚书今古文集解》卷十二,《续修四库全书》第48册,上海:上海古籍出版社,2002年,第277页)

② 此义可参照《墨子·尚同中》理解:"凡国之万民,上同乎天子,而不敢下比。天子之所是,必亦是之,天子之所非,必亦非之。去而不善言,学天子之善言,去而不善行,学天子之善行。天子者固天下之仁人也。举天下之万民,以法天子,夫天下何说而不治哉?"(孙诒让:《墨子闲诂》卷三,孙以楷点校,北京:中华书局,2001年,第81页)

③ 《论语·季氏》:"孔子曰:'天下有道,则礼乐征伐自天子出。'"邢昺疏:"王者功成制礼,治定作乐,立司马之官,掌九伐之法,诸侯不得制作礼乐,赐弓矢然后专征伐。"(何晏注,邢昺疏:《论语注疏》卷十六,台北:艺文印书馆,2001年,第147页)又如《大戴礼记·虞戴德》云:"天下之有道也,有天子存;国之有道也,君得其正。"(孔广森撰:《大戴礼记补注》卷九,第180页)

④ 郑玄笺,孔颖达疏:《毛诗正义》卷十六,第537页。

⑤ 同上书,第533页。

⑥ 同上书,第534页。

用;遵循"天秩"要求以"服事殷",则是文王"升接天"的表现——"周之德"即在此"升接天,下接民"的实践中贞定和彰显。

孔子指出:"政不由王出,不得为政。"①《左传·桓公二年》记师服曰:"政以正民,是以政成而民听。"则周之政权的根本在于与"德元"相配之"王位",而其效用则落实为"小民乃惟刑用于天下"。孔子又云:"为政以德,譬如北辰,居其所众星拱之。"②文王作为"克致天之命"③的王者,可谓"为政以德"的代表,其"受命作周"的功业为有周所有"继体为君"者树立了"惟王位在德元"的典范。因此,"仪刑文王"的宗旨正体现了本于"王位"而"升接天,下接人"的"为政之德",这无疑也是对贞定周朝统治秩序有至关重要作用的"周之德"。

四、"周之德"是作为政治理想的"至德"

孔子申明:"我欲载之空言,不若见之于行事之深切著明也。"④《春秋演孔图》则谓:"圣人不空生,必有所制以显天心,丘为木铎,为天下法。"⑤在孔子对"周之德"的表述中,如果说"三分天下有其二,以服事殷"之语是通过"见之于行事"的方式以"显天心",那么"至德"就是相应于"天心"的一种"空言",或者说是对"周之德"作为一种"理想"(Ideal)的论断。

---

① 《洪范五行传》:"王之不极,是谓不建。"郑玄注:"王,君也。不名体而言王者,五事象五行,则王极象天也。……《论语》曰:'为政以德,譬如北辰。'是则天之道于人政也。孔子说《春秋》曰:'政以不由王出,不得为政。'则王君出政之号也。"(皮锡瑞:《尚书大传疏证》卷四,载吴仰湘编《皮锡瑞全集》第1册,第183页)

② 刘宝楠云:"《礼记·中庸》云:'《诗》云:"不显惟德,百辟其刑之。"是故君子笃恭而天下平。'笃恭者,德也,所谓共己正南面也。共己以作之则,则百工尽职,庶物孔修,若上无所为者然,故称舜无为而治也。"(刘宝楠撰:《论语正义》卷二,第39页)

③ 《逸周书·武儆解》:"昔天初降命于周,维在文考,克致天之命。"至于"降命为政"之义,可参见《礼记·礼运》:"是故夫政必本于天,殽以降命。"郑玄注:"降,下也。殽天之气,以下教令,天有运移之期,阴阳之节也。"孔疏:"殽,效也,言人君法效天气,以降下政教之命,效星辰运转于北极,为昏嫡姻亚;效天之阴阳寒暑,为刑狱赏罚,是'殽以降命'。"(郑玄注,孔颖达疏:《礼记正义》卷二十一,第422—423页)

④ 司马迁:《史记》卷一百三十,第3297页。

⑤ 郑玄注,孔颖达疏:《礼记正义》卷五十二,第885页。

《孟子·离娄下》云:"先圣后圣,其揆一也。"①《荀子·天论》亦曰:"百王之无变,足以为道贯。"②董仲舒更明确指出:"道之大原出于天,天不变,道亦不变,是以禹继舜,舜继尧,三圣相受而守一道。"③这无疑表明了一种由历代圣王共同造就和承续的传统。就此传统而言,"至德"之义同于"盛德",统指圣王之德。如《韩诗外传》云:"三王五帝,政之至也。"④《春秋繁露·暖燠常多》:"汤,天下之盛德也。"⑤《尚书中侯》:"文命盛德,俊乂在官,醴泉出山。"⑥就"盛德"之现实目的与效用而言,《大戴礼记·盛德》云:"圣王之盛德……凡德盛者治也,德不盛者乱也;德盛者得之也,德不盛者失之也。"《礼记·昏义》:"教顺成俗,外内和顺,国家理治,此之谓盛德。"是以"盛德"的实际内容即通过王者政教确立的秩序形态。⑦

从根本上讲,历代圣王皆本于一种贯通天人的统治秩序而达成其"盛德"。孔子指出:"巍巍乎! 唯天为大,唯尧则之。……巍巍乎! 其有成功也;焕乎,其有文章!"⑧《易·系辞上》云:"天地变化,圣人效之。天垂象,见吉凶,圣人象之。河出《图》,洛出《书》,圣人则之。"⑨这意味着,王者成就的所有功业以及相应之"盛德",其效用虽然落实于人间,其最终根据则在于"天"或曰"天道"。

详言之,《易·系辞上》云:"一阴一阳之谓道。……显诸仁,藏诸用,鼓万物而不与圣

---

① 朱熹:《四书章句集注》,北京:中华书局,1983 年,第 289 页。

② 梁启雄云:"凡经历过百王们悠久的考验都无法变革掉的某种道理,那末,积累起那些道理就足可以为优良传统的道贯了。"(梁启雄:《荀子简释》,北京:中华书局,1983 年,第 230 页)又如《管子·正世》云:"夫利莫大于治,害莫大于乱,夫五帝三王所以成功立名显于后世者,以为天下致利除害也。事行不必同,所务一也。"(黎翔凤撰,梁运华整理:《管子校注》卷十五,北京:中华书局,2004 年,第 922 页)

③ 班固:《汉书》卷五十六《董仲舒传》,第 2519 页。

④ 许维遹校释:《韩诗外传集释》卷三,第 113 页。

⑤ 苏舆:《春秋繁露义证》卷十二《暖燠常多第五十二》,第 349 页。

⑥ 李昉等撰:《太平御览》卷八百七十三《休徵部二》,北京:中华书局,1960 年,第 3870 页。

⑦ 《礼记·射义》中有对"盛德"之秩序含义的明晰表述:"是故天子以备官为节,诸侯以时会天子为节,卿大夫以循法为节,士以不失职为节。故明乎其节之志,以不失其事,则功成而德行立。德行立则无暴乱之祸矣,功成则国安。故曰:'射者所以观盛德也。'"

⑧ 孔安国《论语》注:"则,法也。美尧能法天而行化。"《墨子·法仪》亦云:"然则奚以为治法而可? 故曰莫若法天。天之行广而无私,其施厚而不德,其明久而不衰,故圣王法之。"

⑨ 郑玄曰:"《春秋纬》云:'河以通乾出天苞,洛以流坤吐地符。'"(李道平:《周易集解纂疏》卷八,第 606 页)《六艺论》云:"《河图》《洛书》皆天神言语,所以教告王者也。"(郑玄笺,孔颖达疏:《毛诗正义》卷十六,第 1114 页)

人同忧。盛德大业至矣哉!"《说卦传》:"立天之道,曰阴与阳。"这意味着唯有"一阴一阳"之"天道"运化能最大程度地成就"盛德大业"。另一方面,《易·系辞上》又云:"备物致用,立成器以为天下利,莫大乎圣人。"《易·系辞下》云:"天地之大德曰生,圣人之大宝曰位。"①则"天道"必通过圣人达成其"盛德大业"。同时,圣人必效法"天地之大德",居"大宝之位"以建立秩序从而"为天下利",故董仲舒云:"圣者法天,贤者法圣,此其大数也;得大数而治,失大数而乱,此治乱之分也;所闻天下无二道,故圣人异治同理也。"②

特就"周之德"来看,《易·系辞下》云:"《易》之兴也,其当殷之末世,周之盛德邪?当文王与纣之事邪?是故其辞危。危者使平,易者使倾;其道甚大,百物不废。"详言之,"危者使平,易者使倾"乃就《否》《泰》二卦而言。《泰卦》:"九三。无平不陂,无往不复。"《否卦·上九·象》:"否终则倾,何可长也。"更进一步考察,《否卦·象》:"天地不交而万物不通也,上下不交而天下无邦也。"崔觐曰:"君臣乖阻,取乱之道,故言无邦。"③此正相应于纣王居"天子之位"却不能将天命下达于臣民,故令商朝统治倾否的局面。《泰卦·象》曰:"天地交而万物通也,上下交而其志同也。"《泰卦·象》曰:"后以财成天地之道,辅相天地之宜,以左右民。"此正象征文王"在民上",受天命而"王天下"。且正如《杂卦传》所谓"《否》《泰》反其类也",《易·系辞下》所谓"功业见乎变"④,殷周之际,天下形势正合《否》《泰》之变象。《易·序卦传》云"物不可以终通,故受之以《否》",则商祚由《泰》入《否》之变,即为"殷之末世";《否卦第十二·上九》爻辞谓"先否后喜",天下必经由《否》至《泰》之变,此即彰显"周之盛德"。概言之,《否》《泰》二卦共同表明,通过文王"受命造周"的实践而呈现的"周之盛德",贞定了一种"天地交而万物通"的秩序形态,而此种秩序的本原在于"天道"运化。

更进一步讲,《易·恒卦第三十二·象》:"天地之道,恒久而不已也。……圣人久

---

① 崔觐云:"言圣人行易之道,当须法天地之大德,宝万乘之天位。"(李道平:《周易集解纂疏》卷九,第619页)"圣人之大宝"亦可谓"宝命"。《尚书·金縢》:"无坠天之降宝命。"《史记集解》引郑玄注:"降,下也。宝,犹神也。"王鸣盛云:"天命武王居天子位,为天下主,是宝命也。"(王鸣盛:《尚书后案》卷十三,《续修四库全书》第45册,第162页)

② 苏舆:《春秋繁露义证》卷一《楚庄王第一》,第14页。

③ 李道平:《周易集解纂疏》卷三,第174页。

④ 荀爽曰:"阴阳相变,功业乃成者也。"李道平云:"阴阳刚柔,各反其类。"(李道平:《周易集解纂疏》卷九,第619、733页)易祓曰:"盖《否》《泰》相因,而能反其类以求之,自有致吉之理。圣人之济《否》,其道如此。"(易祓:《周易总义》卷四,影印《文渊阁四库全书》第17册,第423页)

于其道而天下化成。"圣人恒久践行"天地之道"而化成天下,即形成"王天下"之传统。《礼记·中庸》亦云:"博厚配地,高明配天,悠久无疆。"所谓"悠久无疆"即"恒久不已","博厚高明"指圣王之"盛德大业"与天地同功。① 孔子作为"圣之时者",本于"天生德于予"以及"知我者,其天乎"的自觉与自信,坚定地以践行传承"王天下"之悠久传统为己任。而文王"受命作周"所成就的"盛德大业"正是孔子最希望承续的典范,故有所谓:"文王既没,文不在兹乎?"②以及"其或继周者,虽百世可知也"③。

然而,孔子毕竟生于"天下无道"之世,虽"乐道尧舜之道"并"宪章文武"④,却并无将自身对"天地神明之心,与人事成败之真"的深刻洞见运用于或转化为"王天下"之实践的契机⑤,是有"吾已矣夫"⑥之叹。故对孔子而言,作为文王"盛德大业"之实迹的

---

① 孔颖达谓:"'博厚配地',言圣人之德博厚配偶于地,与地同功,能载物也。'高明配天',言圣人功业高明配偶于天,与天同功,能覆物也。'悠久无疆'……言圣人之德既能覆载,又能长久行之,所以无穷。"(郑玄注,孔颖达:《礼记正义》卷五十三,第1696页)

② 《论语·子罕》:"子畏于匡,曰:'文王既没,文不在兹乎? 天之将丧斯文也,后死者不得与于斯文也;天之未丧斯文也,匡人其如予何?'"皇侃疏:"昔文王圣德,有文章以教化天下也。文王今既没,则文章宜须人传。传文章者,非我而谁?"(皇侃:《论语集解义疏》卷五,影印《文渊阁四库全书》第195册,第417页)又如《国语·周语下》:"经之以天,纬之以地。经纬不爽,文之象也。文王质文,故天胙之以天下。"

③ 《论语·为政》:"子曰:'殷因于夏礼,所损益,可知也;周因于殷礼,所损益,可知也。'"皇侃云:"从今以后,假令或有继周而王者,王王相承,至于百世,亦可逆知也。"(皇侃:《论语集解义疏》卷一,第355页)

④ 《公羊传·哀公十四年》传"其诸君子乐道尧、舜之道与? 末不亦乐乎尧、舜之知君子也? 制《春秋》之义以俟后圣,以君子之为亦有乐乎此也。"徐彦云:"言孔子之德合于尧、舜,是以爱而慕之,乃作《春秋》,与其志相似也。"(何休解诂,徐彦疏:《春秋公羊传注疏》卷二十八,台北:艺文印书馆,2001年,第358—359页)《礼记·中庸》:"仲尼祖述尧舜,宪章文武。"郑玄注:"此以《春秋》之义说孔子之德。孔子曰:'吾志在《春秋》,行在《孝经》。'二经固足以明之,孔子所述尧、舜之道而制《春秋》,而断以文王、武王之法度。"(郑玄注,孔颖达疏:《礼记正义》卷五十三,第899页)

⑤ 董仲舒云:"天地神明之心,与人事成败之真,固莫之能见也,唯圣人能见之。"(苏舆:《春秋繁露义证》卷十四,第397页)《春秋元命苞》云:"王者受命,昭然明于天地之理,故必移居处,更称号,改正朔,易服色,以明天命圣人之宝……"(沈约:《宋书》卷十四,北京:中华书局,1974年,第330页)

⑥ 《论语·子罕》:"子曰:'凤鸟不至,河不出图,吾已矣夫!'"孔安国云:"圣人受命则凤鸟至,河出图。今天无此瑞。"(《论语注疏》卷九,第78页)《盐铁论·论儒第十一》记文学曰:"无势位,既舜、禹不能治万民。孔子曰:'凤鸟不至,河不出图,吾已矣夫!'……圣德仁义,无所施之。"(王利器校注:《盐铁论校注》,北京:中华书局,1992年,第149页)

"周之德",更大程度上是一种凝聚着"天道"并代表着尧、舜、禹、汤、文、武诸圣王之统治形态的"理想"。① 而孔子将"周之德"称为"至德",既可被视为对"王天下"传统的充分认同,亦是孔子就其所追慕的先王功业而"加乎王心"的具体表现②,这正是"周之德"作为一种政治理想的意义所在。

五、结 语

汉儒以为:"孔子居周之末世,王道陵迟,礼乐废坏,强陵弱,众暴寡,天子不敢诛,方伯不敢伐,闵道德之不行,故周流应聘,冀行其道德。自卫返鲁,自知不用,故追定'五经',以行其道。"③参照此义省察"周之德"之要旨,不难发现此"德"正对治于"周之末世"的种种乱象。如"王道陵迟,礼乐废坏",则须以"天秩"之"礼"救之;"天子不敢诛,方伯不敢伐"则待"受命王"重正天位,创业垂统,居"德元"而绝禁"强陵弱,众暴寡"之事,以令"小民刑用于天下,越王显",并最终成就王者之"盛德大业"。

总而言之,"三分天下有其二,以服事殷。周之德,其可谓至德也矣"这一表述,其在经学系统中承载的丰富内容,或者说"五经"中蕴含的与"周之德"密切相关的"空言"与"行事",不仅植根于先于孔子而形成的圣王传统,更传达了孔子对自身面临的重大现实问题的深刻回应。

---

① 廖平认为:"帝王见诸事实,孔子徒托空言,六艺即其典章制度。……盖经传制事,皆有微显、表里二义。孔子制作,里也,微也;托之'文王',表也,显也。自喻则为作,告人则云述。以表者显者立教,以改作之意为微言。……盖天命孔子,不能不作,然有德无位,不能实见施行,则以所作者存空言于六经,托之帝王,为复古反本之说。"(廖平:《知圣篇》,载舒大刚、杨世文主编《廖平全集》第 1 册,上海:上海古籍出版社,2015 年,第 324—326 页)实则"空言"即关于"理想"的表述,廖氏发明"托空言"之义甚精辟。
② 孔子曰:"吾因其行事,而加乎王心焉。"(苏舆:《春秋繁露义证》卷六《俞序第十七》,第 159 页)
③ 陈立:《白虎通疏证》,北京:中华书局,1994 年,第 444—445 页。

孟子性善论内在逻辑的全面揭示

王新水[*]

摘　要：孟子认为，"可欲"（值得欲求）是一切善的事物的共同属性，因此，善可以分为道德善和非道德善两种；前者比后者具有优先性，如果二者不可同时兼得，则应先选择使自己异于禽兽或成为君子的仁义礼智这四类道德善。作为道德善的仁义礼智，既指称天生本善的四心，也指称根于先天四心的后天善行。道德善是人之所以异于禽兽者，包括作为先天之异的善性和作为后天之异的善行。"性善"指的是性本善，而非学界惯常认为的"性向善"或"性用善"。性之本善虽是后天行为之善的先天根源，但性之善与行之善是两种不同层次、不同形态的善。因为先天本性是本来即善而非有向善的可能性，所以人的行为有向善的可能性不能说成人的先天本性有向善的可能性，性向善说混淆了这种差别。性用善说难以解释先天本性何以必然具有造就后天行为之善的作用。孟子所谓的性善虽有先验性，但夹杂着经验色彩，并非如康德自由意志的绝对善那样纯粹是先验悬设。欲呈现性善，须求其放心。求放心有两步：第一步充分发挥心之思以知四心之本有，即尽心知性；第二步扩充四心，即存心养性。求放心最好而必要的方法是寡欲和接受教化。

关键词：可欲；善；仁义礼智-四心；性善；仁义礼智-四行

---

* 作者信息：王新水，男，1971年生，江西鹰潭人，哲学博士，苏州大学哲学系副教授，主要研究方向为汉传大乘佛教和先秦道家、儒家哲学。

前言：对孟子思想诠释方法的反思

　　孟子的性善论被诠释了两千多年,各种诠释虽丰富深化了人们对它的理解,却很难说是客观全面地揭示了其所固有的内在逻辑。几乎所有诠释都或多或少存在如下问题:罔顾《孟子》文本的全体,穿凿附会,以偏概全,从而与其思想貌合神离。究其因,除了孟子思想本身的开放性、文本本身的历时性、文字的简略性和跳跃性,以及含义的复杂性和不确定性等之外,诠释的立场和方式也是重要原因。诠释者或从各自时代的实际需要出发应用经典为现实服务,或有意无意注入诠释者自己的或从他处拿来的思想以图阐发孟子本人所未发的新意,这些做法固然都可以拿诠释学理论做辩护,诠释学理论却不能证明各取所需、穿凿附会和以偏概全是诠释孟子文本时仅有的合理可取的做法。

　　学者黄俊杰先生曾认为,从古至今,对孟子的诠释有三种类型——作为诠释者心路历程表述的诠释、作为政治学的诠释、作为护教学的诠释,这三种类型的诠释"皆不取僵直之逻辑论证,而以达意为尚,是故后人亦当'以意逆之,是为得之'(《孟子·万章上》)"①。这种"护教"式或"中西对抗"式的立场和评价,不但与他本人对西方诠释学理论的"拿来主义"做法自相矛盾,而且无异于暗中鼓励对孟子文本做各取所需、穿凿附会和以偏概全的诠释。古人如何诠释,今人也就应当如何诠释吗? 古人皆不取逻辑论证,就意味着逻辑论证是"僵直"的吗? 对于今天的哲学诠释而言,"以达意为尚"难道就是诠释古代思想的唯一具有合法性的方式吗? 难道孟子文本所表达的思想在逻辑上毫无内在一致性,而只是可以各取所需、任人宰割或一触即散的乌合之论,所以要排斥逻辑论证才能达其意? 即使古人真的皆不取逻辑论证,也不意味着他们自觉地反对它,更不意味着今人不能自觉地运用它,而只是表明古人对逻辑论证缺乏必要的自觉意识罢了。而之所以缺乏这种必要的自觉意识,重要原因之一是,"先秦之后直至近代西学东渐之前的漫长时期,中国思想家除极少数研究因明者之外,几乎无人自觉研究逻辑"②。

---

① 黄俊杰:《中国孟学诠释史论》,北京:社会科学文献出版社,2004 年,第 420—421 页。"以意逆之",《孟子》原文为"以意逆志",黄氏引用有误。

② 王新水:《从中西哲学比较视野看中国哲学研究中存在的问题——以丁耘〈哲学在中国思想中重新开始的可能性〉一文为个案》,《学术研究》2015 年第 10 期,第 19—25 页。

被称为世界三大逻辑体系之一的先秦墨家逻辑,先秦以后就几乎在士人的功课中销声匿迹,读书考试做官主要考的是儒家的五经四书,这使得中国古代读书人和思想家在建构他们的理论时对逻辑论证尤其是演绎论证几乎都缺乏必要的自觉意识,虽然不少大思想家不乏很强的逻辑思维能力。

用任何一种来自西方的理论来诠释中国古代思想都可以说是以西释中,但用理论理性的逻辑思维来分析却不是,因为理论理性的逻辑思维是所有成熟的人类都普遍具有的思维能力。我们不能因为古人未自觉运用逻辑论证,就臆断他们必定是因为意识到不用逻辑论证比用逻辑论证更有利于思想而自觉拒绝逻辑论证,更不能因此而反对今人在从哲学角度诠释孟子思想时自觉运用逻辑论证。难道我们能因古代思想家欠缺某些知识和能力而反对今天的哲学学者自觉运用其所应学会的那些知识和能力吗?今天大多数学哲学的中国人能够培养出与西方人同样强大的理论理性的逻辑思维能力,就足以说明,不像某些具体的技术那样有时只被某地或某民族的人先创造或发明,理论理性的逻辑思维并非西方人所创造或发明并因而所独有的一种特殊能力,而是人类本来都具有的一种普遍性的能力。虽然因为所受的教化和锻炼不一样,不同的民族在这种普遍性能力方面表现出的娴熟度不一样,但我们不能因为我们古代某些思想家的这种能力因没有得到必要的锻炼而不如西方哲学家那么娴熟,就认为它只是西方人所独有的一种特殊的思维能力,而非人类所共同具有的一种普遍的思维能力,更不能因此而认为今人运用这种思维能力从哲学角度去反思我们的古代思想就是以西释中,就必须排斥拒绝。

对于笔者上述观点,最常见的反驳是,中国先秦思想家建构、表达他们的思想时本来就很少运用理论理性进行逻辑思辨,一旦运用理论理性的逻辑思维去分析他们的思想,就必然与他们思想的原貌失之交臂。这种反驳似乎偏离了真正的问题。如果把先秦思想只看作思想,而不当作哲学,那当然不需要用理论理性的逻辑思维去分析,因为并非所有的思想都是哲学理论——尽管不能称之为哲学理论的思想未必就低哲学一等。很多作家建构或表达其思想时都只是运用类比论证、归纳论证以及体悟或直觉等方法,再运用类比说明以及引用、比喻、比拟、寓言等手段或形式去说明推广那些结论,而较少运用理论理性的逻辑思维去进一步反思那些结论本身可能依赖的逻辑前提、那些结论在逻辑上可能导致的进一步结论以及各种结论之间内在的逻辑关联。但哲学理论的建构或表达却不能只顾前者不顾后者,否则,古希腊神话、戏剧、历史和伊索寓言等就足以代表古希腊哲学了,后世哲学家何必还要专研并特别重视柏拉图、亚里士多德等哲学家的哲学专著呢？因此，只要我们把先秦思想当作哲学而不仅仅是当作思想或国学去研究，我们就必须运用理论理性的逻辑思维去分析它们，就必须借助理论理性的逻辑思维去把先秦思想建构成先秦哲学。尽管很多思想的建构表达不需要理论理性的逻辑思维，但建构表达哲学理论非它不可。

运用理论理性的逻辑思维对先秦思想进行分析，对于我们今天把古代思想建构为哲学理论很有必要，它不但有助于缓解正盛行于古代思想诠释中的过度实用化、庸俗化的风气，而且能更有效地揭示古代各家思想的内在逻辑与矛盾以供后来的理论借鉴。当然，这样做并不意味着只许从语义学而不能从语用学角度分析古人言论的合理性，更不意味着排斥对古人思想的践行和体会。

本文紧扣孟子本人的言论，运用他本人的术语展开分析和论证，力求全面呈现其"性善论"的内在思路，揭示其言论在逻辑上可能隐含的某些前提和结论。若真如黄俊杰所言，从古至今很多诠释孟子者或是为了护教，或是为了宣扬某种政治主张，或是为了印证自己的心路历程，而很少立足文本自身语境和孟子本人的术语，很少采取中立客观的立场并运用相对客观的概念去分析和进行逻辑论证，那么，除非论述必要，本文将不过多涉及已有的各种诠释和观点，虽然笔者悉心阅读过古今中外不少有代表性的优秀诠释著作。在此还请前贤时彦谅解。

历来诠释孟子性善论时，大多数人都是一出手就只紧紧抓住"性善"和"性"大做文章，而漠视或忽略对其所谓"善"的考察，从而使"善"成为一个含义不定、神秘未知的"X"，于是乎，争论"性善"就无异于争论"性X"，从而无法让孟子"性善"论的内在逻辑清晰起来。本文的论述首先从突破此藩篱开始，主要思路和结构如下：（1）分析孟子所谓"善"的内涵和外延。（2）考察其对不同种类善的取舍标准，提出仁义等道德善何以可能的问题。（3）循着上述问题揭示性、性善的复杂含义。（4）论述如何扩充本心，呈现性善。（5）四心之性如何起作用及其与人格平等的关系。

一、何谓"善"

荀子云："凡古今天下之所谓善者，正理平治也；所谓恶者，偏险悖乱也。是善恶之分也已。"（《荀子·性恶》）荀子此言，当然把孟子所谓的"善"也包括在内。但孟子本人恐怕不会完全同意他对"善"的这种界定，因为孟子明确地说过：

可欲之谓善。(《孟子·尽心下》第二十五章)①

"可欲"在此意为"值得欲求",因为在句中做主语,所以可名词化为"可欲者",其可以指值得欲求的事物,也可以指"值得欲求"这一属性。因此,此"善"并非专指道德善,而是指这两种对象:(1)对应于"值得欲求"这一属性,是指抽象的善性或善本身;(2)对应于"值得欲求的事物",是指具有值得欲求这一属性的事物。② 因此,整句话的意思可以包括两种:(1)值得欲求这一属性叫作善性或善本身;(2)具有值得欲求这一属性的叫作善的事物。由前一种含义可以推论出后一种含义,而后一种含义蕴含了前一种含义。不管各家理论对道德善的看法是否相同,道德善总是可欲的,因此,孟子所谓的"可欲"这一属性可以作为道德善和非道德善等所有善的共同属性。换言之,孟子此处所谓"善"在外延上就可以包括道德善和各种非道德善。而荀子所谓的正理平治之善只是其中的一部分。

至此需要追问三点:(1)是天下每一个人都各有各的"可欲"的标准,还是存在天下所有人都能接受的共同的可欲之标准?(2)如果存在共同的可欲之标准,这种标准到底是什么?(3)"可欲者"亦即善的事物包括哪些具体内容?第一、第二两个问题且留待后文,先回答第三个问题。

纵览《孟子》全书可知,生命本身,维持生命所必需的各种生理需要及用以满足需要的各种物品,生命成长和繁衍所必需的身心健康、家庭、朋友、良性人际关系、国家富强、社会安宁、天下太平和个人的声名、富贵功名以及仁义礼智等各种品德,诸如此类,孟子都视为"可欲者",亦即都看作善的事物。因此孟子所认可的善的事物,不仅包括道德善,当然也包括像"利"这样的非道德善在内。但孟子是否认为所有非道德善的利都属于"可欲"的善之事物呢?

且看孟子所说:

鸡鸣而起,孳孳为善者,舜之徒也。鸡鸣而起,孳孳为利者,跖之徒也。欲知

---

① 本文所引《孟子》原文,皆引自朱熹《四书章句集注》,北京:中华书局,1983年版。以下仅列书篇名,略去出版信息,以免繁芜。

② 赵岐、焦循皆谓此"善"指善人(参见焦循《孟子正义》(下),北京:中华书局,1987年,第994—995页),本文虽不取这种解释,但由此可见,赵、焦二人认为此"善"乃就具体事物而言。

舜与跖之分,无他,利与善之间也。(《尽心上》第二十五章)

在孟子眼里,舜是道德善的典范,跖是道德恶的代表,二人的行为在道德上势不两立,而此处舜之徒"孳孳为善"的行为显然是指道德善,那么跖之徒"孳孳为利"的行为就必是指道德恶。虽然此"善"明显是指道德善而非指一切"可欲"的善之事物,但此处孟子之所以反对盗跖"孳孳为利"的行为,是由于此利非属道德善因而仅仅立足道德的特殊立场而非立足所有立场呢,还是并非仅仅立足道德的特殊立场而立足所有立场? 如果是前者,那么此处盗跖所为之利虽与道德善不同,但仍属于道德善之外的其他可欲的善的事物;如果是后者,那么此利就不仅与道德善不同,而且也不属于道德善之外的其他可欲的善的事物,因而就不属于任何可欲的善的事物,从而意味着此利不符合可欲的标准。

那么,可欲与否的标准是什么呢? 不符合可欲标准的到底是哪些利呢? 再者,对于符合可欲标准的、不同的善的事物,在取舍上有先后之分吗? 如果有,取舍的标准又何在呢?

二、如何取舍"善"

如上所述,生、利、义三者,在孟子看来都属于可欲者——善的事物,但在不可兼得亦即当取利或求生有伤于义时,应该先义后利①甚至舍生取义②,即应该以道德善为先,而让其他非道德之善在后。为什么要这样取舍? 孟子从两个方面权衡:一是从先义或取义的主观动机方面,一是从先义或取义终将产生的客观效果方面。因为孟子多仁义并称,故下文论述仁义并举。

---

① 参见如下各章内容——《梁惠王上》第一章:"苟为后义而先利,不夺不餍。未有仁而遗其亲者也,未有义而后其君者也。王亦曰仁义而已矣,何必曰利?"《告子下》第四章:"为人臣者怀利以事其君,为人子者怀利以事其父,为人弟者怀利以事其兄,是君臣、父子、兄弟终去仁义,怀利以相接,然而不亡者,未之有也。……为人臣者怀仁义以事其君,为人子者怀仁义以事其父,为人弟者怀仁义以事其兄,是君臣、父子、兄弟去利,怀仁义以相接也,然而不王者,未之有也。何必曰利?"

② 参见《告子上》第十章:"生亦我所欲也,义亦我所欲也;二者不可得兼,舍生而取义者也。生亦我所欲,所欲有甚于生者,故不为苟得也;死亦我所恶,所恶有甚于死者,故患有所不辟也。如使人之所欲莫甚于生,则凡可以得生者,何不用也? 使人之所恶莫甚于死者,则凡可以辟患者,何不为也? 由是则生而有不用也,由是则可以辟患而有不为也。"

从客观效果这一方面来看,孟子通过总结历史和生活经验得知,君王为仁义,则终将强国得天下,反之,轻则必将亡国失位,重则必将身为所弑;而其他普通人为仁义,小则必可安身保家,大则必将富贵通达,反之,轻则终将身败名裂,重则必将身死家破。①孟子虽然不反对每个人追求自己的个人利益,但明显反对任何人追求危害公共利益或公共秩序的个人私利,因此他必然认为这种个人私利不合乎可欲的标准从而不属于可欲的善的事物。由此可以推断,孟子所谓的"可欲"之利,可以是对每一个人类个体自身而言的利,但前提是每一个人所欲之利都不能危害天下人的公共利益或公共秩序。换言之,就利这类可欲之善而言,其可欲的标准就是不危害天下人的公共利益或公共秩序。当然,孟子始终没有明确认为凡能带来包括可欲之利在内的一切可欲结果的行为在道德上都是善的,更没有认为以追求行为的可欲结果为主观动机的行为属于道德善行,因此,那些仅仅为了可欲的结果而"行仁义"者,其所行之仁义只是徒有其名,与作为真正道德善行的仁义本质不同。但孟子多次强调为仁义必可安身保家或富贵通达,这与他自己所设想的义与利或义与生可能不可得兼的情况在逻辑上难免相互矛盾,虽然现实中可能未必总是出现这种冲突。

从主观动机这一方面来看,孟子主张选择仁义善行先于生或利(当前者与后两者不可同时兼得时),这当然并非为了仁义善行终将产生的客观效果,而是为了成为君子圣贤从而使自己在行为上异于禽兽,此即所谓"由仁义行,非行仁义"(《离娄下》第十九章)。"由仁义行"即顺着仁义的本心或本性而行(如后文所论,仁义既指先天的善性,又指后天的善行),或行为以仁义为目的;"行仁义"意为假借仁义之名或为博得仁义之名而行,即并非为了仁义善行本身而是为了获取其他各种外在的功利而把仁义当作招牌之类的手段或工具,这种"仁义"本质上已不属于道德善行。圣人"行一不义,杀一不辜而得天下,皆不为也"(《公孙丑上》第二章),即圣人不会为了哪怕是像得天下

---

① 参见如下各章内容——《梁惠王上》第七章:"老吾老以及人之老,幼吾幼以及人之幼,天下可运于掌。……故推恩足以保四海,不推恩无以保妻子。"《公孙丑上》第六章:"以不忍人之心,行不忍人之政,治天下可运之掌上。……凡有四端于我者,知皆扩而充之矣,若火之始然,泉之始达。苟能充之,足以保四海;苟不充之,不足以事父母。"《离娄上》第三章:"天子不仁,不保四海;诸侯不仁,不保社稷;卿大夫不仁,不保宗庙;士庶人不仁,不保四体。今恶死亡而乐不仁,是犹恶醉而强酒。"《告子上》第十六章:"仁义忠信,乐善不倦,此天爵也。公卿大夫,此人爵也。古之人,修其天爵而人爵从之。"《告子下》第四章:"是君臣、父子、兄弟去利,怀仁义以相接也,然而不王者,未之有也。"

这样巨大的外在功利而做一件不义之事。"居天下之广居,立天下之正位,行天下之大道。得志与民由之,不得志独行其道。富贵不能淫,贫贱不能移,威武不能屈。此之谓大丈夫。"(《滕文公下》第二章)"大丈夫"即大人或士君子,不得志时亦独行其道——居仁("广居")、守礼("正位")、行义("大道"),无论富贵贫贱,不管权势威逼,皆矢志不移。士君子"尊德乐义……穷不失义……不得志,修身见于世。穷则独善其身"(《尽心上》第九章)。这些都表明士君子以仁义修身不是为了得志做大官这种个人的外在功利。视仁义善行重于不可同时兼得的个人利益乃至生命,不仅不是为了任何外在功利,而且更主要是因为这是君子圣贤的本分,亦即君子圣贤之所以为君子圣贤之所在。

　　广土众民,君子欲之,所乐不存焉。中天下而立,定四海之民,君子乐之,所性不存焉。君子所性,虽大行不加焉,虽穷居不损焉,分定故也。君子所性,仁义礼智根于心。其生色也,睟然见于面,盎于背,施于四体,四体不言而喻。(《尽心上》第二十一章)

　　这一章旗帜鲜明、气势磅礴地指出,君子的本分,君子之所以为君子,不在于他"广土众民"之欲求,也不在于他乐于"中天下而立,定四海之民"亦即乐于王天下,而在于其"仁义礼智根于心",亦即根源于本心的仁义礼智这四种善行。生发于本心的仁义礼智善行才是君子之"所性"(本性所在)①——君子本性所追求的。这种追求是君子之所以为君子的本分,为君子固有的本性所决定,所以不会因为贫贱穷困而有所减损,也不会因为富贵通达而有所增加,即"君子所性,虽大行不加焉,虽穷居不损焉,分定故也"。而在与生命或个人利益不可同时兼得之时先选择实现合乎君子本性的、根源于本心的仁义善行,其动机就是成为君子圣贤从而使自己在行为上异于禽兽。

　　上述客观效果方面的原因较易理解,因为当仁义之善行与其他种类的善不可同时兼得时,即使行仁义在当下可能要失去一些"可欲"之利益,有时甚至要付出生命,但既然在大多数情况下,选择仁义善行最终不但必将更有利于自身的长存,而且必将带来

---

①　"所性"一语到底如何翻译,仍有争议,尽管大家都明白此"性"乃活用作动词。可以通过对比前文"所欲""所乐"这两个高度相关且结构类似的短语,来确定"所性"之义。如果"所欲""所乐"分别可以正确地译作"所欲求的"(义如"欲求之所在")、"所喜欢的"(义如"喜欢之所在"),那么,"所性"也不妨译作"性之所在",结合语境则可进一步转译为"本性所追求的"。

更广泛更长远的公共利益,那明智的选择当然是择取仁义之善行而舍弃其他善,虽然这并不意味着孟子必然把外在的功利作为道德善的标准或标准之一。然而,主观动机方面的原因却不是那么容易理解的,尤其是当很多人跟随朱熹把仁义仅仅视为先验的、抽象的、形式的善之理来理解时。为了理解何以有些人会为了仁义善行本身亦即为了别于禽兽或成为君子圣贤而宁愿放弃其他可欲之善甚至生命,我们有必要进一步考察孟子对仁义善行之现实实质和现实基础的论述。

　　孟子如此看重的可以生命为代价的仁义善行,其实并不仅仅是指先验的、形式的善,而是有现实的实质性内容。

　　　　仁之实,事亲是也;义之实①,从兄是也。智之实,知斯二者弗去是也。礼之实,节文斯二者是也;乐之实,乐斯二者,乐则生矣。(《离娄上》第二十七章)

　　仁的现实实质和基础是"事亲",即侍奉父母,此为孝;义的现实实质和基础是"从兄",即顺从兄长,此为悌。这与有子"孝悌也者,其为仁之本与"(《论语·学而》第三章)之说虽略有所异,但都是孔门一脉相传的要义。非但仁、义这两种善行的现实实质和基础分别是事亲、从兄,就是礼、智这两种善行的实质也分别以事亲、从兄为核心,"智"之所知,不过是知此二事之不可去,"礼"之所为,也不过是调节文饰此二事。②

　　由此可知,孟子说君子圣贤之本性所在的根源于本心的仁义善行,其现实的实质和基础就是事亲从兄;所谓择取仁义的主观动机就是仁义善行本身,从此善行的现实实质和基础而言,就是为了事亲从兄;所谓仁义善行先于、重于其他不可同时兼得的非道德的可欲之善,其实就是说从道德善行的现实实质和基础这个角度而言,事亲从兄之善行先于、重于其他不可兼得的非道德的可欲之善。现代人难免感觉孟子这种思想难以让人接受,但不可因此不顾孟子文本而主观地认定孟子没有这种思想。当然,孟子并不狭隘地认为,只要自己做到事亲从兄,就可以不顾他人。他认为,事亲/亲亲之

---

① "仁之实""义之实"此二"实"字,在此可作"果实"和"种子"二义解。"果实"喻指仁、义善行是先天本有的仁心表现为后天行为的结果,"种子"喻指事亲之仁、从兄之义这两种善行是其他仁义善行的基础。此二义在正文中被称为现实实质和现实基础,以区别于从本心而言的仁义善行的先天种子。

② 可同参《尽心上》第十五章:"亲亲,仁也;敬长,义也;无他,达之天下也。"《离娄上》第十九章:"事孰为大?事亲为大……孰不为事?事亲,事之本也。"

仁,从兄/敬长之义,对于天下所有人而言都是"可欲"之事,亦即可以通行于天下的普遍之善,因此不但自己要为亲亲之仁、行敬长之义,而且也要允许他人如此,此即所谓"亲亲,仁也;敬长,义也;无他,达之天下也"(《尽心上》第十五章)。更进一步,则当"老吾老以及人之老"。非但如此,从孟子理论的内在思路来看,他最终必将认为,事亲从兄之善行是人后天之所以异于禽兽者,无之则无异于禽兽,因为事亲从兄之善行的根源正在于人先天本有的仁心,而此仁心正是人与禽兽的先天差异所在。所以,为了仁义善行本身而追求仁义,也就是为了使自己在德行上有别于禽兽。事亲从兄既然如此重要而首要,也就难怪孟子所谓的"君子三乐",首当其冲的就是"父母俱存,兄弟无故",而"王天下"即以德服天下这样的大事却连边都挨不上。①

但是,如果两个皆欲事亲从兄以成君子者遭遇不可调和的剧烈冲突,以至于一方不杀害对方之双亲或兄长,另一方就不可能实现事亲从兄之目的而成君子,那该怎么办呢?孟子曰:"吾今而后知杀人亲之重也:杀人之父,人亦杀其父;杀人之兄,人亦杀其兄。然则非自杀之也?一间耳。"(《尽心下》第七章)决不可杀人之父兄!理由是,你杀他人之父兄,他人也必杀你之父兄。虽然孟子没明确表示这种血债血偿的做法是否合乎仁义,但很明显,他还是以双亲兄长为权衡的出发点,突出的还是事亲从兄之善的根基性。

仁义善行有重于生命或利益者,此时固应以前二者为重,而以后二者为轻。是否有轻于生命或利益的仁义善行呢?孟子未直接论及此。但他认识到有轻于生命或利益之礼,且认为此时应该轻礼而重前二者。② 孟子曰:"男女授受不亲,礼也;嫂溺援之以

①　参见《尽心上》第二十章。梁涛认为,孟子对孝的这种重视,是受曾子后学乐正子春重孝思想的影响,与其所接受的子思的重仁思想有所隔阂甚至冲突(参见梁涛《郭店竹简与思孟学派》,北京:中国人民大学出版社,2008 年,第 496—508 页)。这种看法从学术史上而言虽然有一些间接证据,但若仅凭这些间接证据就直接认定孟子本人也认为重孝和重仁思想必然缺乏内在的一致性而不可调和,从而断定孟子文本所述的重孝和重仁思想必定存在冲突,则理由不充分。本文即试图揭示二者的内在一致性。

②　孟子所谓"礼",其所指有四:Ⅰ.诸如"男女授受不亲"等的较具体的社会习俗或文饰事亲之仁、从兄之义等的具体行为规约;Ⅱ.敬长或从兄等基本的社会准则;Ⅲ."恭敬之心,礼也",即人人天生皆具的恭敬或辞让之心。Ⅳ."辞让之心,礼之端也",即后天培养而成的礼之品德。大致而言,Ⅳ是由Ⅲ扩充而成,Ⅲ是Ⅳ的内在根源,Ⅱ和Ⅰ是Ⅳ的外在标准;Ⅲ是制定Ⅱ的天生的人性基础,Ⅱ是制定Ⅰ的基本原则。孟子所谓轻于"食之重者""色之重者"之"礼之轻者",当主要指第一类较具体的社会习俗或行为规约。此处关于Ⅳ的论述,受刘旻娇《请"礼"让位合理吗?——孟子论"礼"的双重内涵》一文的启发,该文载《哲学研究》2020 年第 3 期。

手者,权也。"(《离娄上》第十七章)又曰:"金重于羽者,岂谓一钩金与一舆羽之谓哉? 取食之重者,与礼之轻者而比之,奚翅食重? 取色之重者,与礼之轻者而比之,奚翅色重?"(《告子下》第一章)此"权变"之说,表明孟子在取舍不同种类的善时很讲究灵活性。

前文已论述,孟子既然认为,从客观效果方面来看,仁义之善行最终必将招致包括非道德之善在内的其他各类更广泛的善,如个人生存、富贵功名乃至国家富强、天下太平等,那么,分别作为仁义善行之现实实质和基础的事亲、从兄这两种善行,就必然成为可以招致其他更广泛的公共善之基础。因此孟子说:"老吾老以及人之老,幼吾幼以及人之幼,天下可运于掌。……故推恩足以保四海,不推恩无以保妻子。古之人所以大过人者无他焉,善推其所为而已矣。"(《梁惠王上》第七章) 只要把分别作为仁义之实的事己双亲、顺己兄长之恩惠,扩充至他人之双亲、兄长及天下所有人之双亲、兄长,平定天下、一统四海的公共善即可成就。换言之,只要能够做到事亲从兄的这种个人层面的仁义,就为进一步实现治国平天下的公共仁义奠定了基础;也就是说,为了最终实现王天下的仁政亦即公共仁义,追求以事亲从兄为现实实质的个人层面的仁义,就成为必经的首要之道。但如果事亲从兄与治国平天下发生冲突乃至二者不可兼得,那该如何呢? 从孟子赞赏与得其亲而顺之相比,舜"视天下悦而归己,犹草芥也"(《离娄上》第二十八章) 及其对舜弃天下如敝屣、窃负因杀人而被拘之父逃至海滨且终身乐而忘天下之事的叙述来看①,孟子应该是选择事亲之仁而舍弃平天下之大义。这就是说,如果无父和无君二者被迫必选其一,孟子宁愿让自己无君而不愿让自己无父。因此,只有在事父与从君无冲突、可兼得时,孟子既批判墨子无父又批判杨朱无君的做法②,才不会与他称许舜抛弃天下、劫父逃亡自相矛盾。

如上所述,孟子之所以不但以仁义之行为善而且以其为百善之先,无论是间接地从仁义善行终将产生的客观效果来看,还是直接地从仁义善行本身亦即其现实的实质和基础来看,都有充足的原因。直接地从仁义善行本身来看,分别作为二者之现实实质和基础的事亲、从兄本来就属于"可欲"的善之行为;间接地从仁义善行终将产生的客观效果来看,其所必将招致的个人的富贵通达、天下的平定安康等也都是"可欲"的善之事物。不过,尽管间接地从其终将产生的客观效果来看,仁义之行也是善,但必须强调的是,欲成为君子圣贤从而有别于禽兽,不能把仁义之行终将产生的客观功利作

---

① 参见《尽心上》第三十五章。

② 参见《滕文公下》第九章。

为仁义之行的主观动机或目的,也不能把它作为衡量仁义之行是否属于道德善的标准,而应该把追求事亲之仁、从兄之义的行为本身作为这两种行为的主观动机或目的,亦即把追求在行为上异于禽兽作为其主观动机或目的,因为以事亲从兄为现实实质和基础的仁义之行也就是人在行为上之所以异于禽兽之所在。

虽然无论从仁义之行本身还是从其终将招致的客观功利来看,仁义之行都属于可欲的善之事物甚至是百善之先,但这只是说明仁义之行作为善与其他善的事物一样,都具有可欲这种一切善的事物所共有的普遍属性,而并没有说明为什么以事亲从兄为现实实质和基础的仁义之行属于异于禽兽的道德善。为了进一步说明这点,同时也旨在为其仁政思想奠基,孟子建构了"仁义礼智根于心"或恻隐、羞恶、辞让、是非等四心乃仁义礼智之四端(《公孙丑上》第六章)的这种"性善"(《告子上》第六章)之论。

三、何谓"性善"

本节先确定"性善"之"性"外延的特殊性,再辨析"性善论"的实质为什么是"性本善",接着分析学界流行的"性向善""性用善""先验善"等观点之得失,然后简论孟子"性善"论与告子等诸子人性理论在概念上的差异,最后论述"性"之本善与"可欲"之善二者的关系。

(一) "性善"之"性"外延的特殊性

"性善"之"性",不仅是指天生本然者即所谓"生之谓性"(《告子上》第三章)者——包括人天生就有的一切生理和心理属性①,而且同时还必须是"人之所以异于禽兽者"(《离娄下》第十九章),即人之所以为人者。简言之,孟子所谓"性善"之"性",

① 《尽心上》第三十八章:"形色,天性也。"《尽心下》第二十四章:"口之于味也,目之于色也,耳之于声也,鼻之于臭也,四肢之于安佚也,性也;有命焉,君子不谓性也。"(对于"君子不谓性也"的理解,见后文)这两章说明孟子所谓性或天性,其外延除了本善之性,还包括人天生就有的其他一切生理和心理属性。人类这种天生而然的生理和心理属性,有些是所有哺乳类动物的共性。从这种共性而言,当然可以承认"犬之性,犹牛之性;牛之性,犹人之性"(《告子上》第三章),承认这一说法并不足以让告子理屈词穷,因为他自己的观点和孟子的推论的逻辑足以支持这种承认。孟子推出这一说法的前提是"白羽之白也,犹白雪之白;白雪之白,犹白玉之白"(《告子上》第三章),这就是在求诸白羽、白雪、白玉三者所共同具有的白色属性,而告子自己所谓的"生之谓性"本来就可以是就一切有生命的动物的共性而言的。

首先是指人天生且异于禽兽之性,而并非指所有天生之性。① 其次,此"性"具体是指恻隐、羞恶、恭敬/辞让、是非等四心。这四心人人天生内在本具,有之则为人,无之则非人。再次,此四心分别是仁义礼智这四类善行的四端——萌芽或始端。换言之,四心是四类善行的先天种子。② 孟子所用"端"字,其义为"开端",由植物萌芽初生之义引申而来,表明四心乃四类善行的"始端",或说明四心乃四类善行之所以得成的先天种子。有人不顾具体语境,认为既然"端"有"萌芽"之义,四心就不能是仁义礼智这四类善行的先天种子而只能是其表现,因为萌芽并非种子本身而只是指种子刚发芽。其至有人因此倒过来,就像朱熹那样——以仁义礼智为本体、天命之性、形上之理,而以四心为末用、气质之情、形下之气——说仁义礼智如天生本有的善种子,而四心乃是这四种本有的善种子的萌芽表现。③ 这种看法一方面太拘泥于文字,把孟子活泼泼的比喻变成了死语,因辞害意,大大违背了孟子本人"不以文害辞,不以辞害志"(《万章上》第四章)的教导,一方面又太过于以求达一己之私意为上,而太不尊重古汉语的修辞、文法以及《孟子》语境。

四心是人人天生就有的,而孟子把人天生就有的一切生理和心理属性都称为性或天性,所以四心也属于性或天性,这就是孟子从四心之善来论性善的原因所在,就是后

---

① 对孟子论性的这种细微而重要的差别,信广来似乎没有充分意识到其在逻辑上的正当性和必要性,因此,他一方面主张"'性'的那种用法留下了广泛的可能性——同类事物之'性'可能是不同的——也揭示了不能把'性'看作与一类事物的本质有关,假如构成这类本质的东西被认为对于同一类的所有事物是相同的"(信广来:《孟子论人性》,载江文思、安乐哲编《孟子心性之学》,梁溪译,北京:社会科学文献出版社,2005年,第211页),另一方面又指出,"在说到心的这种预设的立场为人人所有时,孟子因此正在说的是,这样一种预设立场为这一个类的所有的人所拥有。在《公孙丑上》第六章中,他甚至真正认为没有这种预设立场的人不是一个人,葛瑞汉引用的一种主张,可以作为孟子相信对人类而言,存在着一种本质的证据"(同上,第217页)。杨泽波则以先天先在的自然属性与后天先在的社会属性来区分孟子所说的外延不同的两种"性",这虽然符合今人的思路和理论,却未必切合孟子本人言论的内在逻辑,后文再论。(参见杨泽波《孟子性善论研究》[再修订版],上海:上海人民出版社,2016年,第88、96—97页)

　　也有少数学者认为孟子是以善为性,这种看法如果是说因为四心本善,所以才可以说它是人之所以为人而异于禽兽的本性,那无可厚非,但即使如此,也不能忽略道德善这一伦理属性和人的天生本性之间的差异,虽然人的天生本性具有道德善这一伦理属性,但道德善是一种伦理属性,而人的天生本性属于人的生理和心理属性,不能把作为一种伦理属性的道德善直接等同于人的天生本性,因为这在孟子文本中找不到充分证据。

② 参见《公孙丑上》第六章。

③ 类似观点可参见李明辉《儒家与康德》,台北:联经出版事业有限公司,1990年,第78页;《康德伦理学与孟子道德思考之重建》,台北:"中研院"中国文哲研究所,2009年,第114页。

人所谓的孟子"以心言性"的真相,也是宋明儒家陆王一派主张"心即性"的根据所在。但"心即性"之说容易致人误解,以为心完全等同于一切性,但实际上孟子只是说心属于性,而没有说心即是一切性或完全等同于一切性。牟宗三以"性由心显"来概括孟子性善论的主要特色,这不但与孟子本人由四心善说性善的思路相反,而且也容易致人误解,以为孟子所说的所有的性都要依赖于四心才能显现,但实际上孟子所说的"形色"(《尽心上》第三十八章)之性即使不依赖于心也能直接显现出来。孟子最多只是说四心等同于本善之性,而并非认为一切心都是本善之性,因为在孟子看来,心之所欲所思不仅以道德之善为对象,而且也以道德之外的内容为对象①,以非道德之物为所欲所思之对象的心,显然就不能当作本善之性。因此,"心即性"之"心",并非指处于一切活动状态之中的心,宋明儒关于心与性关系的很多纠缠,皆因未明辨于此。后来戴震虽纠宋明儒之偏,但于此也未能明辨,而专就血气心知来论一切心。

明确以上要点,我们就明白前面孟子为何认为,以事亲从兄为现实实质和基础的仁义之善乃人之异于禽兽者,同时,我们也能更好地理解孟子下面这段话:

> 口之于味也,目之于色也,耳之于声也,鼻之于臭也,四肢之于安佚也,性也,有命焉,君子不谓性也。仁之于父子也,义之于君臣也,礼之于宾主也,知之于贤者也,圣人之于天道也,命也,有性焉,君子不谓命也。(《尽心下》第二十四章)

如前文所述,孟子认为,要成为君子圣贤,就必须为了仁义本身而追求仁义,而仁义礼智这四类善行发端于天生且异于禽兽之性的四心,所以作为君子,就只能把仁义礼智四善行之能否实现,归于能否扩充生而异于禽兽的四心之"性",而不能以命为说辞,即不能以命之不济为借口而为自己不行仁义礼智做辩护,此谓"有性焉,君子不谓命也","不谓命"即不以命为说辞;反之,美味、好色、妙音、香味、安佚等之能否得到,则应归于命之否泰,而不能以性为说辞,以这些都与天性相关为借口而求必然得之,因为这种天性乃人之相似于而非异于禽兽之所在,此谓"有命焉,君子不谓性也","不谓性"

---

① 《告子上》第十七章:"欲贵者,人之同心也。"此"心"所欲之"贵",即不属于道德之内容。《告子上》第九章:"一心以为有鸿鹄将至,思援弓缴而射之。"此"心"所思之物,不像"是非"那样属于道德之内容。《离娄下》第二十八章:"君子所以异于人者,以其存心也。君子以仁存心,以礼存心。"可见,对于非君子而言,其心之所存并非仁义等道德善。

即不以性为说辞。① 此处，除了"仁之于父子"在含义上没有超出"仁之实事亲是也"，其他所谓义之于君臣、礼之于宾主、知之于贤者等三种说法，其含义分别是对前面所谓义之实乃从兄、礼之实乃节文事亲从兄二事、智之实乃知此二事不可去等三种说法的引申。从兄之义，推而广之即君臣之义②；节文事亲从兄二事之礼，推而广之即宾主之礼；知二事不可去之智，乃唯贤者方可达之智。

（二）仁义礼智之为善性和善行之别及"性善"之为性本善

确定了"性善"之"性"外延的特殊性，才能进一步理解孟子的"性善"。

> 公都子曰："……今曰'性善'，然则彼皆非与？"
>
> 孟子曰："乃若其情，则可以为善矣，乃所谓善也。若夫为不善，非才之罪也。恻隐之心，人皆有之；羞恶之心，人皆有之；恭敬之心，人皆有之；是非之心，人皆有之。恻隐之心，仁也；羞恶之心，义也；恭敬之心，礼也；是非之心，智也。仁义礼智，非由外铄我也，我固有之也，弗思耳矣。故曰：'求则得之，舍则失之。'或相倍蓰而无算者，不能尽其才者也。"（《告子上》第六章）

"乃若其情，则可以为善矣，乃所谓善也"意为：如果顺从人性的实情，就可以成就（行）善，这就是我所说的（性）善。此句前一个"乃"训"如果"，"若"训"顺从"③；

---

① "君子不谓性也"之意，当如戴震所说，指"君子不藉口于性以逞其欲"，"谓性"即说性，相当于"藉口于性"；而不该如宋明儒及其追随者所说，认为是指"君子不把它们叫作性"。宋明儒这种解释，显然是把"不谓性也"误作"不谓之性也"，违背文法，故不可取。戴震也说"'不谓性'非'不谓之性'"（参见戴震《孟子字义疏证》，北京：中华书局，1985年，第37—38页）。戴震这种解释非常精到，但必须进一步指出，"性也有命焉"与"命也有性焉"两句之"性"虽然都是指天生本有之"性"，但二者外延不同，前一个性指与禽兽相似之性，而后一个性指异于禽兽之性。

② 孟子既以羞恶之心为义或义之端，又或以从兄为义之实质，或以敬长为义，或以义归于君臣关系，后三者似乎更接近作为礼或礼之端的恭敬/辞让之心而非羞恶之心。不知根于羞恶之心之义与从兄、敬长或归于君臣关系之义是否一致？如一致，如何一致？如不一致，是否是孟子思想前后变化所致？孟子尚有"人皆有所不为，达之于其所为，义也"（《尽心下》第三十一章）之说，此义与羞恶心之义可通。

③ "乃若"二字，后人多从宋儒，视为转语或发语词，这不但使本句与前文文气断裂，语意脱节，而且使本句及后两句之真意长期隐晦不明。因此本文从赵岐，训"若"为顺。参见焦循《孟子正义》（下），第752页。

"其",从前文语意可知乃指代人性,"情"训情实,"其情"指人性的实际情况或内容,从后文可知,乃指四心("若其情"之意与"由仁义行"相当);后一个"善"指"性善",承前省略"性"字;前一个"善",从后文可知,乃指仁义礼智等行为之善。实际上,"乃所谓善"包含这样的言外之意:从推论可断定"性善"。根据什么推论? 即根据"乃若其情,则可以为善"——"如果顺着人性的实情去做就可以产生(仁义礼智等)行善/善行"。为什么由此可以推论出"性善"? 因为如果人性本来不是善的,那顺着它去做,怎么会产生行为之善或善的行为呢? 至于有人不为善而为恶,那不能怪罪那人天生的材质亦即怪罪那人天性中没有为善的种子,因为事实上"恻隐、羞恶、恭敬、是非之心,人皆有之",且"恻隐之心,仁也;羞恶之心,义也;恭敬之心,礼也;是非之心,智也"。后一段话是说,作为人之天性的四心可以分别称为仁义礼智,作为天性,这四者本来就是善的。"仁义礼智,非由外铄我也,我固有之也"意为:仁义礼智四种善之心-性,不是由外而来,而是人天生固有的。这里的仁义礼智是指善之心-性,亦即天生本善的心-性。而"恻隐之心,仁之端也;羞恶之心,义之端也;辞让之心,礼之端也;是非之心,智之端也"(《公孙丑上》第六章),是说四心亦即本性是后天善行的种子或始端,此处仁义礼智是指后天的善行。① 《孟子》书中的仁义礼智,有时指后天的善行,有时指先天的本心或善性②,我们不能混淆这种固有的差别。

因为"性善"就是指"性本善",即天生四心之性本来是善的,所以人们只要顺从它就可为善而绝不会作恶。所谓"人无有不善,水无有不下"(《告子上》第二章),也是以顺从本善之性为前提而说的,只有顺从本善之性,人才会无有不善,如果不顺从本善之性,或受外力逼迫而违背本善之性,就会出现"人之可使为不善"(《告子上》第二章)的情况。③ 正

---

① 梁涛认为,《告子上》第六章这段话是从超越、先天的层面而言,而《公孙丑上》第六章那段话是从经验、事实的层面而言,只有首先从超越、先天层面肯定"恻隐之心,仁也",经验、事实层面的"恻隐之心,仁之端也"之说才能成立。(参见梁涛《郭店竹简与思孟学派》,第349—350页)这种说法确实揭示了二者的主要差别。但有必要进一步指出,"恻隐之心,仁也"是以仁指善性,而"恻隐之心,仁之端也"是以仁指善行,否则,如果两个仁所指相同,那何以断定前者是从超越、先天层面而言,而后者是从经验、事实层面而言呢? 李世平认为,《公孙丑上》第六章的"四心"是指天生本有的四端之心,而《告子上》第六章的"四心"是指存养四端之心之后的四心(参见李世平《孟子性善的内在理路》,《哲学研究》2021年第3期),这种解释就其自身的逻辑而言或可自洽,但与孟子的文本有距离,因为孟子区分了先天固有的仁义礼智四善心和后天存养之后的仁义礼智四德或四善行,而没有区分先天、后天"四心"。
② 《告子上》第十一章:"仁,人心也;义,人路也。"这里可视为互文,意为"仁,人心人路也;义,人路人心也"。这表明,孟子所谓仁义,既指涉先天本善的本心或本性,又指涉后天的道德行为。
③ 《告子上》第二章:"人性之善也,犹水之就下也。"此处两个"之"字都不是动词,而是置于主谓之间的助词,"人性之善也"并非人性往善之义,故不可以此为据说明孟子主张"性向善"。

因为四心本善且是仁义礼智之善行的根源,孟子才以四心为人之异于禽兽之性,因为禽兽没有四心之性,因而也没有道德意义上的善行。

人先天本有仁义礼智之"善性"并不意味着人在后天必然会自然而然地实现仁义礼智之善行。根于四心的仁义礼智之善行,是以事亲从兄为现实实质,亦即首先以自己的双亲和兄长为实际而直接的指向对象,然后推恩至以天下所有人为实际指向对象的,因此始终是与外界有实际关联的、具体的道德善;而仁义礼智作为本善之四心或本性,其善只是一种内在的、抽象的、形式的道德善,如果人与外界隔绝,则四心不会直接指向任何具体的外在对象,只有当人与外界发生关联,经过扩充之后四心才会分别形成有具体指向对象的仁义礼智这四类具体的善行。当然,既然四心本善,那么,至少从逻辑上而言,任何行为,只要是根于四心或顺从四心而发的,在道德上就必然是善的,不管行为最终导致的结果如何,尽管孟子常常强调由扩充四心而来的行为无论对个人还是对天下都必然会带来可欲的好结果。尽管作为本善之性的仁义礼智是作为善行的仁义礼智之种子和根源,本性之善和行之善毕竟是两种不同层次、不同形态的善,不可混同。否则,至少会引起常见的两大问题:第一,混淆人之所以异于禽兽者的先天后天之别。善性是人先天之所以异于禽兽者,而扩充善性所成的善行是人后天之所以异于禽兽者,如只有善性而不积极实现善行,那在后天行为上人还是无异于禽兽。第二,如下文将论,混淆仁义礼智之为善性和善行的分别,会导致一些自相矛盾之论。①

---

① 李世平认为,承认孟子是性本善论,就是承认人本身就是善的,因而他反对性本善论,提出"性善立本论",并进一步提出与性善立本论前后密切相关的"性善存养论",认为这二者共同构成了孟子的"性善"论。与此论相关,李氏认为,在心性修养工夫方面,于存心养性这一工夫之前,孟子还提出并要求"明心"这一工夫,即明白四端之心乃人人天生本有。(参见李世平《孟子性善的内在理路》,《哲学研究》2021年第3期)李氏的诠释大多与孟子很相契,但对"性善立本论"的阐释却明显有违孟子。因为其一,"性善存养论"完全改变了孟子"性善"中所谓"性"和"善"的概念。其二,把"明心"混同于"性善立本"。四心作为存养工夫之所以可能的本根,本来就存在,无须后天再立。实际上李氏所引用来说明"明心"或"性善立本"工夫的孟子文本,根本就没有提出所谓确立本心即"立本"这一工夫,而只是说明四端之心乃人人天生固有,这种说明根本就不是要求人先做"立本"即确立本心的工夫,而只是告诉人们人人都天生本有四端之心,因而根本就无须人们后天去确立,后天要做的工夫只是先明白自己有本心然后再立足本心去"存心养性"。而先明白自己本有本心并不等于先确立自己的本心。也许是受后世明心思想的影响,李氏混淆了二者,从而认为孟子在养心之外还明确提出了确立本心的"立本"工夫。另外,宋明理学所谓的明心工夫,其实也不仅仅是指明白四心本有,也是指让本有的四心在后天当下呈现。就后一含义而言,孟子所谓的存心养性工夫其实就是指明心工夫,而程颢一路的宋明儒正是这种理路。

(三)"性向善"说的歧出

有人认为,"性善"论实际上是"性向善"论①,而非"性本善"论。"性向善"是就人后天可能向善而说的,因为人可能向善,所以就说人本来就必然具有向善的可能性,因此这里的"性"不再是孟子所说的四心之性,而是指人本来就必然具有的向善的可能性,而向善之善也不再是指孟子所说的先天的心–性之善,而是指后天的行为之善。因此"性向善"显然是用论者自己所谓的性和善的概念偷换了孟子的心–性和善的概念。如果与孟子"性善"论中性、善两概念的内涵和外延保持同一,"性向善"说就变成无意义的废话。而之所以会导致这种无意义的废话,就是因为论者没弄清楚孟子关于先天性善和后天行善的区分。不仅如此,如果论者所谓的"性向善"是必然的,即人本来就必然具有向善的可能性,那就必须解释为什么如此。而这个答案就在于孟子的"性本善"。说人本来就必然具有向善的可能性并不是说人必然善②,而相当于说人本来就必然具有向善的潜能。这种本来必具的向善的潜能其实就是孟子所说的作为仁义礼智之善行的种子或四端的本善之心–性。作为四端的心–性只有是本善的,才能必然作为仁义礼智之善行的种子而成为成就善行的必要前提,而如果不是本善的,就最多只能成为培育善行的必要土壤,因而就只能说人本来必具向善的辅助条件,而并非本来必具向善的潜能。

(四)"性用善"说的困境

有人认为"性善"是指"性用善"——性的作用是善③,而不是指"性本善"。这一说法会导致自相矛盾。为什么人之四心之性具有成就道德之善行的作用呢? 如果四心本身非善,没有善的属性,它怎么会有产生道德之善行的作用呢? 在大乘佛教的有些

---

① 参见陈大齐《孟子性善说与荀子性恶说的比较研究》,台北:"中央"文物供应社,1953 年,第 9 页;傅佩荣《儒家哲学新论》第三章《人性向善论》、第七章《人性向善论的理据与效应》,北京:中华书局,2010 年,第 53—64、131—150 页。

② 孟子只是说"乃若其情,则可以为善"(《告子上》第六章)以及"人皆可以为尧舜"(《告子下》第二章),而没有说人必然为善、必然为尧舜,说明本善的心–性只是成就后天善行的必要种子,而非充分条件,先天的善种子要成就后天善行,还要有后天的条件。

③ 参见梁涛《郭店竹简与思孟学派》,第 342 页。其实苏轼早就认为孟子之性善是"性效说",不过苏以为孟子之性乃《易传》"成之者性也"之性,故有此说。"昔者孟子以善为性……孟子之于性,盖见其继者而已。夫善,性之效也。孟子不及见性而见夫性之效也,因以所见者为性。"(苏轼撰:《东坡易传》卷七,上海:上海古籍出版社,1989 年,第 125 页)

教义中,阿赖耶识作为心体无善恶,但有善恶之用;慧能所谓的本性清净的自性,超越一切世间的善恶,却可以起善恶之用。因此,孟子所说的四心,或者如无善无恶的阿赖耶识,或者如超越世间善恶的清净自性,本身非(世间)善而能起(世间)善之用,但如果这样的话,四心就应该像阿赖耶识或清净自性那样,也可以起(世间)恶之用,而不只是起(世间)善之用。但性用善说认为孟子的四心绝对不会起(世间)恶之用,而只会起(世间)善之用。因此四心能起善之用,不可能是因为它像阿赖耶识或清净自性那样本身非善非恶,当然更不可能因为它本身是恶,所以只能是因为它本身就是善,亦即四心本善或性本善。但论者前面否认性本善,所以"性用善"之说最终必将导致自相矛盾而无法成立。

性用善说还可能涉及另一种混淆。虽然我们可以断定"四心之本善是先验的",但我们是通过所经验到的现象来做出这个判断,亦即我们是通过在经验中观察到四心具有成就善行的作用,才做出"四心是本善的"这一判断。但我们不能由此否认这一判断所陈述的对象本身的先验性,亦即不能由此否认四心之本善是一种先验的善,而认为只是由于它在经验中的作用是善而称之为善,因为判断这种认识过程本身的经验性不能等同于也不能决定判断所陈述的对象本身的经验性。

(五) 性之本善可能是一种夹杂着经验色彩的先验善

孟子认为,性之本善,乃天所赋予,并不取决于后天的经验,毫无疑问具有先验性。这种先验的本性之善在后天能否呈现而成就行善,则取决于经验,而不再需要假设其他先验的条件;而且孟子认为只要后天能顺从这种先验的本性之善,此世就必然能带来可欲的好结果。因此,孟子所谓的性之本善,绝不同于康德所谓的作为先验善的实践理性或自由意志,康德这种先验善并非天赋而只是先验的悬设,为了保证这种先验善在经验中的运用,为了确保人们来世而非此世必将实现的德福一致的圆满之善,还必须同时悬设上帝存在和灵魂不朽作为先天条件。

杨泽波先生认为,人性之所以为善,一是因为人性中有自然生长的倾向,这种倾向属于一种自然本能,是先天而先在的;二是因为人有良心本心,良心本心来自社会生活和智性思维对内心的影响,是一种伦理心境,属于社会属性,是后天而先在的。区分这两个不同方面,特别是理解伦理心境如何具有后天而先在的特性,是破解性善论之谜的关键所在。① 根据本文前面的论述,杨先生这种看法至少包含了三个混淆:第一,混

---

① 参见杨泽波《孟子性善论研究》(再修订版),第96—97页。

淆了"性"的先天性与性之"善"的先天性,从而由人性具有自然生长的倾向而得出性之善也具有这种倾向,进而认为人性的自然生长倾向是人性之所以为善的原因之一。第二,混淆了本心之善和本心之善的呈现,亦即混淆了先天的性善和后天的行善,从而认为既然本心之善在经验中呈现而成就的后天的行善必然受到后天社会生活的影响并具有社会属性,那么本心良心之善也必然如此。第三,混淆了今人较易认可且认为必然正确的本心观和孟子本人的本心观。杨先生可能先已认定,按照今人的理解,根本就不存在孟子所说的那种先天本善的本心良心,而只存在他自己所认为的更易为今人所认可的那种作为伦理心境、具有社会属性的本心良心,因此就认为孟子所谓的本心良心必定就是他所说的那样。

当然,不得不承认,至少与康德的先验善相比,孟子所谓的性之本善的先验性确实不很纯粹,夹杂着经验的色彩,尤其是他还多次强调顺从本心之善就必然在现世带来可欲的好结果,更易让人误以为其性善论兼有功利主义的倾向。不过,未必要把这看作孟子言论中存在的自相矛盾。退一步而言,即使这是自相矛盾,这种矛盾也可能不是他理论内在逻辑的必然产物或他思维的失误所致,而也许是因为那些言论本来就属于他思想发展的不同时期。

为什么这样说呢? 孟子所谓的四心或性之本善,直接对应的是仁义礼智四类具体的行为之善,而如上所述,仁、义的实质分别是事亲和从兄,礼、智的实质也以此二事为核心。因此,由四心所成就的仁义礼智四类行为之善,其首先指向的对象只是自己的双亲和兄长,而非所有人。只有推恩之后,仁义理智之行善所指向的对象才会扩充到其他人。孟子为什么要把仁义善行的实质分别规定为事亲从兄,而其他公共的道德善都由推广事亲从兄之善行而成呢? 孟子持有这种观点,仅仅是社会习俗使然,还是另有其他客观的理由? 不得而知。但我们不妨根据孟子本人的相关言论所透露的一点蛛丝马迹做些推论。

接下来所做的推论完全只是一种尝试,所得出的结论能否成立还存在很大的疑问,甚至这种推论本身是否合法就是一个更大的疑问。我们可以从追问每个人四心的直接来源开始。每个人的四心从何而来? 天生而来或与生俱来,亦即来自每个人自己的生命。每个人的生命由何而来? 在孟子看来,最初或最根本的来源当然是天。但最近或最直接的来源是各自的父母。每个人的兄长与其同一父母。既然每个人的四心是直接受之于各自的父母,而兄长与其同一父母,那么由四心而成的仁义礼智等行为之善首先直接指向各自的双亲和兄长,这不是自然而然的吗? 这种自然而然在孟子看来也是应然或必然(戴震即以必然为应然)。因此,是否可以据此而推测,每个人的父母就是其四心本善的直接来源或最近原因呢? 简言之,仁义礼智四类行为之善首先指向的是每个人自己的双亲和兄长而非其他人,四类行为之善根于每个人本善的四心,四心又最直接地受之于各自的父母,因此,每个人的四心之所以本善而且善的具体程度还天生不同,其部分而直接的原因就可以说是各自的父母。换言之,我们的父母不但给了我们每个人四心,而且还在某种程度上保证了我们每个人的四心本来就是善的,虽然所有人四心之善的最初和共同的根源是天。如果这种推论有些许道理,那就说明孟子的四心本性之本善的先验性不纯粹,脱离不了经验的纠缠。① 如果不是父母保证了我们的四心具有程度不一的本善,为什么孟子会认为,根于四心而首先指向每个人自己的双亲和兄长的仁义礼智的行为之善是首要之善,且只有以此为基础才能推广为指向他人的仁义礼智之善行呢? 如果仅是四心源自父母而其本善却完全另有天这种至上的、先验的统一性根源,孟子就没有充分的理由反对夷子"爱无差等,施由亲始"(《滕文公上》第五章)之说,而认为始于恻隐之心的仁爱之善行不但要"施由亲始",而且还与指向他人的仁爱之善行必定有差等。如果认为四心和四心之本善来源完全不同,那还可能从另一面陷入孟子本人所反对的"二本"(《滕文公上》第五章)。

当然,说孟子的性之本善夹杂着经验色彩因而先验性不纯粹,这也许并非意味着孟子理论的缺陷或不足,因为康德所谓的先验善,本来就是出于康德本人所谓的道德的需要而在思维或认识上所做的悬设,而根本不是经验中的实存之物。因此,最多只能批评孟子先验思维不纯粹,而先验思维不纯粹对于一种旨在提高人在现实世界中的道德修养的学说而言,也许并非关键的缺陷或不足。

(六)"性善"论与告子等各家人性观在概念上的差异

孟子的"性善"论,与公都子前面所转述的"性可以为善,可以为不善"、"有性善有

---

① 这里无须担忧无穷后退的问题,因为孟子的性善论也许本来就不注重探索性之"善"是否有先验终极性根源,而只重视心性之善如何在后天经验中呈现。另外,"悦亲有道,反身不诚,不悦于亲矣;诚身有道,不明乎善,不诚其身矣"(《离娄上》第十二章)、"不失其身而能事其亲者,吾闻之矣;失其身而能事其亲者,吾未之闻也"(《离娄上》第十九章)这两段话,是否也暗示着父母与心性本善之间存在某种渊源关系呢?

性不善"和告子的"性无善无不善"三种说法①,实际上可能很难说构成了真正的冲突。因为孟子的"性善"说对"性"和"善"的内涵与外延都有明确的界定,而上述三种说法,除了告子有"生之谓性"的明确界定之外,其他两家所谓"性"不知何所指,而三家所谓"善"都不知何义。只是到了西汉,董仲舒才指出"性"分为三品,"善"之所指不同,试图以此一举解决关于性善恶的争论而终究未果。

荀子虽然旗帜鲜明地以其性恶论反对孟子的性善论,但至少"性恶"与"性善"这两个概念本身并未构成真正的冲突。因为"性恶"之性,虽是天生而然者,却并非人之所以异于禽兽者,而"性善"之性,却是天生而然且人之所以异于禽兽者;"性善"之善,完全是一种不取决于后天经验的先验善,而"性恶"之恶,却主要是指后天经验世界中的偏险悖乱这类不可欲的结果,与之相对的善,也是指后天人为而产生的正理平治这种可欲的东西。②

---

① 公都子所转述的这三种说法皆见《告子上》第六章。对于"性可以为善,可以为不善;是故文武兴,则民好善;幽厉兴,则民好暴"的解释,清人焦循《孟子正义》和今人杨伯峻《孟子译注》皆采纳清人孔广森《经学卮言》之说,认为"性可以为善,可以为不善"之论就是王充《论衡·本性》所载周人世硕之说,"性有善有恶,举人之善性养而致之,则善长;恶性养而致之,则恶长"。孔广森自己并未说明他这种说法有何直接证据,因此只能算是他个人的一种猜测,这种猜测也许合乎历史真相,也许不合。但若从公都子转述之言和王充所载世硕之言本身而论,二者含义存在明显差别。"性可以为善,可以为不善"的含义并不完全等同于世硕所说的"性有善有恶",因此从公都子转述之言并非必然只能得出性有善有恶之论,而是也可以得出荀子式的性恶论,还可以得出告子式的性无善无不善之论,如东汉赵岐就认为这是遵循告子之意,因为无论性本来是恶还是无善无恶,在后天不同教化和社会处境的影响下,人都可能成为或"好善"或"好暴"或既不好善也不好暴之人。有人认为,这一观点不存在通向告子观点的可能性,因为公都子不可能把两种相同的观点当作不同的观点,这种看法逻辑上不成立,因为公都子转述这一观点时未必自觉地意识到它可能通向告子的观点。

② 杨泽波先生认为,荀子虽然也重视仁,但其仁只是一种善或道德,而不像孟子之仁那样具有先在性和逆觉性,因而不像后者那样是善或道德的形上根基。因此,杨老师基于孟子性善论的立场,接受程颐的观点,批判荀子的仁义道德观"大本已失",不如孟子的合理和有价值。(参见杨泽波《先在性与逆觉性的缺失——儒家生生伦理学对荀子论仁的内在缺陷的分析》,《哲学研究》2021 年第 2 期)就道德理论而言,对荀子的这种批判,其实更多停留于一种表面的态度之争,而没有进一步深入这种批判本身得以成立所必须澄清的根本的道德理论问题,亦即相关的元伦理问题。如果荀子的善观念或道德观本身根本就不需要任何先在的、逆觉性的仁作为形上根基,而孟子的善观念或道德必须有它才能成立,那二者关于道德的元理论就根本不同。要批判两种不同的元伦理理论,首先得从两种理论内部揭示各自不可克服的理论困境,然后才可以进一步比较两家理论的得失,而不能越过前一步而简单地从外部以一方来否定另一方。但这种做法在当下国内的中国古代思想研究中甚为盛行。

（七）性之善与可欲之善的关系

"性善"说明了仁义礼智这四种道德善行及其优先于非道德善的内在根源，"可欲之谓善"揭示了一切善共有的普遍属性。

"四心亦即本性本来即善"可以包括两层含义：第一，四心是人的一切道德善行的根源；第二，四心也具有一切善共有的可欲性这种普遍属性。说它们具有可欲性这种普遍属性，并不是因为它们是人生来所缺乏的东西，而是因为：第一，人不但天生有四心，而且还有耳目等感官的欲望，若顺从这些欲望而不加节制，就会遮蔽四心，沦为小人。第二，虽然人人天生本有四心而在本性上生来异于禽兽，但不利处境的熏染和后天教化的缺乏，也会使人迷失本心，以至于在后天的行为上或近于禽兽，或无异于野人。道德善行因根于本善的四心而必然具有一切善都具有的可欲性这种普遍属性，但决定其为道德善的不是其他任何可欲之善，而仅仅是作为其根源的本性之善。

为了在后天德行的实践上高于禽兽，成为君子，人必须欲求已迷失的作为本性的本善四心，亦即必须"求其放心"（《告子上》第十一章）。

四、如何呈现"性善"

人天生固有本善之"性"只是表明人在本性上异于禽兽，并不能说明人在实际的德行上高于禽兽而为君子。因为人天生的声色味嗅等耳目感官之欲望会陷溺天生本善的四心之性，使人往往或遗忘或迷失本善的本心，或虽知固有本心但受环境的限制不能扩充而成仁义礼智等善行，从而使人在实际的德行上无异于禽兽，沦为徒有异于禽兽之本性的小人。

为了在实际的德行而非仅在天然的本性上超于禽兽，进而成为君子，就必须"求其放心"（《告子上》第十一章），即找回迷失陷溺的本心。"求其放心"的主张在理论上若要成立，在逻辑上就必须先解决两个问题。第一，本心是否存在后天经验不足以使其变质的可以成就道德善行的特性？第二，本心已经放失的人从何处产生求其放心的道德意识？只有先解决了这两个问题，对如何"求其放心"的论述才具有逻辑前提。

首先，既然孟子所谓"求其放心"是为了成就道德善行，且他认为后天迷失陷溺的本心可以而且应该找回,那要使得找回来的本心确实是未变质的天生本心,在逻辑上就必须先承认,天生本心至少本来就具有能成就道德善行的特性,这种特性可以持存于后天经验中而不会因本心的迷失陷溺而变质,否则,若其能成就道德善行的特性已经变质,那即使求其放心也不可能成就道德善行。而本心所固有的这种能够持存于后天经验中而不变质的特性就是能恻隐、能羞恶、能恭敬、能知是非,概言之,即"善的特性"。正是因为本心所固有的这种善的特性不会因本心曾经迷失陷溺而变质,所以找回本心才能成就道德善心。

　　其次,要求放心是一种道德追求,这种道德追求是根源于还是非根源于孟子所谓的四心? 如果是后者,那就意味着在孟子的四心之外还有其他可以产生道德意识的根源。如果是前者,那若作为道德追求之根源的四心已经放失,又如何可能产生"求其放心"这种道德意识呢?①

　　从《告子上》第十一章的具体语境来看,孟子此处所谓"放心"之心,具体是就仁之心而言。本篇第十章有"失其本心"之语,从本章具体语境来看,此"本心"具体是就"所欲有甚于生者,所恶有甚于死者"之心,亦即"二者不可得兼,舍生而取义"之心而言。同篇第八章有"放其良心"之语,从本章具体语境来看,此"良心"具体是就仁义之心而言。同篇第六章说仁义礼智四心"求则得之,舍则失之"。所谓"舍则失之",所失者是四心,而非如"放心""放其良心"或"失其本心",仅是就仁心或仁义之心而言。在同篇第七章,孟子认为,造成"富岁,子弟多赖;凶岁,子弟多暴"这种差异的原因是子弟"陷溺其心",换言之,子弟若陷溺其心,就会凶暴不善。可以认为"陷溺其心"就是指失去四心,这意味着年轻人失去四心就会凶暴不善。现在问题来了,如果人因为失去四心而凶暴不善,那他还会自觉地想要找回或复得失去的四心吗? 如果会,那这种自觉地想要找回或复得所失四心的道德意识,是由天生本有的四心所产生的吗? 如果是,那作为道德根源的四心既然已经放失,如何可能再产生这种追求道德心的意识呢? 如果不是,那这种追求道德心的意识就必然是由作为道德根源的四心之外的其他心所产

---

① 美国学者倪德卫(David S. Nivison)在第三章《"德"的悖论》中,论及孟子对于"一个人在追求道德之前就必然已经有德"这一悖论的解决方式,但竟然没有意识到"求其放心"这一道德追求本身所蕴含的悖论,可能是因为他认为能够产生这种道德追求的人本身就已经是有德之人。即使如此,他解决悖论的方式与本文解决"求其放心"本身所蕴含的悖论的方式也大相径庭。(参阅倪德卫《儒家之道:中国哲学之探讨》,万白安编,周炽成译,南京:江苏人民出版社,2006年,第38—51页)

生,而这就必然意味着孟子所谓的四心没有涵盖人天生本有的所有道德心,因为这种意识必然只能产生于道德心。如果我们认为孟子的四心必然包括了人天生本有的所有道德心,那就得回答,四心既然已经放失,如何可能产生"求其放心"这种道德意识?有以下几种可能。第一,已放失天生四心的人,经过教化之后其四心可被重新激活。第二,如上所述,孟子所谓"放心""放其良心"或"失其本心",所放失者本来就只是仁心或仁义之心,而非整个四心,恭敬之心和是非之心并没有明确包括在放失者之内。而只要是非之心没有放失,即使一时放失了仁心或仁义之心,甚至无须教化也可以自觉地产生"求其放心"的道德意识。第三,可能孟子所谓"放心"确实是指放失了四心而不仅仅是指放失了仁心或仁义之心,但四心放失并非指四心完全放失而荡然无存,而是指每一心或至少是非之心虽有所放失但仍有所残留,凭借并未丧失殆尽而有所残留的道德心,人们仍可能自觉地产生或经教化而产生"求其放心"的道德意识。总之,无论所放失之心包括哪些内容,"求其放心"都有可能。

那么,如何才能"求其放心"呢?

"求其放心"有两步:第一步是知四心之本有,第二步是扩充四心。知四心之本有属于"尽心知性"(《尽心上》第一章),如此则知自己在本性上异于禽兽从而羞于在实际行为上沦为禽兽;扩充四心属于"存心养性"①,如此则使自己在实际的德行上高于禽兽而成为君子。"人之所以异于禽兽者几希,庶民去之,君子存之"(《离娄下》第十九章),"去之"指虽有或虽知其有而不扩充,"存之"即知有且扩充。如果虽知本有四心却不扩充,而沉湎于感官物欲,则为小人。孟子称心为贵、大之体,而耳目等感官为贱、小之体,认为"养其小者为小人,养其大者为大人"(《告子上》第十四章)、"从其大体为大人,从其小体为小人"(《告子上》第十五章)。"大人"即君子。欲知人本有四心,必须发挥心之思的作用。"心之官则思;思则得之,不思则不得也。此天之所与我者。"(《告子上》第十五章)思与知是不同的能力,因此这里的能思之心,与作为智之端的能知是非之心,是从不同的功能而言的心。按照通常的解释,要靠心发挥思的功能,

---

① 《尽心上》第一章:"尽其心者,知其性也。知其性,则知天矣。存其心,养其性,所以事天也。"此处所谓"性",其外延除了本善之性,还包括其他一切天生的非恶、非善非恶和无所谓善恶的生理和心理属性。如果所存所养仅仅是四心之性,孟子则比喻为"存夜气"("夜气"指在夜晚由内在四心所发且未受外在干扰的想法或念头)(《告子上》第八章),又比喻为养"浩然之气",此气须"直养而无害",乃"集义所生",非"义袭而取之"(《公孙丑上》第二章)。

才能知道是非等四心乃人天生本有。① 而知道四心本有乃先于自觉地扩充四心，所以就只有先发挥心的思之能然后才能自觉扩充四心而成为君子。"先立乎其大者，则其小者不能夺"（《告子上》第十五章），意为先由能思之心这一大体做主，不能思的耳目等小体就不会遮蔽能思之心，亦即心不会沉溺于感官之欲——这就是所谓的"从其大体为大人"，反之则是"从其小体为小人"。

大概孟子认为天生的感官欲望对仁义之心——"良心"（《告子上》第八章）和心之思的遮蔽作用最大，所以他说"养心莫善于寡欲"（《尽心下》第三十五章）。另外，外在不利处境的熏染也会"陷溺其心"（《告子上》第七章）。因此除了寡欲，还需要接受教化以促进本心的扩充，否则，就会像百姓那样，"饱食、暖衣、逸居而无教，则近于禽兽"（《滕文公上》第四章）。非但百姓，就是像舜那样的圣人之才，若一直"居深山中，与木石居，与鹿豕游"，而从未有"闻一善言，见一善行"之类的化导，那在后天行为上也难免堕入"所以异于深山之野人者几希"的境地（《尽心上》第十六章）。当然，孟子认为，要实现对老百姓的教化，君主首先要让他们"饱食暖衣逸居"，让他们"仰足以事父母，俯足以畜妻子，乐岁终身饱，凶年免于死亡"，"然后驱而之善，故民之从之也轻"，否则，百姓"惟救死而恐不赡，奚暇治礼义哉？"（《梁惠王上》第七章）对于士君子则要求稍高一点，因为他们能够做到"无恒产而有恒心"（《梁惠王上》第七章），而不像一般之民亦即百姓那样，"则无恒产，因无恒心"（《梁惠王上》第七章）。

虽然扩充四心、呈现性善是成为君子的前提，但对于在野无位的君子而言，一般只要能做到"父子有亲……夫妇有别，长幼有序，朋友有信"（《滕文公上》第四章），即可谓"守身"（《离娄上》第十九章）之士；而对于在朝有位的君子，尤其是对于诸侯或天子而言，还必须"以不忍人之心，行不忍人之政"（《公孙丑上》第六章），"施仁政于民"（《梁惠王上》第五章），实现"王道"（《梁惠王上》第三章），方可称有道之君。一言以蔽之，君子"穷则独善其身，达则兼善天下"（《尽心上》第九章）。"独善其身"，是由善性所成的本德，是作为个人修身的仁义，乃君子之本分，无论穷达，皆须圆成；"兼善天下"，是由善性所成的至德，是作为公共为政的仁义，乃君子之大任，唯有得位，方可极成。

---

① 其实从本章前后文来看，这里的"思则得之"之"之"，没有任何充分的理由可以断定一定是指代四心。从语境来看，这个"之"很可能是指代思之能力。"思则得之"意为一思考就能实现自己的思维能力，"不思则不得也"意为不思考就不能实现自己的思维能力，"此天之所与我者"意为这种思维能力是天所赋予我们的。

五、四心之性如何起作用及其与人格平等的关系

从我们今天的理论视野来看,除了上文所论述的一些问题,孟子的四心之性本善说还涉及一些有待进一步探索的问题。

首先,先天本善的四心在被扩充为后天善行时是如何起作用的? 在成就后天善行时,四心是总是作为一种整体的力量在起作用,还是根据现实情境的具体需要而只有相应的心在起作用? 换言之,如前文所述,顺从四心本善这种人性的实情就可以成就后天的道德善行,但一个人所有可能的道德行为,是总必须顺从作为整体的四心,还是只须根据相应的情境顺从某些相应之心? 比如,需要恻隐之心时就顺从恻隐之心,需要羞恶之心时就顺从羞恶之心,需要恭敬之心时就顺从恭敬之心,需要是非之心时就顺从是非之心,四心都需要时就顺从四心而行。假设我们或仅顺从恻隐之心,或仅顺从恭敬之心,或仅顺从羞恶之心,而不能分辨被同情被仁爱者的善恶,不能分辨被恭敬者的善恶,不能分辨是该以善还是以恶为羞耻厌恶,那我们顺从这三心而行,还能成就道德善行吗? 如果不能,那我们的道德行为在任何情境下都必须顺从是非之心,无论同时还需要顺从其他三种心中的哪几种,因为离开了是非之心,我们就难以辨别道德是非或善恶。① 是非之心确立何为善、何为恶并辨别善恶。但问题在于,是非之心是本身就具备善恶标准,还是只是确立善恶标准? 如果是后者,那它根据什么确立善恶标准,或者说,善恶标准本身从何而来? 如果是从后天外在的经验而来,那它就不是先天本善,顺从它也就不可能成就后天善行。因此,是非之心必须本身就具备何为善、何为恶的标准。但如果是非之心本身就具备何为恶的标准,那顺从它应该也可能会成就后天的恶行,除非它不但能自己确立善恶而且同时还具有一种意志的力量促使人顺从善而不顺从恶来行动。但孟子只说是非之心是先天本善之智和后天智德的根源,而没有

---

① 帛书《五行·说文十三章》解释经文"不智不仁"曰:"不知所爱则何爱? 言仁乘智而行之。"(庞朴:《帛书五行篇研究》,济南:齐鲁书社,1980 年,第 40 页)据陈来等学者的观点,这是孟子对经文的解释。若果如此,则孟子认为由恻隐之心扩充而成的仁行之善,也取决于智,因而与恻隐之心-性本有的绝对善不同,但这种解释在现存《孟子》文本中找不到明确的证据。而且,如果仁行之善也取决于智,则区分善恶的标准由何而来还是没有着落,因为作为先天之智或后天智德之基础的是非之心,只能确立和辨别何为道德是非,而并非道德是非标准本身。

明确赋予它抉择善恶的意志力。确立并辨别善恶的智力,与抉择善恶的意志力,毕竟是两种不同的人格力量。也许孟子所谓的是非之心,本来就是指把确立辨别善恶的智力和抉择善恶的意志力这两者融为一体的一种先天本能,而并非仅仅是指前者? 这是一个有待进一步探索的问题。

不过,孟子特别关注了羞恶之心对于发动道德善行的突出作用。他似乎意识到,人的很多道德善行都是出于因自己未做本应做之事或做了本不应做之事而产生的羞耻感或厌恶感,而非仅仅出于恻隐之心。暂且承认孟子所说不假,即仁义礼智四心真是人先天之所以异于禽兽者①而仁义礼智四行又真是人后天之所以异于禽兽者,则不知善恶或未能尽恻隐之心者必以自己在行为上无异于禽兽而深感羞耻,从而奋起善行而使自己超越于禽兽。也许正因为如此,在《尽心上》第七章,孟子才说:"耻之于人大矣,为机变之巧者,无所用耻焉。不耻不若人,何若人有?"②既然羞耻之心对促成人的道德行为有这么大的动力,那是否羞耻之心是推动人抉择善恶的力量? 如果一个人以善为荣为所好、以恶为耻为所恶,就足以推动他/她选择为善而去恶吗? 如果足以推动,那抉择善恶的意志力就是出自羞恶之心,而无须来自是非之心,是非之心只须尽其确立和辨别善恶之力即可,因而任何道德善行都必定有是非之心和羞恶之心同时起作用。

而恻隐之心似乎也必须在任何道德善行中都起作用,因为根据孟子的理论,任何道德善行至少都包含着对某些人的仁爱之心,如果一种道德善行缺乏对任何他人的仁爱之心,那这种道德善行就不是孟子所谓的道德善行。至于是否任何道德善行都必须有恭敬或辞让之心起作用,至少从经验上而言似乎并非如此,除非所谓的恭敬之心是对道德本身的恭敬,但孟子所谓的恭敬之心并非如此。

其次,能以人人生来就有四心来说明人人在人格上生来平等吗? 从四心乃人人生而本具这方面而言,圣人与凡夫生来平等无别。但既然孟子说"人之有是四端也,犹其有四体也"(《公孙丑上》第六章),而人的四体即四肢不但会生长,而且不同的人一生下来四肢在长短、粗细、力量以及生长速度等方面就有差异,那么,每个人的四心在量上也必然天生就有强弱、多少或可扩充速度之快慢的差异,即有些人的恻隐之心、羞恶

---

① 当然,今天的知识告诉我们,至少对同类的恻隐之心是很多禽兽也有的。

② 此处"不若人",据孟子学说主旨,可以认为主要是指在扩充四心"由仁义行"方面不如人,至少不仅仅是指在功名利禄方面不如人。

之心、恭敬之心和是非之心生来就会强些或多些,可扩充的速度会快些,而有些人的则会弱些或少些,可扩充的速度会慢些。四心生来就很强烈、很多或可扩充的速度快些的人,在同样的后天处境和教化下,应该会更早成为君子或圣人,而那些四心生来很弱、很少或可扩充的速度慢些的人,终其一生也不可能培养成君子或圣人。孟子只是就四心之人人生而本具这方面来论圣凡生来平等无别,而没有从四心在量上生而本异这方面来论述圣凡生来有异。孔子只说"性相近"(《论语·阳货》第二章)而不说"性相同",而且强调"唯上知与下愚不移"(《阳货》第三章),似乎更多注意到现实中人的四心在量上的差异。朱熹等宋儒则把这种量的差异归于各人所禀清气、浊气的多少,与性本身无关,并且为了突出人人皆有这方面的平等性,索性把孟子所谓的性说成超越于心的毫无差别的天理或公理,并且在修养工夫上立足这种毫无差别之公理来千篇一律地苛求现实中四心存在量有差异的所有人,这种解释不但完全偏离了孟子本义,不但无助于拓展深化对于性善论的合理理解,而且其修养工夫在现实中最终造成了戴震所说的"以理杀人"①的流弊和危害。但戴震本人却因此走向另一个极端,干脆撇开恻隐之心、羞恶之心和恭敬之心来论"理",认为突破一己私欲而满足人人之欲就有"理"。这种"理"虽然不像朱熹之理那样威严甚至冷酷,但也明显偏离了孟子"养心莫善于寡欲""君子不谓性也"的明言。

六、结　语

综上所述,孟子性善论建构了一套由道德理论原理到道德实践方法、由道德实践到政治实践的学说,它虽以容易引起争议的先验的性本善为逻辑前提且包含一些内在矛盾,但从其内在逻辑来看,总体上它是一种相当自洽的理论。

孟子不但以值得欲求作为所有善的共同属性,而且显然意识到道德善和非道德善的区别。在不同种类的善不能同时得到或无论何时都不能兼得时,君子必须优先选择作为道德善行的仁义礼智,有时甚至为此付出生命也在所不惜。而仁义礼智善行的根本实质是事亲从兄,正是因为事亲从兄这种根本实质,仁义礼智善行才是人在行为上异于禽兽的首要前提,因而也是人成为君子圣人的必要前提。仁义礼智既指后天的善行,又指先天本善的四心之性。性善指的是性本善,而非性向善,亦非性用善。性之本

---

① 戴震:《孟子字义疏证》,第 174 页。

善在其来源上似乎是夹杂经验色彩的先验善,它不会因后天经验的影响而有多少大小的变化,而只会因人欲和后天处境而被遮蔽。善之心-性是人之所以异于禽兽的先天标准,善行则是后天标准。后天的善行以先天的善性为内在根源。天生本善的四心在后天被遮蔽即成"放心"。立志做君子者应知道找回所放之心即求其放心。求放心须尽心知性,存心养性,亦即须先树立能思之心这一人之大体,由思而知本善之心人皆本有,进而扩充本心亦即呈现性善,如此即可成就后天的善行而在行为上异于禽兽,成为君子乃至圣人。求放心必须寡欲和接受教化。因为作为善行的仁和义,其根本实质分别是事亲和从兄,所以独善其身的个人仁义,只要做到事一己之父、从一己之兄即可;而兼善天下的公共仁义,则须进一步推己及人,老吾老以及人之老,由亲亲而仁民而爱物。在位之君子由个人仁义上升到公共仁义,即是行仁政,即可王天下。

至于善恶是后天人为确立的社会属性因而不能用来形容包括天生的恻隐之心在内的自然属性这种似是而非的看法以及其他类似的看法,涉及语言哲学、元伦理学和价值哲学的问题,在此暂且略过不论。

从心的角度重新审视荀子的道德学说

谭明冉[*]

摘　要：荀子因为倡导性恶论和心的主宰能力，被学者普遍认为是道德外在论者，认为礼在荀子思想中只是一种外在的强加，没有内在的人性基础。这种观点貌似合理，却忽视了荀子直接肯定人天生有义的事实。荀子不同于孟子之处在于，荀子将道德和认知能力归于心，视性为单纯的生存本能。换言之，《荀子》中心、性是相互独立的。性恶并不妨碍心可以为义。单纯从性恶断定荀子为道德外在论者是不能成立的。相比较，孟子则将心、性等同，于是有性善论。正是因为心中有义，可以建立礼，才为礼提供了先天的人性基础。据此，我们可以断言，孟子与荀子并非水火对立，而是相互补充的。荀子的道德学说是孔子、孟子的学说的新的发展。

关键词：荀子；心；性；礼

---

* 作者信息：谭明冉，男，1970年生，河南开封人，哲学博士，南开大学哲学院教授，主要研究方向为先秦诸子和宋明理学。本文乃作者的英文文章"A Reevaluation of Xunzi's Moral Theory from the Aspect of Mind"（*Journal of Chinese Philosophy*，March 2008，Volume 35，Number 1）的中译稿。在过去十多年中，该文曾于2016年被译成中文，但许多地方不够准确。

一、柯雄文对荀子的关注

在《人性、礼仪与历史：荀子和中国哲学研究》①一书中，柯雄文（Antonio S. Cua）教授从三个方面论证荀子思想中礼之为道德原则和道德实践的合法性。首先，不同于一些康德主义学者将礼视作武断的施加，柯雄文认为，如果一个原则是道德的，它就必须体现一定的社会价值或道德价值。礼将社会等级展现为价值差别，它就不再局限于一套形式上的要求。通过践行礼，社会变得井然有序，人与人之间充满仁爱。因此，可以说礼具有道德层面，维持着社会秩序，使人与人之间避免冲突。据此，柯雄文教授不同意这些康德主义学者"将道德理论视作批评事务而不是道德传统的理性化，以及把礼置于非道德领域的做法"②。

其次，礼同样具有审美和宗教层面。它不仅是提升道德的手段，而且也能美化人类的行为。它将人类提升到一定的道德和审美高度。"这样看来，一个有道德的人也是一个优美的人。对一个儒者来说，以慈善、仁爱和关心帮助痛苦中的人还不足以成为道德行为。要使行为成为道德行为，他必须在此行为中体现出诚意，并且在形式上优美。"③因此，柯雄文教授坚持依据道德的内容和形式来评价道德传统。在道德层面之外，更加关注礼的审美和宗教层面。他说："没有独立的规范性伦理学，也没有独立的规范性美学，更没有独立的宗教哲学。道德价值、审美价值与宗教价值反而常常聚合在一起。这可以说是价值伦理学中有趣且具有挑战性的现象。"④柯教授这一洞见非常重要。因为它不仅证明了礼的道德特性，而且也解释了儒家伦理可以作为准宗教，满足民众的宗教需求。

最后，礼，作为道德传统的理性化，总是不断地受到人类实践的塑造，说明它不是一套权威性的命令或者僵死的习惯。与对规则的消极服从不同，礼的实践受制于心的动机和判断。它必须以仁为目的，合于义，避免僵化。换言之，人心能够选择或反作用于礼，使其更适应形势。正是心或理性的判断保证了礼的道德价值和活力。礼之合于

---

①　柯雄文：《人性、礼仪与历史：荀子和中国哲学研究》（*Human Nature, Ritual and History: Studies in Xunzi and Chinese Philosophy*），华盛顿：美国天主教大学出版社，2005 年。

②　同上书，第 45 页。

③　同上书，第 56 页。

④　同上书，第 60 页。

时势,叫作"义"。仁、义、礼三者共同构筑了荀子的礼学。

柯雄文教授认为,礼关注的主要是人们交往时的正常的或熟悉的情形,而"义"则是处理生活中反常或紧急情形的理性能力。因此,礼依据义来断定其规则是否适合具体情形,义因礼得以施行和体现。① 进一步讲,作为规范性原则,礼可以防止义沦为主观意志或奇想,为社会设立了道德堤畔。仁则是对同胞生活福祉的关心和爱护,以及对危害的防御。② 可见,仁成就了礼的权威性和义的必要性。在阐明仁、义、礼三者的关系之后,柯雄文教授以荀子的话语总结说:"君子处仁以义,然后仁也;行义以礼,然后义也;制礼反本成末,然后礼也。三者皆通,然后道也。"③

柯雄文教授的论述使礼在儒家思想中的作用显得更为清晰,同时,也揭示了儒家伦理学的全息性特点。然而,在礼、心的交互作用上,他似乎没有进行充分的论述,尽管他声称"义"预设了心的活动。他并没有指出,心是先天地拥有义,还是后天地获得义。在解释为什么要选择礼作为人们行为的准则时,柯教授暗示,义内在于人心,因为人心可以对内在的荣耀和外在的荣耀进行区分,并将前者视作更具荣耀的东西。④但是,他并没有解释,人心是如何做出这种区分的,也就是说,人们喜欢内在荣耀胜过外在荣耀,到底源自何处?

我们还注意到柯教授有时将"义"视作认知心的算计。他说:"对荀子而言,将道作为引导人类美好生活的准则,密切关系到对利害的权衡。而且,荀子明确地建议谨慎选择,权衡好恶的优缺点,以有利或有害的结果来决定选项。"⑤诚如此,柯教授就与他在别处的论点不一致。因为在区分休谟的社会品德观与荀子的礼时,柯教授曾说:"休谟将社会品德奠基于功用,而荀子强调的是道德美行的无功利性。"⑥因此,柯教授陷入了自己的区分陷阱。

一种对这种矛盾的解答是,柯教授在力图论证作为道德的礼之无功利性时,又将

---

① 柯雄文:《人性、礼仪与历史:荀子和中国哲学研究》,第 130—131 页。

② 同上书,第 126 页。

③ 王先谦:《荀子集解》,北京:中华书局,1988 年,第 492 页。(译文将英文中引用的 Knoblock, John [trs.], *Xunzi: A Translation and Study of the Complete Works* [California: Stanford University Press, 1988]中的《荀子》原文,全部改为王先谦《荀子集解》中的页码)

④ 柯雄文:《人性、礼仪与历史:荀子和中国哲学研究》,第 46 页。

⑤ 同上书,第 228 页。

⑥ 同上书,第 55 页。

荀子看作道德外在论者。① 换言之,他认为,荀子的性恶论排除了人先天具有道德能力的可能性。但是,他忽略了一个事实:荀子可以将先天的道德能力归于心。在这点上,遗憾的是,柯教授未能充分讨论心在荀子的礼论中的作用。尽管他坚持认为人心能够选择和调整礼以适应新的情形,并将对礼的遵循区别于对道德规范的消极适应,但是在认知能力之外,他并不愿意赋予心以道德能力。结果,在其对荀子体系的解读中,他不能为礼之道德和审美维度的无功利性提供论证。他不能为天生的道德行为提供合理的解释,而只能诉诸利害的权衡。

基于柯教授对荀子研究的贡献,本文将会对“心”在荀子道德理论中的作用进行研究。本文认为荀子赋予了“心”以先天的道德能力,希望以此解决柯教授阐释中的矛盾。

二、对荀子“心”概念的再研究

通常,人们将荀子的“心”看作一种纯粹的认知之心。这种观点一度很流行,尤其是在西方学术圈。有两个原因支持这种观点:一是荀子强调“心”对道的认知能力;二是荀子的性恶论排除了人具有先天道德能力的可能性,因此心具有认知能力但不具有道德能力。但是,仔细审查后,我们发现这两个原因是站不住脚的,更得不出荀子否定人生而具有道德能力的事实。荀子的独特性在于,不同于孟子将道德之“心”和“性”等同起来,荀子将“心”与“性”分开,赋予“心”认知能力和道德能力。

为了阐明这种观点,有一点必须指出,即认可“心”的道德能力同荀子的性恶论并不矛盾。对荀子来说,“心”和“性”分属不同的领域。“心”涉及人类的理性和道德功能;而“性”涉及他在《性恶》篇中所定义的人与生俱来的本能冲动。前者决定一个人应如何作为,后者却受制于动物本能而缺乏节制。正是由于这个原因,荀子将心性关系比作工匠和原料之间的关系,倡导循礼和听从师长之教,以心化性。

基于这种未明确说出的心、性之别,荀子自由地讨论了义、礼等道德品质,并视之为人的先天能力。这令许多学者迷惑不解。例如,荀子将对义的追求和对利的需要作为两种与生俱来的能力。“义与利者,人之所两有也。虽尧、舜不能去民之欲利,然而

---

① 柯雄文:《人性、礼仪与历史:荀子和中国哲学研究》,第 37 页。

能使其欲利不克其好义也。虽桀、纣亦不能去民之好义,然而能使其好义不胜其欲利也。"①

荀子进一步将义作为区分人和动物的天生能力。"水火有气而无生,草木有生而无知,禽兽有知而无义,人有气、有生、有知,亦且有义,故最为天下贵也。"②

同气、生和知一样,义是人与生俱来的,而不是习得的能力。否则,荀子的区分就会是无效的。

基于义与生俱来这个前提,荀子认为人心中自然地具有区分善恶的尺度或扬善抑恶的准则。在实践中,这一尺度教导人们依据具体情形遵守礼。更为重要的是,这一尺度能决定在没有礼可遵守的时候个人应当如何做。"礼以顺人心为本,故亡于《礼经》而顺人心者,皆礼也。"③在这点上,荀子更接近孟子,然而他们的不同之处在于,荀子将这种天生能力置于心中,而不是像孟子那样置于性中。

除了来自《荀子》文本的支持,在先秦文献中,"心"和"性"的用法也给了我们一些启迪。在先秦文献中,"心"和"性"的含义可以重叠甚至等同。从"性"字的构造上,性可以看作从心中派生出来的东西。或许,正是出于这种思考,孟子将人性中最基础的四端(仁、义、礼、智)看作"心"的四个方面的充分展开。④ 孟子也时常将"心"和"性"看作等同的东西。例如,"尽其心者,知其性也"⑤。这种对心、性相近或等同的讨论似乎会削弱我的论断,实则不然,因为这种心、性相近或等同告诉我们,在中文语境中,道德能力可以被置于心和性任何一方之中而不会引起丝毫误解。因此,荀子将道德能力仅归于心是合理的,正如孟子只认可道德能力为性一样。⑥

心之道德能力对理解荀子的道德理论是至关重要的,因为它保证了荀子道德理论的一致性,并将荀子置于儒家传统之中。有了心的先天道德能力,人类很自然地就发展出社会制度和道德,因为人类社会的形成和对社会等级的服从都依赖心中的义这种先天能力。同样,正是有了这种道德能力,圣贤才创立了礼,并以此改变人性。否则,

---

① 王先谦:《荀子集解》,第 502 页。
② 同上书,第 164 页。
③ 同上书,第 490 页。
④ 蒙培元:《中国心性论》,台北:台湾学生书局,1990 年,第 30 页。
⑤ 朱熹:《四书章句集注》,北京:中华书局,1983 年,第 349 页。英文中引用的《孟子》,也改为朱熹《四书章句集注》中的页码。
⑥ 同上书,第 369—370 页。

礼的创立要么没有依据,要么就只能来自经验。

如果不能在荀子的道德理论中给予心的道德能力一个合理的位置,将会导致对荀子的误解。由于不能够坚定地断定道德能力乃心的功能,倪德卫(David Nivison)对荀子关于道德能力和人性恶的论述迷惑不解。他于是断言:

> 荀子肯定认为人类有一种责任意识。这种责任意识生出自然地履行道德责任的能力。这种能力不是出于自利。……倪德卫认为,责任意识作为人性的基本特征无须具备任何特定的内容。①

毋庸置疑,倪德卫看到了心、性和道德意识之间的复杂关系。因此,他提出了无内容的责任意识,试图避免与荀子的性恶论发生矛盾。他这样做的失误之处在于使用康德的先验范畴来解释荀子的责任感,而这并不符合中国儒家学说的特点。黄百瑞把荀子的理论解释为工具主义,说:"对荀子来说,向善的愿望和责任意识并不是人性原初的所有,而是从我们自私的本性考虑中派生的。"②刘殿爵也认为荀子是一个外因论者,并且宣称道德是通过心对欲望的控制来限制人类行为的。基于这种理解,刘殿爵甚至断言荀子的道德理论不能解释一个人应该"为了道德而放弃生命",因此荀子理论中的难题是尖锐的。③ 但是,如果考虑到荀子认为道德能力是自然内在于"心"的,人类行为的驯化仅是心改变人性、强化道德意识的过程,这些质疑将都是无效的。

三、心和性

荀子道德理论的独特之处在于将心和性做了区分,这也是荀子和孟子的区别所在。这种区分说明了荀子性恶论和孟子性善论之间的不同,也表明荀子重在强调转化

---

① 转引自黄百瑞(David B. Wong)《荀子论道德动机》("Xunzi on Moral Motivation"),载 T. C. 克莱恩三世(T. C. Kline Ⅲ)与菲利普·J. 艾之霍(Philip J. Ivanhoe)主编《荀子中的德、性和道德责任》(Virtue, Nature, and Moral Agency in the Xunzi),印第安那波利斯和剑桥:哈克特出版公司,2000 年,第 147 页。

② 黄百瑞:《荀子论道德动机》,载《荀子中的德、性和道德责任》,第 145 页。

③ 刘殿爵(D. C. Lau):《孟子和荀子中的人性论》("Theories of Human Nature in Mencius and Xunzi"),载《荀子中的德、性和道德责任》,第 211 页。

人性过程中心和礼的作用。

正是性的不同内容将荀子性恶论和孟子性善论区分开来。对荀子来说,性是先天本能冲动,如不受任何理性约束,就可能导致冲突。正因如此,荀子认为人性是恶的,需要心来规范。相比之下,孟子的"性"指的是走向道德完善的内在倾向。这种内在倾向统合了道德能力和认识能力,在一个人不受伤害的情况下,将会促使其更加道德。更为重要的是,同荀子将欲望和本能当作人性相反,孟子不将它们看作人的本性。孟子说:"口之于味也,目之于色也,耳之于声也,鼻之于臭也,四肢之于安佚也,性也,有命焉,君子不谓性也。"①但是,这并不是说,孟子的"性"不包含本能。事实上,当孟子指出一个人看到孩童爬到井边会产生慈悲之心这一现象的时候,他也谈到了本能。因此,可以说孟子从人类对外物的反应中选出了道德本能和情感,并且将它们作为人性的内容,因而坚持人性本善。

"性"的内容不同,心与性的关系自然也不相同。对孟子来说,心指的是道德心,它与性等同,或将发展为性。② 因此,一个人能够尽心以知性。心和性与本能和欲望相对立。无节制的欲望会毁灭心与性。因此,孟子说:"养心莫善于寡欲。"③虽然在寡欲和养心的过程中,也自然暗含认知心,但是孟子很少让认知心超越道德心。对荀子而言,心和性分属不同的领域。心指的是存于人类之中的认识和道德能力,而性指的是本能冲动和欲望。为了避免过多的欲望导致冲突和矛盾,心必须把欲望约束和规范在合适的范围内。正因为如此,荀子倡导"化性起伪"。尽管这种规范和约束使用了外在的礼,但它也可被看作心内在的欲望控制,因为这些规范是心的道德能力的外在体现。

要化性起伪,荀子首先必须回答"人性恶"是否就排除了人性变化的可能性。依据荀子的理论,性仅在欲望没有被控制或欲望过度的情形下会导致冲突和矛盾。如果欲望被合理地控制,那么人性就是善的,至少不是恶的。因此,"人性恶"并不排除化性的可能性。

既然可以化性,那么就会导致另一个问题:人性是自身转化,还是被外力转化? 荀子似乎认为离开了礼和心的帮助,人性本身就不会自我转化。因此,荀子将伪和性之

---

① 朱熹:《四书章句集注》,第 369 页。
② "孟子论性的特点在于,他认为性主要是由心之德构成的。"见信广来(Kwong-loi Shun)《孟子与中国古代思想》(*Mencius and early Chinese Thought*),斯坦福:斯坦福大学出版社,1997 年,第 198 页。
③ 朱熹:《四书章句集注》,第 374 页。

间的关系比喻成工匠和材料之间的关系。毋庸置疑,伪源自心。在这一点上,李涤生很有见地地说:"因为心的独立存在,人性虽恶,但是人仍然能被改造成善人。"①

要化性,就涉及心的认识能力和道德能力。是心的道德能力决定欲望是否适度;是心的认识能力分析形势、选择应当使用的礼节。因此,在对欲望的调节中,心的睿智和理性是至关重要的。据此,荀子说:"故欲过之而动不及,心止之也。心之所可中理,则欲虽多,奚伤于治! 欲不及而动过之,心使之也。心之所可失理,则欲虽寡,奚止于乱!"②

不过,荀子似乎过于乐观地估计了心对欲望的约束能力,因此他不赞赏孟子和宋钘的"寡欲"主张。而且,他也不认为欲望是通向道德之善的阻碍。他反而提倡正视欲望,依据实际情况合理地满足欲望。遗憾的是,荀子的乐观主义并不能说服他人——甚至他的弟子李斯——不要屈从于先天的本能欲望。李斯就是在慨叹穷苦生活之后,放弃了荀子所教,到秦国谋求高位和富贵的。

四、心和礼之建立

化性节欲,其内在标准是心中之义,其外在标准是礼。事实上,内在标准和外在标准是一个标准,因为礼是义的具体化。荀子说:"圣人也者,道之管也。天下之道管是矣,百王之道一是矣,故诗、书、礼、乐之道归是矣。诗言是,其志也,书言是,其事也,礼言是,其行也,乐言是,其和也。"③管,就是枢要。因此,礼和义分别对应着圣心或道的外在表现和内在判断。是圣人将其道德心外现为礼,以之教化民众和化性起伪。但问题是:圣人是否有如此的权威来建立礼? 其建立的礼为什么能够被所有人接受?

前文提到,荀子认为所有人都有道德和认识能力,而圣人更为睿智,圣人处理性或欲望时,达到了完美的高度。舜就曾说:"维予从欲而治。"④换言之,圣人生来就知道且能够使欲望中节。在圣人那里,源自本能的欲望和通过道德调节的欲望达到了完美的合一。圣人的行为总能够自然地合于道德准则和礼。他们自身就体现为道德标准。

---

① 李涤生:《荀子集释》,台北:台湾学生书局,1979 年,第 471 页。
② 王先谦:《荀子集解》,第 428 页。
③ 同上书,第 133 页。
④ 同上书,第 489 页。

在这种意义上,如果人类需要规则和礼来约束他们的欲望,那么圣贤是最好的模范。因此,荀子指出:"故人道莫不有辨。辨莫大于分,分莫大于礼,礼莫大于圣王。"①如果人们想要提高自己或者保持一种合理的生活方式,那么最好的途径是向圣人学习。因此,圣人创立的礼可被用来作为行为的标准。

通过使用类比,荀子加强了自己的论证,即圣人代表了道德能力的完美境界。圣人创立的礼因而适用于每一个人。荀子说:"天下之人,唯各特意哉,然而有所共予也。言味者予易牙,言音者予师旷,言治者予三王。三王既已定法度,制礼乐而传之,有不用而改自作,何以异于变易牙之和,更师旷之律?"②

现在让我们讨论一下圣人是如何创立礼的。一方面,荀子似乎认为圣人自发地从其心中创立礼,就如上文舜的完美道德行为和礼,乃是对圣人举止的描绘。另一方面,荀子指出圣人也从师学礼,以完成其圣智。③ 使我们迷惑的是,既然圣贤能按其意愿创造出礼,为什么还要从师学礼呢?

要解答这个问题,就要明白圣人在何种意义上创立礼。也就是说,圣人是无所依据地创立礼,还是基于人类的经验将礼系统化呢?从荀子的讨论我们可以看出,荀子似乎赞同后一种观点。圣人从师学礼说明,事先就有一种礼的传统,只是这种礼还不完善。虽然这种礼的传统不像圣贤创立的礼那样清晰和完备,然而它为一系列系统的礼的发展指明了方向或奠定了基础。在这点上,柯雄文教授睿智地指出:"礼最初是对规则的概括或是对道德经验的总结。随着时间的推移,或由于被普遍接受,或由于大众的盲从,礼就成了实践规则。"④因此,圣人创立的礼仅是对礼传统的总结和升华,使礼更为可行和清晰。这个解释也可以从荀子坚信所有人都有先天的道德能力这一点得到支持。荀子认为,这种先天的道德能力必须在人们行为本身中体现,并且因此逐渐发展成道德传统。这种传统直到圣人升华它才得以完备和系统化。也就是说,在荀子看来,圣人学习的目的应是使自身更熟悉礼的传统,然后凭借其对道德的明晰来完善礼。

总之,虽然可以将礼的创立看作圣贤内在道德观念的外在表现,然而从总体上看

---

① 王先谦:《荀子集解》,第 79 页。
② 同上书,第 518 页。
③ 同上书,第 489 页。
④ 柯雄文:《人性、礼仪与历史:荀子和中国哲学研究》,第 135 页。

它是吸收了礼的传统而形成的。因此,礼可以被看作人类道德能力的普遍表达。圣人使这种普遍表达更规范和可行。有了这些创立的礼,人们便不再依赖模糊的和主观的道德意识,而是有了一个清晰的标准来追求、决定或评价什么是应该做的和什么是不应该做的。这样的话,社会秩序将更为稳定,人们的幸福也因此得以保障。

五、心和礼的践行

尽管礼的设立在于调控欲望,但是,欲望不会自己选择所用之礼,必须通过心来加以选择和利用。这样,化性节欲的关键就落在了心的睿智程度上,因为只有一颗圣智的心,才能够合理地引导欲望。这就解释了荀子为什么乐观于以心控制欲望,以及认知心在其道德理论中的重要性。据此,我们可以说,对欲望的控制主要体现为心对礼的透彻理解。为了提升心对礼的透彻理解,心必须首先理解和遵从礼。荀子言:"凡治气养心之术,莫径由礼,莫要得师,莫神一好。"①

第一,礼能使心更为清晰和理性。礼,作为道的体现②,是给普通人解蔽的最好办法。通过体悟道、遵循礼,心能保护自身不受各种杂念的影响,从而保持自身的清晰性。③ 荀子更把礼和理等同起来。循礼本身就是依理而行。虽然心"出令而无所受令",但是,如果"导之以理,养之以清,物莫之倾,则足以定是非,决嫌疑矣"④。据此,荀子高扬对礼的遵从,认为君子若能够通晓礼,他就不会被欺骗和伪装愚弄。一旦能思、能定,再辅之以对礼的钟爱——就会成为圣人。⑤

第二,礼使心保持在道的方向,防止其偏离。在这点上,王夫之做了精彩的补充:

> 今有人焉,心不忘乎敬父,而坐则倨以待;情不怼乎爱兄,而怒则殄其臂;亦将曰存诸内而已乎? 内外,交相维、交相养者也。既饰其外,必求其内,所以求君子之尽其诚;欲动其内,必饬其外,所以导天下而生其心也。今使衰麻其衣,疏粝其食,倚庐其寝处,然而驰情于淫侈以忘其哀慕者,鲜矣;耳目制之,心不得而动也。

---

① 王先谦:《荀子集解》,第 26 页。
② 荀子言:"礼者,人道之极也。"同上书,第 357 页。
③ 王先谦:《荀子集解》,第 472 页。
④ 同上书,第 401 页。
⑤ 同上书,第 422 页。

藉令锦其衣,肉其食,藻井绮疏金枢玉户其寝处,虽有哀慕之诚,不荡而忘者,鲜矣;耳目移而心为之荡也。故先王之制丧礼,达贤者之内于外,以安其内;而制中材之外,以感其内。①

在这段论述中,王夫之将欲望和心联系起来,倡导以礼节欲,并进而调节心,声言:"心有不存,而礼制之。"②

第三,循礼也是诚心的指示器。因为礼是圣心的外显,所以它也是一个人是否真诚循礼或者有德的标志。离开了外在的标志,每个人都可以宣称自己有高尚的品质。就如一个人说自己没有忘记对父亲的尊重,却可以无礼地坐着等待父亲;一个人说没有失去对兄长的爱戴,但可以生气地扭起兄长的臂膀。这种人心中真的还有孝悌之情吗? 因此,循礼至少可以展现一个人高尚的品质,尽管也可能存在伪装的情形。据此,王夫之断言:"其外无别,则内之存与不存,又奚以辨哉?"③

循礼在于心诚;没有诚心,礼的践行就会沦为无意义的形式。但是,诚心又需通过礼来表达,礼因而也是诚心的体现。荀子因此将诚心视作养心的必需,说:"君子养心莫善于诚,致诚则无它事矣。惟仁之为守,惟义之为行。"④然而,诚心是一种内在的心理状态,它很被难预先察知。只有在事后,我们才能发现一个人是否真诚。在这点上,荀子提出自我反省。其反省标准就是一个人的行为举止是否合礼,并以此增强人的诚心。

王夫之则不单纯地强调反省和诚意,而是倡导内外交相养,诚意与循礼相互支持。在亲身经历了明代晚期虚伪的社会风气后,王夫之不看重抽象的诚意,而是更为关注外在的行为举止。他批评时人说:"凡今之人,皆曰:臣忠、子孝、兄友、弟恭,求其心而已。而心之不可问者多矣。"⑤因此,王夫之认为遵从礼更为重要,并且提倡心和礼相互促进、相互支持。故说:"内外,交相维、交相养者也,既饰其外,必求其内,所以求君子之尽其诚。"⑥

---

① 王夫之:《读通鉴论》,载船山全书编辑委员会编校《船山全书》第十册,长沙,岳麓书社,1996年,第422—423页。
② 同上书,第423页。
③ 同上。
④ 王先谦:《荀子集解》,第46页。
⑤ 王夫之:《读通鉴论》,第423页。
⑥ 同上书,第422页。

王夫之以循礼补充了荀子的自我反省,因此赋予了诚意诚心一个可以遵循和表达的准则。以这种方式,心理状态和行为之间的鸿沟就能通过自我反省和循礼而得以跨越。礼,作为心的创立和表达,又服务于心的养护。

荀子坚信,人都能达到圣心的完美状态,通过循礼成为圣人,而孔子就是这样的典型。孔子自15岁起一直对礼坚持不懈地遵从。孔子在70岁时能够"从心所欲,不逾矩"。对70多岁的孔子来说,无意识的欲望能够完全转化为道德欲望。因此,孔子通过学习而成圣。当解释为什么许多人尽管努力学习也未能成圣时,荀子指出那是因为他们循礼不笃。他说:"'圣可积而致,然而皆不可积,何也?'曰:可以而不可使也。故小人可以为君子而不肯为君子,君子可以为小人而不肯为小人。"①在解答为什么尧和舜未能改变他们的逆子时,荀子明确承认存在不能被教化的人。② 这一点与他说的"涂之人皆可以为禹"是不一致的。荀子的性恶论预示了后来在汉代流行的"性三品"说。或许,正是发现了儒家学说并不能教化或改造人性,韩非子和李斯都深信人性本恶,而完全诉之于以法制统治民众。

六、对礼的再阐释

同人的道德意识不同,礼是处理特定事务时的具体规则。如果礼被用于新的情形,那么我们就必须加以新的解释。在这个意义上,就更容易理解荀子对后王的效仿,因为他们的时代更接近荀子的时代,并且同先王相比,他们的礼乐制度对后来的情形更具有可行性,因此无须太多的重新阐释。

在荀子看来,礼的再解释要涉及对"道贯"的理解。道贯被看作礼的精神;理解了它,一个人将能随意地应用礼。不能理解它,一个人就只能盲目地循礼,而不知道如何将礼应用于新的情形。他说:"百王之无变,足以为道贯。一废一起,应之以贯,理贯不乱。不知贯,不知应变。"③

以能否把握道贯为标准,荀子批评了很多儒家弟子,包括子思和孟子。在荀子看来,子张仅是肤浅地效仿舜和禹的行为举止,而没有理解这些行为的真实意义;子夏仅

---

① 王先谦:《荀子集解》,第443页。
② 同上书,第399页。
③ 同上书,第318页。

是在外表上与圣人相似并且假装如圣人一样镇定庄重；子游误解了圣人所言"君子固不用力"①的意思，因而成为一个逃避责任、贪婪和愤世嫉俗的人；子游他们这些人，包括孟子和子思，没有一个理解了道贯，因而不知道如何将礼应用于新的情形，也就不知统类，提不出可行和条贯的理论。

那么，何谓道贯？我们如何把握道贯？在荀子看来，道贯应是在礼中体现的仁义。具体地说，道贯就是圣贤以礼控制欲望，从而将世界从冲突和混乱中拯救出来的善良意图。当外显之时，它就成了掌控所有礼的统类。这就解释了为什么荀子坚持一旦掌握了统类，就能超越固有的礼仪，以类推的方式来处理新的情形。他说：

> 有法者以法行，无法者以类举。以其本，知其末，以其左，知其右，凡百事异理而相守也。②

> 法先王，统礼义，一制度，以浅持博，以古持今，以一持万……所未尝闻也，所未尝见也，卒然起一方，则举统类而应之，无所儗怍，张法而度之，则晻然若合符节，是大儒者也。③

通过掌握统类并运用类推的方法，过去的礼就可与未来联系起来。因此，对道贯的理解将过去的经验和未来的建构融为一体。用柯雄文的话说，就是对历史证据的回顾和展望的综合。"对历史证据的回顾性应用是保守的，而对其前瞻性的运用则是伦理判断的创造。虽然在回应紧急或变化的情形时，这种前瞻性的应用可以是多元的。这种多元性的前瞻的价值在于，为理性地接受伦理判断提供一个基础，而不是从一个既定的道德框架那里寻求支持。"④在柯雄文看来，荀子正是以这种方式避免了传统暴政以及对传统的病态依附，从而维护了礼的生命力。

要获得道贯或者统类，荀子提出两种方法。第一种方法是向老师和书本学习礼。荀子认为，从师这种方法更为有效，因为它让学生更迅速地掌握礼的精神及其在交往中的作用。这是因为，循礼的体验不能从书本中获得，只能从通晓礼的内容和应用的

---

① 王先谦：《荀子集解》，第 105 页。
② 同上书，第 500 页。
③ 同上书，第 140—141。
④ 柯雄文：《人性、礼仪与历史：荀子和中国哲学研究》，第 97 页。

实践者那里获得。所以荀子说,"学莫便乎近其人"①,并且对儒家经典著作过于简洁且不能切中要害表示遗憾。在这方面,道德经验远比抽象知识更重要。

第二种方法是增强心的明辨能力。没有清晰和无偏见的心,一个人就会陷入偏见且不能把握事物的整体性,更不用说把握道贯。为了解蔽,荀子提出心应当"虚一而静":

> 人何以知道? 曰:心。心何以知? 曰:虚一而静。心未尝不臧也,然而有所谓虚;心未尝不满也,然而有所谓一;心未尝不动也,然而有所谓静。人生而有知,知而有志。志也者,臧也;然而有所谓虚,不以所已臧害所将受谓之虚。心生而有知,知而有异,异也者,同时兼知之;同时兼知之,两也。然而有所谓一,不以夫一害此一谓之一。心,卧则梦,偷则自行,使之则谋。故心未尝不动也。然而有所谓静,不以梦剧乱知谓之静。②

通过"虚一而静",荀子对道的追求就避免了困扰和偏见。在此,他创造性地将庄子对道的消极服从转化为对道的积极探求。庄子推崇"虚室生白",告诫人们不要保留任何知识。心要如一面镜子,反映事物但不持有事物。荀子继承了庄子的无执,但是坚持认为心能够拥有一些知识,这些知识不会影响心接收新的知识。

此外,荀子还讨论了有助于认识道贯的方法。他对语言学和逻辑学,如定义、命名、辩证法和释义法给予了很多关注。为了理解"道"并将"道"用于现实情境,一个人应该掌握"名"及其所对应之"实"。一个人应该拓展自身的知识,从而更准确地应用名。如此一来,一个人就能做到"统类",就能正确无误地区分不同的环境,并且无误地进行类比推理。否则,"法而不议,则法之所不至者必废;职而不通,则职之所不及者必坠"③。因此,效仿模范和扩充知识为礼之更新铺平了道路,从而保持了礼的活力。

总之,通过掌握道贯,心和礼之间的辩证运动得以确立。一个人可以像孔子一样通过实践礼、把握道贯而成圣。他继而能以新的感悟和活力来赋予礼以新意。因此,

---

① 王先谦:《荀子集解》,第 14 页。
② 同上书,第 395—396 页。
③ 同上书,第 151 页。

在心的创造性的帮助下,荀子将礼置于被不断赋予新意的过程之中,由此保持了儒家思想的生命力。

七、结　论

荀子是第一个将心的作用提升到极致的哲学家。心在控制欲望上起到了战无不胜的作用。在此,我们会发现荀子学说的不足之处。也就是说,荀子夸大了理性控制欲望的作用,而且忽略了环境对人的行为的影响。同在总体上以追求人类幸福为目标的理性相比,欲望包含了维持个体存活的本能,这些本能在大多数情形中也可被看作是善的。在某种程度上,理性有调和利益和欲望的内涵,可以使人们避免冲突,以维护安定。理性和欲望的关系并不像荀子和后来新儒家所认为的那样,是一种简单的“控制”关系。这是因为:一方面,理性不得不根据欲望实现的程度来改变自身;另一方面,理性很有可能在求生的紧急情况下变得无效。孟子就指出:“富岁,子弟多赖;凶岁,子弟多暴,非天之降才尔殊也,其所以陷溺其心者然也。”[1]因此,在生活艰难的时候不充分满足人们生存的欲望,而只是鼓励人们循礼,就会导致人们以伪善和反叛的行为代替道德行为。

总之,通过赋予心以道德能力,将心与性分开,荀子的道德理论补充了孟子学说而不是同其矛盾。因此,继孔子的德行伦理和孟子的性善仁政之后,荀子开创了第三阶段。令人遗憾的是,荀子之后的学者只看到了荀子和孟子的矛盾,这种偏见导致学者走向了理论与实践的错位。现在,我们应该意识到孟子的道德自然主义和荀子的政治制度主义之间的统一,应该意识到这二者都是孔子经典论点的应有之义。[2]

---

[1]　朱熹:《四书章句集注》,第 329 页。

[2]　成中英(Chung-ying Cheng):《德和法:对互惠互补性的儒家和康德式反思》(“Virtue and Law: A Confucian-Kantian Reflection on Mutuality and Complementarity”),见于《法律思考:东西方之交汇:欧洲和中国社会和国家机构中的法律》(Rechtsdenken: Schnittpunkte West und Ost: Recht in den gesellschafts-und staatstragenden Institutionen Europas und Chinas),哈拉尔德·霍尔茨、康拉德·魏格曼编,明斯特:文学出版社,2005,第 291—333 页。

自主、自限、自省和自得

——论《庄子》中"自"的构词

李晓英*

摘　要："自"的构词在《庄子》中并非一个意义统一的特定名词，但还是揭示了庄子独具特色的"成为自己"的内涵。《庄子》中"自"的构词在字面上有四层意义：第一，掘发个体的内在因素和自身力量，突出主动性、自发性和自主性空间，由此形成批判意识，既以肯定民众具有的自我发展和自我成就的天性和权利为前提，又具体地展开对现实强势政治的批判性分析。第二，"自"的部分构词有故步自封、自以为是的专断意味。庄子以对此的嘲讽批判形成对客观、公正、多样、丰富的向往和推崇，对偏狭封闭和专横独断的超越。第三，庄子以"自"的部分构词展开了个体省思，以个体反思或回归自身的能力，进一步阐释个体的能动性、自主性。第四，"自"的部分构词具有省思之后达到的精神自由和彼此无扰状态的含义，由此探赜庄子"自"构词的体系义：成为自己是庄子的终极追求，个体自由是庄子"自"构词的主体意涵。庄子的"自"构词既彰显个体的自发主动，又以自我限制和自我控制避免偏狭专断，进而实现每个个体的精神自在和彼此无扰。

关键词：《庄子》；"自本自根"；"自是"；"自反"；"自正（为、化、定、得）"

---

* 作者信息：李晓英，女，1970年生，河南省周口市人，周口师范学院老子暨中原文化研究中心教授，硕士生导师，主要研究方向为老子及道家研究。

一、问题的提出

尽管在《庄子》中"自"和由"自"构成的词并非一个意义统一的特定名词,但还是呈现出一种独特的语汇风景,揭示了道家独具特色的自己如此的思想观点。"自"最基本的含义是充当介词,有自从、起始之意,由此引申出"自"的本根意义。

围绕中国哲学古典文本的诠释,关于哲学诠释方法历来争议不断,我们不能不用西方哲学的概念和逻辑分析来诠释中国哲学,但是中国哲学的重视体验和体悟的特点和西方哲学看重逻辑和分析的特点又有不同,同时古今的差别和隔阂,使得对古代文本的分析越发显得困难和词不达意。在传统的思想文本中发现和汲取面对当代学术问题的思想资源,重新诠释当代学术问题的内涵与思考进路,从而实现从传统到当下的连接,又是当今急迫的任务。

笔者有感于近期学界在诠释古典文本时对概念的字面含义(语词义)和隐含意义的关联的揭示,如针对学界对老子及道家自然概念的语词义的阐释①,刘笑敢提出了老子自然概念的语词义和体系义的阐论,倡导对老子自然的严肃解说和体系义的揭示。②他从《老子》开始,经过《庄子》《荀子》《韩非子》《吕氏春秋》《春秋繁露》《淮南子》《文子》到《论衡》,梳理了《老子》之后自然一词在先秦两汉重要子书中使用与演变的情况,凸显出《老子》之自然的体系义与后人之自然在思想意义上的不同和演化,展现自然从整体义到个体义、从最高义到普遍义、从价值义到客观义的蜕变,希望促进对自然义之丰富性、复杂性和歧义性的理解。以上学者对自然的概念阐释对于笔者解释《庄子》"自"的构词既有方法启迪,又有意义关联:自然是"自"构词的一种情况,体现了其中一层含义。程乐松提出了文本古义、真义和大义的说法③,他认为在关于文本存在

① 叶树勋:《道家"自然"观念的演变——从老子的"非他然"到王充的"无意志"》,《南开学报(哲学社会科学版)》2017年第3期;杨杰:《"道恒无为"还是"道法自然"?》,《哲学研究》2019年第7期;曹峰:《因循万物之性到道性自然》,《人文杂志》2019年第8期;王博:《"然"与"自然"——道家"自然"观念的再研究》,《哲学研究》2018年第10期。

② 刘笑敢针对学界有关道家或老子的自然的多种讨论争鸣提出了老子自然的体系义,见刘笑敢《关于老子之自然的体系义》,《宗教与哲学》第六辑,2017年,第97—108页;刘笑敢:《"自然"的蜕变:从〈老子〉到〈论衡〉》,《哲学研究》2020年第10期。

③ 程乐松:《古义、真义与大义:以诠释范式为中心看中国古代思想文本的意义生成》,《复旦学报(社会科学版)》2020年第1期。

"原初内涵"或"原本含义"共识的前提下,不同的诠释者通过对文本的诠释和解读,构成迥异的文本内涵,完成自身观念表达和思想建构。学者对古义、真义与大义进行简单梳理,建立从古义到大义、从大义到真义的两种不同理解进路,说明三者之间存在的复杂关系及其在思想文本的诠释实践中的运用。古义、真义、大义的发掘亦体现出文本概念阐释的层次性和整体性背景。

　　笔者受以上学者对文本概念字面含义和隐含意义的理解的启发,借鉴他们对古典概念的语词义和引申义的分析,阐论《庄子》中"自"的构词语类;揭示"自"的构词在《庄子》文本中的字面含义或者说古义是什么,"自"的构词的体系义或者说真义、大义又是什么。学界最近多立足《庄子》"自"的构词的字面含义,或揭示"自"的构词的本来、原始含义①,或探讨"自"的构词的亲自和自己之义。② 笔者认为,"自"的构词的字面含义有四点:第一,"自"的部分构词具有自主性和自发性;第二,"自"的部分构词含有自以为是之意;第三,在此基础上,庄子揭示出"自"的部分构词所具有的反思省察之力;第四,在对"自"构词进行省思之后所达到的精神自在和生活无扰之最好状态。由此追探出庄子"自"的构词的体系义,即庄子哲学体系的根本性或主体性意蕴:庄子追求的是个体的精神自得和彼此无扰,庄子以"自"的构词彰显个体的自发和主动,又以自我限制和自我控制来避免偏狭专断,保障他者能像自我一样拥有自主性空间。

二、"自"的构词强调个体的主动、自发和自主性空间

　　《庄子》中出现"自视""自反""自壮""自举"等词,其中"自"有"自我""自己"之意,这些由"自"组成的词只是客观陈述自我进行的一些动作,不具有价值观上的褒贬含义。

　　　　禹亲自操橐耜而九杂天下之川。腓无胈,胫无毛,沐甚雨,栉疾风,置万国。

①　"自"的起始、开始的溯源性含义,许慎、段玉裁及现代学界多有讨论,如叶树勋《从"自""然"到"自然"——语文学视野下"自然"意义和特性的来源探寻》,《人文杂志》2020 年第 2 期;许建良《王弼"自然"三维义》,《江苏大学学报》2004 年第 2 期。

②　宋德刚:《前诸子时期观念——思想化"自"类语词探析》,《管子学刊》2018 年第 3 期;宋德刚:《〈庄子〉的"自"世界》,《中山大学学报(社会科学版)》2019 年第 4 期。

禹大圣也,而形劳天下也如此。　　　　　　　　　　　　　　　　　(《天下》)

惠子谓庄子曰:魏王,贻我大瓠之种,我树之成而实五石。以盛水浆,其坚不能自举也。剖之以为瓢,则瓠落无所容。非不呺然大也,吾为其无用而掊之。

　　　　　　　　　　　　　　　　　　　　　　　　　　　　　　(《逍遥游》)

庄子只是强调这是发自自己的动作,不是外物或他人强迫进行的动作,如"自见""自闻""自视"等。"自"具有自我审视、自我考量、从自己身上找原因的意味,是行为主体自身发出的行为。最典型的当属对"道"的自我生发作用的描述。

夫道有情有信,无为无形;可受而不可传,可得而不可见,自本自根,未有天地,自古以固存;神鬼神帝,生天生地……　　　　　　　　　　　(《大宗师》)

"道"为一切之本根,而更无所根本,是自本自根的。"道"依靠自己内在的能量,使自己产生,或产生自己。"自本自根"蕴含着"道"的自我创生和宇宙本根的意义,"自本自根"潜藏着"道"创生万物而没有什么事物创生"道"的含义。

道行之而成,物谓之而然。有自也而可,有自也而不可。有自也而然,有自也而不然。　　　　　　　　　　　　　　　　　　　　　　　　　(《齐物论》)

四句"有自也"的铺排强调万物在"道"的创生前提下所具有的自我主动性和能动性。

吾所谓聪者,非谓其闻彼也,自闻而已矣;吾所谓明者,非谓其见彼也,自见而已矣。　　　　　　　　　　　　　　　　　　　　　　　　　　(《骈拇》)

子独不闻夫至人之自行邪?忘其肝胆,遗其耳目,芒然彷徨乎尘垢之外,逍遥乎无事之业,是谓为而不恃,长而不宰。　　　　　　　　　　　　(《达生》)

不侈于后世,不靡于万物,不晖于数度,以绳墨自矫,而备世之急。古之道术有在于是者,墨翟、禽滑厘闻其风而说之。　　　　　　　　　(《天下》)

这些由"自"组成的词只是客观陈述发自自身的一些动作,不是外物或他人进行的动作。在下面的材料中,"自"则具有自我解脱和自我解放的意味。

> 且夫得者,时也,失者,顺也;安时而处顺,哀乐不能入也。此古之所谓悬解
> 也。而不能自解者,物有结之。　　　　　　　　　　　　　　　　　　(《大宗师》)

《庄子》中有部分"自"组成的词,其个体的独立自主,喻示万物或百姓的自主和自发,典型的当属"自然"。《庄子》中当"自"与"然"结合起来,表达万物或百姓自己如此、不受干涉之意时,其主体多为物或民。刘笑敢认为内篇两处和外杂篇五处"自然"的语意和情景有所不同:内篇两处强调的是顺应外在世界的自然而然的存在和变化,不去强行改变外在世界;而外杂篇的五处则都主张行为主体的行为方式应自然而然,反对的仍然是外在力量的强行干预。尽管含义不尽相同,但《庄子》中的七处"自然"强调的都是不受外来干扰的意思。①

《大宗师》中的"自解"与"悬解"相对应,"自解"即是能达到"悬解"之境的途径,"悬解"即是能够安命之境地,即"安时而处顺,哀乐不能入也"。长期边缘化的庄子深知自己无力改变社会现实和个人命运的现状,只能改变自己的内在世界,追求自己的精神自由。庄子以"自解"来倡导世人的自我解放和解脱。

《庄子》中还有"自定""自富""自正""自朴""自壮""自为""自生""自得"等,这些词的主语均为万物或民众,喻示万物或民众的独立与自主,隐含万物和百姓的自我发展、自我完善、自我管理和自我成就等天性的确认,而这正是不受外力强迫和强制的结果,这也最能体现道家自然的含义,体现老庄"道"之精髓,体现道家的思想独特性。

> 老聃曰:"不然。夫水之于汋也,无为而才自然矣;至人之于德也,不修而物不
> 能离焉。若天之自高,地之自厚,日月之自明,夫何修焉!"　　　　　(《田子方》)

自然流出的水,毫无人为干预,才是真正地自然而然;以此比拟人的德性,认为人应当不刻意修为才能被万物拥戴,好比天本来就高,地本来就厚,日月本来就明一样。自高、自厚、自明和自然一样是自己如此、自然而然、没有外力作用的意思。

---

① 刘笑敢:《析论〈庄子〉书中的两种"自然"——从历史到当代》,《哲学动态》2019 年第 12 期。

庄子继承老子"自化""自宾""自朴"等观点,以"自壮""自正""自穷""自化""自著"等词语表达万物或百姓不受干涉和控制的自由自在的状态,这是庄子最向往的万物民众不受干扰、精神自在的状态,隐含着对民众权利的确认。《庄子》强调,理想的天下秩序体现为万物无扰的状态,天下和谐安然重于君位继替,天下应该"无事",人君应放弃天下治权。这种状态与《庄子》的精神体验和心灵升华互为表里。按庄子的理解,天下归属于万物民众,因而不必治理。①

> 阴阳有藏,慎守汝身,物将自壮。 　　　　　　　　　　　　　　　　（《在宥》）
>
> 有莫举名,使物自喜,立乎不测,而游于无有者也。 　　　　　　　　（《应帝王》）
>
> 无视无听,抱神以静,形将自正。 　　　　　　　　　　　　　　　　（《在宥》）
>
> 天子诸侯大夫庶人,此四者自正,治之美也,四者离位而乱莫大焉。（《渔父》）
>
> 汝徒处无为,而物自化。……无问其名,无阋其性,物固自生。 　　（《在宥》）
>
> 明于天,通于圣,六通四辟于帝王之德者,其自为也,昧然无不静者矣。
>
> 　　　　　　　　　　　　　　　　　　　　　　　　　　　　　（《天道》）
>
> 何为乎,何不为乎? 夫固将自化。 　　　　　　　　　　　　　　　（《秋水》）
>
> 鸡鸣狗吠,是人之所知,虽有大知,不能以言读其所自化,又不能以意其、所将为。斯而析之,精至于无伦,大至于不可围。 　　　　　　　　　　（《则阳》）
>
> 在己无居,形物自著。其动若水,其静若镜,其应若响。 　　　　　（《天下》）

庄子学派对"自化""自壮""自正""自穷""万物自化"的肯定,体现了理想的盛世状态即人君无为而知天下的结果,这是万物和百姓不受干涉和控制,各司其职、各负其责、各尽其能、晏然有序的状态。庄子对以往君主的治理进行了梳理抨击,认为其非正义性在于仅仅为显示人君之才干智慧,而不是顾忌天下百姓的感受。从中可以看出庄子对政治和治理的理解蕴含着内在的批判意识,后者既以肯定民众具有的自我发展和自我成就的天性和权利为前提,又具体展开为对现实政治的批判性分析。"自喜""自壮""自高""自厚""自正""自来"等,主要是指万物或百姓的自发性、主动性,都隐含不受干扰之意。

---

① 李晓英:《〈庄子〉天下观初探》,《郑州大学学报(哲学社会科学版)》2015年第2期。

三、"自"的构词具有自以为是之意

《庄子》中某些"自"构成的词具有自以为是、故步自封的意思。

在《庄子》中,"自"表达了自我单方面认识世界、考察问题的做法,如:"有自也而可,有自也而不可。有自也而然,有自也而不然。"(《寓言》)郭象注:"夫各执自见,故有可有然,自他既空,然可斯泯。"对"物固有所然,物固有所可,无物不然,无物不可",郭象注:"各自然,各自可。"《庄子》中的"自"隐含着自以为是、唯我独尊和自我膨胀之意,对这种"自",庄子予以否定和反思,如"自彼则不见,自知则知之"(《齐物论》),成玄英疏:"自为彼所彼,此则不自见,自知已为是,便则知之;物之有偏见也,例皆如是。若审能见他见自,故无是无非也。"另外还有不少由"自"组成的词如"自以为""自喜""自美""自媒""自好""自贵"等,类似《老子》中的"自是""自见""自伐"等。具体分析见下列材料。

"自以为"意味着隐含了一种偏私和狭隘,忽略了自我以外的他人和他物的存在,忽略了自我以外的客观现存世界,以过强的主体性覆盖了万物共存的空间。

　　　　禹自以为种而天下耳,是以天下无骇,儒墨皆起。　　　　　　　(《天运》)

自以为独尊而奴役天下。章太炎说:"言天下人皆自行其意。"郭象注:"不能大斋万物而从自别。"

　　　　(孔)丘治诗书礼乐易春秋六经,自以为久矣,孰知其故也。　　　　(《天运》)
　　　　始也吾以南面而君天下,执民之纪而忧其死,吾自以为至通矣。今吾闻至人之言,恐吾无其实,轻用吾身而亡其国。　　　　　　　　　　　　　　　(《德充符》)
　　　　人有畏影恶迹而去之走者,举足愈数而迹愈多,走愈疾而影不离身,自以为尚迟。疾走不休,绝力而死。不知处阴以休影。处静以息迹,愚亦甚矣!

　　　　　　　　　　　　　　　　　　　　　　　　　　　　　　　(《渔父》)

以上材料中的"自以为"意即缺乏对现存世界的正确周详的认识。《庄子》中由"自"组成的词"自好""自美""自喜""自视""自取""自多""自贤""自谓"等,都含有以偏概全、以我排他的傲慢和偏见,充斥着自我夸耀、自我膨胀和故步自封之意,庄子对此在肯定其价值的同时也进行了批判和否定。

> 凶德有五,中德为首,何谓中德? 中德也者,有以自好也而其所不为者也。
>
> (《列御寇》)
>
> 天下大乱,圣贤不明,道德不一,天下多得以察焉以自好。 (《天下》)
>
> 其美者自美,吾不知其美也;其恶者自恶,人不知其恶也。 (《山木》)
>
> 夫随其成心而师之,谁独且无师乎? 奚必知代而自取者有之? 愚者与有焉!
>
> (《齐物论》)
>
> 故夫知效一官,行比一乡,德合一君而征一国者,其自视也亦如此矣。
>
> (《逍遥游》)
>
> 而吾未尝以此自多者,自以比形于天地而受气于阴阳,吾在于天地之间,犹小石小木之在大山也。方存乎见少,又奚以自多! (《秋水》)
>
> 秋水时至,百川灌河。泾流之大,两涘崖之间,不辨牛马。于是焉,河伯欣然自喜①,以天下之美为尽在已。 (《秋水》)
>
> 阳子曰:弟子记之,行贤而去自贤之心,安往而不爱哉。 (《山木》)
>
> 子自谓才士圣人邪? (《盗跖》)

以上"自好""自美""自视""自取""自多""自喜""自贤""自谓"等具有自以为是、唯我独尊之意,庄子将此概括为"自是"予以激烈批判,认为每一种事物的先天禀赋都有"所偏"。借用《列子》的说法就是"天地无全功,圣人无全能,万物无全用"。因每个个体都有一偏性的限制,它就不能完全靠自身来满足和保持它的同一性和持续性,而是需要凭借其他的事物。庄子反对"自是"——任何一种自以为是、不见他物的思想和主张。"自是"在人的认识和交往中几成通病。在讲述完儒者缓和其弟墨争辩后自杀的故事后,庄子说:

> 夫造物者之报人也,不报其人而报其人之天,彼故使彼。夫人以己为有以异于人以贱其亲,齐人之井饮者相捽也。故曰:今之世皆缓也。自是,有德者以不知

---

① 此处"自喜"有自以为是、无限膨胀之意,另外《应帝王》中的"使物自喜"则是万物自然之意。

也,而况有道者乎! 古者谓之遁天之刑。   (《列御寇》)

"自是",学界多释为自以为是。① "自是"意味着自大与自狂。对立双方的自以为是导致了世界的分裂,儒士郑缓自认为高于别人而轻侮自己的父亲,正如齐人掘井饮水而互相扭打一样,加剧了人们相互理解的困难。争鸣的百家各执一词,拗于己见。

喜怒相疑,愚知相欺,善否相非,诞信相讥。   (《在宥》)

"相"指出了当时陷入是非争执的圈子的实况。参与学术活动的人,无不囿于一己之见,造成心灵的闭塞。"私"恰当地揭示出"自"的画地为牢之义。可见,用哲学语言来说,破除差异与共在的对立关系及其所带来的治理困境,寻求差异与共在的辩证统一,成为庄子的问题意识与哲学理想。

暧姝者,学一先生之言,则暧暧姝姝而私自说也,自以为足矣。   (《徐无鬼》)
天下之人,各为其所欲焉,以自为方。悲夫,百家往而不返,必不合矣。后世之学者,不幸不见天地之纯、古人子大体。道术将为天下裂。   (《天下》)

世俗的人梦想超级力量,甚至将自我看成超人,不仅希望自我有强大的能力,也想因此获得一种优越于他者的特权。"自以为足""心自取"遭到《庄子》的多次批评。

且夫知不知是非之竟,而犹欲观于庄子之言,是犹使蚊负山,商蚷驰河也,必不胜任矣。且夫知不知论极妙之言,而自适一时之利者,是非埳井之蛙与? ……
子乃规规然而求之以察,索之以辨,是直用管窥天,用锥指地也,不亦小乎? ……
                                                    (《秋水》)

---

① 俞樾释"自是"二字为绝句。以读为已。"若(郑)缓之自美其儒,是自是也。有德者已不知有此。有道者更无论矣。"见王叔岷《庄子校诠》(下),北京:中华书局,2013 年,第 1260 页。陈鼓应释"自是"为自以为是,见《庄子今注今译》,北京:中华书局,1983 年,第 836 页。阮敏崧认为:"以读为已。如缓之以已为有,即自是其有德也。凡若此者,人已笑其不智,何况以其有道者自是者乎!"见崔大华《庄子歧解》,北京:中华书局,2012 年,第 808 页。

自执一词的公孙龙坚持"规规然而求之以察,索之以辨"的思维方式,导致"用管窥天,用锥指地"的偏狭片面的效果,"曲士不可语于道者,束于教也"的特性,使其根本不能体会庄子"道通为一"的观点,亦不能够"奭然四解""反于大通"。

为了避免"各是其所是",庄子提出"公是"的说法。

> 庄子曰:"天下非有公是也,而各是其所是,天下皆尧也,可乎?"惠子曰:"可。"庄子曰:"然则儒墨杨秉四,与夫子为五,果孰是邪?"……惠子曰:"今乎儒墨杨秉,且方与我以辩,相拂以辞,相镇以声,而未始吾非也,则奚若矣?"庄子曰:"齐国人蹢子于宋者,其命阍也不以完,其求钘钟也以束缚,其求唐子也而未始出域,有遗类矣! 夫楚人寄而谪阍者,夜半于无人之时而与舟人斗,未始离于岑而足以造于怨也。"
>
> (《徐无鬼》)

论证双方的观点,各有各的价值,也各有各的偏好和立场,正如裴颁说:"夫品而为族,则所禀者偏。偏无自足,故凭乎外资。是以生而可寻,所谓理也。"(《崇有论》,《晋书》卷三十五《裴颁传》)我们接受裴颁的相济关系的观点而不接受他的解释。事物和个体正是因为有不同的禀赋和个性,才表现出这样那样的特点;如果它们能够禀赋一切,它们就不再是具体的事物和个体了。"公是"即为共识。儒墨杨秉从各自经验和立场出发,"相拂以辞,相镇以声","各是其所是",以各自的偏好和倾向,造成了对世界认识的分裂。庄子认为一定要有"公是",才能避免天下皆尧的情况。① "公是"不是谋求同一性和均等性,而是强调多样性和共识,正如荀子所言:"天下之人,唯各特意哉,然而有所共予也。"(《荀子·大略》)世人对人对事都有各自不同的看法、主张和立场,但他们亦有共同认可和赞同的东西。这个具体的东西是什么? 庄子并没有明说,结合《庄子》文本,我们猜测应该是多元多样的共存,因为"它是一种'成为人'的多样而有效的方法。我们要通过与不同个体的接触,来练就'倾听'的技术,培养关爱他人的伦理观和发现自我的能力"。这种能力强调了关于"个人与他人的相互承认"以及在

---

① 李晓英:《庄子在〈庄子〉中的形象》,《道家文化研究》第三十一辑,北京:中华书局,2017年,第282—286页。

这种"相互承认"中成就个人自由和尊严的思考。①《庄子·则阳》篇用虚拟的手法塑造了两个有强烈对比性的人物和他们的对话。这两位人物，一位是知识贫乏的"少知"，另一位是能够高谈阔论的"大公调"。大公调回答了少知提出的什么是习俗和公共舆论（"丘里之言"）的问题，对事物的"同异关系"提出了一个重要论断，说将不同和差异的东西统合起来就是"共同"，将共同的东西分散开就是差异。这段文本的下文强调，差异性和多样性是造就整体性和共同性的力量：卑下的土层对丘山之高，众多支流和河水对江河之大等。根据这些例证，事物的整体性和共同性力量，都是由多样性、差异性造就的。没有事物的差异性、多样性，没有事物各自的作用，就没有创造性，也就没有事物的整体力量。

在和自身的相处中，庄子批判了个体对自身的强迫和强压，同样体现出庄子对自我强迫和专断的批评。

> 中山公子牟谓瞻子曰："身在江海之上，心居乎魏阙之下，奈何？"瞻子曰："重生，重生则利轻。"中山公子牟曰："虽知之，未能自胜也。"瞻子曰："不能自胜则从，神无恶乎？不能自胜而强不从者，此之谓重伤。重伤之人，无寿类矣。"②
>
> （《让王》）
>
> （墨子之学）以此教人，恐不爱人；以此自行，固不爱己。　　　　（《天下》）

"自胜"意味着自我的傲慢和偏见。瞻子对中山公子不顾及内心真实感受，不听从内心真实声音，强行压抑内心意愿进行批评，谓之"重伤"。墨子的苦行自虐是自我压迫和自我专断的典型，同样处于庄子的批判行列。

四、"自"的构词的自我反思和自我检讨之意

"自"从起始、开始的创生和创造之意，生发出对自发性、主动性的凸显，也标示出对偏狭专断的声讨。对自主性的主张和对专断性的反思，为何这相反相生的两层

---

① 乌尔里希·贝克、伊丽莎白·贝克-格恩斯海姆：《个体化》，李荣山、范譞、张惠强译，北京：北京大学出版社，2011 年，第 246 页。

② 郭庆藩认为世德堂本无"自"字。

寓意蕴含于庄子的"自"的构词之中？这就需要深入思考庄子思想体系的根本性意蕴。追求个体精神自在逍遥是庄子及其后学的主旨,在保障个体的独立自由的前提下,既要倡导自我不被外界干涉控制,也要防止和杜绝自我遮蔽和自我膨胀。因此,在对自我进行反思的基础上获得精神自在和圆满自得,是庄学阐释的"自"概念的根本出发点和大义。

庄子通过"自"的语汇倡扬主体在精神领域进行的自我省思和反思。①

　　　子既若矣,犹与尧争善,计之之德,不足以自反邪?　　　　　　(《德充符》)

"自反"指的是自我的反省,是自我的省思和反顾。② 还有"自知""自灸""自藏""自善""自状"等,包含着自我检讨、自我修正和自我修持之意,同样彰显人类自我的自主性、能动性和反思性。

　　　君非自知我也。以人之言而遗我粟,至其罪我也又且以人之言,此吾所以不受也。　　　　　　　　　　　　　　　　　　　　　　　　　　　　(《让王》)
　　　孔子曰:"然。丘所谓无病而自灸也。疾走料虎头,编虎须,几不免虎口哉!"
　　　　　　　　　　　　　　　　　　　　　　　　　　　　　　　　　(《盗跖》)
　　　是圣人仆也。是自埋于民,自藏于畔。其声销,其志无穷,其口虽言,其心未尝言,方且与世违而心不屑与之俱。　　　　　　　　　　　　　　(《则阳》)
　　　去小知而大知明,去善而自善矣。③　　　　　　　　　　　　　(《外物》)
　　　自状其过,以不当亡者众,不状其过,以不当存者寡,知不可奈何,而安之若命,唯有德者能之。　　　　　　　　　　　　　　　　　　　　　　(《德充符》)

---

① 老子提出人应当在现实生活中具有自我批判和批评精神,"富贵而骄,自遗其咎"(《老子·九章》)。

② 《礼记·学记》:"是故学然后知不足,教然后知困。知不足,然后能自反也;知困,然后能自强也。故曰:教学相长也。"《老子·二十二章》中的"自知者明""自胜者强"也都是自我省思和反思的凸显。

③ 郭象注:"去善则善无所慕,善无所慕,则善者不矫而自善也。"成玄英疏:"遗矜尚之小心,合自然之大善。"

"自苦""自累""自勉""自伤""自寇""自为谋"都凸显了自残和自虐之意。行为主体认识到伤害自身的原因不是来自外界,而是来自自身,正是自己的原因造成这种意想不到的后果。在"自"的以上构词中,庄子以批判、嘲讽的口气将自我所应承担的责任,将自我应当具有的省思检讨揭示出来。进而,自我的积极主动性面向,也一并生发并显现出来。

　　使后世之墨者,多以裘褐为衣,以跂蹻为服,日夜不休,以自苦为极,曰:不能如此,非禹之道也,不足谓墨。　　　　　　　　　　　　　　　　　　　　(《天下》)

　　知足者不以利自累也。　　　　　　　　　　　　　　　　　　　　　　　(《让王》)

　　夫孝悌仁义,忠信贞廉,此皆自勉以役其德者也,不足多也。　　　　　　(《天运》)

　　公(指齐桓公)则自伤,鬼恶能伤公。　　　　　　　　　　　　　　　　　(《达生》)

　　山木自寇也,膏火自煎也。桂可食,故伐之;漆可用,故割之。人皆知有用之用,而莫知无用之用也。　　　　　　　　　　　　　　　　　　　　　　　　(《人间世》)

　　为牺谋,曰不如食以糠糟而错之牢筴之中,自为谋,则苟生有轩冕之尊,死得于腞楯之上,聚偻之中则为之。为牺谋则去之,自为谋则取之,所异牺者何也。

　　　　　　　　　　　　　　　　　　　　　　　　　　　　　　　　　(《达生》)

　　以上材料中的"自"体现了行为主体对自身行为的检讨和纠正,是对自身行为的反思和省思。尽管"自"指示了行为的来源和起源,但它同时蕴含了反思或回归自身的能力,因此,"自"无疑也具有反思性的一面。庄子对这类"自"的构词的批判嘲讽,显示了对人类自我的能动性和反思性的阐明。

　　自我的反思和约束在道家文本中通常以"不自×"的模式表达出来,如"不自生""不自为大""不自见""不自贵""不自己""不自隐""不自许"等,以此强调对自我的约束节制,主体是上位者,也包括一般之人。老子第7、34、72章提出了"不自生""不自伐""不自大""不自见""不自贵"等观点。"不自×"是产生于自我反思并被自我反思所凸显的自我的弱化面,它使自我反思成为可能。在这个过程中,依然是"自"构成自我的反思,自我控制和自我成就同时成为变化和革新的动力。

　　庄子延续了这种表达方式和思想观点。

　　形若槁骸,心若死灰,真其实知,不以故自持。　　　　　　　　　　　　(《知北游》)

"不自持"是获得真知的前提,"形若槁骸,心若死灰"是不自持的具体表现。

> 天地之养也,登高不可以为常,居下不可以为短。君独为万乘之主,以苦一国之民,以养耳目口鼻,夫神者不自许也。夫神者,好和而恶奸。夫奸,病也,故劳之,唯君所病之何也。① （《徐无鬼》）

《庄子》在强调主体性与个体尊严的时候,把个人的自我限制和约束结合起来,从而实现了整体的、自然的、和谐的秩序。

> 明王之治,功盖天下而似不自己,化贷万物而民弗恃;有莫举名,使物自喜,立乎不测,而游于无有者也。 （《应帝王》）

明王的"不自己"和"物自喜"对应,是无为而治的具体表现。上位者顺应自然,避免用私欲和意图干扰自然的运行,则天下将会得到治理。明王之治的特点在于功盖天下却并不以为这些功绩缘于自己;虽作用于治国过程,却并不让人对自己形成依赖感。《庄子》反复论及自我膨胀的害处,强调自我约束、自我控制和自我限制的必要性。这既是治理的最佳原则体现,亦是自我健康发展的金玉良言。

> 隐,故不自隐。古之所谓隐士者,非伏身而弗见也,非闭其言而不出也。非藏其知而不发也,时命大谬也。当时命而大行乎天下,则反一无迹;不当时命而大穷乎天下,则深根宁极而待;此存身之道也。 （《缮性》）

追求逍遥,并不意味着从社会之中抽身而去。《庄子》以"不自隐"谈"隐",对"隐"做了一定程度的限制。乱世不必韬光便已自隐。古之所谓隐士,并不是为了隐伏身形而不愿显现于世,并非因为缄默不言而不愿吐露真情,更不是为了深藏才智而不愿有所发挥,而是因为时遇和命运乖妄、背谬。当时遇和命运顺应自然而通行于天下,就会返归浑沌纯一之境而不显露踪迹。当时遇不顺、命运乖违而穷困于天

---

① 《徐无鬼》成疏:"许,与也。夫圣主神人,无我平等,必不多贪滋味而自与焉。"圣明之人从不为自己求取分外的东西。

下，就固守根本、保有宁寂至极之性而静心等待。这就是保存自身的方法。"不自隐"既体现了一种灵活的游世，更蕴含着一种无奈的存世观点。这体现了《庄子》关注现实人生的立场取向。

五、"自"的构词具有精神自在之意

在自我彰显和自我限制这看似对立的两层含义的背后，庄子关心的是个体的精神自在和生活无扰。《庄子》文本中还有一些由"自"组成的词汇，体现了个体的悠然自得，如"自得""自喻""自娱""自乐""自取"，这些词汇表达出庄学对精神逍遥和心灵自由的向往。

余立于宇宙之中，冬日衣皮毛，夏日衣葛；春耕种，形足以劳动；秋收敛，身足以休食；日出而作，日入而息，逍遥于天地之间而心意自得。　　　　　　　（《让王》）

知足者不以利自累也，审自得者失之而不惧，行修于内者无位而不怍。

（《让王》）

安闲自得之人可以心如止水。真正的个人自由不是建立在天人相隔、强制违背的基础上，而恰恰以人对外部世界的顺其自然为前提（"余立于宇宙之中"），它不再以强制改变世界来作为个体自由的条件，而是把顺任世界看作个体自由的条件与实现；不再把个人看成独立自在、没有窗户的封闭单子，而是看成宇宙中"日出而作，日入而息"的一分子。庄子批判那些因为思虑过度不能"自得"之辈。

以其至小穷其至大之域，是故迷乱而不能自得①也。由此观之，又何以知毫末之足以定至之倪！又何以知天地之足以穷至大之域！　　　　　（《秋水》）

阴阳并毗，四时不至，寒暑之和不成，其反伤人之形乎！使人喜怒失位，居处无常，思虑不自得，中道不成章，于是乎天下始乔诘卓鸷，而后有盗跖、曾、史之行。

（《在宥》）

---

① 此处"自得"隐含着个体的收获和成长，并非迷失自我和丢失自我的意思，也非自我创生的意思。

自得与迷乱相对,要求"以其至小穷其至大之域",突破心态、眼光的疆域,达到自主和自由的境界。体现个体自然而然、不受强迫的状态的还有"自喻"的说法。

> 昔者庄周梦为蝴蝶,栩栩然蝴蝶也。自喻适志与!不知周也。俄然觉,则蘧蘧然周也。
>
> (《齐物论》)

"栩栩然"和"蘧蘧然"的两相对比,可以看出庄子"自喻"的悠闲自得。

> 颜回对曰:不愿仕。回有郭外之田五十亩,足以给飦粥;郭内之田四十亩,足以为丝麻;鼓琴足以自娱,所学夫子之道者足以自乐也。回不愿仕。 (《让王》)

达到"自娱""自乐"境界的颜回当然可以拒绝入仕。

> 由天地之道观惠施之能,其犹一蚊一虻之劳者也。其于物也何庸!夫充一尚可,曰愈贵,道几矣!惠施不能以此自宁,散于万物而不厌,卒以善辩为名。
>
> (《天下》)

在庄子学派看来,惠施痴迷于辩术,将心思分散于万物而忽略对"道"之追求,肯定不能达到"自宁"的理想境界。前文所说的"自解"作为达到"悬解"之路径,也具有精神解放之意。

> 不明于天者,不纯于德;不通于道者,无自而可。不明于道者,悲夫!
>
> (《在宥》)

"自"是明天、纯德、通道的象征和体现,或者说"自"执行和承担着"明天""纯德""通道"的作用,如果失去自我,沦丧于俗,在庄子看来则是悲剧。庄子在安命的基础上,通过齐物、坐忘、心斋等思想和心灵的修养,达到逍遥游的境界,体验与天地万物融为一体,游乎四海之外的享受。

六、"自"的构词的体系义：个体独立和彼此无扰
是庄子的绝对追求

　　乱世危局中的庄子是个特立独行的读书人,一个做过漆园吏的下层贵族,他对社会政治生活有深刻的体会,知道自己无力改变社会现实和个人在现实中的命运,无力改变外在既定境遇,只能转而走向改变内在世界和追求精神自由的路径。尽管庄子的基本倾向是强调万物的共性和统一性,追求天地万物一体的精神境界,但庄子并不避世,也论及合群。个体之自由独立和彼此无扰则是庄子的绝对追求。① 体现庄子精神自由的绝对追求的概念和词汇很多,除了前文举出的"自"的部分构词外,还有"逍遥""独""忘"等。庄子不满社会的束缚和约束,渴望无限的自由和逍遥,他设想没有任何依赖的无待的自由和逍遥,想象出了看似有空间而实际上是在虚拟世界中的极限之游和逍遥,如"而游于无有者也""游乎尘垢之外""游心乎无穷""游乎万物之所终始""游乎无何有之宫""游于大莫之国""游心于物之初""游于太虚""浮游乎万物之祖""游无端""游无朕"等。"游""逍遥"就是遨游极限的绝对自由,是个体发挥主动、潜心反省、避开专断、释怀安命的独自独特的精神之游,肯定排除了各种干扰和纷扰。

　　就人的存在而言,庄子认为个体性的特点更具体地与"独"相联系。"形体掘若槁木,似遗物离人而立于独"(《田子方》)。高远玄渺神妙的理想人格,所体现出的神奇表现是"遗物离人",是摆脱一切羁绊的绝对自由。《庄子》将体现个体性品格的人称为"独有之人":"出入六合,游乎九州,独往独来,是谓独有。独有之人,是之谓至贵。"(《在宥》)"独"既指无所依傍,也有唯一或独一之意,后者所突出的首先是个体性的规定。于六合九州之中独往独来,一方面表现了无所依傍的独立精神,另一方面彰显个体不同于他人或他物的独特品格,二者从不同维度上展开了个体原则。作为二者统一的"独有之人",被赋予至上价值,即所谓"至贵"。

　　个人的独立自由或独特存在的意义,在"我"与外界的关系中得到了进一步的展示。"古之至人,先存诸己而后存诸人,所存于己者未定,何暇至于暴人之所行!"(《人间世》)"至人"是《庄子》中的理想人格,喻示着理想的存在方式,"存"意谓"立"(参见

---

①　缘于此,郭象引申创造出"独化论"和"无待"的概念。

成玄英《庄子疏·人间世》）。"先"不仅涉及时间之先,更指向存在意义上的优先。"先存诸己而后存诸人",亦即首先使自我达到合乎独立自由的理想之境,而后要求或推动他人达到同样境地。自我和外界的彼此无扰,《庄子》还通过"忘"来揭示。《庄子》区分了"我忘天下"与"天下忘我",认为"兼忘天下易,使天下兼忘我难"（《天运》）。"我忘天下"意味着不执着于对象,涉及个人释怀外界的精神境界（"我"与天下为一）,讨论的是"我"的精神自在;"天下忘我"则表明"我"对外界没有干涉控制,对天下的作用已达到不落痕迹的化境,从而可以不为他人所关注,讨论的是他人他物自由自在的境地,故而更难。在此意义上,"天下兼忘我难"喻示个体不要因为伸张自主性、独立性而与他者产生龃龉。独立独特之个体具有无法忽视、不可抹去的自主的性质。如果说,自我省思意义上的"我忘天下"以自我限制为内涵,那么个体难以消逝意义上的"天下兼忘我难"则进一步强化了他者和自我一样重要的独立自由。这里,我们再次看到了个体原则与自主、自发原则的融合。

《庄子》将"忘"彻底推扩出去,不仅忘天下,让天下忘我,还要彼此相忘,"泉涸,鱼相与处于陆,相呴以湿,相濡以沫,不如相忘于江湖"（《大宗师》）。"相忘于江湖"更强调了彼此的自在和无扰,甚至彼此的需要和吸引都应该超越。相忘的结果是悠闲自在,"若夫不刻意而高,无仁义而修,无功名而治,无江海而闲,不道引而寿,无不忘也,无不有也,澹然无极,而众美从,此天地之道,圣人之德也。"（《刻意》）这里特别值得注意的是"无江海而闲"。居江海,隐喻着出世;无江海,则是存在于世。总体来说,"无江海而闲","闲"即无纷扰,也就是在与人共处中达到个体逍遥。《庄子》区分了"内化"与"外化":"古之人外化而内不化,今之人内化而外不化。与物化者,一不化者也。"（《知北游》）"内化",即内在的精神世界随物而迁、与俗俱化;"外化",则是在存在方式上面对现实,融乎世界,与人共存。"古之人"的特点,即在为人处世方面避免与社会的分离与冲突（"外化"）,但在精神追求方面则始终保持个体的自我认同,维护精神世界的独立性（"内不化"）。

七、结　语

"自"构成的词在《庄子》中尽管并非一个意义统一的特定名词,但还是揭示了道家独具特色的自己如此的思想内涵。从寓意开始、起始的创造之意出发,庄子一方面对"自"的部分构词予以褒扬,倡导个体的主动性和自主性;一方面对"自"的部分构词进行批评,避免偏狭专断的立场。在此基础上,力主个体的自我反思和检讨,同样彰显个体的主动性和能动性。最后,"自"在经过省思之后达到精神自由和生活无扰之最好状态。由此探赜庄子"自"的构词的体系义:庄子以"自"的构词,既彰显个体的自发和主动,又以自我限制和自我控制来避免偏狭专断,保障他者能像自我一样拥有自主性空间,进而实现每个个体的精神独立和彼此之间的无扰。

宋明哲学研究

王阳明《答顾东桥书》解读

朱 承*

摘 要:《答顾东桥书》是《传习录》中卷首篇,在钱德洪为《传习录》中卷所作的序言里称为《答人论学书》。不同于上卷和下卷内容为弟子门人所记录,中卷书信都为王阳明本人亲自书写,比较集中地反映了王阳明的精神气质与语言风格。顾东桥(1476—1545),名璘,字华玉,号东桥,今江苏江宁人,官至南京刑部尚书。王阳明《答顾东桥书》作于1525年前后,是王阳明50岁以后的文字,思想体系已十分成熟。此信较为系统地呈现了王阳明心学思想,对心即理、知行合一、致良知、万物一体等核心观念都做了阐发,同时对朱子格物说也做了细致的回应,提出了他自己在格物、致知、正心、诚意等问题上的心学认知,在王阳明思想文献里具有提纲挈领的意义。

关键词:顾东桥;王阳明;格物;心学

【1】来书云:"近时学者,务外遗内,博而寡要。故先生特倡'诚意'一义,针砭膏肓,诚大惠也!"

吾子洞见时弊如此矣,亦将同以救之乎?然则鄙人之心,吾子固已一句道尽,复何言哉!复何言哉!若"诚意"之说,自是圣门教人用功第一义,但近世学者乃作第二义

---

* 作者信息:朱承,男,1977年生,安徽安庆人,华东师范大学哲学系教授,教育部人文社会科学重点研究基地中国现代思想文化研究所研究员,博士生导师,主要研究方向为中国哲学、政治哲学。

看,故稍与提掇紧要出来,非鄙人所能特倡也。

【解读】顾东桥在来信中称赞王阳明学说的主旨,他认为王阳明倡导"诚意"之说,针砭时弊,对症下药,对于当时学者务外遗内的为学弊病与博而寡要的空虚学风有所纠偏,具有十分重要的贡献。

对于这样的客气话,王阳明虽有谦虚之辞,但也表示了对自己学说的信心。他指出,顾东桥对于当时为学之弊的看法是和他本人相近的,也希望顾东桥和他一道来拯救时弊。"亦将同以救之乎?"这句也是对后文二人观点激烈交锋的反衬。同时,王阳明强调,"诚意"即从内在的心体上用功,是儒家修养工夫中的核心要义之所在,但是当时的学者并没有这样的认识,所以他才不断地予以发明倡导。他还表示,这一观点不是他的独创,而是因为儒家工夫真义即是如此。

这一段大体是二人论学书信的开场白,客套成分多于实质观点的阐述,但也开始涉及王阳明心学对当时学术思想界的冲击。

【2】来书云:"但恐立说太高,用功太捷,后生师传,影响谬误,未免坠于佛氏明心、见性、定慧、顿悟之机,无怪闻者见疑。"

区区格、致、诚、正之说,是就学者本心、日用事为间,体究践履,实地用功,是多少次第、多少积累在!正与空虚顿悟之说相反。闻者本无求为圣人之志,又未尝讲究其详,遂以见疑,亦无足怪。若吾子之高明,自当一语之下便了然矣。乃亦谓"立说太高、用功太捷",何邪?

【解读】顾东桥在来信中话锋一转,对王阳明开始提出质疑和批评。其质疑点主要在于:立说太高,工夫简便,与禅宗"明心见性、定慧顿悟"的修习法门差别不大,从而可能因蹈空履虚、背离儒家立场而被人诟病。

王阳明对此进行了辩护。他指出,心学的格物、致知、正心、诚意学说,绝不是"方便法门",而是希望人们反求本心,在日常生活的践履中扎实用功,循序渐进,不断积累,这恰恰是针对空虚顿悟之说而言。那些指摘心学的人,本来就没有学为圣人之志,对心学思想也没有仔细探究,故而常常质疑心学与佛禅学说相似。另外,王阳明还反诘顾东桥一通:一般人不理解就算了,你是高明之士,应当能够理解心学的苦心之所在,怎么也认为"立说太高、用功太捷"呢?

【3】来书云:"所喻知行并进,不宜分别前后,即《中庸》尊德性而道问学之功,交养互发,内外本末,一以贯之之道。然工夫次第,不能无先后之差,如知食乃食,知汤乃饮,知衣乃服,知路乃行。未有不见是物,先有是事,此亦毫厘倏忽之间。非谓有等,今

日知之，而明日乃行也。"

既云"交养互发，内外本末，一以贯之"，则知行并进之说，无复可疑矣。又云"工夫次第，不能无先后之差"，无乃自相矛盾已乎？知食乃食等说，此尤明白易见。但吾子为近闻障蔽，自不察耳。夫人必有欲食之心，然后知食，欲食之心即是意，即是行之始矣。食味之美恶，必待入口而后知，岂有不待入口，而已先知食味之美恶者邪？必有欲行之心，然后知路。欲行之心即是意、即是行之始矣。路岐之险夷，必待身亲履历而后知。岂有不待身亲履历而已先知路岐之险夷者邪？知汤乃饮，知衣乃服，以此例之，皆无可疑。若如吾子之喻，是乃所谓不见是物，而先有是事者矣。吾子又谓"此亦毫厘倏忽之间，非谓有等，今日知之，而明日乃行也"，是亦察之尚有未精。然就如吾子之说，则知行之为合一并进，亦自断无可疑矣。

【解读】顾东桥在来信中对王阳明的"知行合一"说进行了评议。一方面，顾东桥认为"知行并进"就是《中庸》里"尊德性而道问学"的交养互发工夫，是内外、本末之间的一贯之道；另一方面，顾东桥又认为修养工夫还是有着次第，也即有着先后顺序，比如感知到食物才能去吃，感知到汤水才能去喝，感知到衣服才能去穿，感知到道路才能去走，日常生活中的行为举动都是因为对外物有所感知才生发出来的，感而后应，当然这种先后只是"毫厘倏忽"之间，其中间隔极短。

王阳明认为顾东桥的认识是自相矛盾的，而且他认为顾东桥受到了朱熹"知先行后"的"近闻"所蔽，他也以顾东桥所提到的吃饭、喝水、穿衣、走路等日常生活举止为例，来进一步说明"知行合一"的道理。他说，人们都是有想吃东西的心思，才能感知食物，想吃东西的心思就是"意"，这就是吃东西这个行为的开始了，在吃东西的过程中，只有食物入口才能感知食物味道的好坏，这就是"知行合一""知行并进"。人们也是有着想要走路的心思，然后感知道路，而对道路上的艰难险阻，也只有亲自走了才能真正感知。"知汤乃饮""知衣乃服"等，也是一样的道理。由此，王阳明认为顾东桥讲的知先行后之论，是对日常行动的本质没有认识精微所导致的，按照顾东桥所举的例子，恰恰证明了知行合一、知行并进的道理。

王阳明的知行合一说，要害在于意念的开始就是行动，而行动是意念的完成。因此，衣食住行这些日常生活都是意念和行动的统一。当然，王阳明将意念当成行动的思想，有着"销知入行""销行入知"的合一化思维倾向。

【4】来书云："真知即所以为行，不行不足谓之知。此为学者吃紧立教，俾务躬行则可。若真谓行即是知，恐其专求本心，遂遗物理，必有暗而不达之处，抑岂圣门知行

并进之成法哉?"

知之真切笃实处即是行,行之明觉精察处即是知,知行工夫本不可离。只为后世学者分作两截用功,失却知行本体,故有合一并进之说。"真知即所以为行,不行不足谓之知",即如来书所云"知食乃食"等说可见,前已略言之矣。此虽吃紧救弊而发,然知行之体本来如是,非以己意抑扬其间,姑为是说,以苟一时之效者也。"专求本心,遂遗物理",此盖失其本心者也。夫物理不外于吾心,外吾心而求物理,无物理矣。遗物理而求吾心,吾心又何物邪?心之体,性也,性既理也。故有孝亲之心,即有孝之理;无孝亲之心,即无孝之理矣。有忠君之心,即有忠之理;无忠君之心,即无忠之理矣。理岂外于吾心邪?晦庵谓:"人之所以为学者,心与理而已。心虽主乎一身,而实管乎天下之理。理虽散在万事,而实不外乎一人之心。"是其一分一合之间,而未免已启学者心、理为二之弊。此后世所以有"专求本心,遂遗物理"之患,正由不知心即理耳。夫外心以求物理,是以有暗而不达之处。此告子义外之说,孟子所以谓之不知义也。心一而已,以其全体恻怛而言谓之仁,以其得宜而言谓之义,以其条理而言谓之理。不可外心以求仁,不可外心以求义,独可外心以求理乎?外心以求理,此知行之所以二也。求理于吾心,此圣门知行合一之教,吾子又何疑乎?

【解读】顾东桥在来信中继续对王阳明的"知行合一"说发表评议。他认为,王阳明强调真知一定意味着有所行动,不去行动不能称之为真知,这一观点当然对学者是有益的,也能促进学者致力于躬行。但如果把"行动"当作"知识"本身,则可能会导致人们专求本心,而放弃对于事物之理或者客观知识的探究,这可能使得人们蒙蔽于个体内心感受而对外在世界无所知晓,故而又怎么可能是儒家正宗的知行并举思想呢?

针对顾东桥的质疑,王阳明对"知行合一"思想又进行了一番深入的阐释。他再次强调,知的真切笃实之处就是行,而行的明觉精察之处就是知,从工夫的角度来看,二者不可偏废。但是后世人们往往把知、行当成两截工夫,往往侧重于一点,这就背离了知行工夫的本质,所以他才不得已重点强调"知行并进"。真正的知一定包含着行动,这一点,在前面讨论吃饭、喝水、穿衣、走路等日常生活举止时,已经说明清楚了。王阳明继而辩白,虽然在一定意义上知行合一说是针对时弊而言的,但其根本原因在于知行本就是一体,并不是他个人为了一时之效而私意为之。换言之,王阳明此处强调知行合一是儒家本旨,而非他个人的主张。而针对"专求本心,外遗物理"的批评,王阳明认为这一批评是对"本心"一说没有真正理解而造成的。他认为,物理不是脱离本心而独立存在的,因此脱离本心来求物理,就没有真正的物理。同样,离开物理来探究本心,本心还有什么实质内容呢? 本心的内容就在于性与理,人们有孝亲之心,才有孝亲之理,有忠君之心,才有忠君之理,就此而言,外在的事务之理都是本心而发,脱离本心,无理可言。由此,王阳明对朱子所言也进行了批评。朱子说:"人之所以为学者,心与理而已。心虽主乎一身,而实管乎天下之理。理虽散在万事,而实不外乎一人之心。"王阳明认为,虽然表面看来朱子强调人心对于外在世界的根本性意义,但从本质上看,这一论断把心与理分为二事,才导致了人们"专求本心,遂遗物理"的担忧。这种认识的根本弊病在于不知道"心即理",也就是不知道人心与天理本来就是一回事,如果不从人心上去体认天理,那么追求外在的所谓"理"对于人的德性成就来说是没有意义的。王阳明认为,正是人们脱离本心去追求所谓"物理",导致了人们在理解世界上的晦暗和蒙蔽。脱离本心来体认世界,就是告子所谓的"义外"之说:"告子曰:'仁,内也,非外也;义,外也,非内也。'"(《孟子·告子上》)告子将"义"当作外在的规范,所以孟子批评告子对"义"的理解失之偏颇,方向错误,"告子未尝知义,以其外之也"(《孟子·公孙丑下》)。这也正如宋代诗人陈普所言:"可怜告子灰心久,礼物昏迷不自知。"(陈普:《孟子·义外》)陈普的意思是说告了被外在的礼仪与事物遮蔽了本心。同样地,王阳明认为,仁、义、理都统一于"本心",从全体恻怛而言,就是"仁";从恰乎其宜而言,就是"义";从合乎条理而言,就是"理"。众所周知,不能脱离本心去求仁求义,故而也不能脱离本心去求理。正是人们脱离本心去体认世界之理,导致了对于知行的错误理解。从本心上来体认万物之理,这才是儒家"知行合一"说的正解。

在这一段里,针对顾东桥对"知行合一"说可能因"遗物理"而导致"暗而不达"的质疑,王阳明以"心即理"来辩解之,认为心理合一是知行合一的前提,心与理是合一的,所以要从心上求理,故而要知行并进。对本心道德知识的体认势必会带来道德的行动,而现实的道德行动也恰恰是对于本心道德知识体认的完成,知与行都源于对道德本心的体认。

【5】来书云:"所释《大学》古本,谓'致其本体之知',此固孟子尽心之旨。朱子亦以虚灵知觉为此心之量。然尽心由于知性,致知在于格物。"

"尽心由于知性,致知在于格物",此语然矣。然而推本吾子之意,则其所以为是语者,尚有未明也。朱子以尽心知性知天为物格知致,以存心养性事天为诚意正心修身,以夭寿不贰修身以俟为知至仁尽。圣人之事,若鄙人之见,则与朱子正相反矣。夫尽心知性知天者,生知安行,圣人之事也。存心养性事天者,学知利行,贤人之事也。天寿不贰,修身以俟者,困知勉行,学者之事也。岂可专以尽心知性为知,存心养性为行乎?吾子骤闻此言,必又以为大骇矣。然其间实无可疑者,一为吾子言之。夫心之体,性也。性之原,天也。能尽其心,是能尽其性矣。《中庸》云:"惟天下至诚,为能尽其性。"又云:"知天地之化育","质诸鬼神而无疑,知天也"。此惟圣人而后能然。故曰:此生知安行,圣人之事也。存其心者,未能尽其心者也,故须加存之之功。必存之既久,不待于存,而自无不存,然后可以进而言尽。盖知天之知,如知州知县之知。知州,则一州之事皆己事也。知县,则一县之事皆己事也。是与天为一者也。事天,则如子之事父,臣之事君。犹与天为二也。天之所以命于我者,心也,性也。吾但存之而不敢失,养之而不敢害,如"父母全而生之,子全而归之"者也。故曰:此学知利行,贤人之事也。至于夭寿不贰,则与存其心者又有间矣。存其心者,虽未能尽其心,固已一心于为善。时有不存,则存之而已。今使之夭寿不贰,是犹以夭寿贰其心者也。犹以夭寿贰其心,是其为善之心犹未能一也。存之尚有所未可,而何尽之可云乎?今且使之不以夭寿贰其为善之心。若曰死生夭寿,皆有定命,吾但一心于为善,修吾之身,以俟天命而已。是其平日尚未知有天命也。事天虽与天为二,然已真知天命之所在。但惟恭敬奉承之而已耳。若俟之云者,则尚未能真知天命之所在,犹有所俟者也。故曰"所以立命"。立者,创立之立,如立德、立言、立功、立名之类。凡言立者,皆是昔未尝有,而今始建立之谓。孔子所谓"不知命,无以为君子"者也。故曰此困知勉行,学者之事也。今以尽心知性知天为格物致知,使初学之士,尚未能不贰其心者,而遽责之以圣人生知安行之事。如捕风捉影,茫然莫知所措。其心几何而不至于"率天下而路"也?今世致知格物之弊,亦居然可见矣。吾子所谓"务外遗内,博而寡要"者,无乃亦是过欤?此学问最紧要处。于此而差,将无往而不差矣。此鄙人之所以冒天下之非笑,忘其身之陷于罪戮,呶呶其言,其不容已者也。

【解读】王阳明对于《大学》古本的解释,特别是将"致知"理解为"致其本体之知"(致良知),引起了时人的质疑,这其中就有顾东桥。顾东桥认为,虽然这种理解与孟子的"尽心"以及朱子的"虚灵知觉为此心之量"学说有相通之处,但从根本上来说,"尽心"还在于"知性",而"致知"还在于"格物"。换言之,顾东桥还是坚持"致知在格物",即格物穷理,是对外在物理的探究,而非阳明的致其本心之知。

对此,王阳明同样也给予了深入的辩解。王阳明指出:"尽心由于知性,致知在于格物。"这句话本身没有毛病,但是并非顾东桥所理解的探究外物之理的取向,而是另有所指。王阳明对朱子相关思想做了一个小总结,指出朱子认为"尽心、知性、知天"就是格物、致知，"存心、养性、事天"就是诚意、正心、修身，"夭寿不贰，修身以俟"就是知至、仁尽，而他的观点正好与其相反。"尽心""夭寿不贰"等语是孟子的话头，孟子说："尽其心者，知其性也。知其性，则知天矣。存其心，养其性，所以事天也。夭寿不贰，修身以俟，所以立命也。"(《孟子·尽心上》)在《传习录》上卷第六条，王阳明与徐爱讨论朱子"格物"说的时候，也表述了类似的意思。他指出，"尽心知性知天"，指的是生而知之并顺此行动，是圣人的事；"存心养性事天"，指的是学而知之并促进行动，是贤人的事；"夭寿不贰，修身以俟"，指的是困而知之并尽力行动，是初学者的事。王阳明认为这里涉及了三个层次的不同情况，不是朱子所认为的在一个个体上的知与行。在王阳明看来，朱子错误地理解了"格物致知"，就是因为将"尽心知性"当作"知"，将"存心养性"当作"行"，把不同层次人的修养境界当作一个人修养工夫的不同侧面了。接下来，王阳明对这三种情况分别进行了解释。

先看"尽心知性知天"。王阳明认为，心之体就是性，性源自天然，就此而言，尽心就是尽性。《中庸》里曾说"惟天下至诚，为能尽其性"，意思是说只有心思至诚才可以穷尽本性，《中庸》还说"惟天下至诚，为能经纶天下之大经，立天下之大本，知天地之化育"，以及"建诸天地而不悖，质诸鬼神而无疑，百世以俟圣人而不惑。质诸鬼神而无疑，知天也"。在王阳明看来，至诚者就是圣人，他们能"知天地之化育"，能"质诸鬼神而无疑"。由此，王阳明借助《中庸》的几个句子对"尽心知性知天"做了新解，认为"尽心知性知天"是"生而知之"层次上的事情，是"圣人之事"。

再看"存心养性事天"。王阳明认为，"存心"就是未能"尽心"，故而需要"加存之功"。存心既久，就成为自然而然的事，不需要刻意地存养了，在此基础上就可以逐渐实现"尽心"。关于"事天"，要从"事天"与"知天"的不同点来看。"知天"之"知"，如同"知州""知县"之"知"，"知州""知县"把州县之事看成自己分内之事，类似地，"知天"也就是与天为一。而"事天"之"事"，则如同"事父""事君"一样，有侍奉之意，其在深层次上就是指与天为二。由此来看，"存心养性事天"，指的就是天所赋予人的心与性，人要谨慎保有使之不至于散失，恭敬养护使之不受损害，如同"父母将子女完整地生下来，子女再完整地归还之"①一样。由此，"存心养性事天"是"学而知之"层次上的事情，是"贤人之事"。

① 儒家强调子女有保全身体以展现孝敬之情的义务，"身体发肤，受之父母，不敢毁伤，孝之始也"(《孝经·开宗明义章》)。

末看"夭寿不贰,修身以俟"。这与"存心养性事天"又有差距。"存心"虽然尚未"尽心",但已然一心为善,虽偶有"放心"之时,但毕竟已在存养。而"夭寿不贰"所指则不同。"夭寿"之"贰",意味着生死之念扰杂于其心,使之心体不能纯然为善,"存心"尚且困难,又何谈"尽心"。退一步讲,即使做到了"夭寿不贰",即认为生死皆有定命,不让生死之念来扰乱其为善之心,努力做到一心为善,修养身心等待天命的裁决,那也只能说明其平日还是不知有天命。"事天"虽然不能与天为一,但毕竟已经知道天命之所在,只用敬畏天命就行了。而"俟之",则意味着人们还不知道天命何在,只能被动地等待天命的降临,这就是孟子所谓的"夭寿不贰,修身以俟,所以立命"。这里的"立"字,是无中生有的"创立",如同立德、立言、立功、立名,都是原先未有而如今创立之意。"立命"者,尚未"知命",孔子说"不知命,无以为君子"(《论语·尧曰》)就是这个意思。由此,"夭寿不贰,修身以俟",是"困而知之"层次上的事情,是"学者之事"。

通过对"尽心知性知天""存心养性事天""夭寿不贰,修身以俟"三个层次的分析,王阳明指出,朱子以"尽心知性知天"作为格物、致知之事,让那些尚不能"不贰其心"的初学者去做圣人之事,就如同让他们去"捕风捉影",其结果是茫然不知所措,势必到达"率天下而路"(《孟子·滕文公上》)的境地,即让天下人疲于奔命而不知所向。由上分析,王阳明提出,可以看见朱子"格物致知"说存在着巨大的弊病,前面顾东桥提到的当时学者"务外遗内,博而寡要"的毛病,也是因此而生。王阳明强调,这是学问中最为要紧的地方,在这个问题上理解有误,即把"尽心知性"理解为"知",把"存心养性"理解为"行",这种误解一旦形成,后面都将出差错,就会离真正的圣人之道越来越远。王阳明自述心志,说他正是认识到知行分离以及格物说的弊病,才冒着被人非笑(指他背离朱子之学)和因言获罪的风险,反复申述知行合一以及致知在于致其本体之知的学说。

在这一段里,王阳明仔细分述了他与朱子在认知层次上的理解差异。朱子认为"尽心知性知天"是初学者的格物致知,"存心养性事天"是贤者的诚意、正心、修身,"夭寿不贰,修身以俟"是圣人的知至、仁尽,逐渐递进。而王阳明则恰恰相反,认为"夭寿不贰,修身以俟"是初学者未知天命何在的状态,而"存心养性事天"是贤者为学、事天的状态,"尽心知性知天"则是圣人与天合一的境界。朱子的划分指向知在行先,而王阳明则通过反驳朱子的层次划分,来攻击"知在行先"的理论根基,从而再次巩固其"知行合一"的思想论证。

【6】来书云:"闻语学者,乃谓'即物穷理'之说亦是玩物丧志。又取其'厌繁就

约'' 涵养本原'数说,标示学者,指为晚年定论,此亦恐非。"

朱子所谓格物云者,在即物而穷其理也。即物穷理是就事事物物上求其所谓定理者也,是以吾心而求理于事事物物之中,析心与理而为二矣;夫求理于事事物物者,如求孝之理于其亲之谓也。求孝之理于其亲,则孝之理其果在于吾之心邪?抑果在于亲之身邪?假而果在于亲之身,则亲没之后,吾心遂无孝之理欤?见孺子之入井,必有恻隐之理。是恻隐之理果在于孺子之身欤?抑在于吾心之良知欤?其或不可以从之于井欤?其或可以手而援之欤?是皆所谓理也。是果在于孺子之身欤?抑果出于吾心之良知欤?以是例之,万事万物之理莫不皆然。是可以知析心与理为二之非矣。夫析心与理而为二,此告子义外之说,孟子之所深辟也。"务外遗内,博而寡要。"吾子既已知之矣,是果何谓而然哉?谓之玩物丧志,尚犹以为不可欤?

若鄙人所谓致知格物者,致吾心之良知于事事物物也。吾心之良知,即所谓"天理"也。致吾心良知之"天理"于事事物物,则事事物物皆得其理矣。致吾心之良知者,致知也。事事物物皆得其理者,格物也。是合心与理而为一者也。合心与理而为一,则凡区区前之所云,与朱子晚年之论,皆可以不言而喻矣。

【解读】顾东桥在来信中又提出两点批评王阳明,一是王阳明认为朱子的即物穷理之说可能会引向玩物丧志,二是王阳明所编选的《朱子晚年定论》,认为"厌繁就约""涵养本原"等是朱子晚年对"即物穷理"说的纠正。顾东桥认为王阳明的这两个观点都存在问题。

对此,王阳明进行了申述,并再次强调了"心即理""致良知"学说。王阳明指出,朱子的"格物"说,其核心就在于"即物穷理","言欲致吾之知,在即物而穷其理也"[1],也就是在外在事物上穷究其理,王阳明认为朱子这样理解"格物"会带来一个问题,那就是人们为外物所累,把人心与天理割裂对待之。王阳明以孝亲之事和"见孺子之入井"来做比喻,他说,孝亲之理究竟在"亲"那里还是在"吾心"这里?如果孝亲之理在"亲"那里,那么"亲"去世以后,难道我们的心里就没有"孝之理"了吗?同样地,"见孺子之入井",肯定蕴含着恻隐之理,但是这个恻隐之理究竟在"孺子"那里还是在"吾心之良知"这里呢?另外,对于"吾心"来讲,是要跟着一起"入井"还是要"手而援之"呢?这些都是问题。王阳明认为,显然人们之所以孝亲是因为孝亲之理在吾心,之所以援手孺子是因为恻隐之理在自己的良知,可见,将理和心分裂的做法是不妥的。"析心与理

---

① 朱熹:《四书章句集注》,北京:中华书局,1983 年,第 6 页。

为二"，这就是孟子所批评的告子"义外之说"，前文已述，"义外之说"是将"义"当作外在的规范，而不是当作本心的生发。王阳明再次提到顾东桥在来信开始提到的"务外遗内，博而寡要"，称顾已然知道其弊病，又何故认为"玩物丧志"说不可呢？简言之，即物而穷理，将心与理分裂，就可能导致人们陷入外物而遗忘本心之良知。

接下来，王阳明正面阐述他自己的"格物"说。他提出，所谓致知格物，就是在与事物接触时将自己的良知展现出来。而良知，就是天理，当人与外在事物接触时，就是天理良知的呈现之时，事物也因此而各得其理。故而所谓"致知"就是推致心中的良知，所谓"格物"就是事物各得人心之理。也由此，心与理实现了统一，也就是"心即理"。王阳明认为，从"心即理"的角度来看，他对"即物穷理"可能引发"玩物丧志"的批评是有道理的，而且他所编选的《朱子晚年定论》也是有根据的。

这段辩述较为明确地展现了朱子与王阳明在格物说上的根本不同，因对心与理的关系理解不同，朱子强调考究外物而穷理致知，王阳明则认为"心即理"，所以致知格物就是将内心良知推至事物之上，二者表现了为学工夫的方向差异性。

【7】来书云："人之心体，本无不明。而气拘物蔽，鲜有不昏。非学问思辨，以明天下之理，则善恶之机，真妄之辨，不能自觉，任情恣意，其害有不可胜言者矣。"

此段大略似是而非。盖承沿旧说之弊。不可以不辨也，夫学问思辨行，皆所以为学。未有学而不行者也。如言学孝，则必服劳奉养，躬行孝道，然后谓之学。岂徒悬空口耳讲说，而遂可以谓之学孝乎？学射，则必张弓挟矢，引满中的。学书，则必伸纸执笔，操觚染翰。尽天下之学，无有不行而可以言学者。则学之始，固已即是行矣。笃者，敦实笃厚之意。已行矣，而敦笃其行，不息其功之谓尔。盖学之不能以无疑，则有问，问即学也，即行也。又不能无疑，则有思。思即学也，即行也。又不能无疑，则有辨，辨即学也，即行也。辨既明矣，思既慎矣，问既审矣，学既能矣，又从而不息其功焉，斯之谓笃行。非谓学问思辨之后而始措之于行也。是故以求能其事而言，谓之学。以求解其惑而言，谓之问。以求通其说而言，谓之思。以求精其察而言，谓之辨。以求履其实而言，谓之行。盖析其功而言则有五，合其事而言则一而已。此区区心理合一之体，知行并进之功，所以异于后世之说者，正在于是。

今吾子特举学、问、思、辨以穷天下之理，而不及笃行。是专以学、问、思、辨为知，而谓穷理为无行也已。天下岂有不行而学者邪？岂有不行而遂可谓之穷理者邪？明道云："只穷理，便尽性至命。"故必仁极仁而后谓之能穷仁之理。义极义而后谓之能穷义之理。仁极仁则尽仁之性矣，义极义则尽义之性矣。学至于穷理至矣，而尚未措之于行。天下宁有是邪？是故知不行之不可以为学，则知不行之不可以为穷理矣。知不行之不可以为穷理，则知知行之合一并进，而不可以分为两节事矣。

夫万事万物之理，不外于吾心。而必曰穷天下之理。是殆以吾心之良知为未足，而必外求于天下之广，以裨补增益之。是犹析心与理而为二也。夫学、问、思、辨、笃行之功，虽其困勉至于人一己百，而扩充之极，至于尽性知天，亦不过致吾心之良知而已。良知之外，岂复有加于毫末乎？今必曰穷天下之理，而不知反求诸其心，则凡所谓善恶之机，真妄之辨者，舍吾心之良知，亦将何所致其体察乎？吾子所谓气拘物蔽者，拘此蔽此而已。今欲去此之蔽，不知致力于此，而欲以外求，是犹目之不明者，不务服药调理以治其目，而徒怅怅然求明于其外。明岂可以自外而得哉？任情恣意之害，亦以不能精察天理于此心之良知而已。此诚毫厘千里之谬者，不容于不辨。吾子毋谓其论之太刻也。

【解读】顾东桥在来信中继续强调向外问学析理的重要性。他说，从本质上说，人之心体本无不明，但由于受到气质的习染和物欲的蒙蔽，很少有人能超离昏昧的状态，并呈现心体之明。顾东桥因此认为有必要通过学、问、思、辨的途径来阐明天下之理，如果不这样的话，那么善恶、真假都将混为一谈，人们对其无法觉察，进而任情恣意，贻害无穷。此处，顾东桥是批评心学不侧重辨名析理可能带来昏昧无知的恶果。

王阳明认为，顾东桥的这一批评依然是沿袭朱子格物穷理之说而来，似是而非，必须予以澄清。《中庸》提出："博学之，审问之，慎思之，明辨之，笃行之。有弗学，学之弗能，弗措也；有弗问，问之弗知，弗措也；有弗思，思之弗得，弗措也；有弗辨，辨之弗明，弗措也；有弗行，行之弗笃，弗措也。人一能之己百之，人十能之己千之。果能此道矣。虽愚必明，虽柔必强。"由此，学、问、思、辨、行成为儒家学者讨论为学工夫的关键词。从顾东桥的话头，王阳明对上述五者关系做了新解，并由此阐述心理合一、知行合一的学说。王阳明指出，学、问、思、辨、行都是为学工夫，但所有为学都将付诸于行。比如说学孝，则必然会服劳奉养父母，将孝道落实到行动中，这才是"学孝"。空口白说、夸夸其谈，只动嘴不动手，不能算作"学孝"。又比如说学习射箭必须张弓搭箭、引满中的，学习书法必须伸纸执笔、操觚染翰（原意指拿着坚硬的鸟羽在木简上刻画，指代写作）。由此，王阳明认为，天下之学都要落实到行动中才可称作"学"，从一开始，"学"就意味着"行"，而"笃行"，则是踏实敦厚、不止不息的行动。在王阳明看来，"学"中不能无疑，所以有"问"，就此而言"学"即是"问"，有所发问就意味着已然有所行动；"学"中既有疑惑，那就需要"思"，就此而言"学"就是"思"，有所思考也就意味着已然有所行动;"学"中有疑,那就需要"辨",就此而言"学"就是"辨",有所辨析也就意味着已然有所行动。辨而明、思而慎、问而审,"学"才能长进,不止不息地运用学、问、思、辨之功,这才是笃行。换言之,"行"就是指不止不息进行着的学、问、思、辨活动。王阳明认为,学、问、思、辨四者与行的关系,不是先后的关系,而是合一的关系。学、问、思、辨、行,是对人们为学之精神言动的不同角度之指称,从"能其事"而言,谓之"学";从"解其惑"而言,谓之"问";从"通其说"而言,谓之"思";从"精其察"而言,谓之"辨";从"履其实"而言,谓之"行"。学、问、思、辨、行从其功能而言可以分为五个方面,但从为学之事的本质上来看,实际上是一体的。以上分述,正是心理合一、知行并进学说的内容,也是区别于朱子学说的关键之处。

结合顾东桥来信只提到了学、问、思、辨的问题,王阳明指出,如果希望通过学、问、思、辨来穷天下之理,而不将"行"贯彻于其中,那就意味着学、问、思、辨是"知",也就是说"穷理"可以不见诸行动。王阳明认为这种观点很荒谬,天下哪有不行而学、不行而穷理的事呢?他举出程颐所说"只穷理,便尽性至命"①,也就是说穷理的同时也意味着尽性至命的道德行动。在这个意义上,只有为仁且至其极才可能穷仁之理、尽仁之性,行义且至其极才可能穷义之理、尽义之理,道德的体认与道德的行动应该是合一的。因此,怎么可能有已然穷理而未见于行的情况呢?由此而言,如果明白了不付诸行动就不可以称之为"为学"的道理,就能明白不付诸行动就不能称之为"穷理"的道理,也就明白了"知行合一"的道理,不会再把知与行分开来了。

批判完顾东桥割裂知行的观点后,王阳明接着阐述自己的心理合一、知行并进之说。他说天下之理都在人心之中,之所以有穷天下之理的说法和做法,是因为人们自认良知不足,故而需要向外诉求予以弥补,这看上去就是把心与理分开言之了。实际上,学、问、思、辨、行的为学工夫,虽然十分艰难,非"人一己百"之努力而不能奏效,然而即使扩充上述工夫到尽性知命的境界,也不过是自身良知的推致罢了。这就是说,为学工夫实际上是自我良知的推致,而不是在心体工夫之外别有一套外在的工夫。王阳明感叹道,人们口口声声要穷尽天下之理,殊不知天理即在人心,反求诸心即是穷理尽性,又何必孜孜于外呢?所谓善恶之机、真妄之别,离开了人的良知本心,又如

① 原文作"'穷理尽性以至于命',三事一时并了,元无次序,不可将穷理作知之事。若实穷得理,即性命亦可了"。见程颢、程颐《河南程氏遗书》卷二上,《二程集》第 1 册,北京:中华书局,1981 年,第 15 页。

何能体察分辨呢？回到顾东桥在来信中提到的"气拘物蔽"之论，王阳明认为真正的"拘"与"蔽"在于不能领会"心即理"的道理。不明白这个道理，好比视力存在障碍的人，不去服药调理诊治眼病之根，反而要糊涂地去寻找光亮一样，是很荒唐的。来信中提到的"任情恣意"之害，也不是不能了然外物之理而造成的，而是没能觉察到天理在于此心良知而导致的。最后，王阳明小结道，天理在于人心还是在于外物，这一差别，失之毫厘就会谬以千里，所以必须做出分辨，由此所带来的言论尖锐也请顾东桥不要见怪。

在这段辩述中，王阳明对《中庸》里提到的学、问、思、辨、行之为学工夫做了新的阐释，认为"学"已包含问、思、辨的工夫，而且学、问、思、辨本身就是行动，从而借助经典的诠释再次论证了他的知行合一之论。同时，他还辩称，如果单单以为学、问、思、辨即是穷理，明显是倒做了工夫，因为天理在于人心，穷理即是内在良知在外在事务上的展现和推致，也由此，王阳明进一步申述了心理合一之论。

【8】来书云："教人以致知明德，而戒其即物穷理，诚使昏暗之士，深居端坐，不闻教告，遂能至于知致而德明乎？纵令静而有觉，稍悟本性，则亦定慧无用之见。果能知古今，达事变而致用于天下国家之实否乎？其曰：'知者意之体，物者意之用'，'格物如格君心之非之格'。语虽超悟独得，不踵陈见，抑恐于道未相吻合？"

区区论致知格物，正所以穷理，未尝戒人穷理，使之深居端坐而一无所事也。若谓即物穷理，如前所云务外而遗内者，则有所不可耳。昏暗之士，果能随事随物精察此心之天理，以致其本然之良知，则'虽愚必明，虽柔必强'。大本立而达道行，九经之属，可一以贯之而无遗矣。尚何患其无致用之实乎？彼顽空虚静之徒，正惟不能随事随物精察此心之天理，以致其本然之良知，而遗弃伦理、寂灭虚无以为常，是以要之不可以治家国天下。孰谓圣人穷理尽性之学，而亦有是弊哉！

心者，身之主也，而心之虚灵明觉，即所谓本然之良知也。其虚灵明觉之良知应感而动者，谓之意。有知而后有意，无知则无意矣。知非意之体乎？意之所用，必有其物，物即事也。如意用于事亲，既事亲为一物；意用于治民，即治民为一物；意用于读书，即读书为一物；意用于听讼，即听讼为一物。凡意之所用，无有无物者。有是意即有是物，无是意即无是物矣。物非意之用乎？

"格"字之义，有以"至"字之训者，如"格于文祖""有苗来格"，是以"至"训者也。然"格于文祖"，必纯孝诚敬，幽明之间，无一不得其理，而后谓之"格"有苗之顽，实以文德诞敷而后格，则亦兼有"正"字之义在其间，未可专以"至"字尽之也。如"格其非心"

"大臣格君心之非"之类,是则一皆"正其不正以归于正"之义,而不可以"至"字为训矣。且《大学》"格物"之训,又安知其不以"正"字为训,而必以"至"字为义乎?如以"至"字为义者,必曰"穷至事物之理",而后其说始通,是其用功之要,全在一"穷"字,用力之地,全在一"理"字也。若上去一"穷",下去一"理"字,而直曰"致知在至物",其可通乎?夫"穷理尽性",圣人之成训,见于《系辞》者也。苟"格物"之说而果即"穷理"之义,则圣人何不直曰"致知在穷理",而必为此转折不完之语,以启后世之弊邪?

盖《大学》格物之说,自与《系辞》穷理大旨虽同,而微有分辨。"穷理"者,兼格、致、诚、正而为功也。故言"穷理",则格、致、诚、正之功皆在其中。言格物,则必兼举致知、诚意、正心,而后其功始备而密。今偏举格物而遂谓之穷理,此所以专以穷理属"知",而谓格物未常有行。非惟不得格物之旨,并穷理之义而失之矣。此后世之学所以析知、行为先后两截,日以支离决裂,而圣学益以残晦者,其端实始于此。吾子盖亦未免承沿积习,则见以为"于道未相吻合",不为过矣。

【解读】顾东桥在来信中批评王阳明教人不去即物穷理,那么可能使得那些悟性不高的昏暗之士,终日深居端坐而不去学习教导之说,怎么可能实现致知明德呢?即使他们在深居端坐中能够对本性有所觉悟,也不过是类似佛教的定慧之间,不能有益于世事,怎么能知晓古今、通达事变从而对天下国家有所实用呢?显然这是顾东桥在批评王阳明心学类似禅佛之说,对现实生活没有用处。另外,顾东桥还提到,王阳明所说的"知者意之体,物者意之用""格物如格君心之非之格",虽然展现了超乎常人的理论悟性,但是不是故作高新之论,而与圣人之道不相吻合呢?简言之,顾东桥这里的批评集中在两点,一是阳明心学乃无用之学,二是阳明心学背离圣人之道。接下来,我们看王阳明如何辩驳与反击。

王阳明辩道,他所讲的"致知格物",正是为了实现"穷理",不是"戒人穷理"并让人深居端坐、无所事事,而是使得天理良知在接触事事物物中呈现出来。如果按照朱子所理解的"即物而穷理",务外而遗内,那么用功方向就反了。王阳明认为,他的"穷理"说主张的是在接触事事物物时激发出内心天理并推至极致,由此,即使昏昧糊涂的人也可能"虽愚必明,虽柔必强"(《中庸》),因为一旦人的内在天理被激发出来,大本已立,达道必行,修身、尊贤、亲亲等①现实事务都将得到贯通实现。也即是说,"致良

---

① 《中庸》指出:"凡为天下国家有九经,曰:修身也,尊贤也,亲亲也,敬大臣也,体群臣也,子庶民也,来百工也,柔远人也,怀诸侯也。"

知"意义上的"穷理",恰恰能够帮助人们在实际事务上取得良好的道德效果,又何患其无用呢?那些空谈虚寂(指禅佛之属)的人,正是因为不能随事随物去致其良知、察其心之天理,所以才会遗弃日常人伦而沉沦于寂灭虚无,因而也不能用来齐家治国平天下。儒家的穷理尽性之学,与佛教的寂灭虚无是根本不同的,怎会有其空虚之蔽呢?王阳明通过强调其"致知格物"之学指向现实人伦日用,先来否定顾东桥对其学说无用和近禅的指责,随后,又对"知者意之体,物者意之用""格物如格君心之非之格"两个思想主张进行辩护。

关于"知者意之体,物者意之用",王阳明论述道,心是身之主宰,心的虚灵明觉就是人的本然良知,良知的感应和发动,就是"意"。有良知而后有"意",无良知也就无所谓"意"了,良知是"意"的本体意义上的前提,这就是"知者意之体"。"意"必然有其具体针对的物才能有所发用,物也就是事,比如"意"在于事亲,则事亲就是一物;"意"指向治民,则治民就是一物;"意"落实在读书,则读书就是一物;"意"用来听讼,则听讼就是一物。总之,"意"必然地要落实到具体事务上才能发用,"意"与"物"相应相生,所以讲"物者意之用"。

关于"格物如格君心之非之格",王阳明解释道,"格"字,从儒家经典文献上来看,确有"至"(也就是即、到)之义,如《尚书·舜典》里的"舜格于文祖,询于四岳",又如《尚书·大禹谟》里的"七旬,有苗格"。但是,"格于文祖",必以纯孝诚敬之心意,使得心之理能至于幽明之间,这才能称得上"格"。而"有苗来格"中,"苗"指的是礼乐文明之外的族群,故而必对其施以礼乐教化,所以这里也含有"正"之意于其间,不能简单地以"至"来解释。总之,王阳明千方百计地要论证"格"字之义,不是简单的"到"或者"即",而还具有心学意义上的"端正念头"之义。并且,在"格其非心"(《尚书·囧命》)、"惟大人(臣)为能格君心之非"(《孟子·离娄上》)等语句里,"格"字显然都具有"端正念头"之义,而不能解释成"即"或"到"。由儒家经典文献里"格"字的多义出发,王阳明认为,《大学》里的"格物"之"格",未必是"至"字义,很有可能是"正"字义。如果一定要用"至"字来解释,那么必须说"穷至事物之理"才能说得通,这样的话,其用功的关键在于"穷"字,用力的对象全在于"理"。而"致知在格物穷理"这句话,去掉"穷理",就会变成"致知在至物",也即是致知在"到物之上",这就根本讲不通了。而"穷理尽性",见于《易传·系辞》,是儒家圣人之言。如果"格物"说是"穷理"之义的话,那么圣人何必不直接说"致知在穷理",反而要说这些转折不完且给后世理解带来麻烦的话语呢?王阳明从正反两个方面,论证了"格"字之义在于"正"而不在于"即",

其论据未必充分,但其也颇能自圆其说。

王阳明接着说,《大学》里的"格物",和《易传·系辞》里的"穷理",虽然主旨是相同的,大意都是要强调用端正过的念头来应对事务并推至其极,但是也略有分别。穷理包含了格物、致知、诚意、正心等工夫,所以当人们讲穷理的时候,已经涵括了格物、致知、诚意、正心的工夫于其中。而人们讲格物的时候,还需要将致知、诚意、正心的工夫一并列出,这样工夫才能严密而完整。如今人们(受朱子影响)单说格物,就认为是穷理,故而将穷理当作"知",而且说格物不含"行"。这样一来,不但没有正确把握格物之旨,连穷理之义也没能领会。这就是后世学者把知、行分成两截,不断走向支离分裂,导致圣学日益残破晦暗的原因,也是顾东桥沿袭朱子旧说并以此质疑阳明心学的原因。

在这一段里,王阳明驳斥了顾东桥对其学说之无用、近禅的质疑,强调致良知学说的现实功用,并从逻辑上论证了"知者意之体,物者意之用"的成立,从文字训诂角度论证了"格物如格君心之非之格"的合理性,从而再一次批评了朱子"即物穷理"的"格物说",也再一次建构了其"正心"而后"随事随物精察此心之天理"的心学"格物说"。

【9】来书云:"谓致知之功,将如何为温凊、如何为奉养,即是诚意,非别有所谓格物,此亦恐非。"

此乃吾子自以己意揣度鄙见而为是说,非鄙人之所以告吾子者矣。若果如吾子之言,宁复有可通乎? 盖鄙人之见,则谓意欲温凊、意欲奉养者,所谓意也,而未可谓之诚意。必实行其温凊奉养之意,务求自慊而无自欺,然后谓之诚意。知如何而为温凊之节,知如何而为奉养之宜者,所谓知也,而未可谓之致知。必致其知如何为温凊之节者之知,而实以之温凊,致其知如何为奉养之宜者之知,而实以之奉养,然后谓之致知。温凊之事,奉养之事,所谓物也,而未可谓之格物。必其于温凊之事也,一如其良知之所知当如何为温凊之节者而为之,无一毫之不尽,于奉养之事也,一如其良知之所知当如何为奉养之宜者而为之,无一毫之不尽,然后谓之格物。温凊之物格,然后知温凊之良知始致;奉养之物格,然后知奉养之良知始致。故曰:"物格而后知至。"致其知温凊之良知,而后温凊之意始诚;致其知奉养之良知,而后奉养之意始诚。故曰:"知至而后意诚。"此区区诚意、致知、格物之说盖如此。吾子更熟思之,将亦无可疑者矣。

【解读】顾东桥在来信中提到,王阳明的致知之功,如表现在事亲一事上,就是将如何关心父母冷暖、如何奉养父母当作诚意,而无须再有格物一事。他认为王阳明这个说法是不妥的。显然,这个判断与评价是王阳明所不能接受的。

王阳明认为这只是顾东桥的主观臆测，不是他的主张。就算如顾东桥所言，把思考如何关心父母冷暖、如何奉养父母当作诚意，也是说不通的。王阳明认为，"意欲温清""意欲奉养"还停留在"意"的阶段，不能称为"诚意"，只有在生活中切实落实了关心和奉养父母的念头，使愿望变成了现实行动，而且自己对此感到满意而不是勉强为之，这才算是"诚意"。同样，知道如何恰当地关心和奉养父母，这是"知"，还不是"致知"，"致知"是将这些孝顺父母的认知转化成切实的行动；关心和奉养父母，这是"物"，还不是"格物"，"格物"是尽自己的良知把关心和奉养父母的事情做到极致。关心和奉养父母的事情做到了极致，关于孝亲的良知才算作"推致"了。正是在这个意义上，《大学》说"物格而知至"。与此相关，孝亲的良知得到了现实的推致后，孝亲之意才算是真正的"诚"，所以《大学》里说"知至而后意诚"。王阳明说，这才是他关于诚意、致知、格物关系的本意，而非顾东桥所揣测的那样。

通过这一段，可见王阳明在格物、致知、诚意三者关系上的基本思想：格物是应对伦常事务并做到极致，这就使得良知得到推致；致知是将内在良知转化成伦常事务中的现实行动，这就使得诚意得到完成。由此可见，格物是致良知的行动，诚意是致良知的完成。

【10】来书云："道之大端，易于明白，所谓良知良能，愚夫愚妇可与及者。至于节目时变之详，毫厘千里之谬，必待学而后知。今语孝于温清定省，孰不知之？至于舜之不告而娶、武之不葬而兴师、养志养口、小杖大杖、割股庐墓等事，处常处变，过与不及之，必须讨论是非，以为制事之本，然后心体无蔽，临事无失。"

道之大端易于明白，此语诚然。顾后之学者忽其易于明白者而弗由，而求其难于明白者以为学，此其所以"道在迩而求诸远，事在易而求诸难"也。孟子云："夫道若大路然，岂难知哉？人病不由耳。"良知良能，愚夫愚妇与圣人同。但惟圣人能致其良知，而愚夫、愚妇不能致，此圣愚之所由分也。

节目时变，圣人夫岂不知？但不专以此为学。而其所谓学者，正惟致其真知，以精察此心之天理，而与后世之学不同耳。吾子未暇良知之致，而汲汲焉顾是之忧，此正求其难于明白者以为学之蔽也。夫良知之于节目时变，犹规矩尺度之于方圆长短也：节目时变之不可预定，犹方圆长短之不可胜穷也。故规矩诚立，则不可欺以方圆，而天下之方圆不可胜用矣。尺度诚陈，则不可欺以长短，而天下之长短不可胜用矣。良知诚致，则不可欺以节目时变，而天下之节目时变不可胜应矣。毫厘千里之缪，不于吾心良知一念之微而察之，亦将何所用其学乎？是不以规矩而欲定天下之方圆，不以尺度而欲尽天下之长短，吾见其乖张谬戾，日劳而无成也已。

吾子谓："语孝于温凊定省，孰不知之？"然而能致其知者鲜矣。若谓粗知温凊定省之仪节，而遂谓之能致其知，则凡知君之当仁者，皆可谓之能致其仁之知，知臣之当忠者，皆可谓之能致其忠之知，则天下孰非致知者邪？以是而言可以知致知之必在于行，而不行之不可以为致知也，明矣。知行合一之体，不益较然矣乎？

夫舜之不告而娶，岂舜之前已有不告而娶者为之准则，故舜得以考之何典，问诸何人，而为此邪？抑亦求诸其心一念之良知，权轻重之宜，不得已而为此邪？武之不葬而兴师，岂武之前已有不葬而兴师者为之准则，故武得以考之何典，问诸何人，而为此邪？抑亦求诸其心一念之良知，权轻重之宜，不得已而为此邪？使舜之心而非诚为无后，武之心而非诚于为救民，则其不告而娶与不葬而兴师，乃不孝不忠之大者。而后之人不务致其良知，以精察义理于此心感应酬酢之间，顾欲悬空讨论此等变常之事，执之以为制事之本，以求临事之无失，其亦远矣。其余数端，皆可类推，则古人致知之学，从可知矣。

【解读】顾东桥在来信中提到，道之大端容易让人理解，关于良知良能的学说，普通人也能明白。但是很多历史性、制度性、礼仪性的知识细节，如果不去细察的话，往往可能因为不掌握而带来巨大的讹误，所以还是要认真学习的。一般的孝亲之事，如温凊定省，大家都知道。然而那些涉及孝亲的历史典故，比如舜不告而娶，武王不葬而兴师，孟子论述的养志、养口之别，曾子的大杖、小杖之受，割股事亲、庐墓守孝，等等，关乎儒家孝道的经权之辨、过与不及的选择问题，必须要在知识性的意义上辨别清楚、讨论是非，只有这样才能明确应对事务的原则，做到心体无蔽、临事无失。

顾东桥这里提到的儒家文化典故"舜之不告而娶"指的是《孟子·万章上》所说："舜之不告而娶，何也？孟子曰：'告则不得娶。男女居室，人之大伦也。如告，则废人之大伦，以怼父母。是以不告也。'"在儒家看来，父母之命是男女成婚的必要前提，但是舜因为父母顽嚚而未见告，故而成为儒家经常论辩之事。"武之不葬而兴师"指的是《史记·伯夷列传》所载："西伯卒，武王载木主，号为文王，东伐纣。伯夷、叔齐叩马而谏曰：'父死不葬，爰及干戈，可谓孝乎？'"按照儒家礼仪，父死不葬是为不孝，可是武王未及安葬父亲便兴兵伐纣，遂成为可议之事。"养志养口"指的是《孟子·离娄上》所载："曾子养曾皙，必有酒肉；将彻，必请所与；问有余，必曰有。曾皙死，曾元养曾子，必有酒肉；将彻，不请所与；问有余，曰亡矣。将以复进也。此所谓养口体者也。若曾子，则可谓养志也。事亲若曾子者可也。"这是说奉养父母除了满足口体之养外，还要顺从父母的意志，所谓"养志"，孟子认为"养志"更重要。"小杖大杖"出自《孔子家语·六本》："曾子耘瓜，误斩其根，曾晳怒，建大杖以击其背，曾子仆地而不知人久之。有顷，乃苏，欣然而起，进于曾晳曰：'向也得罪于大人，大人用力教参，得无疾乎？'退而就房，援琴而歌，欲令曾晳闻之，知其体康也。孔子闻之而怒，告门弟子曰：'参来，勿内。'曾参自以为无罪，使人请于孔子。子曰：'汝不闻乎？昔瞽瞍有子曰舜，舜之事瞽瞍，欲使之，未尝不在于侧，索而杀之，未尝可得。小棰则待过，大杖则逃走。故瞽瞍不犯不父之罪，而舜不失蒸蒸之孝。今参事父，委身以待暴怒，殪而不避，既身死而陷父于不义，其不孝孰大焉？'"曾子犯错，其父责罚，曾子受罚后假装若无其事来安抚父亲。孔子则认为，父亲责罚时，如果是轻的责罚（小杖）就受之，如果是重的责罚（大杖）就避之，否则可能会因为受罚过重导致身死陷父亲于不义，自己枉死还陷父亲于不义，才是真正的不孝，由是，"小杖大杖"也成为儒家孝道的一个论题。"割股庐墓"，此处应是泛指子女伤害自己的身体以奉养父母的孝行，以及父母殁后当如何结庐守孝的事情。顾东桥列举这些典故，其目的只有一个，即提醒王阳明应该关注知识性的学习，也就是强调在事物上穷理的必要性。

王阳明针对来信内容，进行了辩解与反驳。他说，"道之大端易于明白"，当然是正确的，但是后世学者往往会忽视那些容易明白的大道理，却对那些烦琐的细枝末节更感兴趣，并以为烦琐细节才是真正的为学内容，这就是孟子批评的"道在迩而求诸远，事在易而求诸难"（《孟子·离娄上》），在为学上舍近求远、舍易求难，颠倒为学次序。孟子还说："夫道若大路然，岂难知哉？人病不由耳。"（《孟子·告子下》）大道简易，清楚明白，但是问题在于有很多人不顺着大道的方向而行进。良知良能，是所有人都具有的，圣人和愚夫愚妇都一样，但是圣人能够致良知，愚夫愚妇不能致良知，这就是圣愚之间的分别。针对顾东桥提出的"良知良能，愚夫愚妇可与及者"，王阳明认为，愚夫愚妇有良知良能，但是他们往往置大道于不顾，故而还有必要反复强调。

接下来讨论顾东桥提到的"节目时变"问题。王阳明认为，圣人当然熟知节目时变，却不专以此为学。圣人之学关注的是致良知和精察心之天理，这是与后世之学的根本区别。他指出，顾东桥不关注致良知的大道，却关注节目时变的细节，正是将"求其难于明白者"作为为学的表现，这是为学之弊。王阳明认为，良知与节目时变的关系，就像规矩尺度与方圆长短的关系。孟子说："不以规矩，不能成方圆。"（《孟子·离娄上》）规矩指的是圆规和曲尺。节目时变具有不确定性，就像方圆长短之物不可确定一样。但规矩是确定的,只要规矩存在就可以画制出无穷的方圆之物来;尺度是确定的,只要尺度存在就可以度量出无穷的长短之物来。良知如同规矩尺度,作为人处世的根本原则是确定的,故而可以应对无穷变化的节目时变。如果我们不从内心良知的一念之微上下功夫,就会在为学道路上失之毫厘谬以千里。不从良知出发来审视节目时变,就如同不从规矩出发来判定天下的方圆之物以及不从尺度出发来衡量天下的长短之物一样,只会出现乖张谬误,导致为学道路上的日劳而无成。

　　针对来信中的"语孝于温清定省,孰不知之"这句话,王阳明表示,"知"温清定省的人确实不少,但能够致其知的人却很少。如果将粗粗了解温清定省仪节都当作"致其知",那么是否意味着"知君之当仁者"都算作"致其仁之知"呢?是否意味着"知臣之当忠者"都算作"致其忠之知"呢?这样一来,天下人都是能致良知的人了。王阳明的意思是,君主大多明白应该以仁行事,臣属也大多明白应该忠于君主,但是实际上并不是所有的君主都是仁君、所有的臣属都是忠臣,因为能够真正将良知变成行动的人还是稀少的。由此可见,致知必定要见诸于行动,没有行动就不可以称为致知,这就是知行合一的本意。

　　针对来信中顾东桥以"舜之不告而娶、武之不葬而兴师"等典故来强调学习历史知识之重要性,王阳明也给出了不同的解释。他认为,舜的不告而娶,是舜依据自己的良知权衡轻重后做出的决定,因为在舜之前并没有先例可循,也无典故可考;武王的不葬而兴师,也是依据自己的良知而权衡轻重后做出的决定,因为在武王之前也无先例可循、无典故可考。王阳明进一步解释道,舜和武王的独立决定,是因为有着独立的价值判断。"不孝有三,无后为大",舜是为了延续后代而做出了不告而娶的决定;"救民于水火",武王是为了尽快拯救苍生而做出了不葬而兴师的决定。他们是依据良知做出的忠孝行为,实现了"诚意"。后代的人不明白舜和武王在处理事务时对义理的精察以及致良知的真诚,悬空去讨论所谓的"变常之事",还将其当作处理事务的准则,这与圣人之意相距甚远。王阳明说,其他关于"养志养口""小杖大杖""割股庐墓"的典故,都可以此类推地去理解。

　　这一段,王阳明针对顾东桥所强调的节目时变之学习,针锋相对地提出了应以扩充良知、落实良知作为应对世事的根本。换言之,人应对世事时,应把具有"道之大端"意义的良知作为根本准则,而不必孜孜于细枝末节的节目时变。致良知对于学习节目时变,更加具有根本性意义。

　　【11】来书云:"谓《大学》格物之说,专求本心,犹可牵合。至于六经、四书所载多

闻多见，前言往行，好古敏求，博学审问，温故知新，博学详说，好问好察，是皆明白求于事为之际，资于论说之间者，用功节目固不容蓁矣。"

　　格物之义，前已详悉，牵合之疑，想已不俟复解矣。至于"多闻多见"，乃孔子因子张之务外好高，徒欲以多闻多见为学，而不能求诸其心，以阙疑殆，此其言行所以不免于尤悔，而所谓见闻者，适以资其务外好高而已。盖所以救子张多闻多见之病，而非以是教之为学也。夫子尝曰："盖有不知而作之者，我无是也。"是犹孟子"是非之心，人皆有之"之义也。此言正所以明德性之良知非由于闻见耳。若曰"多闻择其善者而从之，多见而识之"，则是专求诸见闻之末，而已落在第二义矣，故曰"知之次也"。夫以见闻之知为次，则所谓知之上者果安所指乎？是可以窥圣门致知用力之地矣。夫子谓子贡曰："赐也，汝以予为多学而识之者欤？非也，予一以贯之。"使诚在于多学而识，则夫子胡乃谬为是说，以欺子贡者邪？一以贯之，非致其良知而何？《易》曰："君子多识前言往行，以畜其德。"夫以畜其德为心，则凡多识前言往行者，孰非畜德之事。此正知合一之功矣。

　　好古敏求者，好古人之学，而敏求此心之理耳。心即理也。学者，学此心也。求者，求此心也。孟子云："学问之道无他，求其放心而已矣。"非若后世广记博诵古人之言词，以为好古，而汲汲然惟以求功名利达之具于外者也。博学审问，前言已尽。温故知新，朱子亦以温故属之尊德性矣。德性岂可以外求哉？惟夫知新必由于温故，而温故乃所以知新，则亦可以验知行之非两节矣。"博学而详说之"者，将以反说约也。若无反约之云，则博学详说者果何事邪？舜之"好问好察"，惟以用中而致其精一于道心耳。道心者，良知之谓也。君子之学，何尝离去事为而废论说。但其从事于事为论说者，要皆知行合一之功，正所以致其本心之良知，而非若世之徒事口耳谈说以为知者，分知行为两事，而果有节目先后之可言也。

　　【解读】顾东桥在来信中继续为博学求知的必要性进行论辩。他说，王阳明认为《大学》里格物为专求本心的观点，还有可取之处。但是六经、四书里所记载的多闻多见（语出《论语·为政》）、前言往行（语出《易经·大畜卦》）、好古敏求（语出《论语·述而》）、博学审问（语出《中庸》）、温故知新（语出《论语·为政》）、博学详说（语出《孟子·离娄下》）、好问好察（语出《中庸》）等，都是非常鲜明地在强调博学求知的必要性，说明博学求知对于为事、论说的重要性。列举如此多的经典话语，顾东桥无非是想论证博学求知在为学次第中的优先性。

　　王阳明对其列举的经典话语，逐一进行了辨析。关于"多闻多见"，这是孔子对子张说的话:"子张学干禄。子曰:'多闻阙疑,慎言其余,则寡尤。多见阙殆,慎行其余,则寡悔。言寡尤,行寡悔,禄在其中矣。'"(《论语·为政》)一般来说,这里的意思是孔子教子张多闻多见,以使得言行寡尤寡悔。但王阳明认为,这是孔子在纠正子张务外好高、以多闻多见为学的毛病。在王阳明看来,孔子认为子张不能求诸其心,缺少了反思意义上的疑惑,所以言行经常有悔,而子张的多闻多见又滋长了他这种向外而不向内的毛病。故而,王阳明认为,孔子不是教子张去多闻多见,而是要纠正他多闻多见而不反求诸心的错误方向。显然,王阳明这个解释略显勉强,与原始文义有所差距。王阳明接着又引孔子所说:"盖有不知而作之者,我无是也。"(《论语·述而》)他说孔子这句话和孟子的"是非之心,人皆有之"意思是一样的,也就是说孔子不把闻见当成"作之"的必要前提,而是将本然的是非之心作为应世的基础。王阳明认为这正说明了致良知与闻见无关,正如孔子所说:"多闻择其善者而从之,多见而识之,知之次也。"(《论语·述而》)闻见是"次"一等的,相较于致良知而言,是末者。既然见闻之知为次、为末,那么何为"知之上者"?王阳明认为,从这个问题就可以窥见儒家真正的致知用力之地。孔子与子贡有过一段对话:"'赐也,女以予为多学而识之者与?'对曰:'然,非与?'曰:'非也。予一以贯之。'"(《论语·卫灵公》)孔子告诉子贡,他自己不是因为多学而识而成,而是依靠一个一以贯之的力量来应对世界,这个力量在王阳明看来就是致其良知。由此,王阳明对顾东桥提到的"前言往行"也做了辩述。《易经》上说:"君子以多识前言往行,以畜其德。"(《易经·大畜卦》)王阳明认为,这里的畜德就是涵养心体,而"多识前言往行",对往圣先贤的言行充分了解,也是为了涵养心体。把道德体认与德行涵养结合起来,这就是知行合一的功夫。

关于顾东桥提到的"好古敏求",这是孔子所说:"我非生而知之者,好古,敏以求之者也。"(《论语·述而》)王阳明解释道,这指的是孔子通过好古人之学来求心中之理,心即理,所以孔子之学是体认此心之理,孔子之求是求证此心之理,这就是孟子所说:"学问之道无他,求其放心而已矣。"(《孟子·告子上》)由此可见,孔子内向性的"好古敏求",与后世的"广记博诵古人之言词"并以此追求"功名利达"是完全不一样的。

关于《中庸》的"博学审问",前已有述。接着看"温故知新",孔子说:"温故而知新,可以为师矣。"(《论语·为政》)关于这一条,王阳明说,朱子也认为:"温故只是存得这道理在,便是尊德性。"①既然"温故"事关德性,德性怎么可以从外而求得呢?德

---

① 黎靖德编:《朱子语类》第4册,王星贤点校,北京:中华书局,1986年,第1587页。

性要靠自己践履,知新要通过温故,温故才可以知新,这也说明了知行合一之说。

关于"博学详说",这是孟子所说:"博学而详说之,将以反说约也。"(《孟子·离娄下》)王阳明认为,这里的关键在于"反说约也",也即回归内在心体,如果不返回内在本心,博学详说就没有了归处,也就没有了意义。

关于"好问好察",《中庸》说:"舜其大知也与!舜好问而好察迩言,隐恶而扬善,执其两端,用其中于民,其斯以为舜乎?"一般的解释侧重于强调舜好问好察,去了解民心民意。而王阳明认为,舜的好问好察的根本目的在于使自身的道心臻于精一之境,而所谓"道心",就是"良知"。换言之,舜的好问好察是为了体察良知。

在对顾东桥提到的经典话语一一辨析后,王阳明总结道,真正的君子之为学,从来不能偏重行动而忽视博学意义上的论说,但无论是"为事"还是"论说",实际上都是知行合一之功,其要义在于将本心的良知变成实际的行动,而不是流俗地将口耳谈说当作"知",还把知、行割裂进而空谈孰先孰后。概而言之,王阳明通过分析顾东桥所列之主张博学的言论,论证了致良知和知行合一之说,虽有牵强附会之处,但也足见王阳明的雄辩气质。

【12】来书云:"杨、墨之为仁义,乡愿之乱忠信,尧、舜、子之之禅让,汤、武、楚项之放伐,周公、莽、操之摄辅,谩无印证,又焉适从?且于古今事变,礼乐名物,未常考识,使国家欲兴明堂,建辟雍,制历律,草封禅,人将何所致其用乎?故《论语》曰'生而知之'者,义理耳。若夫礼乐名物,古今事变,亦必待学,而后有以验其行事之实。此则可谓定论矣。"

所喻杨、墨、乡愿、尧、舜、子之、汤、武、楚项,周公、莽、操之辨,与前舜、武之论,大略可以类推,古今事变之疑,前于良知之说,已有规矩尺度之喻,当亦无俟多赘矣。至于明堂、辟雍诸事,似尚未容于无言者:然其说甚长,姑就吾子之言而取正焉,则吾子之惑将亦可少释矣。夫明堂、辟雍之制,始见于吕氏之《月令》,汉儒之训疏,六经、四书之中未尝详及也。岂吕氏、汉儒之知,乃贤于三代之贤圣乎?齐宣之时,明堂尚有未毁,则幽、厉之世,周之明堂皆无恙也。尧、舜茅茨土阶,明堂之制未必备,而不害其为治;幽、厉之明堂,固犹文武成康之旧,而无救于其乱,何邪?岂能"以不忍人之心,而行不忍人之政",则虽茅茨土阶,固亦明堂也。以幽、厉之心,而行幽、厉之政,则虽明堂,亦暴政所自出之地邪?武帝肇讲于汉,而武后盛作于唐,其治乱何如邪?天子之学曰辟雍,诸侯之学曰泮宫,皆象地形而为之名耳。然三代之学,其要皆所以明人伦,非以辟不辟,泮不泮为重轻也。

孔子云："人而不仁，如礼何？人而不仁，如乐何？"制礼作乐，必具中和之德，声为律而身为度者，然后可以语此。若夫器数之末，乐工之事，祝史之守。故曾子曰："君子所贵乎道者三，笾豆之事，则有司存也。"尧"命羲和，钦若昊天，历象日月星辰"，其重在于"敬授人时"也。舜"在璇玑玉衡"，其重在于"以齐七政"也。是皆汲汲然以仁民之心而行其养民之政，治历明时之本，固在于此也。羲和历数之学，皋、契未必能之也，禹、稷未必能之也，尧、舜之知而不遍物，虽尧、舜亦未必能之也；然至于今循羲和之法而世修之，虽曲知小慧之人，星术浅陋之士，亦能推步占候而无所忒。则是后世曲知小慧之人，反贤于禹、稷、尧、舜者邪？"封禅"之说尤为不经，是乃后世佞人谀士所以求媚于其上，倡为夸侈，以荡君心而靡国赞：盖欺天罔人无耻之大者，君子之所不道，司马相如之所以见讥于天下后世也。吾子乃以是为儒者所宜学，殆亦未之思邪？夫圣人之所以为圣者，以其生而知之也。而释《论语》者曰："'生而知之'者，义理耳。若夫礼乐、名物、古今事变：亦必待学而后有以验其行事之实。"夫礼乐、名物之类，果有关于作圣之功也，而圣人亦必待学而后能知焉，则是圣人亦不可以谓之"生知"矣。谓圣人为"生知"者，专指义理而言，而不以礼乐、名物之类，则是礼乐、名物之类无关于作圣之功矣，圣人之所以谓之"生知"者，专指义理而不以礼乐、名物之类，则是"学而知之"者，亦惟当学知此义理而已。"困而知之"者，亦惟当困知此义理而已。今学者之学圣人，于圣人之所能知者，未能"学而知之"，而顾汲汲焉求知圣人之所不能知者以为学，无乃失其所以希圣之方欤？凡此皆就吾子之所惑者而稍为之分释，末及乎拔本塞源之论也。

【解读】顾东桥在来信中再次列举了不少的礼乐名物、古今事变，认为这些历史、制度等内容，还是需要去做知识性的学习和探究，否则人们对于是非、正邪、对错就会混淆。顾东桥信中提到的"杨、墨之为仁义，乡愿之乱忠信，尧、舜、子之之禅让，汤、武、楚项之放伐，周公、莽、操之摄辅"是古今事变，从字面上看很多事好像是一回事，但只有探究了，才知道其中的差别。比如，杨、墨的"仁义"不是真正的仁义，孟子说："杨墨之道不息，孔子之道不著，是邪说诬民，充塞仁义也。"（《孟子·滕文公下》）乡愿的忠信实际上是虚伪，孔子说："乡原，德之贼也。"（《论语·阳货》）孟子说："同乎流俗，合乎污世。居之似忠信，行之似廉洁。故曰德之贼也。"（《孟子·尽心下》）尧舜是真正的禅让，而燕王哙让位于子之则是阴谋和闹剧（子之是战国时期燕国的国相，位高权重，专断政事，燕王哙曾禅位于子之，事见《史记·燕召公世家》）；汤放桀、武王伐纣与项羽击杀义帝不是一回事；周公辅政与王莽篡汉、曹操"挟天子以令诸侯"的性质也根本不同。顾东桥列举这些历史事迹，以及对于兴明堂、建辟雍、制历律、草封禅等礼乐名物制度的强调，是为了说明知识探求对于辨别是非的必要性，并以此来质疑王阳明专求本心的工夫路径之片面性。对于顾东桥的质疑，王阳明也进行了逐一的辩驳。

首先是古今事变。王阳明认为，关于杨、墨、乡愿、尧、舜与子之、汤、武与项羽、周公与王莽、曹操之辨析，和他此前对于舜"不告而娶"、武王"不葬而兴师"的论述一样，要从"一念之良知"的角度去考虑，否则，"悬空讨论此等变常之事，执之以为制事之本，以求临事之无失，其亦远矣"（前揭）。王阳明在这些历史事务的判定上，都是从当事人是否有"一念之良知"的角度来考察其动机，所以认为类似的事情，都要从"良知"之维度予以考察，这使得"良知"具有了"规矩尺度"的意义。

其次是礼乐名物。针对顾东桥提出的学习礼乐名物与古今事变的问题，王阳明在答复中，重点表达了对于学习礼乐名物的看法。在来信中，顾东桥提到明堂和辟雍，明堂是天子议政的宫室，辟雍是天子办学的场所，二者都事关礼乐名物。在礼乐文明的宫室礼仪制度中，明堂制是最为重要的一种。儒家典籍中所记载的"明堂"，集中地体现了宫室作为权力的象征，承担着君主对于行使排他性的最高权力的需求，"夫明堂者，王者之堂也。王欲行王政，则勿毁之矣"（《孟子·梁惠工下》）。孟子认为，明堂是保证王者政治权力正当性的所在，故而在王道政治中发挥着关键作用。关于明堂的政治作用，《礼记》中描述为："朝诸侯于明堂，制礼作乐，颁度量，而天下大服。"（《礼记·明堂位》）明堂是国家最为重要的政治场所，关系到国家权力、天子个人的威严。明堂为天子布政之所、祭神之处，是具有鲜明政治意味的场所。《白虎通》里指出，明堂在国家权力运行中承担着多重的功能，"天子立明堂者，所以通神灵，感天地，正四时，出教化，宗有德，重有道，显有能，褒有行者也"。昭告神灵、制礼作乐、颁定度量、表彰德行，皆为关涉政权运行的国之大事，需要仕具有高度威仪象征之所举行，而明堂就承担了这样的政治功能，为国家政令提供政治正当性的场所保证，具有重要的政治象征意味。甚至可以认为，谁占据了明堂，谁就获得了某种政治合法性地位。经过历代阴阳家的演绎，"明堂"及其制度多有烦琐的解读与考证。概括而言，作为"礼制性建筑物"的"明堂"，在儒家礼乐文明传统中，主要是国家最高政治权力的一种象征物，是国家政权的有机组成部分，也是权力合法性的一种标志。

辟雍本为周天子所设之"大学"，校址圆形，围以水池，水上有桥。东汉以后，历代皆有辟雍，是天子讲学之地，也被作为尊儒学、行典礼的场所。《礼记·王制》上记载："大学在郊，天子曰辟雍，诸侯曰泮宫。"《白虎通》里记述："天子立辟雍何？所以行礼乐、宣德化也。辟者,璧也,象璧圆,又以法天,于雍水侧,象教化流行也。"辟雍是国家文化、教育事业的象征,也是宣示国家文教主张的场所,在国家文教体系中处于核心位置。

虽然明堂、辟雍在儒家礼乐制度中具有重要的地位,但在这封书信里,王阳明却对明堂、辟雍的必然正当性表示了质疑。王阳明认为,明堂、辟雍作为一种建筑,只是行使政治权力的形式,如果为政者不以仁爱之心来施政,不以良知来明人伦,那么明堂上所发出来的政令也是缺乏正当性的,辟雍里的教化也是可以质疑的。明堂、辟雍及其相关制度,在王阳明看来,不过是政治权力、人伦教化的表现形式,在具体的政治和教化活动中,只具有形式性的意义,而没有实质性意义。圣王的正确政令,未必出自明堂之上;极尽威仪的明堂,未必不会发出暴虐的政令。因此,政治和教化的正当性其实与明堂、辟雍及其制度并没有必然的联系,用明堂、辟雍来保证政治与教化的正当性不过是一种附会之说。王阳明的这种质疑,对于我们反思传统的明堂、辟雍等蕴含政治意味的建筑物具有积极的启发意义。用仪式或者符号来保证政治正当性,虽是政治生活中的常见之事,但仪式、符号与正当性之间,并没有因果必然性,在政治实践中,某种恰当的仪式或符号未必会带来恰当的政治行为。明堂、辟雍这类政治符号,同样也不会必然地保证政治实践的正确与正当,只是人们在传统中,习惯将某种符号赋予"正当性"的名义,故而政治家们总是要夺取这种符号来增加其行为的权威性与正当性。对于明堂、辟雍的反思,展现了王阳明用"良知"之学来确保道德与政治的实质正义的致思方式。

王阳明认为,孔子讲的"人而不仁,如礼何? 人而不仁,如乐何?"(《论语·八佾》)即是说,礼乐制度最为核心的是要出自仁心,而不是追求器数与技巧。在王阳明看来,器数与技巧是乐工之事、祝史之守,君子所要追求的是符合仁心的居处之道,所以曾子说:"君子所贵乎道者三:动容貌,斯远暴慢矣;正颜色,斯近信也;出辞气,斯远鄙倍矣。笾豆之事,则有司存也。"(《论语·泰伯》)在礼仪活动中,君子要关注发自仁心的容貌、颜色、辞气,至于礼仪细节,自有专门的技术人员来办理。王阳明列举了经典里所记载的尧舜事迹,提出尧舜也不会专门的技术性知识,而是任命专业人员来执掌专门事务,如历律等。尧舜不是"曲知小慧"之人,但这丝毫不影响他们的仁民之心、养民之政。换言之,尧舜在具体礼乐、历法知识的掌握上,未必比得上他们所任命的技术官吏,但他们具有更为根本的仁心,所以才是真正的"圣贤"。

另外,对于顾东桥提到的封禅之事,王阳明更是予以了严厉批评。"封禅"是帝王为了粉饰太平,在局面稳定或者有所谓祥瑞出现时所进行的祭祀天地的大型典礼,"封"为祭天,"禅"为祭地,"封禅"常常由帝王亲自到泰山举行。王阳明认为,"封禅"之说纯属荒诞不经的学说,是后世佞人为了取媚于人主而编造出来的祭祀礼仪,欺天妄人,浮夸浪费,糜荡君心,为害甚大。对于历代帝王奉为神圣的"封禅",王阳明认为这是真正的君子"所不道"的事情,"无耻之大"。他指出司马相如撰写《封禅书》(该文对汉武帝的封禅活动产生了重要影响)一事,为天下后世所讥笑。由此,王阳明认为,"封禅"完全不应该为真正的儒者所提倡,因而毫无学习的必要。

以上,从古今事变,到礼乐名物,如明堂、辟雍、历律、封禅等,王阳明逐一予以了辨析,认为顾东桥主张学习这些东西,也是站不住脚的,在他看来,为学首先还是应以讲明心体为要,而对古今事变、礼乐名物的学习应该等而次之。

接下来,王阳明又从顾东桥提到的"生而知之"维度,进一步强调了他的观点。顾东桥说,所谓"生而知之",主要是就义理而言,而"学而知之"的是古今事变、礼乐名物。对此,王阳明指出,如果礼乐名物之类的知识是"作圣之功"的必要前提,圣人也得"学而知之",那么圣人就不能称为"生而知之"。但如果说圣人的"生而知之"是就义理而言的,那么就说明礼乐名物与能否成为圣人无关。就此而言,所谓"生而知之""学而知之""困而知之",都是指"义理",而不是指礼乐名物。王阳明批评道,人们不去学习圣人所重视的"义理",反而一味追求圣人无须知之的细枝末节,这种做法,完全背离了"希圣之方",与"成圣之路"背道而驰。

针对顾东桥来信中提到的"人们应该努力学习古今事变、礼乐名物的知识"这一论点,王阳明对其论据进行了一一辩驳,来说明致良知对于知识性学习的优先性。在完成对顾东桥来信内容的全部驳论之后,王阳明开始准备正面阐述他提出的"拔本塞源"之论,以作为这封答信的总结性陈述。

【13】夫拔本塞源之论不明于天下,则天下之学圣人者,将日繁日难,斯人沦于禽兽夷狄,而犹自以为圣人之学。吾之说虽或暂明于一时,终将冻解于西而冰坚于东,雾释于前而云滃于后,呶呶焉危困以死,而卒无救于天下之分毫也已。

夫圣人之心,以天地万物为一体,其视天下之人,无外内远近。凡有血气,皆其昆弟赤子之亲,莫不欲安全而教养之,以遂其万物一体之念。天下之人心,其始亦非有异于圣人也,特其间于有我之私,隔于物欲之蔽,大者以小,通者以塞,人各有心,至有视其父、子、兄、弟如仇雠者。圣人有忧之,是以推其天地万物一体之仁以教天下,使之皆有以克其私,去其蔽,以复其心体之同然。其教之大端,则尧、舜、禹之相授受,所谓"道心惟微,惟精惟一,允执厥中"。而其节目,则舜之命契,所谓"父子有亲,君臣有义,夫妇有别,长幼有序,朋友有信"五者而已。唐、虞、三代之世,教者惟以此为教,而学者惟以此为学。当是之时,人无异见,家无异习,安此者谓之圣,勉此者谓之贤,而背此者,虽其启明如朱,亦谓之不肖。下至闾井、田野、农、工、商、贾之贱,莫不皆有是学,而惟以成其德行为务。何者?无有闻见之杂,记诵之烦,辞章之靡滥,功利之驰逐,而但使孝其亲,弟其长,信其朋友,以复其心体之同然。是盖性分之所固有,而非有假于外者,则人亦孰不能之乎?

学校之中,惟以成德为事。而才能之异,或有长于礼乐,长于政教,长于水土播植者,则就其成德,而因使益精其能于学校之中。迨夫举德而任,则使之终身居其职而不易。用之者惟知同心一德,以共安天下之民,视才之称否,而不以崇卑为轻重,劳逸为美恶。效用者亦惟知同心一德,以共安天下之民,苟当其能,则终身处于烦剧而不以为劳,安于卑琐而不以为贱。当是之时,天下之人熙熙皞皞,皆相视如一家之亲。其才质之下者,则安其农、工、商、贾之分,各勤其业,以相生相养,而无有乎希高慕外之心。其才能之异,若皋、夔、稷、契者,则出而各效其能。若一家之务,或营其衣食,或通其有无,或备其器用,集谋并力,以求遂其仰事俯育之愿,惟恐当其事者之或怠而重己之累也。故稷勤其稼,而不耻其不知教,视契之善教,即己之善教也。夔司其乐,而不耻于不明礼,视夷之通礼,即己之通礼也。盖其心学纯明,而有以全其万物一体之仁,故其精神流贯,志气通达,而无有乎人己之分,物我之间。譬之一人之身,目视,耳听,手持,足行,以济一身之用,目不耻其无聪,而耳之所涉,目必营焉,足不耻其无执,而手之所探,足必前焉。盖其元气充周,血脉条畅,是以痒疴呼吸,感触神应,有不言而喻之妙。此圣人之学所以至易至简,易知易从,学易能而才易成者,正以大端惟在复心体之同然,而知识技能非所与论也。

【解读】 在这一段中,王阳明首先指出了在现实生活中因学术不明和人们蔽于私欲而导致的社会生活堕落状态。王阳明认为,圣人之学的真精神被遮蔽,使得人们在学做圣人的事业上走向歧路,"日繁日难",陷溺于偏执、脱离儒家正道而不自知。在王阳明的时代,所谓"天下之学圣人者"的路径,主要是指朱子学,如所周知,王阳明之为学主要是出于对日渐僵化的朱子学的不满。王阳明认为,当时的朱子学"析心与理为二",认为天理存于人心之外,于是求天理于人心之外,所以在学圣之路上过于求诸书册,执着于辞章注疏,逐渐走上支离烦琐的道路。儒家的学圣之路,既有学术上的意义,又有政治上的意义。一旦在学圣之路上步入歧途,人心纷乱,不仅在学术上会裹足不前,更为严重的是将导致天下的混乱不治,"斯人沦于禽兽夷狄"。另外,天下人之心虽然在本源上和圣人无分别,但由于逐渐"间于有我之私,隔于物欲之蔽",人们被人与人之间的差异性迷惑,导致人与人之间的同一性被遮蔽,人们采用一种斗争的心态来看待人我关系,社会于是趋向堕落,直至"视其父、子、兄、弟如仇雠者"。在王阳明看来,他所倡导的"合心与理为一"的心学虽然可以在学圣之路上暂时起到一定的纠偏作用,"或暂明于一时",但终究不能"救天下之分毫",无法在挽救天下人心上发挥根本性的作用。

　　故而,王阳明认为,要真正"救天下",实现良好的社会生活,就要让社会成员发挥圣人之心,使得天下人都具有圣人的良善德性和高贵品质,真正地树立起"万物一体"的观念,以同一性、共通性来看待自我与世界的关系,将天下之人当作自家之人,仁爱天下,对所有人都"欲安全教养之",这样或可实现"三代之治"。"万物一体"的秩序得以确立,所有人都能得到"安全教养",社会自然就成为美好的社会,这样的社会是否可能? 在王阳明的心目中,这样的社会是可能的,儒家历史上的"三代"社会就是这样一个良好的社会。王阳明认为,唐、虞、三代之世,圣人为拯救天下人心的陷溺,用"万物一体"的仁心教化天下之人,教导天下之人"克其私""去其蔽",让人们从一致性的角度去理解自我与世界的关系,而且还进一步在社会生活中推广"父子有亲、君臣有义、夫妇有别、长幼有序、朋友有信"五伦,使得家国天下中的主要社会关系都处在有章可循的状态下,而整个社会也因此有了良好的秩序。正是由于圣人的立教垂范,"三代之世"的良好社会生活才得以确立,天下才实现了从"乱"到"治"。

　　王阳明在阐述了三代之治的由来之后,如同《礼记·礼运》里对于"大同"社会的描述一样,用大段文字描绘了想象中"三代之治"的理想图景,使其心目中理想共同体的至善生活模式清晰地呈现出来。王阳明以论述"三代之治"理想图景的形式抒发了自己的社会政治理想,这既是表达了对"三代之世"的乌托邦想象,同时,也在一定意义上构建了以"万物一体"为宗的理想政治模式。按照王阳明的理想,在信奉"万物一体"理念的社会共同体内,天下之人,无有远近,皆得以安全教养,所有人如一家之亲,所有成员都以安济天下之民(或他人)为己任,既成就自己又成全他人。在这个共同体里,人人皆以成德为务,将德性与德行作为第一要务,没有高低贵贱,从不希高慕外,都能分别安于农、工、商、贾等各种本职工作,所有人同心一德而各自按照自身的才质从事社会事务,虽有分工但不分裂。人们能够"各勤其业,相生相养",实现自立且互通有无,而不是寄生于他人。这个社会,和谐安宁,亲如一家,没有人己之分、物我之间,每个成员怀着"万物一体"的仁心,职守着良好的社会秩序,同时也享受着至善的社会政治生活。

概括来看,王阳明心目中的"三代之治"图景如下:人们思想一致,怀着人我一体的信念来善待他人,过着有德性的生活,而不是因追求外在知识与功名利禄而互相倾轧;人们在成就德性一致性的目标下,互相将他人当作自己的亲人,各自施展自己的才能来为公共社会做出贡献,人在共同体里面的位置,只按才能是否相称来安排,而没有贵贱美丑之分,才能一般的人能够人尽其用,才能高超的人能够人尽其能。如此就是"万物一体"观念的现实展开,也是"三代之治"的具体内容。从上可见,王阳明的治理理想从世界的同一性出发,尤其强调人在本心上的无差别,而后天的才能差异正好可以实现互相补充,由此,良好的治理就是依据人的同一性本质和差异性才能来发挥每个人的作用,引导人们将德性而不是知识、功利作为生活追求,教导人们各安其分、各司其职、互相补充、互相生养,既有分工又有合作,最终实现"万物一体之仁"的理想。当然,从现代看来,王阳明的上述治理理想里也有着很多专制的因素,比如"人无异见""家无异习",又如"同心一德",这是要求人们按照齐同的思想进行生活,其成员不能有"出格"的想法;他能正视人在才能上的差异,但认为在生活追求和思想认识上不能有所差异,在思想上只强调共性而忽视个性;重视人的德性发展而轻视人的知识进步、功利追求;过分追求共同体的"大同团结"而忽视个体的"意志自由"。在现实的政治生活中,统治者可能利用此说建立一个牺牲个人自由而过度集中的统治模式,社会可能会因为丧失多样性而走向僵化。王阳明看到了人心的疏离、利益的分化给社会带来的混乱,这是其所见,但过分强调治理中的同一性而忽略个体意志的差异性,这是其所蔽,而这也是现代哲学在分析王阳明"拔本塞源"之治理理想时所需要注意区分的。

在王阳明看来,所谓"拔本塞源",就是要"心学纯明,而有以全其万物一体之仁",使得人人都从本心上接受和理解"万物一体"的信念,这是实现良好社会和人生的最为根本的路径。概而言之,"复心体之同"即是至易至简的工夫,而不是将工夫寄托在知识技能的烦琐求索上。

【14】三代之衰,王道熄而霸术倡。孔孟既没,圣学晦而邪说横。教者不复以此为教,而学者不复以此为学,霸者之徒,窃取先王之近似者,假之于外以内济其私己之欲,天下靡然而宗之,圣人之道遂以芜塞。相仿相效,日求所以富强之说,倾诈之谋,攻伐之计,一切欺天罔人,苟一时之得,以猎取声利之术,若管、商、苏、张之属者,至不可名

数。既其久也,斗争劫夺,不胜其祸,斯人沦于禽兽、夷狄,而霸术亦有所不能行矣。

世之儒者慨然悲伤,搜猎先圣王之典章法制,而掇拾修补于煨烬之余,盖其为心良欲以挽回先王之道。圣学既远,霸术之传积渍已深,虽在贤知,皆不免于习染,其所以讲明修饰,以求宣畅光复于世者,仅是以增霸者之藩篱,而圣学之门墙,遂不复可睹。于是乎有训诂之学,而传之以为名;有记诵之学,而言之以为博;有辞章之学,而侈之以为丽。若是者,纷纷籍籍,群起角立于天下,又不知其几家,万径千蹊,莫知所适。世之学者如入百戏之场,欢谑跳踉、骋奇斗巧、献笑争妍者,四面而竞出,前瞻后盼,应接不遑,而耳目眩瞀,精神恍惑,日夜遨游淹息其间,如病狂丧心之人,莫自知其家业之所归。时君世主亦皆昏迷颠倒于其说,而终身从事于无用之虚文,莫自知其所谓。间有觉其空疏谬妄,支离牵滞,而卓然自奋,欲以见诸行事之实者,极其所抵,亦不过为富强功利、五霸之事业而止。

圣人之学日远日晦,而功利之习愈趋愈下。其间虽尝瞽惑于佛、老,而佛、老之说卒亦未能有以胜其功利之心。虽又尝折衷于群儒,而群儒之论终亦未能有以破其功利之见。盖至于今,功利之毒沦浃于人之心髓,而习以成性也,几千年矣。相矜以知,相轧以势,相争以利,相高以技能,相取以声誉。其出而仕也,理钱谷者则欲兼夫兵刑,典礼乐者又欲与于铨轴,处郡县则思藩桌之高,居台谏则望宰执之要。故不能其事则不得以兼其官,不通其说则不可以要其誉,记诵之广,适以长其敖也;知识之多,适以行其恶也;闻见之博,适以肆其辨也;辞章之富,适以饰其伪也。是以皋、夔、稷、契所不能兼之事,而今之初学小生皆欲通其说,究其术。其称名僭号,未尝不曰吾欲以共成天下之务,而其诚心实意之所在,以为不如是则无以济其私而满其欲也。

呜呼,以若是之积染,以若是之心志,而又讲之以若是之学术,宜其闻吾圣人之教,而视之以为赘疣祸凿;则其以良知为未足,而谓圣人之学为无所用,亦其势有所必至矣!呜呼,士生斯世,而尚何以求圣人之学乎!尚何以论圣人之学乎!士生斯世,而欲以为学者,不亦劳苦而繁难乎!不亦拘滞而险艰乎!呜呼,可悲也已!所幸天理之在人心,终有所不可泯,而良知之明,万古一日,则其闻吾拔本塞源之论,必有恻然而悲,戚然而痛,愤然而起,沛然若决江河,而有所不可御者矣。非夫豪杰之士,无所待而兴起者,吾谁与望乎?

【解读】王阳明描述了在"万物一体"信念下的"三代之治"的美好,也强调"复心体之同"工夫路径的简易,然而在现实的历史发展中,情况并不尽如此,所以造成了现实社会生活的不如人意。

在王阳明看来,三代之后,在政治治理上,王道衰落而霸术盛行;孔孟之后,在学说思想上,圣学晦暗而邪说横行,儒家之治不能实现,儒家之道也不能传承。反而崇尚霸术的人,用似是而非的先王之道来包装追求私欲的学说,这就使得儒学正脉更加晦暗不明。管仲、商鞅、苏秦、张仪之流,以所谓富强之说、倾诈之谋、攻伐之计,以一时之得和声利之术来混淆王道,诱人追随,导致人们陷入了斗争劫夺的祸乱之中,其结果是这些学说使得霸术也不能实现其最初的功利目的。儒家学者对此深感忧虑与悲伤,搜集整理了往圣先贤的典籍,期望能挽回先王之道并对世道有所补救。王阳明认为,由于儒家正脉被遗忘,霸术的流行又加重了思想上的混乱,故而儒家内部走向了流弊。这些流弊表现在,人们将精力放在训诂之学、记诵之学、辞章之学上,而对往圣先贤的思想精义有所遮蔽。沉溺于训诂、记诵与辞章之学,导致士人陷入功利之学而不自知,从而丑态百出,"如入百戏之场,欢谑跳踉、骋奇斗巧、献笑争妍……如病狂丧心之人,莫自知其家业之所归"。应该说,这样的文字生动地表现了王阳明对士风流弊的深恶痛绝之情。士风的流弊不仅影响到了学说思想,更影响到了政治事务,君主们受到错误思想的影响,醉心于无用虚文,而荒于政治上的有效作为。即使有少数人觉察到了其中的问题,但他们的见识也止于富强功利、五霸事业而已。

由此,王阳明感叹,圣人之学越来越晦暗,而功利之习越来越严重。这种功利之心,甚至连主张超离世间的佛老学说也未曾动摇得了它,北宋以来的诸儒之论也没有彻底破除它。王阳明认为,到了他所处的时代,功利之害已经深入人们的心髓,成为难以更改的习惯。这种功利之害表现在:人们在知识上互相夸耀,在权位上互相倾轧,在利益上互相争夺,在技能上互相攀比,在声誉上互相掠取。在这种功利之习的控制下,如果有人出仕为官,管理财政的人还想兼管军事和刑法,管理礼乐的人还想兼管举荐选拔,主政一方的人还想着成为中枢部门的主官,职司御史的人还想着成为署理朝政的宰执,总之,人们会在功利的道路上永不知足。为了追求更大更多的权位和更高更广的声誉,人们就要不断地在能力和学说上包装自己,于是就在记诵、知识、闻见、辞章上用力,以此来装饰、点缀自己。其结果是皋、夔、稷、契等古代贤能之士都不能兼该的事务,当今的初学小生都希望能通晓。他们打着公共性的旗号来满足私人性的目的,在口头上说是为了"共成天下之务",其内心的目的在于满足自己的名利私欲。

对这种假公济私的现象,王阳明痛心不已,他认为这种虚伪之风的习染、自私自利的心志、表里不一的学术,会使得人们将圣人之教当作累赘包袱;在这种风气下,他们会把自己在良知上的遮蔽,当作圣人之学的无用,从而忘记个体良知的责任。王阳明沉痛地感慨道:在这样的虚伪之时,求圣人之学、论圣人之学,必将是劳苦繁难、拘滞艰险的事情,是非颠倒,十分可悲。

正是基于这样的现实,在这封信的最后,王阳明强调了其良知学说和万物一体论对于拯救世道的意义。虽然现状不如人意,但是王阳明认为,天理在于人心,终有不可泯灭之处,因此其"拔本塞源"之论,必将为人们所接受,进而让人们努力改变这种虚伪的士风,真正地做到致良知、知行合一,为实现万物一体的理想秩序愤然而起,成为真正的豪杰之士。

至此,王阳明完成此信。此信从表面上看是答复顾东桥对心学的质疑,但实质上是王阳明系统阐述其心学思想,顾东桥的来信给了他全面阐述的契机。在这封信里,王阳明哲学中的心即理、知行合一、致良知、万物一体等核心思想都得到了表达,同时他对朱子格物说也做了细致的回应,提出了他对格物、致知、正心、诚意等理学关键话语的不同认知。应该说,《答顾东桥书》是关于王阳明哲学思想的一篇具有提纲挈领意义的文献,既展现了王阳明心学体系的概貌,也展现了王阳明个人的精神气质和语言风格,值得反复体会。

明代心学多元发展脉络中的"自然"及其思想史意蕴

——基于明代哲学"自然"之辨的考察

陈 畅*

摘 要: 陈白沙思想以自然为宗,明代朱子学者对其有详尽的批评;而阳明学派聂豹与王畿,甚至刘宗周中年与晚年两个阶段,对陈白沙"自然"思想则有不同的认知与评价,从而分别展开复杂的思想辨析。由此,明代朱子学派与阳明学派围绕白沙展开的理论辨析,构造出自然之辨的独特思想论域。本文通过对明代"自然"之辨的理论辨析,探讨"心"作为一个哲学概念的多重思想意蕴。一方面,明代自然之辨厘清了作为天道机制、存有与政教秩序的诸面向,能够丰富和扩展吾人对于心体概念的理解。另一方面,白沙思想中作为天道机制的自然,阳明思想中作为存有的自然,与刘宗周、黄宗羲思想中作为政教秩序的自然,这三个层面的自然之辨在时间上先后发生,而在义理上则是结合明代心学发展和社会政治状况的变化而呈现逐层深入的态势。总而言之,通过明代自然之辨获得新的观察角度和研究视野,深入理解明代心学思潮的多层次意蕴,如心学与政教秩序之间的复杂关联等等,是本文研究的意义所在。

关键词: 自然;心学;政教秩序;陈白沙

---

* 作者信息:陈畅,1978 年生,广东梅县人,哲学博士,同济大学人文学院哲学系教授,博士生导师,主要研究方向为中国哲学、宋明理学。

一、引言：问题与路径

中国哲学中的“自然”观念意蕴非常丰富。概言之，“自然”主要指充满生机的天地宇宙“自己如此”“本来样子”之意；它指示出一个自发、完美而和谐的状态，其中排除了造物主的观念，亦杜绝任何人为制造的因素。在宋明理学中，“自然”的重要性表现在理学家普遍将其确立为天理良知的核心内容；如程明道所称：“天地万物之理，无独必有对，皆自然而然，非有安排也。”①而哲学家对“自然”多重内涵的不同侧重及其运用，正是吾人借以考察哲学思想发展的线索所在。从理学家的使用方式中，可以概括出天之自然、人之自然等用法②，前者如春夏秋冬之往复、日月星辰之运转，具有公共必然、秩序、规律的含义；后者如人的情感和工夫修养所指向的不思不勉境界，具备个体生命与情境的含义。更由于人的生命牵涉语言、历史与社会政治等内容，故而个人与群体共在的公共社会之建立，便是其题中应有之义。中国古典政治传统的特质——在守护人之自然本性的基础上确立政教秩序③——在此豁显无疑。如杨儒宾先生所论，“自然”在理学家那里是作为状词来使用的，用以描述理学的形上学、工夫论。这主要源自中国哲学内在超越的特性，此超越的内在性见之于自然世界，也见之于人的构造。④ 正因为这种特点，作为状词的“自然”能够以一种别致的方式让吾人深入了解理学的深层意蕴。吾人对于宋明理学的本体、工夫与政教秩序的探讨，由此具有新的观察角度和研究视野。

众所周知，明代哲学家陈白沙提倡“学宗自然”⑤，对后世哲学思想发展产生深远的影响。明代哲学家围绕白沙“自然”思想展开了非常详尽的批评、辨析引申和推进。批评来自朱子学阵营，从胡居仁、罗钦顺到顾宪成，明代朱子学者强烈批评白沙“自然”宗旨，转而提出自己的“自然”思想。辨析和推进来自阳明学者，阳明学者普遍认同白

---

① 程颢、程颐：《河南程氏遗书卷第十一》，载《二程集》，北京：中华书局，2002 年，第 121 页。
② 杨儒宾先生指出：“‘自然’有二相：天道之自然与人道之自然。”详见杨儒宾《理学论述的“自然”概念》，载《自然概念史论》，台北：台湾大学出版中心，2015 年，第 205 页。
③ 陈赟：《“天下”或“天地之间”：“政—治”生活的境域》，载《天下或天地之间：中国思想的古典视域》，上海：上海书店出版社，2007 年，第 9—10 页。
④ 杨儒宾：《理学论述的“自然”概念》，载《自然概念史论》，第 206 页。
⑤ 陈献章：《与湛民泽（九）》，载《陈献章集》，孙通海点校，北京：中华书局，1987 年，第 192 页。

沙"自然"思想,同时与阳明学派内部对良知教不同发展方向的辩论同步,展开多层面的理论辨析与推进。本文将通过分析明代哲学"自然"之辨的前提预设与概念构成,厘清其中最核心的"自然"三义:(1)作为天道机制的自然;(2)作为根源存有的自然;(3)作为政教秩序基础的自然。白沙与朱子学者重视机制含义,并且此义与《中庸》"不思而得,不勉而中"契合,两家辩难转为对"不思不勉"与"思勉"关系议题的诠释。这也展现出白沙学术与朱子学在理论上具有某种同构性。王阳明和王畿重视存有含义,在王畿的诠释中,阳明与白沙学术具有本质性差异:阳明将白沙"自然"宗旨的静养顺率,转变为良知之主动创造。阳明后学刘宗周、黄宗羲师徒则注重政教含义,这种特质建立在其对朱子学、阳明学流弊的解决的基础上。

通过上述思想史脉络的梳理与诠释,吾人将发现,"自然"之辨的理论实质可概括为个体性与公共性关系之辨,它展现了宋明理学对于本体与工夫、时代政教秩序的多层面思考。换言之,在白沙"自然"宗旨的基础上,明代哲学家们建立了一个"自然"之辨思想论域;吾人通过梳理与分析这一论域,可以获得理解明代哲学发展的新视角。

二、白沙心学与作为天道机制的"自然"

明代哲学"自然"之辨的源头与主线,是陈白沙思想的评价问题。白沙的思想创新开明代心学风气之先,推动学界打破"此亦一述朱,彼亦一述朱"[①]的僵化、沉闷状态。明代朱子学与阳明学两大阵营在此问题上壁垒分明:前者视之为禅学异端,后者盛赞其为圣学。由此产生明代哲学史上最有趣的现象之一:白沙"学宗自然",而明代朱子学者却一致批评白沙不明"自然"真义、近禅;思想界由此被充分调动起来,各方围绕"自然"展开了意蕴丰富的思想辩论。

如前所述,理学家对"自然"的用法可概括为天之自然、人之自然等含义。白沙思想中的"自然",首先是在天道的意义上言说。例如,白沙称:

> 人与天地同体,四时以行,百物以生,若滞在一处,安能为造化之主耶?古

---

① 黄宗羲:《明儒学案·姚江学案》,载沈善洪主编《黄宗羲全集》第七册,杭州:浙江古籍出版社,2005年,第197页。

之善学者,常令此心在无物处,便运用得转耳。学者以自然为宗,不可不着意理会。①

　　天地之间四时运行不停歇,百物蓬勃生长,均体现了天道创生的意义,这就是天道之自然。人与天地同体,亦应效法天道之自然,以契入和体现天道。如牟宗三先生所说:"儒家的创造性本身,从人讲为仁、为性,从天地万物处讲为天道。……中国的传统精神,儒教立教的中心与重心是落在'如何体现天道'上。"②上引文中白沙所说的"以自然为宗",便是在如何体现天道的意义上言说。白沙认为作为造化之主的天道,最重要的特质是生生不息,不滞在一处。这实际上就是朱子所说的"通":"天地之化,生生不穷,特以气机阖辟,有通有塞。故当其通也,天地变化草木蕃……;当其塞也,天地闭而贤人隐……"③天地之间充盈生生之机,万物本真地处于互相敞开的境域,处于一种动态、生机的关系之中。这是理学家共同认可的天道内涵。不同的是,朱子认为只谈论气机生化、动静阖辟是不够的,天道最重要的内容是动静背后的"所以动静之理",亦即太极;④而白沙则认为天道的创生性体现在鸢飞鱼跃、通而不滞的生生化化过程中,由此判定朱子的太极之理"太严"。⑤ 在朱子,太极、天道(天理)是天地万物的超越根据,是能够以理性加以把握的根本法则,在确认生机的同时也将其先验地限定在一定范围内。天道、天理之自然,表现在天理是"天地之间自有一定不易之理,不假毫发意思安排,不着毫发意见夹杂"⑥,能抑制个人私见并起到公平正义的社会政治效用。然而,人心是生生变化的活物,朱子天理观在限制生机的同时亦限制了心的活力,甚至可能导致对生机的遏制。正是在这一意义上,荒木见悟将朱子"天地之间自有一定不易

① 陈献章:《与湛民泽(七)》,载《陈献章集》,第192页。

② 牟宗三:《中国哲学的特质》,载《牟宗三先生全集》(28),台北:联经出版事业有限公司,2003年,第104—108页。

③ 朱熹:《中庸或问上》,载《四书或问》,上海:上海古籍出版社、合肥:安徽古籍出版社,2001年,第72页。

④ 朱熹撰:《答杨子直》,《晦庵先生朱文公文集》卷四五,载朱杰人、严佐之、刘永翔主编《朱子全书》第二十二册,上海:上海古籍出版社、合肥:安徽教育出版社,2002年,第2071页。

⑤ 陈献章:《复张东白内翰》,载《陈献章集》,第131页。

⑥ 朱熹:《答黄叔张》,《晦庵先生朱文公文集》卷三八,载朱杰人、严佐之、刘永翔主编《朱子全书》第二十一册,第1694页。

之理"的天理观称为先验地限制了心的定理论①,甚为恰当。这就是白沙认为朱子之天理观"太严"的根源。上引文中,白沙提出"常令此心在无物处,便运用得转耳",则是通过松动朱子理论中对心的先验限制,恢复心的活力或者说此心生生化化之机,以实现天道的创生性。综上可知,白沙思想中的"自然"是在天道创生性机制意义上使用的。

从哲学史的角度看,明代朱子学者对白沙自然思想的批评,主要在两个维度展开。第一个维度是在本体论层面的理气之辨、心性之辨。朱子学者从定理论的立场出发,批评白沙将生生化化的活力和创生性赋予心的做法。例如,白沙同门胡居仁批评白沙之学"认精魂为性"②。该批评源自理学家惯用"鸢飞鱼跃"表述自然天机,而程朱一系理学家解释《中庸》"鸢飞鱼跃"时称:"会得的活泼泼地,不会得的只是弄精魂。"③显然,胡居仁是批评白沙不明自然真义,徒然耗费精神。因为从朱子学的立场看,气机是形而下者,道义则是形而上者,两者不可混淆;白沙从气机生化论述的自然只是"以气为性""认欲为理"而已。罗钦顺也从这一立场出发批评白沙之学不能极深研几。④ 依唐君毅先生的解释,这是批评白沙之学只及于虚灵明觉之心,未能及于洁静精微之性。⑤ 从形上学的层面看,理气之辨与心性之辨涉及的问题是一致的,都是形而下者与形而上者之辨。黄宗羲对此有一个分析,他认为其根源在于罗钦顺等人错认心性为二,由此错误批评白沙明心而不见性。换言之,这涉及心性(理气)是一还是二的哲学立场差异,并非白沙的失误。⑥ 黄宗羲观点的深入之处在于指出双方哲学立场上的差异。至于是否可以直接论定白沙主张心性合一,则需要结合下文第二个维度的辨析来判断。

第二个维度是工夫论层面的"思勉"与"不思不勉"之辨。明代朱子学者强调天道自然所具有的规律性、必然性含义,批评白沙之学无法达到真正的自然。晚明东林学者顾宪成由此批评白沙自然之学导致错误的"不思不勉之说盈天下",流弊不已。他认为真正的"不思不勉"是指"行乎天理之不得不行,止乎天理之不得不止",一般人需要

---

① 荒木见悟:《心学与理学》,《复旦学报(社会科学版)》1998 年第 5 期,第 75—88 页。

② 胡居仁:《居业录》卷七,四库全书本。

③ 程颢、程颐:《河南程氏遗书卷三》,载《二程集》,第 59 页;朱熹撰:《答吕子约》,《晦庵先生朱文公文集》卷四八,载朱杰人、严佐之、刘永翔主编《朱子全书》第二十二册,第 2216 页。

④ 罗钦顺:《困知记》卷下,北京:中华书局,1990 年,第 39 页。

⑤ 唐君毅:《白沙在明代理学之地位》,载《唐君毅全集》第二十七卷,北京:九州岛出版社,2016 年,第 433 页。

⑥ 黄宗羲:《白沙学案上》,载沈善洪主编《明儒学案》,第 81 页。

通过各种后天强制性的"思勉"功夫锻炼才能掌握之，最终达到"不思不勉"的自然境界。① 罗钦顺也从这一立场出发，批评白沙的静养端倪工夫所得"不过虚灵之光景"。因为白沙一味静坐，缺乏日常经验的锻炼，根本无法掌握事物的客观规律。② 如前所述，白沙对朱子学天理观过于严苛的特质感到不满进而提出思想创新；而朱子学者的上述批评却是基于白沙所不满的特质，可见这种批评并不相应。白沙弟子湛甘泉曾针对类似的质疑做出响应，他强调白沙主静思想的主旨与《中庸》"先戒惧而后慎独""先致中而后致和"，以及朱子"体立而后用有以行"等思想是一致的。③ 甘泉的辩护非常关键，事实上这是理解白沙自然思想最重要的切入点。

　　湛甘泉的响应说明了白沙学与朱子学具有某种同构性。以白沙著名的"为学须从静中坐养出个端倪"④思想命题为例。这一命题的关键是端倪。白沙本人的解释是："上蔡云：要见真心。所谓端绪，真心是也。"⑤谢上蔡曾举例说，见孺子将入井时的恻隐之心就是真心，其特点是不思而得、不勉而中地自然生发。⑥ 这里提到的端倪、端绪、真心都是对自然生机的表述。白沙指出要在静中坐养出端倪，正说明其最重要的内涵是未经人为因素污染、未被人类理智和观念歪曲。白沙文集中多处地方提及养出真心的过程与状态。例如他主张心具有"通塞往来之机，生生化化之妙，非见闻所及"，主张"去耳目支离之用，全虚圆不测之神，一开卷尽得之矣"⑦。从这些文献可知，白沙力图打破"太严"之理对于生命的限定，主张回归未经"太严之理"穿凿的自然本心，由此获得富有天机意趣和创造性的生命状态。这与道家"无"之智慧颇有可比较之处。牟宗三先生在论述道家"无"的哲学时指出，道家有让开一步的"不生之生"智慧，开其源让万物自己生长。⑧ 显然，白沙主张回归未经穿凿的自然本心，可视为采取了从"太严之理"让开一步的思维，与道家"无"的智慧亦有类似之处。而两者的不同之处则在于，白

---

① 顾宪成：《小心斋札记》卷十三，《顾端文公遗书》，《四库全书存目丛书》子部第14册，济南：齐鲁书社，1997年，第331—332页。

② 罗钦顺：《困知记》卷下，第42页。

③ 湛若水：《白沙子古诗教解》，载《陈献章集》附录一，第710—711页。

④ 陈献章：《与贺克恭黄门（二）》，载《陈献章集》，第133页。

⑤ 陈献章：《陈献章诗文续补遗·与林缉熙书（五）》，载《陈献章集》，第970页。

⑥ 谢良佐：《上蔡语录》卷中，载朱杰人、严佐之、刘永翔主编《朱子全书外编》第3册，上海：华东师范大学出版社，2010年，第20页。

⑦ 陈献章：《送李世卿还嘉鱼序》《道学传序》，载《陈献章集》，第16、20页。

⑧ 牟宗三：《中国哲学十九讲》，载《牟宗三先生全集》（29），第105—108页。

沙所说的天道自然是儒家意义上的积极创生。① 本小节篇首对于白沙天道自然观内涵的论述已足以说明这一点。此处再举两例以进一步证之。在白沙的文本中,大量使用"机""妙""神"等词汇以描述自然生化,其目的显然是展现天道活泼泼的创生机制。此为例证一。例证二,见于白沙描述的宇宙本然秩序是"天自信天,地自信地,吾自信吾;自动自静,自阖自辟,自舒自卷;甲不问乙供,乙不待甲赐;牛自为牛,马自为马;感于此,应于彼,发乎迩,见乎远"②,亦即天地万物均自然伸展(自动、自静、自阖、自辟、自舒、自卷、自为)而又富有生机地关联为一个整体。这种每一事物不受外力干扰而自然、自由地生长的天道机制,能令天地万物以最高效的方式组织起来发挥创造性的效用。而白沙静养本心的目标,就是通过心之静澄工夫契入这个天道机制,在日用间率顺此天道而行动。

综上,白沙思想中作为天道机制的自然,处理的核心问题是道与物之间的生化、创生关系。心之自然是天道生生化化之活机的一个入口(端倪)。这也表明,白沙所论心性之关系,并非以心为主导,而是以道为主导,以道融摄心性。因此,上文黄宗羲所论白沙思想中的心性合一特质毫无疑问是正确的,但其同时亦需要进一步确认为心与性皆契入道而为一。与阳明思想比较起来,这一特质尤为彰显。如后文将要论述的,白沙以率顺天道秩序为内容的心之自然观,区别于阳明以存有论意义上的主动创造为内容的心体观。上文引用的白沙弟子湛甘泉对其师的辩护,事实上就是对这一问题的最佳说明。因为白沙的道物观,与朱子学"体立而后用有以行"思想,实际上是同一套体用论思维。双方在确认心要契入天道自然这一问题上有共同之处;差异在于各自体认的契入方式并不相同而已——白沙之心体自然是天道生化之端倪,端倪即意指其本来并非为二,静养端倪则是心契入道而展现其本来为一的途径;朱子学则将天道(天理)视为心外之物(心、理为二),以心认知天理为途径。由此可见,作为白沙思想起点的朱子学,的确在白沙思想结构上留下了鲜明的印迹。这些都表明白沙与阳明思想之间具有微妙的差异。当然,这只是明代心学阵营内部的义理差异。因为,白沙承认心与性(理与气)、心与道的本来为一,此为明代心学的基本立场,却与朱子将自然或天理视为

————————————

① 此处"积极创生"一义参考了牟宗三先生的用法。牟先生指出,儒家之"道"有积极的创生作用,道家的"道"严格讲没有这个意思,所以结果是不生之生,成了境界形态。详见牟宗三《中国哲学十九讲》,载《牟宗三先生全集》(29),第103—104页。

② 陈献章:《与林时矩》,载《陈献章集》,第242页。

心外之物的哲学立场差异很大。并且,白沙自然思想赋予心以积极的活力,指出心具有虚圆不测之神用、能够洞察事物的动静有无之机的本然状态。这种思路毫无疑问是明代心学对心之创造性的一种开发途径。

三、阳明心学与作为存有的"自然"

笔者曾撰文论述阳明对"自然"的用法大致可区分为三种互相蕴含而又稍有区别的含义:(1)无为(自在、毫无掩饰造作的纯真);(2)自发的趋势(自动、不容已);(3)规律(秩序、必然如此)。[①] 在实际的语境中,这三种用法将天之自然、人之自然的含义错综交织在一起,展现了阳明心学独特的思想结构。而对自然思想的分析,是吾人理解阳明去世之后阳明学派思想发展的一个重要切入口。这首先体现在对白沙自然思想的评价问题上,阳明第一代弟子有尖锐的对立意见。这种对立构成阳明学派"自然"之辨的核心议题。

阳明对白沙的态度问题存而不论。[②] 在阳明去世之后,阳明第一代弟子对白沙有两种针锋相对的评价。王畿提出"我朝理学开端,还是白沙,至先师而大明"观点,影响深远。他认为白沙"以自然为宗"之学是孔门别派,而阳明动静合一的良知学直承孔子"兢兢业业,学不厌、教不倦"之旨,为圣门嫡传。[③] 聂豹则推崇白沙自然之学,"平时笃信白沙子'静中养出端倪'与'㭊柄在手'之说",有"周程以后,白沙得其精,阳明得其大"之论。[④] 评价差异的根源,在于双方对良知学发展方向的理解产生了严重分歧,而白沙自然思想就成为双方理论发展的重要参照或直接理论来源。

---

① 陈畅:《自然与政教——刘宗周慎独哲学研究》,上海:上海人民出版社,2016 年,第 6—18 页。

② 黎业明认为阳明并非如黄宗羲所说那般从不说起白沙。他通过细致的文献梳理,指出阳明不愿多提白沙是正德十五年(1520)以后的事情——阳明此前与白沙弟子湛甘泉关系友好,多次提及白沙并有所认同;此后则因为与湛甘泉在学术宗旨上的分歧以及激烈辩论,不愿称颂或批评白沙。详见黎业明《王阳明何以不愿多提陈白沙——从湛若水与王阳明关系的角度考察》,载《明儒思想与文献论集》,北京:商务印书馆,2017 年,第 157—180 页。

③ 王畿:《复颜冲宇》《天根月窟说》,载吴震编校整理《王畿集》,南京:凤凰出版社,2007 年,第 260、186 页。

④ 王畿:《致知议辨》,载吴震编校整理《王畿集》,第 138 页;聂豹:《留别殿学少湖徐公序》,载吴可为编校整理《聂豹集》,南京:凤凰出版社,2007 年,第 98 页。

从王畿与聂豹"自然"之辨的文本来看,双方的关注点集中于白沙学与阳明学的两个对立命题。第一个命题是工夫论上的主静与动静合一之对立。王畿指出,"师门常有入悟三种教法:从知解而得者,谓之解悟,未离言诠;从静坐而得者,谓之证悟,犹有待于境;从人事练习而得者,忘言忘境,触处逢源,愈摇荡愈凝寂,始为彻悟"①。在他看来,白沙主静工夫只是作为权法的证悟之学,不同于阳明无分语默动静、从人情事变彻底练习的彻悟之学。如前所述,白沙静养端倪的工夫要求隔绝于外在环境,以类似于道家"无"的工夫消解形躯与世俗的羁绊,以"我"的让开一步,令天道秩序自然开显。这种工夫论不只是强调有待于静养的工夫入路,在修养境界上也呈现出对于更为广大高明的天道秩序之顺承(静)的风格。牟宗三先生批评白沙把实践工夫当作四时景致来玩弄,有流于"情识而肆"之嫌。这个批评是基于牟先生对于心体的存有论内涵阐释而来,对于厘清白沙与阳明自然思想差异极有启发意义。阳明指出,"盖良知只是一个天理自然明觉发见处,只是一个真诚恻怛,便是他本体"②。按牟先生的分析,这个命题是指良知之心不是一认知心,而是具有存有论内涵的形上实体;天理不是外在的抽象之理,而是由真诚恻怛之本心自然地呈现出来。这种呈现不是抽象的光板的呈现,而是性体心体本身之呈现,亦即在经验中而为具体的真实的体证与呈现。本心觉识活动的内容不是认知外在的理,而是心自身所决定者;就此决定活动本身说,良知是即活动即存有的。③ 在这一意义上,阳明所说的"良知自然"是有积极和真实内容的觉情,是本心不容已力量的自我跃动,它为道德行为提供标准和动力;而白沙则是在消解或做减法的意义上讲静澄之心。对比而言,白沙主静工夫的确偏于神秘内省,主要在精神境界的层面着力,稍有不慎便有流于光景之弊。阳明致良知工夫则不同,良知是道德本心同时亦是形而上的宇宙心,致良知工夫的要点是令其充分呈现出来并见之于行事;"致"之工夫是积极而动态地随事推致扩充于实地,无分于动静。由此可见,王畿对白沙与阳明之间的证悟与彻悟之辨有其合理之处。有趣的是,聂豹对白沙主静工夫的诠释与评价完全不同于王畿,他强调"静以御乎动"并以此克服阳明动静合一之学的流弊。聂豹的诠释展示出白沙主静工夫尚有另一层内涵,此见于双方自然之辨关注的第

①　王畿:《留别霓川漫语》,载吴震编校整理《王畿集》,第466页。

②　王守仁:《传习录中·答聂文蔚二》,载吴光、钱明、董平、姚延福编校《王阳明全集》第1册,上海:上海古籍出版社,2014年,第95页。

③　以上引用牟宗三先生观点,详见牟宗三《从陆象山到刘蕺山》,载《牟宗三先生全集》(8),第236、180—181页。

二个命题。

王畿与聂豹"自然"之辨关注的第二个命题,是体用论层面的"即用见体"与"体立而用自行"之对立。王畿与聂豹围绕"良知是性体自然之觉"议题展开辩论。在辩论过程中,聂豹重点关注的是性体,王畿侧重于觉。由于双方关注点有异,"自然"一词便呈现出完全不同的意蕴。王畿说:"触机而发,神感神应,然后为不学不虑、自然之良也。自然之良即是爱敬之主,即是寂,即是虚,即是无声无臭,天之所为也。"①显然,这是从阳明自然三义中的无为与自发的趋势意义上来诠释,而支撑这一诠释的则是王畿"即寂即感""即未发即已发"的体用浑一论。如前所述,阳明"天理之自然明觉"一语是指天理在心体中具体而真实地呈现,它不是一个有待认知的抽象概念。这种具体而真实地呈现,就是性体自然之觉或称为自然明觉,亦即王畿强调的无为与自发。因此,王畿诠释的"性体自然之觉"之自然,是在未发已发浑一、寂感浑一、心体即性体的意义上说的。

事实上,王畿的诠释是符合阳明原意的。阳明论"未发之中"为"无前后内外而浑然一体者",其表现就是未发在已发之中、已发在未发之中。②此即阳明即用见体的本体观:一方面,心体即性体,不存在超然于本心的超越之物的存在;另一方面,寂感浑一、未发已发浑一,良知之自然明觉就是良知(性体)当体自己。这一体用观确保良知的创造性在每一行事的实践过程中得到实现,但同时也造成了另一层的效果。因为人心当下呈现的,不一定是良知,可能是肆无忌惮的情识,也可能是玄虚事物。所以在当下之"用"中自然呈现的,不仅仅是超越的道德理性,亦有可能是情、意、欲等等。在这一意义上,"存乎心悟"③是这一体用观得以发挥理想效用的前提。悟则良知呈现而自作主宰,不悟则此心从躯壳起念。由前者,如阳明《拔本塞源论》描述的"恻然而悲,戚然而痛,愤然而起,沛然若决江河而有所不可御"④的真诚恻怛之情,便能通过良知学

① 王畿:《致知议辨》,载吴震编校整理《王畿集》,第 136 页。
② 王守仁:《传习录中·答陆原静书》,载吴光、钱明、董平、姚延福编校《王阳明全集》第 1 册,第 72 页。
③ 王守仁:《大学古本序》,载吴光、钱明、董平、姚延福编校《王阳明全集》第 1 册,第 271 页,引文依照王畿的诠释改动标点。详见王畿《书滁阳会语兼示水西宛陵诸同志》,载吴震编校整理《王畿集》,第 693 页。
④ 王守仁:《传习录中·答顾东桥书》,载吴光、钱明、董平、姚延福编校《王阳明全集》第 1 册,第 64 页。

的体用结构获得广大高明的意义;由后者,人心则被局限在情识或玄虚当中,带来种种弊端。问题在于,心悟与否是由个体自行体证,这就无法避免由于误认或过于自信而带来的鱼目混珠、自以为是的状况。当阳明学作为一种教法风行天下以后,即用见体观引发的情识与玄虚之弊便难以避免。牟宗三先生认为这些弊端是人病,而非法病。①但是,站在儒者维系世教的角度来看,阳明学派学者势必要在理论结构上做出改进。聂豹与王畿开展的辩论,就展现了这一努力。

聂豹的改进措施便是退回白沙自然之学"体立而用自行"的体用论模式。聂豹在辩论书信中答复王畿:"橹柄、端倪,白沙亦指实体之呈露者而言,必实体呈露,而后可以言自然之良,而后有不学不虑之成。"②此处所说的实体,就是性体。聂豹充分认识到即用见体的流弊,在于人心无所拘束容易造成情欲的自然、自由发散。因此他根据白沙体用观,将良知分拆为虚明不动之寂体(未发之中)和感发之用(已发之和)。在他看来,感生于寂,和蕴于中,真正的致良知工夫应该是"立体"工夫;而王畿所言作为明觉的良知只是在感发之用的层面,不是真正的良知自然。在聂豹看来,致良知教的前提是性体之确立,然后才能呈露于本心之中并随事自然推扩出去。聂豹的意图是在心之上树立一个超越于心的形上实体,由此重建致良知工夫得以可能的前提。在这种体用结构中,性体能够避免人心被局限在情识或玄虚当中,但是其后果是心不再具有存有论的含义。这一特质导致聂豹的思路在救正良知学流弊的同时,亦受到了根本的质疑:未发已发(寂感)浑一是良知学的基本结构,不容许分拆为单独存在的未发与已发。因此,黄宗羲评论聂豹及其盟友罗洪先"举未发以救其弊……然终不免头上安头"而遭到"同门环起难端"。③ 这种理论对立,就是中晚明时期阳明学派难以解决的困局。

综上,阳明思想中作为存有的自然,涉及的核心问题是心与物之间的创生性关系。阳明心学中的心体自然是在存有论意义上的表述,其思想结构是心体即性体。由此导致人之自然与天之自然含义贯通为一,心体本具的不容已力量的自我跃动,以无为和自发的方式展现性体秩序。这与朱子学、白沙学都完全不同。如果说白沙的自然之心

---

①　牟宗三:《从陆象山到刘蕺山》,载《牟宗三先生全集》(8),第256页。

②　聂豹:《答王龙溪》,载吴可为编校整理《聂豹集》,第395页。

③　黄宗羲:《明儒学案》卷二十、卷十七,载沈善洪主编《黄宗羲全集》第七册,第539—540、413页。

是率顺天道秩序的静澄之心,那么阳明的心体自然则是存有论意义上的主动创造。另一方面,虽然白沙主静工夫如牟宗三先生所批评的有流于光景之弊,但聂豹的阐释表明其天道自然观意蕴的以人心契入天道自然秩序的途径,能够纠正阳明学流弊。这在晚明刘宗周、黄宗羲师徒的心学体系中得到了进一步确认和阐发。

四、刘宗周、黄宗羲哲学与作为 "政教" 的自然

从现存文献来看,刘宗周对白沙的评价经历了一个从批评到推崇的转变。刘宗周50 岁时的著作《皇明道统录》现已佚失,该书对白沙的评论文字保存于黄宗羲《明儒学案》一书的《师说》部分,其中使用了朱子学者的口吻批评白沙主静自然之学为 "弄精魂" 之禅学。① 而记录于刘宗周 62 岁至 66 岁期间的语录,却表达了对白沙学说的推崇,并感叹于 50 岁时的误解:"静中养出端倪,端倪即意即独即天","静中养出端倪,今日乃见白沙面"。② 笔者的前期研究已指出,刘宗周思想以 57 岁为界,57 岁以后方为晚年成熟期;其晚年思想与 50 岁时思想具有结构性的重大差异,故而对白沙自然之学的评价亦截然不同。③ 需要进一步指出的是,发生上述变化的根源在于刘宗周找到了一条不同于江右王门聂豹的思路,创造性地将白沙自然之学与阳明学结合起来,解决阳明学派的内在困境。上引两则语录代表着刘宗周从白沙那里得到启发,但并不表示他简单地回到白沙的立场,因为刘宗周晚年慎独哲学的义理结构与白沙学有较大差异。而晚年刘宗周从白沙自然之学得到的启发,主要表现在他修改了阳明心学中心体即性体的浑一关系,改为未发已发一体而有分的体用论,并由此重新诠释 "端倪"。④自述 "间有发明,一本之先师"⑤的刘宗周忠实继承者黄宗羲,对此亦有精彩阐述。对此,本文从三方面加以说明。

---

① 黄宗羲:《明儒学案·师说》,载沈善洪主编《黄宗羲全集》第七册,第 12 页。

② 刘宗周:《会录》《学言下》,载戴琏璋、吴光主编《刘宗周全集》第二册,台北:"中研院" 中国文哲研究所筹备处,1996 年,第 611、527 页。按:本节后续引用的刘宗周文献,均出自刘宗周 57—68 岁晚年思想成熟期,不再另外说明。

③ 陈畅:《自然与政教——刘宗周慎独哲学研究》第三章,第 109—131 页。

④ 按:匿名审稿人的审查意见指出,刘宗周此处除了上溯白沙自然观之外,亦有回归周敦颐思想源头之所在的意义。笔者认同这一判断,唯因本文的论述主题集中于白沙自然观及其影响,故而对于刘宗周与周敦颐思想之关联有所忽略,日后将另外撰文处理。

⑤ 黄宗羲:《明儒学案序》,载沈善洪主编《黄宗羲全集》第十册,第 78 页。

第一,刘宗周、黄宗羲心学思想的外王面向。关于刘、黄师徒心学思想的外王面向,要从刘宗周思想中浓郁的救世情怀说起,而驱动刘宗周思想从中年推进到晚年阶段的根本动力亦在此。刘宗周处于晚明大厦将倾、危机四伏的时代,国家政治和社会伦理秩序都在崩溃边缘,他认为祸根在于"学术不明,人心不正",而"救世第一要义"就在于解决学术流弊。① 明清鼎革之后,黄宗羲也指出"今日致乱之故"在于"数十年来,人心以机械变诈为事"②。师徒两人的看法完全一致。问题是,为何刘宗周所说的学术具有救世的功能? 原因在于,理学形上学是在根本上塑造着宋明时代的政教结构。且以朱子天理观为例作出说明。朱子对天理的定义是:"至于天下之物,则必各有所以然之故,与其所当然之则,所谓理也。"③所当然之则是指事物变化的个别性之理;所以然之故则是指超越个别性限定的根源之理、结构之理,天下万事万物因此而被纳入相互通达、彼此相与的贯通状态。笔者此前的研究指出,上述两个含义分别代表个体性与公共性,说明天理观内在蕴含着个体性与公共性的恰当平衡结构。这是理学家针对宋代以后平民化社会"一盘散沙"之政教秩序问题而提出的解决方案,具有最根源的政教意义。④ 在这一意义上,将机械变诈之人心引导回礼义主宰的轨道,就成为刘宗周、黄宗羲学术救世的首要任务。

刘宗周所说的"学术不明"是有其明确指向的,此即朱子学与阳明学流弊:"王守仁之学,良知也,无善无恶,其弊也必为佛、老,顽钝而无耻。宪成之学,朱子也,善善恶恶,其弊也必为申、韩,惨刻而不情。"⑤牟宗三先生曾指出刘宗周之学乃乘阳明后学玄虚、放肆之流弊而起⑥,这段文字则指示出刘宗周之学的另一面向是修正朱子学流弊。在刘宗周看来,东林学者固守朱子学立场却至于思维僵化不知变通,有惨刻不情之弊;阳明学者玄虚放肆之弊引发顽钝无耻、世道沦丧。这种批评正反映出刘宗周的学术担当:基于心学立场,寻求全面克服朱子学和阳明学流弊的思路,以解决时代危机。而晚

① 刘宗周:《与黄石斋少詹》,载戴琏璋、吴光主编《刘宗周全集》第三册上,第 528 页。《刘宗周全集》第三册上所载许多奏疏都有论及,如著名的《不能以身报主疏》(圣学三篇)等奏疏。
② 黄宗羲:《诸敬槐先生八十寿序》,载沈善洪主编《黄宗羲全集》第 11 册,第 66 页。
③ 朱熹:《大学或问上》,载《四书或问》,第 8 页。
④ 陈畅:《理学道统的思想世界》导论、第一章,上海:上海书店出版社,2017 年,第 1—57 页。
⑤ 刘宗周:《修正学以淑人心以培国家元气疏》,载戴琏璋、吴光主编《刘宗周全集》第三册上,第 23 页。
⑥ 牟宗三:《从陆象山到刘蕺山》,载《牟宗三先生全集》(8),第 365 页。

年刘宗周对白沙自然思想的评价的转变,正表明他在接续明代心学学统的基础上开创出全新的解决思路和方案。此即见于下文所述的第二方面。

第二,刘宗周自然思想的义理结构。晚年刘宗周转变立场,改为高度评价白沙自然思想,主要原因是他找到了将聂豹与王畿的立场融合为一,以解决朱子学与阳明学流弊的思想道路。一方面,他借助白沙的思路,在心体结构中安立一个超越于作为"心之所发"之知觉的形上实体(心之所存);另一方面,他始终坚持阳明-王畿一系心学未发已发一体化的思路。前者,刘宗周称之为"静中养出端倪,端倪即意即独即天";后者,刘宗周称之为作为独体之妙的"存发总是一机,故中和浑是一性"。① 刘宗周使用"意"取代了良知,意与良知同为即存有即活动的性体、心体。不同于阳明将本心的觉识活动视作良知当体自身,刘宗周认为"意者,心之所存,非所发也"。也就是说,"意"不是心的觉识活动之现象;而是"心之所以为心",是觉识活动得以可能的根据。② 由此,刘宗周将本心区分为"所存(未发之中)"和"所发(已发之和)"两个层次。存发一机、中和一性则是指存先于发、中先于和;中和及存发浑然一体但有分,具有由中导和、由存导发的机制。刘宗周使用"好恶"和"善恶"之间的联系和区别来表述该机制:

> 意根最微……而端倪在好恶之地,性光呈露,善必好,恶必恶,彼此两关,乃呈至善。故谓之如好好色,如恶恶臭。此时浑然天体用事,不着人力丝毫。③

意是超越的性体,其超越性首先表现为好善恶恶;因此"好恶"是"性光呈露",也就是聂豹所说的"实体呈露",具有善必好、恶必恶的特点。刘宗周将其视为白沙所说的端倪,它是杜绝人为干扰的天道自然之动,具有"如好好色,如恶恶臭"般渊然定向于善的内涵。此所谓自然,具有《孟子·离娄下》"可坐而致"般的规律性和必然性。意之超越性的另一个表现,则是"意有好恶而无善恶"④,"意之于心,只是虚体中一点精神,仍只是一个心,本非滞于有也,安得而云无?"⑤善恶是在所发的层面对具体事务之判定;

① 刘宗周:《学言中》,载戴琏璋、吴光主编《刘宗周全集》第二册,第489页。
② 刘宗周:《学言上》《答董生心意十问》,载戴琏璋、吴光主编《刘宗周全集》第二册,第459、397页。
③ 刘宗周:《学言下》,载戴琏璋、吴光主编《刘宗周全集》第二册,第535—536页。
④ 刘宗周:《答叶润山民部》,载戴琏璋、吴光主编《刘宗周全集》第三册上,第387页。
⑤ 刘宗周:《答董生心意十问》,载戴琏璋、吴光主编《刘宗周全集》第二册,第397页。

好恶则具有不滞于有无的整全性和普遍性意义,澄然在中。虚体中一点精神,其意义是指好恶不是超越于心的形上实体,而是心的内容,具有生生变化的活泼性。这有点类似于白沙以静虚破除朱子学"太严"之理,能够避免朱子学天理观限制心之活力的流弊。这种活泼的道德理性观,在刘宗周以元气论述未发已发关系时有更为清晰的说明。

刘宗周认为"生意之意,即是心之意",意是贯通天人的生意、自然生机。他把自然生意分为性宗和心宗两部分,分别对应于天道自然与人道自然。天道自然是离心而言的性情之德,一气流行自有其秩序,分别命名为喜怒哀乐,对应于天道之元亨利贞;人道自然是即心而言的性情之德,心体生化的秩序,也是喜怒哀乐,对应于人道之仁义智礼四德。① 由上可知,刘宗周思想中的气和喜怒哀乐,首先是在天道运行的意义上说的,而非在下坠为自然主义的实然意义上说的。基于喜怒哀乐而界定的未发已发关系,就表现为:"自其所存者而言,一理浑然,虽无喜怒哀乐之相,而未始沦于无,是以谓之中;自其所发者言,泛应曲当,虽有喜怒哀乐之情,而未始着于有,是以谓之和。"②作为气序的喜怒哀乐,是心体,也是性体。就心体而言,未发已发的关系是元气存诸中与发于外的表里关系,不是时间上的前后关系。元气运行自有其一气周流不可乱的秩序,在元气论的论域中界定心体,能够摆脱在人心觉识活动层面界定良知带来的虚无放肆流弊。就性体而言,喜怒哀乐本身是元气运行之秩序,是活泼泼、不滞于有无的天理。在元气论的论域中界定性体,能摆脱朱子学定理论的僵化之弊。

第三,黄宗羲对师学的独特阐释。黄宗羲对其师自然思想的继承与发展,在明代哲学自然之辨中具有独特的意义。③ 这主要表现在其对"意"的诠释,以及对"主宰与流行"之辨的诠释:

　　　　觉有主,是曰意。离意根一步,便是妄,便非独矣。故愈收敛,是愈推致。然

---

① 刘宗周:《学言下》《学言中》,载戴琏璋、吴光主编《刘宗周全集》第二册,第553、487页。

② 刘宗周:《答董标心意十问》,载戴琏璋、吴光主编《刘宗周全集》第二册,第398页。

③ 按:牟宗三先生曾批评黄宗羲对于其师学所得甚浅,甚至下坠为自然主义实然平铺。蔡家和对这个问题有所辨析,他通过比较黄宗羲与刘宗周思想,指出黄宗羲思想并非自然主义,也没有背离刘宗周的讲法。详见牟宗三《心体与性体》第二册,载《牟宗三先生全集》(6),第126—146页;蔡家和《牟宗三〈黄宗羲对于天命流行之体之误解〉一文之探讨》,《湖南科技学院学报》2006年第1期,第1—7页。

　　主宰亦非有一处停顿,即在此流行之中,故曰"逝者如斯夫,不舍昼夜"。①

　　上引文是黄宗羲对其师思想的概括和评论,清晰展示了刘宗周自然思想的理论效应。主宰与流行之辨源自刘宗周,刘氏提出"主宰处着不得注脚,只得就流行处讨消息"②之说,流行是一气流行(已发),主宰则是气之秩序(未发之中)。这是对刘宗周自然思想的概括。黄宗羲将其师"意"论评价为愈收敛、愈推致,可谓独具慧眼,指示出刘宗周哲学承前启后的开新一面。在黄宗羲看来,刘宗周说的诚意就是阳明之致良知。③这主要是说明诚意学说发挥作用的意义机制,与良知学之事上磨炼一样。由于主宰即在流行之中,超越的意根展现为每一事物皆得其理,个别性事物亦由此而呈现其高明广大的意义。黄宗羲将其概括为最收敛之物也是最广大之物,极富深意。事实上,这是对刘宗周"总名"思想的提炼和说明。刘宗周称:

　　　　天者,万物之总名,非与物为君也。道者,万器之总名,非与器为体也。性者,万形之总名,非与形为偶也。④

　　刘宗周此处直接援引郭象《庄子》注提出的"天者,万物之总名"⑤命题,意在强调天地万物都是自然而然、自生自长,不应将天、道、性视作脱离天地万物别立一层的概念。参照前文所引刘宗周"存发一机、中和一性"的提法,这些命题清晰表明刘宗周心学的特质:(1)关注每一具体、活生生的真实,拒斥脱离当下别立一层的虚构物。(2)强调万物都是自生、自得、自化、自足的,天(道、性)具体化为万物自生自长内在的通达条理,其意义在于确保每一事物成为它自己。这两点特质也说明了刘宗周、黄宗羲思想与白沙学之间的另一个相似之处:强调天地万物均自然伸展而又富有生机地关联为一个整体,这是令天地万物以最高效的方式组织起来发挥创造性效用的天道机制。正是在这一意义上,诚意学说以朝向心之意根最微处(内向)用力的方式,开展

---

① 黄宗羲:《明儒学案·蕺山学案》,载沈善洪主编《黄宗羲全集》第八册,第890—891页。
② 刘宗周:《学言上》,载戴琏璋、吴光主编《刘宗周全集》第二册,第444页。
③ 黄宗羲:《董吴仲墓志铭》,载沈善洪主编《黄宗羲全集》第八册,第454页。
④ 刘宗周:《学言中》,载戴琏璋、吴光主编《刘宗周全集》第二册,第480页。
⑤ 郭象注:《庄子·逍遥游》"夫吹万不同"之句,详见郭象注、成玄英疏《南华真经注疏》,北京:中华书局,1998年,第26页。

出最能通达万物秩序(外向),确保天地万物之个体性与公共性之恰当平衡的内涵。这就是黄宗羲所说的愈收敛、愈推致。结合钱穆先生的一个评论"宋明儒的心学,愈走愈向里,愈逼愈渺茫,结果不得不转身向外来重找新天地"①,可知其中实际上隐然预示了明清之际学术的新变化。另一方面,由于意的超越性,每一个体事物在实现其自身秩序的同时亦臻于高明广大之境地,展现出心学世界的丰富性与创造性:一方面,更多的个体呈现自身条理,意味着更多的可能性,此之谓道体之无尽;另一方面,富有活力和创造力的共同体由此奠立。这一思想意蕴,在黄宗羲的名著《明儒学案》和《明夷待访录》中有精彩的呈现。学界对此亦有研究,本文不再赘述。②

综上,刘宗周、黄宗羲思想中作为政教秩序的自然,涉及的核心问题是心与物的政教秩序面向。晚年刘宗周的自然思想,在保留阳明心学体系中的存有论意蕴的同时,重点突出政教秩序的含义。其"存发一机、中和一性"的义理结构,既注重由存导发、由中导和,亦保证存与发、中与和的一体性;其理论效应是令超越的意根内在于流动、活泼的现实事物,由此磨炼对现实的快速应对能力。这种活泼的理性观,展现了刘宗周、黄宗羲师徒两人浓郁的救世情怀,这是晚明清初心学思想家在面对国家和社会政治危机时刻淬炼出来的解决方案。

五、结 论

明代自以陈白沙、王阳明为代表的心学思潮兴起以来,"心"成为哲学界首出的概念。学术界的相关研究历来众多,本文没有直接研究"心"的概念,而是通过介绍明代哲学家群体围绕"自然"开展的丰富辨析,探讨"心"作为一个哲学概念的多重思想意蕴。"自然"一词在明代心学中并非主要的概念,而是作为解释主要概念的辅助词。然

---

① 钱穆:《前期清儒思想之新天地》,载《中国学术思想史论丛》第八卷,合肥:安徽教育出版社,2004年,第2页。

② 朱鸿林先生指出,《明儒学案》以平面模拟的方式组织知识,能客观地彰显各家学术特质,具有独立和开放意义。详见朱鸿林《为学方案——学案著作的性质与意义》,载《中国近世儒学实质的思辨与习学》,北京:北京大学出版社,2005年,第368—373页。另外,笔者亦有两篇论文论及,详见陈畅《〈明儒学案〉中的宗传与道统》,《哲学动态》2016年第11期;陈畅《理学与三代之治:论黄宗羲思想中形上学、道统与政教的开展》,《哲学动态》2021年第6期。

而,这种辅助词有着独特的作用。陈白沙思想以自然为宗,明代朱子学者对其有详尽的批评;而阳明学派聂豹与王畿,甚至刘宗周中年与晚年两个阶段,对陈白沙"自然"思想则有不同的认知与评价,从而分别展开复杂的思想辨析。由此,明代朱子学派与阳明学派围绕白沙展开的理论辨析,构造出自然之辨的独特思想论域。

本文的论述表明,明代哲学自然之辨的重心分别指涉"心"所蕴含的天道、存有和政教秩序,而非仅仅对自然词义的辨析。具体说来,白沙思想中作为天道机制的自然,阳明思想中作为存有的自然,与刘宗周、黄宗羲思想中作为政教秩序的自然,这三个层面的自然之辨在时间上是先后发生,而在义理上则是结合明代心学发展和社会政治状况的变化而呈现逐层深入的态势。以上便是本文通过明代自然之辨获得的新观察角度和研究视野,这对于吾人深入理解明代心学的多层次意蕴,显然具有独特的意义和价值。略作两点总结如下:

第一,明代心学的特质表现为开发心的意蕴和活力,令天道创造性地、具体而真实地呈现于人的生活世界。自然之辨厘清了作为天道机制、存有与政教秩序的诸面向,能够丰富和扩展吾人对于心体概念的理解,也能够帮助澄清一些误解。例如,明代心学发展出气论的向度,研究者容易有自然主义的印象。然而,通过自然之辨的分析,可知刘宗周、黄宗羲气论思想是在天道运行的意义上说的,具有超越性、理想性的内涵。由此,吾人必须正视这种心学之气论所带来的思想新动向。这对于深入理解明清之际新的学风及思想无疑具有积极意义。

第二,与西方哲学意义上剥夺了人的社会属性、文明属性的自然状态不同,中国哲学意义上的"自然"是贯通天道、人性与社会政治等内涵的。如前文所引述,中国古典政治思想的特质表现为在守护人之自然本性的基础上确立政教秩序。具体到宋明理学,其关注的核心不只是论述天道自然的秩序,更是涉及以此秩序为基础建构理想世界的途径。由此,理学形上学实际上是理学家对宋明时代的重大社会政治问题(平民化社会"一盘散沙"的局面)的解决方案的理论探讨。朱子学天理观"所当然"与"所以然"之辨,蕴含着个体性与公共性的平衡结构;明代心学与朱子学之间的理论争端,本质上是对此平衡结构的意义重建。而明代哲学的自然之辨对此展开逐层深入的理论辨析,正反映了明代心学与政教之间复杂的意义关联。

《心传述证录》儒学工夫论述要

路永照 *

摘　要:《心传述证录》是儒学思想与易学原理及道教炼养观深度结合的一部作品。它肯定工夫论的意义,把圣人目标之达成视为儒学之最本质性内容。在《心传述证录》中以易道太极学说和卦爻变化原理解读儒学基本范畴与儒家宗师的经典论述,在此基础上,引入道教气化学说、炼养功程论述变化气质的基本行功原则,使之成为一部儒学工夫论的典型作品,也反映了明清以来三教合流的探索者在理论融合方面所做的积极努力。

关键词:《心传述证录》;儒学;工夫论

工夫是儒家哲学的重要范畴,是儒家通向内圣要求的技术路线。它可以溯源至先秦时期儒家道德涵养的君子之学,到宋明时期更成为其理学体系的自觉建构成分。儒学的工夫论以开掘儒家《大学》《中庸》等经典作为基本依托,在新道学的理论背景下一定程度上采撷了佛道两家比较成型的炼养技术,成为儒学的重要构成。因此,儒学的研究,既要注意其政治理想的追求、伦理秩序的构建,也要体察其自我修证的工夫要求与境界追求。在这方面,儒学史上专门的作品并不多见,因为其基本工夫要求多是总原则、大规范性质,很少有如佛道两家的次第要求。清代作品《心传述证录》则属于基

---

* 作者信息:路永照,男,1971年生,山东滨州人,哲学博士,温州大学哲学与社会发展研究所副教授,主要研究方向为中国古代哲学、马克思主义美学等。本文为2021年度浙江省哲学社会科学规划课题"《老子》道论的思维范式研究"(项目编号:21NDJC143YB)的阶段性成果。

于儒家立场,以易学为贯通,适度融合三教的工夫论类专著。

《心传述证录》刊印在清末编辑的丛书《重刊道藏辑要》之"鬼集七",巴蜀书社出版《藏外道书》时按照《重刊道藏辑要》的原版影印收入。虽将该书收录为道教丛书,但其内容是以儒学为基本视野的。《心传述证录》题为"梅芳老人辑",开篇有"梅芳老人"撰写的序言,落款为"睢阳梅芳老人谨志于受经堂西轩,时嘉庆八年岁在癸亥上元日也"①。目前未见其他典籍有梅芳老人出现,无从判定梅芳老人的基本情况。《心传述证录》一书除序言外,由三十二份易图和三十三篇对应文字构成("六十四卦节气图"除相应释文外,多出一章"阴阳消息图解")。从《心传述证录》内容分析,与明代田艺衡之《易图》有一定联系。其文称"以无极道祖所垂诸说为圣学心传,而以沂阳刘子之说而述证之"(《心传述证录》,727 页),行文除引述儒家经典《论语》《大学》《中庸》《孟子》和部分道教典籍外,皆托名"无极子""沂阳子"所言。整体上,《心传述证录》是以易图之演化为基本线索,引入三教合一观念下的炼养内容,对于儒家经典论述予以工夫路线的诠解。

一、论工夫之必要

对于工夫修养的追求,是中国哲学儒释道三家共同的特色,这与中国哲学重视人本身价值、宗教信仰的意识淡薄有很大关系。人从天命的神权笼罩下解放出来,不等于要丧失神圣性,这种神圣性是通过人自身的"复归"来实现的。复归为天、道抑或佛,趋向之目标实质上包含了对于走出地的精神统合。先秦儒家重视德性的养成,是基于士人名实相称的基本要求,而王道政治的实现则基于层层传递的基础的人性修养。由此,思孟学派的论述成为儒家工夫学说重要的论说源头。在宋儒应对佛教发展压力的理论自觉之下,对儒门经典在已经丰富起来的气论支持下进行全新的诠释成为时代责任。对于圣学工夫的认识,儒家也诉诸人的存在的生命基础,包括生理性的条件。亦即,精神的升华需要气的质度的达成。

---

① 梅芳老人辑《心传述证录》,《藏外道书》第 7 册,成都:巴蜀书社,1992 年,第 727 页。该落款所署时间也完全可以否定整部《道藏辑要》为生活在康熙时期的彭定求所编辑的传统说法。本文所引《心传述证录》皆出自该版《藏外道书》第 7 册,以下只在正文标注书名和所在集页码。原书无断句,本文所引文字的标点为笔者依文意所加。

　　宋儒领军人物朱熹特别强调了儒学的实践性一面,他在与学人的谈话中说:"圣贤千言万语,无非只说此事。须是策动此心,勇猛奋发,拔出心肝与他去做","《论语》之书,无非操存、涵养之要;《七篇》之书,莫非体验、扩充之端"。① 在《朱子语类》第十、十一卷的"读书法"中,朱熹恐人尚于空谈,反复强调书中的道理是用在自身变化气质上的,必须落实到切己涵咏之工夫。他说:"读书,不可只专就纸上求理义,须反来就自家身上推究。"②朱子认为秦汉儒门学不及己,实是走上了歧途。他不无严厉地批评道:"秦汉以后无人说到此,亦只是一向去书册上求,不就自家身上理。"③

　　我们不能说儒家工夫论一直就是其最重心的问题,但在修己安人、内圣外王的总精神追求之下,人本身精神生命的安顿一直属于基础问题是毋庸置疑的。所以,谈物理、性道,最终要归结到人自身的发展,这是必然的,而过于从事学理的引申论说,偏离了人的主体本身,这显然不合儒门宗旨。对此,王夫之在《读四书大全说》卷二专门指出:"是行乎事物而皆以洗心于密者,本吾藏密之地,天授吾以大中之用也。审乎此,则所谓性、道者,专言人而不及乎物,亦明矣。"④

　　《心传述证录》出于清代,继承了宋明以来儒家内圣追求的理论成果,又受到三教合一思潮的影响,极力主张人的本质是精神性的,而人的意义在于发展人的精神。文中说:"大抵总由人身之太极以求无声无臭之真宰,驯至天地位万物育学之所在即道之所在也。岂仅以民物规则礼乐政刑为吾儒所当务,而置性命之学于不问哉? 夫大而伦常纲纪,小而名物象数原皆道之万殊而非道之一本,此圣贤仙佛之所以的有心传也。"(《心传述证录》,727 页) 在这里,《心传述证录》论述为学根本,以朱子思想为基础,沿着人人具一太极和一本万殊这一学说,指出太极之体即是人生命的真宰,揭示而把握它的性命之学是儒门宗旨,认为纲常物理只是万殊而非根本。应该说,这种论述确实有一定程度的对性命之学的回归,但其实更是在为儒学内圣之说的新路线进行进一步确证,而且显然有受佛教佛性论思想影响的影子。

　　《心传述证录》力主工夫实践为三教之核心宗旨,不认可对儒学经典的学理化解读,其序言即道:"俾有志于道者得观是书加以身体力行,切实功修,其庶几豁然顿披云

―――――――――――――――

① 黎靖德编:《朱子语类》第 1 册,北京:中华书局,1986 年,第 137 页。
② 同上。
③ 同上书,第 181 页。
④ 王夫之:《读四书大全说》上册,北京:中华书局,2018 年,第 65 页。

雾朗见晴天,始信三教原有至诣,证述亦为糟粕。宇宙间本同一大青空光明藏耳,尚何言哉? 尚何言哉!"(《心传述证录》,727 页)在引入混极、太极、灵极、元极及阴阳、八卦等宇宙衍生概念的基础上,《心传述证录》由大化一体视野而到人本身的存在,落实为人的气质变化之道的内圣之说,把以四书为代表的儒家典籍的基本观点以易图的方式解读为工夫实践的规范,力求把儒学宗旨归入实证范围。

在工夫本体这一基本理路判断之下,《心传述证录》对于传统儒家观点的解读也极有方向性选择,比如王道政治为核心关切,以诉诸人性善为基本支持原点,这是孟子学说的基本逻辑。而《心传述证录》则道:"孟氏存心养气准易而用极,与家国天下乎何有?"(《心传述证录》,752 页)这样,《心传述证录》完全把孟子的学说肯定在工夫实证范围,而认为对其进行政治理想的解读是走偏了路线的。这当然不符合孟子思想的本旨,不过也恰恰说明以《心传述证录》为代表的儒学工夫论的自觉建构已经成为儒学史上的重要构成。这种构成不能推翻《孟子》作为儒家基础的元典地位,只好对元典精神做出新的诠释。

二、论工夫之易理

自先秦以来,儒家就有性命这一对人生命特性进行判定的基本范畴,后儒道两家皆对性命本质进行了纷繁复杂的论说。概而言之,性是标志人的精神性整体的,而命则是人的物质性整体。之所以言性命不言身心或神形,是因为性命本身是更抽象的整体,意味着二者相互的呼应与支持,更为操作层面指出方向,即性命本身就是工夫论意义上的,是成人之学对身心二元素的认知。由此,性命之学也即是修养的工夫之学。《心传述证录》对修养之道的论述多从性命入手,这一方面承袭了儒门道统基本观念,另一方面也为引入道教炼养功程提供了方便,毕竟性命属儒道两家的通用范畴。

理学兴起后,诸儒皆把治易作为他们开展思想探讨的基本手段。易理洁净精微的性质给儒学思想赋以形而上依据提供了先天条件。《心传述证录》在这方面走得更远,它把孔孟的基本观点和学庸系统以易图方式呈现,并进而论证为工夫原则。

与传统儒家言人事必诉诸绝对之天道一样,《心传述证录》借助易学把修养的性命这一基本对象归宿到大化原初的第一个表现——"无极"。书中说:"无极者,静也虚也,性也命也,至诚无息大道元贞一圈朕兆。吾无能名,昔贤传述。"(《心传述证录》,727 页)即无极虽不可名状,却是一出发即含蕴了性命二者,是从自然导向人性的。文中接着说:"先天混混沌沌,阴阳未分,气与理附乃无极也。人以一心而参至妙至玄之理,以一身而备三才万化之机,道法双修,体用不悖。夫大道生虚空,虚空运大道。大道乃虚空之父母,虚空乃天地之父母。虚空无际,故能生天地。空中不空,故能生虚空。空中不空,乃真空。真空乃大道之根,此言无极真宰也。至哉言乎!是编尽阐儒道同源真谛,故后多引述印证焉。后之学者幸勿歧视,三教乃于圣贤路径有入门处也。"(《心传述证录》,727页)这段看似与一般宇宙论文字无甚区别的文字其实是有撰写者的特殊用心的。第一,无极是宇宙演化总源头,其性质是真空的,而真空恰恰才能蕴含一切发展的可能性;第二,气作为物质条件,理作为运化规律,同样附着于虚空无极;第三,人心源出无极,但可以有自觉性以参至妙至玄之理,这就确证了工夫的基础及价值,也给所谓心传勾画出了起始一笔。

确定了无极的性命归属性质,混极、元极、灵极、太极、中极、少极乃至两仪、四象、八卦的以"人"为重心的展开也就顺理成章了。混极、元极、灵极、中极、少极等说法并不常见,这一方面是《心传述证录》的作者在对宇宙演化的简单到复杂过程寻求系统性程式的展示,另一方面也特别对应了工夫要求的相应内容。对于其中运转的核心环节"太极",则更突出了这一点,文中说:"自凝结而言,则曰真种虽一息可包乎天地。若动物太极在宿蛰孕字,植物太极在归根结实,人身太极在晏息窈冥交姤结胎。至人修道能按时交姤有法岂止长年而已!"(《心传述证录》,730页)这里强调,人身本具的太极体用传达着根本大道,交姤和合的工夫证道是有内嵌式凭借的。而对于八卦,《心传述证录》强调了震卦的意义:"伏羲仰观天文以画八卦,故日月星辰之行度运数、十日四时之属凡丽于天之文者八卦无不统之。……独东方震离相生者,龙从火里出乃先天之妙机也。"(《心传述证录》,736页)这里面显然不乏《周易参同契》相关易理的影响。

在敷演了宇宙基本生化发展的模式并推之于人本身价值确认之后,《心传述证录》特别把所谓《尚书》十六字心传、《大学》三纲八条目以及《中庸》的中和化育等儒家重要观念以易图方式绘画,将所认的元典的性命之道统摄于易道的原则之下。这样,工夫之道既可以一以贯之而避免支离,又可以在易理包装之下人天俱备,当然也方便了引入尊崇易道的道教炼养法则。

《心传述证录》设"大学则易"一节,专论《大学》与易道的统一性。文中有:"圣人见图画卦,有天地之象是易为《大学》,不曰天地之道而曰大学之道。卦有日月之仪,合而为明,不曰日月而曰明位。列三才,故以明德亲民至善为三纲。递生五行,故以定静安虑得为五事,变成八卦,故以格致诚正修齐治平为八目。"(《心传述证录》,747 页)在《心传述证录》看来,易道是整体而言的,《大学》之所以专称《大学》而不称易正是因把体证实践放在了第一位。接下来,《心传述证录》便以三才论明德亲民至善三纲,以五行论定静安虑五事,以八卦论格致诚正修齐治平,以至"中心之心既实则五行之心自虚,此乃直指人心、虚灵不昧之窍、廓然无际、神妙莫测、浑然大中、不偏不倚、不睹不闻之妙,知此则近道矣"(《心传述证录》,748 页)。这样的对应当然是机械和牵强的,但整体观照之下,会通学理于工夫实践论的努力仍值得注意。

对于《尚书·大禹谟》"十六字心传"的真伪问题,历来争论颇多。《心传述证录》肯定其为圣圣相传的真言,而且以易学十二消息卦的消长机理论说精一执中之道:"唐虞相传,人心惟危,道心惟微,惟精惟一,允执厥中,诚为万世心学之宗。然圣圣相传承,人皆莫悟,如知此中当以人身天地之中处求之,中心合易。即无极之自然观其人心惟危,自复以至乾是见其惟精惟一,自姤以至坤是允执厥中,即道心之微以复其无极之真也。"(《心传述证录》,745 页)人心与道心在一易卦的阴阳消息循环中体现虽亦属别出心裁,但"十六字心传"统合于"中心合易"并无不妥。

《中庸》一书本来就为宋儒所重,是宋明理学开掘儒家性与天道之学的重要理论源头之一。朱熹认定《中庸》就是孔门所传的"心法",子思"恐其久而差也,故笔之于书"①。执中无疑是先秦儒家重要的修养原则,以之作为审美原则、思维范式,也以其为自我调摄性情的标准。在朱熹的工夫论中,"执中"除了是性情调和的手段之外,更多了一层通达本体的神秘性。朱子的《答张敬夫》中讲:"近复体察,见得此理须以心为主而论之,则性情之德,中和之妙,皆有条而不紊。盖人之一身,知觉运动莫非心之所为。则心者,所以主于身而无动静语默之间者也。方其静也,事物未至,思虑未萌,而一性浑然,道义全具,其所谓中,乃心之所以为体,而寂然不动者也。及其动也,事物交至,思虑萌焉,则七情迭用,各有攸主,其所谓和,乃心之所以为用,感而遂通者也。"②

《心传述证录》极为赞同朱子把《中庸》做工夫化解读的方向,称"幸朱子集注,发明其详"(《心传述证录》,749 页),并仍以易理通证:"君子中庸本太极之中,包阴罗阳。阳者仁,阴者智,仁智显而为大中至正者,用偏见则阴阳失候、日月失明、上下失序。故

---

① 朱熹:《四书章句集注》,北京:中华书局,1983 年,第 17 页。

② 黎靖德编:《朱子语类》第 1 册,第 181 页。

圣人通易教民,当辨物不失中和之旨,化育总归于时,永垂厥德。"(《心传述证录》,749页)《心传述证录》认为,中庸是人要体认的太极本体,仁智则为阴阳二维,而一旦违反中庸、失之偏颇则阴阳紊乱。"上下失序"是人为而有,回归中庸也因人而为,人的主体作为是最重要的。因此,《心传述证录》作"中庸参赞"特别落实在"神而明之存乎其人"(《心传述证录》,749页)。

三、论工夫之行持

儒释道三教在中国古代思想史上鼎足而立,互相攻讦有之,但思想与方法之互涉也伴随着其对立之整个过程。这根本上在于三教的基本追求都是人本身的发展,是成人之学,而人的精神主体的确立和伸展是其核心问题。元代著名道士李道纯对于儒释道三家的心性修炼本质与要则有超越门派之囿的论述,他说:"三教惟心也,造化由心也,出造化亦由心也。学佛之要,在乎见性。若欲见性,必先以决定之志,夺习俗之气,以严持之力,保洞然之明,然后照破种种空妄,心不着物,念不随情。……学道在乎存性。若欲存性,必先以慧剑斩群魔,火符消六欲。次以定力忘情绝虑,释累清心,至于心清累释、虑绝情忘,是谓存性。……儒学之要,在乎尽性。若欲尽性,在明明德,在止于至善。知止而后有定,有定则能忘物我。"[1]当然,明确大倡三教合一的往往只是势力最弱的道教一家,佛儒两家对他方的理论参考与方法引入往往采取了较为回避的态度和隐蔽的手段。

儒家工夫论传统上指向的是精神涵育的基本原则,而对于具体手段虽有静坐等涉及,但总体比较笼统。事实上,儒门宗师对于易学原理的引入也持比较审慎的态度。如果所论易学中有道教成分,则往往会被斥为异端。《心传述证录》本身是来自民间学者的作品,它无正统性的自我约束,反而放开手脚在易学的横通之下,把引入道教的炼养方法和部分佛学认识作为儒家工夫系统建设的资源。

《心传述证录》对于佛学的借入不多,基本是在对人生无常及修养目标的论述上有所体现,如"死机由于生,生机原于死。有生死者身也,无生死者心也。人人具有本来灵明但昏迷不觉,惟永离妄想方得长生久视"(《心传述证录》,740页)这样关于精神自身的超越之道的见解。

---

[1] 李道纯:《中和正脉》,北京:宗教文化出版社,2009年,第112—113页。

　　道教是重视人的现实生命的生理依靠的,对人的肉体生命的操作层面的探索丰富立体、成果也多,而道教炼养经验能够成为儒学工夫资源的先天条件在于二者气论思想的互通。基于中国传统文化土壤的儒道二家皆把气论作为祖述生命源流和发明超越之道的基本依靠。气一元论与气化论构成了气论的两大支柱,而这二者恰恰可以以易理符号为表征。在《心传述证录》中就揉道教的周天搬运技法、卦理、气化于一体而论述,使工夫实践落在具体操作手段之上,如:"比交时震当止其心于至静一毫不动,是以画以覆碗而命之曰艮。真心不动方可以气制之,立就鹊桥轻轻缓缓鼓动中气以运真阳。"(《心传述证录》,738 页)

　　《心传述证录》在引入道教炼养手段这一点上还是用了心思的,除了易理、气论在儒道二家的贯通可以作为学理资源外,它紧紧抓住了一个横跨儒道二教的宗师级人物——邵雍。邵雍本身是易学大家,又是北宋五子之一,而其关于道教炼养法则的部分论述亦为其后道教著作所推崇,诗作《观物吟》被道教书籍广为引述。《观物吟》原诗为:"耳目聪明男子身,洪钧赋与不为贫。因探月窟方知物,未蹑天根岂识人?乾遇巽时观月窟,地逢雷处看天根。天根月窟闲来往,三十六宫都是春。"《心传述证录》紧紧抓住该诗中的"天根""月窟"这一对概念来做文章。《心传述证录》说:"故图起于中者,震巽为之也。即天之根也,月之窟也,六十四卦之枢也。在人心则寂感之交也,在事物则万化之本也。此先天定位之玄机也。"(《心传述证录》,739 页)"天根""月窟"置之易图为十二辟卦的复姤二卦,为把自然观导向生命观的两个名词。这对范畴的引入可以包含多重意义:一是表达了人天整体的观念,即人体的气化运转规律是凭借天道大势推动的;二是强调精神的主体作用,从方位而言,"天根"处于下方而"月窟"处在上方,两者形成上下勾联关系是中间这个"黄婆"(意识)的媒介之功;三是指向火候原理,"天根""月窟"既是空间之所,也是时间之维,在道教丹道周天则为玄窍,运功调摄得机,玄窍则形成联动效应,从而得其时为采药之火。所以,《心传述证录》道:"所谓天根者,指坤震二卦之间为言也。坤震之间阴既极矣,阴复孕阳,微阳将生,即天所生之根也。所谓月窟者,指乾巽二卦之间为言也。乾巽之间阳既极矣,阳将生阴,微阴复生,即月所出之窟也。"(《心传述证录》,752 页)《心传述证录》不惜笔墨对"天根""月窟"一说大加论释,在于这二者既是以易学原理表述自然大道,又落在了"与天地准"的工夫机制上;既学有所承,又无形而下之嫌。

　　《心传述证录》为了坐实工夫论视域的儒学论向,还对孔孟思想专门做出狭义工夫论范围的解读。《论语·为政》有"吾十有五而志于学,三十而立,四十而不惑,五十而知天命,六十而耳顺,七十而从心所欲、不逾矩",本属孔子自述个人精神境界不断升华的进程,而《心传述证录》认为圣人修学进阶的历程一定是合乎易道原则的,因此以大衍之数的变化规律看待孔子这段自述。文中"圣学法天"一则说:"人身各具一太极,吾即太极之异名。大衍之数五十有五,十有吾乃河图中大一至也,此天地生成之数。夫子教人立志学,此天一生水。北方七五合为三十五数,内除一五,复还其中,故曰三十而立。是脚下已踏著了,要守得此定,地二生火。南方九五合为四十五数,内除一五,复还其中,故曰四十而不惑。是随事见理,明澈无碍,天三生木。东方十一五合为五十五数,内除一五归中,故曰五十而知天命。是一阳来复,知他本源地四生金。西方十三五合为六十五数,内除一五归中,故曰六十而耳顺。是金来归性,融会纯熟。中央十五五合为七十五数,内除一五,复还太极,故曰七十而从心所欲不逾矩圣人心体之妙,一动即有契矩。"(《心传述证录》,746 页)这段话虽然机械地把孔子精神生命发展过程以易数方式分解以显示天道与人道的统一,但内中关于定性归中以明澈达心体的论述,还是体现了宋明以来儒家修养路线的基本要求。实质上,宋明理学以新发展出的工夫要求回头解析先秦学说,也十分广泛地为诸儒所用。因此,大可不必把此等论释看作对先秦儒学范畴的剖析,视为一种新路向则更能发现其理论的创新之处。

相比孔子的言论,对于本身有尽心知性主张的孟子,将其纳入工夫原则范围进行重新解读显然要便捷得多。《心传述证录》谓:"孟氏善养,所谓大人者不失其赤子之心,养之胎也。求放心,养之之要也。夜气,养之之候也。火始然,泉始达,养之之生意也。扩而充之,无为其所不为,无欲其所不欲,养之之实功也。勿正勿忘勿助长,养之之节度也。工夫全在以集义为主,如学道修真有文武火候。此气本无边际,更无内外,不可以无心求,不可以有心守,只将神窍凝聚的这点元阳运而藏之阖辟处,以至静为主。"(《心传述证录》,750—751 页)这段话之中集合了很多孟子尽心养性观之下的重要概念,包括赤子之心、求放心、存夜气、扩充、勿忘勿助、集义等等,而将其全部纳入"养"这一工夫体系之内。道教丹道炼养之中本就引入了"勿忘勿助"作为运用意识之火候,《心传述证录》索性就反过来把孟子的这一观念视为道教、儒学摄心养气之通则,而且把凝神关窍作为实操手段,亦可见其导儒门工夫论指向生命观之一斑。

儒学工夫论是儒学的重要特色,对其进行系统的构成是宋明新儒学的自觉追求。总体上,理学大家的工夫论述集中在个人道德境界的提升、人格的养成以及将之推至社会伦理的建设层面上，我们可以视之为广义的工夫论。而对于身心整体性调摄，特别是具体气化统一性的用功，则可视为狭义的工夫论范围。在儒学史上，狭义的工夫要求多因过多泥着具体技法手段而不为儒学主流所取，但实质上，人的精神生命的安顿是不能避谈人的生理生命对其的约束与限制的。因此，《心传述证录》的探索无疑是有价值的，而且它极力把工夫实践贯彻在易理之下并向儒学元典回归以保证其道统源流，用心于儒学视野的新开拓亦表露无遗。

中国哲学传统与比较哲学研究

儒学的平民思想传统

——《〈阳明学视域下的平民儒学〉前言》

陈寒鸣　刘　伟*

摘　要：孔子开创的先秦儒学具有明显的社会化、大众化的特征，至汉武之世以来，儒学由民间升入庙堂，日益发展成为官方之学、精英经典之学。到明代中后叶，在中古社会后期商品经济发展和新兴市民阶层崛起背景下兴起的阳明心学，导引着儒学由庙堂重返民间，而后引领以泰州学派为代表的平民儒学思潮。本书着眼于传统中国儒学发展的内在理路，考析阳明心学，关注泰州学派身家国天下一体的理论主张及具体实践，认为儒学要在当今的社会生活中发挥作用，不仅要"接着讲"，而且要"接着做"，所谓"接着讲"就是在文本解读和理论阐释层面上消除权力运作与百姓日用之间的隔阂，而"接着做"就是在社会实践中坚持人民主体地位，充分调动广大民众的积极性、主动性、创造性，对阳明学的活泼泼的精神进行创造性转化和创新性发展，以充分的文化自信构建起现代平民儒学。

关键词：儒学；阳明学；平民儒学；泰州学派

中国历史上"儒"的起源甚为古远，不过，严格说来，作为中国思想文化传统之核心的儒学是由孔子创立的。虽然孔子儒学思想的精神根源生长在、孕育于周人的思想观

* 作者信息：陈寒鸣，男，1960年生，江苏镇江人，天津市工会管理干部学院副教授，南京大学泰州学派研究中心研究员，中国哲学史学会理事；刘伟，男，1982年生，河南灵宝人，安徽工程大学马克思主义学院讲师，哲学博士，主要研究方向为中国哲学。

念之中,而周人的思想观念又可以追溯到夏、商二代,但就孔子创立儒学的社会背景来看,"春秋所开始的氏族组织解体,据文献所示,是一种由诸侯而大夫由大夫而陪臣的政权逐渐下移的运动。在这一运动的整个过程里,迄未出现完全的国民阶级,灭王制坏礼法的人物,始终没有从氏族贵族外衣里完全解放出来。……在当时,保存着西周文物思想的邹鲁缙绅先生,只是由贵族到贤人,或由官学到私学转化的过渡人物,其社会的职能则为充当公族的奴婢"①。"缙绅先生一方面因了社会的束缚,把西周的思想作为'儒术'而加以职业化;但另一方面他们在思想传统上则相对地保守着文化遗产……但在积极的一方面讲来,适应着生产的发展和科学的进步,在诸侯而大夫的过渡阶段,缙绅先生便成为战国不完全典型的显族时代的桥梁,因而,春秋的缙绅儒术也成为战国显学的过渡桥梁。"②而生当春秋末世的孔子,"述而不作,信而好古",其"思想确是由周公的遗范蜕化而来",但"他又不是如同缙绅先生完全以保存周制形式为职志,他把礼、乐更观念化了,并且从道德情操方面出发,把礼、乐发展成为一套有系统的思想,批判了礼、乐的形式,强调了其中思维的内容"③。"作为由儒术开创了儒学的第一人,就思想史的意义来看,无疑是从'官学'桎梏解放的空前伟大的先进者;就思想遗产的收获来看,他的批判的活动的确也在一定程度上增加了学术的新内容。"④就是说,孔子是在社会变迁过程中通过改造缙绅儒术而扬弃三代,尤其是西周文化传统,创立起儒学的。其所创儒学是从"官学"桎梏解放出来的民间之学。

孔子自述"吾少也贱,故多能鄙事"(《论语·子罕》),他出身于没落贵族,从小经历了社会底层的普通平民生活,因而能够从事多种谋生活动。崔大华先生研究指出:"孔子个人的身世遭际也隐藏着一种鲜为人所注意的使儒学作为承续殷周之际伦理道德观念进一步发展而又呈现出某种新的理论特色的精神因素","孔子的身世,特别是他那充满困厄的个人经历,使他观察到、体验到贵族生活藩篱之外的那些更广大的人民的生活情景和思想感情,这就拓宽了他的精神世界。在他那'为国以礼'(《先进》)、'为政以德'(《为政》)以复兴东周为己任的属于贵族性质的政治理想之外,又产生了一种更宽广的'老者安之,朋友信之,少者怀之'(《公冶长》)的作为一般人的生活感受

①　侯外庐、赵纪彬、杜国庠:《中国思想通史》第一卷,北京:人民出版社,1957 年,第 36 页。
②　同上书,第 39 页。
③　同上书,第 41 页。
④　同上书,第 141 页。

和生活理想"。① 这使得孔子儒学思想及其实践,不仅扎根于现实的普通人的生活之中,而且充溢着强烈的平民气息。他首创私学,打破了西周"学在官府"的垄断局面,主张"有教无类",网罗各种社会阶层的贤能志士,与他们一同探讨学问。从后人的记载来看,孔门弟子之中有很多人依然从事劳动,例如《孔子家语》《韩诗外传》《说苑》都讲述了曾子锄瓜的故事,而《庄子·让王》对曾子安贫乐道、不愿出仕的举动大加赞赏。此外,仲由曾经是不知礼仪的"野人",冉雍的父亲是出身低下的"贱人",还有"子张,鲁之鄙家也;颜涿聚,梁父之大盗也,学于孔子"(《吕氏春秋·尊师》),颛孙师(字子张)是陈国犯过罪的"辟人",颜涿聚做过"梁父之大盗"……这些人的出身参差不齐,几乎都是平民,但都拜在孔子门下,学习君子之道。在当时社会已发生严重变迁式动乱的背景下,基于对"小人'疾贫'与君子求富"这样一种现实的肯认,孔子不仅揭橥"有教无类"之旨而对私学及先秦子学思潮的勃兴"尽了'金鸡一鸣天下晓'的首创任务",而且还以其"性相近也,习相远也"(《论语·阳货》)的光辉命题,"承认了国民参与政事的合理性",其门下"弟子即以国民阶级占绝对多数(只有南宫适、司马牛二人以贵族来学),而'问为邦''学干禄''可使南面''可使为宰''可使治赋'者,实繁有徒"。② 就是说,"孔子之前,学在官府,世卿垄断公共政治领域。孔子首开私学,收徒讲学,有教无类,学而优则仕,把王官之学下移至民间,开庶人议政、参政之先河。正是孔子学说的传播与孔门弟子的实践,以及诸子的效尤,遂使得士这一阶层代替了春秋时代的卿大夫阶层成为战国时代政治社会舞台的主角,同时也造就了诸子峰起、百家争鸣的思想文化盛世。这种思想文化与政治的开放性与公共性,无论是对当时还是后世,影响都极为深远。……总而言之,孔子实为中国历史上荡平阶级和政治解放之第一人"③。

在战国之世,儒学虽为显学,却不为时君看重,一直保留民间身份,充其量不过是百家争鸣中的一种声音。余英时说:"知识分子代表道统的观念至少自公元前四世纪已逐渐取得了政统方面的承认。在互相争霸的形势之下,各国君主都尽量争取具有声望的知识界领袖,以增强自身的政治号召力。"④似乎儒学对当时政治生活已产生很大影响,这是很不符合历史实际的臆说。战国时君主为"增强自身的政治号召力"而"尽

① 崔大华:《儒学引论》,北京:人民出版社,2001 年,第 21、23 页。
② 侯外庐、赵纪彬、杜国庠:《中国思想通史》第一卷,第 144 页。
③ 陈乔见:《公私辨:历史演化与现代诠释》,北京:生活·读书·新知三联书店,2013 年,第 391—392 页。
④ 余英时:《道统与政统之间》,载《士与中国文化》,上海:上海人民出版社,1987 年,第 103 页。

量争取具有声望的知识界领袖",这是史实,但战国君主真的都接受了"道尊于势的观念"了吗? 在"争地以战,杀人盈野;争城以战,杀人盈城。此所谓率土地而食人"(《孟子·离娄上》)、"今夫天下之人牧,未有不嗜杀人者也"(《孟子·梁惠王上》)的战国时代,列国之君恐连以"道"辅"势"这种观念都难以接受,多将讲求"德治",追求"王道"政治理想的儒学视为迂阔、不切实际的无用之物,至于齐宣王"喜文学游说之士"(《史记·田敬仲完世家》),又"欲中国而授孟子室,养弟子以万钟,使诸大夫、国人皆有所矜式"(《孟子·公孙丑上》),更多具有的只是文饰其"势"的象征意义。孟子尝以控诉的口吻说:"今之事君者曰:'我能为君辟土地,充府库。'今之所谓良臣,古之所谓民贼也。君不乡道,不志于仁,而求富之,是富桀也。'我能为君约与国,战必克。'今之所谓良臣,古之所谓民贼也。君不乡道,不志于仁,而求为之强战,是辅桀也。"(《孟子·告子下》)孟子以"大丈夫"的姿态游说诸侯,希望能够实现儒家的远大理想。一生辛劳,满怀信心,与弟子共同撰述,将真知灼见化为文字,留给后人。自此以降,"民贵君轻"成为中华优秀传统文化的重要组成部分。

在群雄割据的战国时代,要消除战乱,实现统一,光靠行"王道"是难以达到的。秦始皇翦灭六国旧贵族政权,统一了全国。但统一后的秦廷"以吏为师,以法为教",尊尚法术,迷信权力,更迷信暴力,以强力压制人民,又"焚书""坑儒",设挟书之令,实施文化专制政策,最终导致广大人民的普遍反抗,甚至儒生也投奔秦末农民革命,《史记·儒林列传》载:"及至秦之季世,焚《诗》《书》、坑术士,《六艺》从此缺焉。陈涉之王也,而鲁诸儒持孔氏之礼器往归陈王。……然而缙绅先生之徒负孔子礼器委质为臣者,何也? 以秦焚其业,积怨而发愤于陈王也。"这使得暴戾专制的秦王朝二世而亡。

秦灭汉兴。高祖从马上得天下到接受陆贾以《诗》《书》治天下的建议,又亲诣曲阜以太牢祭祀孔子,预示儒学将兴。惠帝废除秦代挟书之令,使儒学典籍传播合法化。到汉武之世,武帝与董仲舒经过三次对策,确定了儒学的"独尊"和"独占"地位,儒学才由民间升入庙堂,成为官学,具有了意识形态性质。儒学在汉代的官学化主要表现在下列几方面:(1)儒学与官办学校教育相结合,使儒学的传授官方化。儒家学派创立后,其传播、发展主要依靠儒学大师的聚徒讲学。这完全是民间的学术活动,其形式、地点、规模均无定制,政府对教授资格、学生来源、教学内容等也从不干涉。汉武帝独尊儒术以后,这种局面不复存在,而由政府出面,组织、建立了一套完整的儒学教育体系即国家教育体制。(2)儒学与进士制度结合,使儒生成为官僚阶层的基本来源,导致官吏儒生化与文官制度的建立。元朔五年(公元前124年),武帝诏令公孙弘等议定博士弟子,目的也是"以厉贤材"。公孙弘建议,博士弟子"一岁皆辄试,能通一艺以上,补文学掌故缺,其高弟为郎中",在职官员的升迁也要具备"通一艺以上"的条件。史称:"自此以来,公卿大士彬彬皆文学之士矣。"(《史记·儒林列传》)特别是宣帝以后,儒生完全垄断了仕途:"自孝武兴学,公孙弘以儒相,其后蔡义、韦贤、玄成、匡衡、张禹、翟方进、孔光、平当、马宫及当子晏咸以儒宗居宰相位。"(《汉书·匡张孔马传》)据统计,汉初历任丞相十二人,其出身不是狱椽小吏,便是屠狗贩猪之流;武帝朝兴有丞相十二人,虽窦婴、田蚡俱好儒术,但以明经出身的仅有公孙弘一人;而从汉昭帝即位至汉哀帝元寿元年,计有十九任丞相(其中,孔光两次出任丞相,故实为十八人),以明经出身的有十位,另有三位虽出身狱吏,少学律令而缺乏儒学修养,但他们仕途发达后皆从经师受儒学。儒学与官吏的选拔、考察制度相结合,使吏和师走向二位一体,奠定了中国传统文官制度的基础。(3)儒学被确定为统一社会思想,指导国家社会政治生活的根本原则。董仲舒在"对策"中一方面主张禁绝"异道""异论",以儒学统一、教化人们的思想观念,同时又要求统治者统纲纪、明法度,使民知所以,即以儒学为指导建立社会的道德标准和法律规范,以约束人们的行为。汉武帝推隆儒术,使儒学的经典教义成为判断人们言行正确与否的最高标准。

周予同先生指出:"董仲舒主张尊崇孔学,罢黜百家,还只是表面的文章;最有关于中国社会组织的,是他主张设学校,立博士弟子,变春秋、战国的'私学'为'官学',使地主阶级的弟子套上'太学生'的外衣,化身为官僚,由经济权的获取进而谋教育权的建立与政治权的分润。董仲舒是官僚政治的定型者。"①李泽厚先生在《中国古代思想史论·秦汉思想简议》中则说,由董仲舒倡导并亲自参与确立下来的汉代政治-教育系统(即所谓"士-吏"体系),奠定了作为中国封建社会专制皇权行政支柱的,由"孝悌"、读书出身和经由推荐、考核而构成的文官制度的基础。这种早熟型的"士-吏"文官政教体系,"使上下之间即民(农)、士(文官)、皇帝之间有确定的统治规范和信息通道,并把春秋以来由于氏族余制的彻底崩溃、解除公社约束而'横议''乱法'的个体游士,又重新纳入组织,从制度上重新落实了儒家'学而优则仕'的理想,这就从多方面大有利于维护统一帝国的稳定(包括后代帝王公开说的使天下英雄尽入彀中)"②。

---

① 周予同:《〈春秋〉与〈春秋〉学》,载朱维铮编《周予同经学史论著选集》,上海:上海人民出版社,1983年,第502页。
② 李泽厚:《中国古代思想史论》,北京:人民出版社,1985年,第153页。

儒学之所以会由民间而升入庙堂,当然是历史选择的结果。"理论在一个国家的实现程度,决定于理论满足这个国家的需要的程度"①。中国传统社会是一个农业-宗法型的社会,血缘宗法及由此衍化的宗族、家族、家庭制度是这个社会的基本特性,同时也构成产生发展于这种社会的传统思想文化的坚实基础。先秦诸子百家之学都是在此基础上产生的,也都不同程度地满足了中国传统社会的现实需要,因而都对传统社会和传统文化有或大或小、或明或暗、或强或弱、或深或浅的影响。但如比较研究诸子百家思想,便不难发现其在满足传统社会现实需要的程度上有很大差异,比如,道家批判传统的宗法统治和礼仪文化,倡导人的自然本性的复归。其思想虽以现实人世为出发点,但总的倾向则是要人们在"无为"的静态中寻求心灵的平衡与超脱。这种"游世"(陈鼓应语)的人生态度与以血缘为根基的中国民众的文化心性不甚吻合,故其多为失意的文人学士所认同。墨家以"兼爱""尚同""尚志"否定宗法制下的"亲亲贵贵",主张代之以"尚同"制下的"兼爱贤贤"。这种思想在当时产生了很大影响,但因与传统的农业-宗法型社会的现实不相符合,故秦汉以后便退出了中国思想文化的主流舞台。法家重视现实与实践,肯定人生,其注重事功,倡导统一,力主依法治国的思想,在战国"封建化"的变法运动以及秦、汉建立并巩固"大一统"的王权专制帝国的过程中发挥了巨大作用。但法家倡导绝对专制,利于君主而不利于生民,主张严刑峻法,能收一时之效而不能获服天下人心,这就使其思想既不符合统治阶级长远利益,又无法为广大民众自觉接受。与上述诸家相比较,孔子及其开创的儒家把深扎于现实社会生活之中的历史传习(如原始民主制度和其他氏族遗制)提取、转化、升华为文化意识上的自觉主张,其思想既不主纵欲,亦不倡禁欲;既鼓励人们个性的发展与才华的展开,又用理性尺度加以限制而不致个性膨胀、人欲横流;既站在统治阶级长远利益立场上,又相当程度地兼顾普通民众的实际利益,从而在超越现实政治的层面上创言立说。先秦诸子百家中,儒家提出的君臣、父子、夫妇、长幼、朋友五伦之序的伦理思想及仁、义、忠、孝、信等道德规范,最能充分满足以家庭为基本组织细胞的农业社会和君主专制政治制度的社会生活的需要,符合包括"治人者"与"治于人者"在内的各阶层人士的文化心理。因此,儒学不仅在两千余年中始终居于文化宗主地

---

① 马克思、恩格斯:《马克思恩格斯选集》第 1 卷,中共中央马克思恩格斯列宁斯大林著作编译局编译,北京:人民出版社,2012 年,第 10 页。

位,而且是"中华民族生命之所在"①。

儒学由民间升入庙堂,自有其历史必然性,但先秦儒学原有的平民性就此渐渐沦丧。在汉武之世以来的传统社会中,儒学赖以传承的主体是士大夫,他们从当时社会生产生活实践方式出发,站在自身的立场上对儒学的基本观念进行诠释,在天道、礼乐制度、心性和历史哲学等方面做出了许多探索,对社会生活和民族精神等产生了深远的影响。从积极一面讲,儒学曾经对中国文化的发展、民族自信心的培养起到鼓舞和激励作用,它尤其强调独立人格、天人之际的有机整体观念、刚健自强的进取精神、爱国主义信念等,为中国人乃至全人类留下了一笔价值不菲的精神财富;从消极一面讲,儒学过于重视以"士"为"四民"之首的社会身份,并着力以其伦理道德保持和强化以"四民"之序为主要内容的社会关系,这虽然能够维系传统的农业社会的稳定,但在无形之中阻碍了人民对普遍性的追求。这种状况到明代中后叶,随着中古社会后期商品经济的发展和新兴市民阶层的崛起而愈益为有识者深切感知,于是,在阳明心学的导引下,而有了平民儒学思潮的勃兴。

引领这股平民儒学思潮的,是泰州学派的开创者王艮。据先师黄宣民先生的考证,王艮出身于"灶丁",是不折不扣的平民。他以最为通俗的语言概括了自己对儒家核心观念的理解——"百姓日用即道",认为只有"百姓日用之道""百姓日用之学"才是真正的圣人之道、圣人之学,以往经由士大夫传承不过是异端。侯外庐先生认为,王艮将"愚夫愚妇""童仆"等社会下层民众视为人民,认为这些人的生产活动和生活活动才是真理,在社会生活中,真理是劳动者天天践履的"家常事",平常简单,能知能行,没有丝毫造作,"王艮用百姓的'下'代替了统治阶级的'上',又把劳动人民的家常事作为'圣人之道',而把正宗的圣人之道斥为异端,这里就有了对封建主义进行破坏的进步意义。王艮的'百姓日用之学'受到了人民的拥护"②。在儒学史上,王艮及其所创的泰州学派,作为一种前所未有的平民儒学,其特征有五:

第一,传道对象大众化。泰州学派继承了孔子和先秦儒家"有教无类"的方针,致力于发展平民教育。王艮的传道宗旨是:不论老幼贵贱贤愚,只要有志于学问之道,都可以秉受"大成学"。王栋更加重视儒学的平民传统。他认为,孔子开创的儒学本是"四民"共有共明的学问,但从秦汉以后,这套学问被少数经生文士垄断,孔子儒学的平

① 崔大华:《儒学引论》,北京:人民出版社,2001年,第3页。
② 侯外庐、赵纪彬、杜国庠:《中国思想通史》第四卷(下),第980页。

民传统却惨遭摒弃,万幸的是王艮在一千多年以后承接了这种优秀传统。

从人员构成看,泰州学派在吸纳"四民"中的各色人等的同时,还充分接受来自社会底层的灶丁、佣工、商贩等人群。王艮讲学的场所是一个充满活泼气氛的平民百姓的课堂。在这里,既没有刻板的师道尊严,又没有令人眩晕的章句帖括之学,更多的是沟通思想、启发自觉。王艮死后,泰州后学中有一部分人走向民间。他们或是周游四方,传道讲学,开启民智;或是深入田间,与农民畅谈学问,移风易俗。

我们应看到,泰州学派的代表人物一方面力图将庙堂儒学、章句儒学转化为平民百姓的日用之学,激发人们对"王道"社会的追求,这在当时来说是历史的进步;另一方面任意谈论经典文本,不惜曲解本义,导致儒学日渐呈现下落趋势。他们的大胆举措,潜伏着动摇、瓦解传统儒学的危险,因而招致后人对泰州学派的责难。

第二,儒学理论简易化与儒学经典通俗化。王艮将陆九渊主张的"易简"与王阳明宣扬的"简易"融为一体,对儒学进行了简易化处理,使其能够贴近平民生活。在他看来,宣讲圣人之学,必须提纲挈领,通俗明白,使人容易知晓,容易学习。王艮及其后学对传统儒学的烦琐支离、轩辕高深的特征表示强烈不满,主张代之以平民化、简易化的"百姓日用即道"和"淮南格物"学说。这不仅能够引起一些士大夫的兴趣,更能在平民百姓中产生巨大的反响。王艮、颜钧、罗汝芳、何心隐等人讲学时,深入社会下层,所到之处,听讲者动辄以千数计,常常引起轰动。儒学由此实现了简易化与平民化的统一。

第三,心性自然化。泰州学派信奉阳明心学,也是心性合一论者。然而,王艮的心性论,并不完全等同于阳明门下其他学派,而是以"自然为宗"。在他看来,天理良知皆为天然自有之理,心即理,良知即性,心与性也是自然而然的,如同鸢飞鱼跃,毋须人力安排,凡涉人为皆是作伪。王艮心性自然论的显著特点是,肯定人们对物质生活的正当需求(人欲)是合乎天性的,是人的自然本性,因而也是合乎"圣人之道"的。这就给宋明理学中"存天理,灭人欲"的正统理论打开了缺口。在泰州后学中,从王栋、颜钧到何心隐、李贽等,都强烈批评正宗理学家们的存理灭欲论,指出它从根本上违背了孔、孟的教义。但是,泰州学派的心性自然论,则被正宗理学家视为"异端邪说",乃至"左道惑众"。从历史发展的角度来看,泰州学派的心性自然论,无疑具有越出中世纪的启蒙精神,也是它的思想遗产中最有价值的理论部分。

第四,传道活动神秘化。泰州学派的讲学传道活动,主要是开门授徒、立会讲学,或周游四方、随处讲学等。由此而言,它与其他儒学派别并没有多么大的不同。其所不同者,乃在于它往往采取平民百姓比较容易接受的教学方式,譬如吟诗唱歌、讲演故事、气功治病,以至民间宗教式的神秘活动等等,翕引来学。王艮早年就曾默坐体道,编造出梦天坠压,万民呼号,自己伸手救活万民的神话;后来他穿戴古代衣冠、乘坐蒲轮小车,招摇过市,引起市民围观,产生轰动效应。王艮的"大成学"之所以能够在广大地区迅速传播开来,除其内容为平民所喜好外,与其浓郁的神秘色彩也是分不开的。颜钧设坛立教,制造所谓"大中垂泉"一类神话。王艮、颜钧等人不喜著述,注重"口传心授"的传播方式。他们鼓吹的"矩范《大学》《中庸》作心印",便是禅宗传心的翻版,为儒学增添了许多神秘色彩。在今天看来,这种传播方式是非常荒诞的,但它能够推进儒学向民间普及的步伐。在文化水平相对较低的下层群众中,越是带有神秘色彩,便越有吸引力。

第五,社会理想道德化。泰州学派的理想社会,即是儒家所谓"仁人君子,比屋可封"的"王道"社会,确切地讲,就是理想社会。首先,这个社会以伦理为中心,强调"五伦"的重要性,力图改善日益颓废的社会风气;其次,这个社会没有剥削和压迫,统治者施行仁政,对人民养之有道、教之有方,衣食足而礼义兴,以至"刑措不用";再次,这个社会讲道德仁义,特别重视道德教育,将道德仁义视为美感与教化的统一体。从朝廷官员到平民百姓,都能明白是非善恶,都能自觉参与到道德仁义的学习中。士也能逐渐摆脱科举考试的羁绊,做一个真正有德行的人。由此可见,泰州学派的社会理想包含了道德救世主义和社会改良主义的改革主张。

上述这些特征,反映出明代平民儒学的发展状况及其历史风貌。但是,王艮及其所创泰州学派的平民儒学思想,无论在理论上还是事实上又都无法彻底突破王权专制主义及与之影相伴的传统儒学理论的坚硬外壳,而只能利用有限的儒学传统资源对传统儒学自身加以阐发。贾乾初博士在《主动的臣民:明代泰州学派平民儒学之政治文化研究》一书中指出了平民儒学的两重性:

> "平民儒学"词汇本身,就显示出了平民儒学的两重性。平民儒学的特征与此两重性紧密相关。一方面,它是"平民"的,这种儒学是基于农、工、商贾、底层贱民等平民阶层生活与利益而生发出的思想,故其与官方士大夫儒学有所区别;另一方面,它又是"儒学"的,而儒学的主要载体是士大夫精英阶层,所以它又与士大夫儒学有同质性。毋庸置疑,平民儒学的两重性是存在深刻矛盾的。①

---

① 贾乾初:《主动的臣民:明代泰州学派平民儒学之政治文化研究》,北京:知识产权出版社,2018 年,第 7—8 页。

作为平民,他们有着所生活的那个阶层的精神和利益诉求,他们观察和思考自己的生活,并将之提升到"道"的层面,予以肯认。他们的思考与诉求表明了他们在主体方面的某种觉醒,具有一定程度的启蒙性质,然而他们同时又作为儒学的承载者,因此,他们无法摆脱与士大夫精英主流阶层千丝万缕的联系。日本学者岛田虔次曾论说道:"在旧中国,本义上的社会,是士大夫的社会,庶民从原理上来说不过是欠缺状态的士大夫,是不完全的士大夫,或者说是士大夫的周边现象而已。心学即使在被说成是开放的、革新的场合,也不能马上以此来作为庶民意识的自觉表现、庶民原理的自觉表白。"在这个角度,平民儒者阶层的尴尬是明显的。其尴尬在于,儒家对人生的理想设计,只有一条道路,那就是修、齐、治、平,即入仕参政的道路。而平民儒者们要么一直坚持着自身的平民身份,要么虽出身诸生但却最终放弃科举的道路,表现为对入仕参政之路的厌弃与抗拒。①

站在儒学立场,平民儒者对儒学价值的认同,意味着他们与士大夫之儒的无限趋近,如上文岛田虔次所言"是不完全的士大夫",而士大夫之儒也并不排斥他们,相关文献当中平民儒者与士大夫精英儒者们的广泛交往也能说明这个问题;站在平民立场,他们行事高调、无所顾忌、勇于实践的风格,尤其是带有平民启蒙色彩以及宗教色彩的讲学活动,又使士大夫之儒感到不安、焦虑甚至发展到排斥、打击。应该说,平民儒学的这种尴尬与矛盾是始终伴随着他们的实践的。因之,就泰州学派平民儒学来说,其形成和发展乃至消亡的过程,从某种程度上讲,可以看作是平民儒学两重性内在矛盾的展开、激化、消弭的过程。泰州学派平民儒学的政治文化特征,始终与这个两重性内在矛盾紧密联系着。②

毋庸赘析,存在这种两重性内在紧张的明代中后叶的平民儒学,当然不可能在王权主义社会-文化背景下创新性地开出儒学发展新路,自然亦无法切实扭转儒学所面临的江河日下的惨淡局面。但另一方面,阳明心学启导下形成发展起来的泰州学派之平民儒学,毕竟揭开了儒学转型性发展的历史序幕,启迪着后来者进一步探寻和实践,不断推进着中国儒学的近代化和现代化。

儒学是现实社会"无法彻底摈弃的历史前提",同时,儒学自身又存在着如何随应

---

① 贾乾初:《主动的臣民:明代泰州学派平民儒学之政治文化研究》,第8页。
② 同上。

历史的发展、社会的变迁而创新性地发展的问题。论者云："从春秋时代的孔子到明代的心学诸人的思想演变进程中,平民阶层一直是'儒学'安身立命的立足点。在历史的长河中,虽然儒学经历了社会地位上的起起落落,或为贵族精神之转变,或为官方意识形态的存在,但究其根源,儒学思想乃是对最普通的人类生活所做的道德总结。这一特质便决定了它的存在样态必然是以平民阶层的现实生活为其核心所在。当儒学处在高高在上的官方意识形态地位时,它乃是以政治关怀的姿态哺育民众的现实生活,当儒学处在发展过程中的低潮期的时候,它乃是以德性关怀的姿态引导民众的现实生活,而如若没有民众德性的生活基础,则民众之上的政治亦不可能维系具有德性价值的社会秩序。故而,无论是儒家内圣之道,还是外王之途,其现实的指向皆是民众群体的生活德性问题。所以,对平民阶层的关注,使得儒学的存在必然首先要以平民阶层的儒学为其存在基础。从这个意义上讲,历史中的儒学即可谓是一种根源意义上的民间儒学,而对现今的中国社会来说,由于儒学自身已处在一种发展的低潮期,其若想取得更大的发展,则必然仍要回到'民众''草根''平民阶层'这一儒学生命力存续的根源。"①这提示着我们:在现代社会中,儒家应该重新考虑一下所谓主体的问题,是继续沿着士的道路走下去,还是转变思维方式,重新发现新的主体?这对于儒学的今后发展方向有着更为显著的决定意义。以现代平民为主体的普通民众多是普通的劳动者,在各自的工作场地奋发努力,基本上没有机会进行全面系统的理论研究,更不必说皓首穷经,探其究竟。他们将大多数时间投入创造物质财富的活动中,辛勤劳作,乐于奉献,是一支优秀的建设大军。现代平民的劳动被量化为具体的劳动产品。只有将这些劳动产品投向市场,变化为货币,才能实现具体的劳动产品与抽象的"活劳动"之间的互动。而生活在现实生活底层的这些普通民众的生存状态、利益愿望、权利诉求等等,每每为自以为拥有"社会良心"且具"超越性"情怀的知识分子——包括现代新儒家和"大陆新儒家"所轻忽乃至鄙视。其结果是现代民众"对儒学缺乏起码的了解""对儒家基本道德缺乏真诚的认同"。在现代社会中,普通民众之所以对儒学抱以冷漠的态度,那是因为现代新儒家走上了一条与世俗精神相违背的道路,势必遭致普通民众的拒斥,从而无法赢得认同,更不能获得复兴的历史机遇。因此,诚如蒋国保先生在《儒学的现代困境与未来发展》中所说,儒学纵然具有现代意义,要真正担当起现代使命,

---

① 蓝法典:《中国近十年民间儒学发展述评》,载陈炎、颜炳罡主编《国际儒学发展报告2012》,北京:北京大学出版社,2013年,第70—71页。

必须适应现代民众的要求，而绝不能背离他们的意愿。所谓儒学的"现代使命，说到底就是对现代民众所面临的任务尽责任。儒学对现代社会尽责任，固然要具有现代意义，但现代民众不从价值上肯定它，它就无从发挥作用，只好空叹生不逢时"①。

儒学绝非文化精英的专属品，"儒学的生命力仍在民间。儒学本来就具有平民性格，是民间学术。几千年来，它代表着社会的良知，担当着社会的道义，以道统，即以其'领导精神'，制约、指导着政统与治统，其依托或挂搭处则是民间自由讲学"②，"中国人一般都自觉不自觉地受到儒家文化观念的影响，越是社会底层的老百姓，越是拥有儒家的基本价值"③。郭齐勇在《中国儒学之精神·自序》中说：

> 儒学是生活，儒学有草根性。即使是在农业社会之后，即使清末民初以来基本社会架构与生活方式发生了翻天覆地的变化，儒学、儒家仍活在民间，就在老百姓的生活——当下的生活之中，在社会大群人生的伦常之间，在日用而不知之间。我们当然希望把日用不知提升为自觉自识。我们在孔繁森、吴天祥、桂希恩、周又山等当代楷模的身上，都可以找到大量的儒学因素的积淀。我个人即是出身生长于武昌巡司河畔的平民家庭，又在农村与工厂等最下层民众中生活了数十年，至今还有平民朋友，深知民间家庭、社群、人性、人心之主流，老百姓的生活信念与工作伦理还是儒家式的，主要价值理念仍然是以"仁爱"为中心的仁、义、礼、智、信等"五常"（内涵当然也与时迁移，有新的时代精神渗入）。④

诚哉斯论！如果与自视踞于人上的所谓"精英"们——如政治生活领域贪腐的"老虎""苍蝇"，经济生活领域唯利是图的不法奸商，文化生活领域那些缺失道德和良知、伤风败俗的学者文人相比，那么，我们完全可以说，齐勇教授所举述的这些普通百姓才真正具有儒家君子人格，体现并践履着儒学的精神价值。儒学离不开平民。因为儒学承载的修齐治平之道，需要依靠平民去实践。离开平民的真心拥护，儒学将会失去一切，将会彻底进入历史博物馆。

---

① 蒋国保：《儒学的现代困境与未来发展》，载《儒学纵横论》，合肥：安徽人民出版社，2013 年，第 232 页。

② 郭齐勇：《中国儒学之精神》，上海：复旦大学出版社，2014 年，第 95 页。

③ 郭齐勇：《道不远人》，贵阳：孔学堂书店，2014 年，第 30 页。

④ 郭齐勇：《中国儒学之精神·自序》，第 8 页。

　　因此，我们认为，只有突破儒家士大夫的传统之见及现代知识分子主体意识的限制，将儒学发展成为适应当下普通百姓生活日用的平民儒学，才能有力推动儒学的现代转换。这就要求当代儒者必须脱下传统儒士长衫，深入现实的社会生产生活实践，用自己的身心去真切体认普通民众的利益意愿，并从其心声出发来提出自己的思想主张并进而创构起基于现实社会生活、以现实的底层普通民众（尤其是劳工阶层）利益为出发点和落脚点的新型儒学理论体系，这不仅是现代平民儒学的必由之路，而且透过儒学的这样一种创新性的理论转向，更可使儒学经过由传统而现代的历史性转换获得在当下现实社会生活中生存与发展的根，并因之创生出无限的发展空间和前景。从"人"这一共同的自然属性而言，古代平民与现代平民没有多大差异。但一旦深入生产力和生产方式，就能清楚地认识到二者的区别：传统平民说到底是农业自然经济条件下的劳动者，终究只能屈从于王权主义的统治秩序，不可能创构出与传统社会异质的新型思想，亦不可能创造出新型社会。而现代平民是马克思主义视野中的作为社会化大生产实践主体的普通民众；只有他们并且也只能由他们通过实践改变世界，才能够最终彻底完成人对普遍性的不懈追求，实现"仁人君子，比屋可封"的大同理想。

先秦儒家"公、生、治"三位一体民本思想体系论纲

肖俏波*

摘　要：先秦儒家民本思想是一个至少包含公、生与治三个方面重要内容的思想体系。先秦儒家"天下为公"民本思想通过公私之辨，强调最高统治者天子之位应当实行禅让制以使圣人当王，这是先秦儒家民本思想生存之根。先秦儒家"圣贤保生"民本思想通过生死之辨，强调统治者应当完善保生制度以惠民安政，这是先秦儒家民本思想挺立之干。先秦儒家"天下平治"民本思想通过治乱之辨，强调统治者应当施行王道仁政以平治天下，这是先秦儒家民本思想追求之实。天下为公、圣贤保生与天下平治，三者内在勾连，相互发明，系统化、理论化地构成了先秦儒家"公、生、治"三位一体民本思想体系，它回答了先秦儒家主张何种民本思想、谁之民本思想、民本思想何为与如何实现民本思想等重大问题。

关键词：先秦儒家；民本思想；公；生；治

---

* 作者信息：肖俏波，男，1980 年生，海南省儋州市人，天津师范大学政治与行政学院讲师，《政治思想史》编辑，法学博士，主要研究方向为儒家政治哲学。本文为教育部哲学社会科学研究重大课题攻关项目"中华文明精神特质和发展形态研究"（项目编号：22JZD034）的阶段性成果。

一、引　言

先秦诸子因各自的"性气不同,环境不同,智慧的深浅广狭不同,学问从入的门径不同,启悟感发的机会不同"①,形成了不同的政治思想及其派别。不同的政治思想派别有不同的民本思想。学者对于不同(或相同)政治思想派别的民本思想的表述、理解和评价也有不同。或者认为,"无论何时代何派别之学者,其论旨皆建设于此(笔者注:指世界主义、平民主义或民本主义、社会主义)基础之上","我国有力之政治理想,乃欲在君主统治之下,行民本主义精神"。② 或者认为,民本思想是"统治阶级政治经验的总结和理论升华"与"中国古代统治阶级政治理论的重要组成部分"③。或者认为,以民为本是"儒家文化的'常道'"与"中国文化的核心价值"④。或者认为,"在中国走向'太平世'的长路上,传统的民本思想不必是一盏明灯,却是一份极为珍贵的文化资粮"⑤。民本思想(特别是儒家的民本思想)是中国政治思想史与中国政治哲学史的重要内容,学界研究成果虽然丰厚,但至今仍然缺少体系性的研究。

本文认为,所谓民本思想,是指围绕"以民为本"观念所建构起来的思想理论体系,它至少包括何种民本思想(或以民为本)、谁之民本思想(或以民为本)、民本思想(或以民为本)何为、如何实现民本思想(或以民为本)等四个重要组成部分。王阳明曾说,"若主意头脑专以致良知为事,则凡多闻多见,莫非致良知之功",此其所以为教有三变,而最终单提致良知作为学问大头脑和思想理论体系宗旨的原因所在。⑥ 同理,如果我们的主意头脑专以民本思想为事,从民本思想视域看先秦诸子思想理论体系及其最终实现,则先秦诸子的民本思想就不仅仅是他们政治思想理论体系中的一个重要组成部分,而是其本身就是一个系统化、理论化的思想体系,我们因此也可以单将民本思想

---

① 钱穆:《阳明学述要》,载《钱宾四先生全集》(十),台北:联经出版事业有限公司,1998 年,第 24 页。

② 梁启超:《先秦政治思想史》,北京:东方出版社,1996 年,第 2、5 页。

③ 刘泽华:《中国的王权主义:传统社会与思想特点考察》,上海:上海人民出版社,2000 年,第 348—349 页。

④ 李存山:《对中国文化民本思想的再认识》,《孔子研究》2016 年第 6 期。

⑤ 金耀基:《中国民本思想史》,北京:法律出版社,2008 年,"中文简体版序"第 2 页。

⑥ 参见王守仁《王阳明全集》,上海:上海古籍出版社,1992 年,第 71、1574 页。

称为先秦诸子的学问大头脑和政治思想理论体系宗旨。

为此,先秦儒家的民本思想,即先秦儒家的学问大头脑和政治思想理论体系宗旨,作为一个系统化、理论化的思想体系,我们可以用"公、生、治"三位一体理论来概括。公是指天下为公,强调最高统治者天子之位应当实行禅让制以使圣人当王,这是先秦儒家民本思想生存之根。生是指圣贤保生,强调统治者应当完善保生制度以惠民安政,这是先秦儒家民本思想挺立之干。治是指天下平治,强调统治者应当施行王道仁政以平治天下,这是先秦儒家民本思想追求之实。天下为公,圣人当王,选贤与能,则圣贤在位;圣贤在位,惠民安政,即圣贤保生;圣贤保生,明分使群,无为而治,则终可以王道仁政平治天下。天下为公、圣贤保生与天下平治,三者内在勾连,相互发明,系统化、理论化地构成了先秦儒家"公、生、治"三位一体民本思想体系。相对于以往的研究,从"公、生、治"三位一体的理论架构对先秦儒家民本思想进行体系性的研究,更加有助于完整地把握先秦儒家民本思想的内涵,合理地阐发其政治意蕴和现代价值,这是本文的独特贡献和创新之处。

二、公:先秦儒家民本思想生存之根

天下为公。"孔子贵公"(《尸子·广泽》),据《礼记·礼运》记载,孔子为弟子言偃阐发了"天下为公"的政治理念。所谓"天下为公",郑玄与孔颖达等汉唐儒者注疏说:"公,犹共也。禅位授圣,不家之","'天下为公',谓天子位也。为公,谓揖让而授圣德,不私传子孙,即废朱均而用舜禹是也"。[1] 其意思是说将最高统治者天子之位禅让给有圣德之人,让圣人继位当天子。禅位授圣的典故,说的是尧将天子之位禅让给舜,舜将天子之位禅让给禹。天下为公,这是先秦儒家民本思想生存之根。它首先回答的是天下(即政权)属于公还是属于私的问题。先民有言:"天下非一人之天下也,天下之天下也。"(《吕氏春秋·贵公》)设使天下为私,统治者、统治阶层或统治集团,即使对于"民惟邦本,本固邦宁"(《尚书·五子之歌》)的理念"念兹在兹"(《尚书·大禹

---

[1] 郑玄注,孔颖达疏,龚抗云整理:《礼记正义》,载李学勤主编《十三经注疏》,北京:北京大学出版社,1999年,第658、659页。另,有学者将"天下为公"的政治理想与价值诉求总结为六个方面的主要内容,文长,不赘述。参见林存光、仇政华《天下为公:中、西、马政治哲学会通对话的一种可能性》,《孔子学刊》第五辑,上海:上海古籍出版社,2014年,第226页。

谟》),民亦不过是商君之徒的农战工具(《商君书·农战》)与汉高之君的产业花息(《明夷待访录·原君》)而已,难逃屠毒与敲剥之厄运。唯有天下为公,圣贤在位,民才可以如康德所说,"是用作目的而不仅仅是用作手段"①,而"民惟邦本",才有实质性价值与现代性意义。也就是说,天下为公则有民本思想(或民本思想为真与实),天下为私则无民本思想(或民本思想为假与虚),这是先秦儒家民本思想的公私之辨,它的目的在于回答先秦儒家民本思想当为何种民本思想与谁之民本思想。

祖述尧舜。书缺有间,断自唐虞。"唐虞之道,禅而不传。"②从孔子以来,先秦儒家民本思想便以尧舜之道为典范。《论语·泰伯》记载,孔子说:"大哉尧之为君也!巍巍乎!唯天为大,唯尧则之。荡荡乎!民无能名焉","巍巍乎!舜禹之有天下也,而不与焉"。孔子不仅在言语上赞叹尧舜,还在思想与行动上"祖述尧舜"(《中庸》),"其奉为道之大宗,而推极其精一执中之至理"③,"闵王路废而邪道兴,于是论次《诗》《书》,修起礼乐"(《史记·儒林列传》),"序《书传》,上纪唐虞之际","以诗书礼乐教"弟子(《史记·孔子世家》),以尧舜作为"天下为公"的典范。孔子之后,儒家者流,"宗师仲尼"(《汉书·艺文志》)。孟子自言:"乃所愿,则学孔子也。"(《孟子·公孙丑上》)然而,较之于孔子,孟子民本思想的创新与贡献在于:第一,从天命论视角提出"天与人与"理论,反驳"尧舜以天下与人"(《孟子·万章上》)的私相授受的观点,维护了尧舜禅让的"天下为公"形象;第二,从性善论与工夫论视角提出"尧舜与人同"(《孟子·离娄下》)主张与"集义养气"(《孟子·公孙丑上》)方法,论证了"人皆可以为尧舜"(《孟子·告子下》)与尧舜禅让何以可能;第三,从道统论视角构建了尧舜以至于孔子的道统谱系,并"闲先圣之道,距杨墨",辟异端,使充塞仁义、人将相食的邪说不得作于其心,害于其事与害于其政(《孟子·滕文公下》),从源头上廓清了民本思想实施的思想障碍。当然,相比于孔子之祖述尧舜,孟子"言必称尧舜"(《孟子·滕文公上》),似有

①　康德认为:"道德法则是神圣的(不可侵犯的)。人的确是足够罪恶的,但在其个人里面的人道对于他必定是神圣的。在全部被造物之中,人所愿欲的和他能够支配的一切东西都只能被用作手段;唯有人,以及与他一起,每一个理性的创造物,才是目的本身。……不该使他委质于任何意图,假使这个意图不是依据由承受的主体本身的意志所产生的法则而可能的;这就是说,决不把这个主体单纯用作手段,若非同时把它用作目的。"见康德《实践理性批判》,韩水法译,北京:商务印书馆,1999年,第94—95页。

②　李零:《郭店楚简校读记》(增订本),北京:中国人民大学出版社,2007年,第123页。

③　王夫之:《四书训义》(上),载船山全书编辑委员会编校《船山全书》第七册,长沙:岳麓书社,2011年,第222页。

过之而无不及。

圣人当王。在古代中国,民本思想能否实施,以及其实施的效果如何,皆取决于最高统治者,即天子是否是圣人。因此,民本思想有"天下为公"的意蕴,禅位的形式固然重要,授圣的实质(圣人当王的结果)更为重要。孟子说:"圣人,人伦之至也","既竭心思焉,继之以不忍人之政,而仁覆天下矣。……是以惟仁者宜在高位。不仁而在高位,是播其恶于众也","天子不仁,不保四海"。(《孟子·离娄上》)荀子说:"故天子唯其人。天下者,至重也,非至强莫之能任;至大也,非至辨莫之能分;至众也,非至明莫之能和。此三至者,非圣人莫之能尽。故非圣人莫之能王","圣王在上,决德而定次,量能而授官,皆使民载其事而各得其宜"。(《荀子·正论》)郭店楚简《唐虞之道》说:"禅也者,上德授贤之谓也","圣者不在上,天下必坏"。① 孔子说,"博施济众,尧舜其犹病诸"(《论语·雍也》);"修己以安百姓,尧舜其犹病诸"(《论语·宪问》)。尧舜尚且如此,何况非尧舜者乎? 所以,如果圣人不当王,则民本思想便如无源之水、无根之木;而无源之水、无根之木,后世之君虽终日营营,"有采摘汲引之劳",民本思想亦难逃"盈涸荣枯无常"之命运。②

选贤与能。曾"学儒者之业,受孔子之术"(《淮南子·要略》)的墨子说,"古者圣王之为政,列德而尚贤","尚欲祖述尧舜禹汤之道,将不可以不尚贤。夫尚贤者,政之本也"(《墨子·尚贤上》)。舜继尧位,选贤与能,任命二十二人为政,"庶绩咸熙"(《尚书·舜典》),"四海之内咸戴帝舜之功","天下明德皆自虞帝始"(《史记·五帝本纪》)。祖述尧舜的先秦儒家,尤其推崇选贤与能。比如,孔子"讥世卿"(《春秋公羊传·隐公三年》),主张"举贤才"(《论语·子路》);孟子主张"尊贤使能,俊杰在位"(《孟子·公孙丑上》),"为天下得人"(《孟子·滕文公上》);荀子主张"贤能不待次而举"(《荀子·王制》),"致贤而能以救不肖"与"推贤让能"(《荀子·仲尼》)。天下为公,圣人当王,为天下得人而选贤与能,如此,才能使圣贤在位。"天下者非一人之天下,惟有道者处之"(《六韬·武韬·顺启》),有道者,圣贤是也。可见,唯有开放政权,使圣贤在位,使有道者参与政权,治国理政,践行"幼而学之,壮而欲行"(《孟子·梁惠王下》)的尧舜之道,才是保证民本思想得以践行与人民利益得以维护的根本之道。这是先秦儒家"天下为公"民本思想的精髓要义所在。

最后,使先秦儒家"天下为公"民本思想生根发芽、根深蒂固的,在于志。孟子说,舜

---

① 李零:《郭店楚简校读记》(增订本),第 124、125 页。

② 参见陆九渊《陆九渊集》,北京:中华书局,1980 年,第 6 页。

与文王"地之相去也,千有余里;世之相后也,千有余岁。得志行乎中国,若合符节。先圣后圣,其揆一也"(《孟子·离娄下》)。先儒大多以"道一"来训释"先圣后圣,其揆一也",其实,以"志一"来训释,更加可见圣人"天下为公"之意。所谓"志一",是指志一于公、安于公的意思。而荀子"志安公"(《荀子·儒效》)之"安"与孔子"仁者安仁"之"安"同意,是经过孟子"君子深造之以道,欲其自得之也。自得之,则居之安"(《孟子·离娄下》)所达到的工夫境界之安,是"油然自适其本心,非心安于理之谓"①,是安固的意思。唯有达到圣贤境界的人,其志才能安固于"天下为公"。"功崇惟志"(《尚书·周官》),"唯有志不立,直是无着力处"②,故"天下无可成之事"③。因此,欲践行先秦儒家民本思想,统治者除了要讲明先王之道以外,更要安固于"天下为公"之志。孔子说:"天无私覆,地无私载,日月无私照。"(《礼记·孔子闲居》)"统治者只有遵循、效法天地之道,才能真正引领整个天下走向太平大治",而"唯有天下为公,才能平治天下,反之,'私者,乱天下者也'"。④ 也就是说,从先秦儒家民本思想的公私之辨来看,唯有尧舜之君在位,立志安固于天下为公,才能使先秦儒家"天下为公"民本思想生根发芽、根深蒂固。

三、生:先秦儒家民本思想挺立之干

圣贤保生。"天地之大德曰生"(《周易·系辞下》),无论是出于效法天地化生的道德觉解,还是出于维护政权安全的功利反思,保障人民的生命安全与提高人民的生活质量,是统治者(圣贤)治国平天下的责任伦理。⑤ "德惟善政,政在养民"(《尚书·

---

① 冯梦龙:《四书指月》,载魏同贤主编《冯梦龙全集》(15),南京:凤凰出版社,2007年,第44—45页。

② 朱熹撰:《晦庵先生朱文公文集》(五),载朱杰人、严佐之、刘永翔主编《朱子全书》第二十四册,上海:上海古籍出版社、合肥:安徽教育出版社,2002年,第3594页。

③ 王守仁:《王阳明全集》,上海:上海古籍出版社,1992年,第974页。

④ 林存光:《大道之行也,天下为公》,《光明日报》2016年11月23日第6版。

⑤ 韦伯认为,一切有伦理取向的行为,都受到指导行为的两种准则,即信念伦理(Gesinnungsethik)、责任伦理(Verantwortungsethik)中的一个支配,这两种准则有着本质的不同,并且势不两立。恪守信念伦理的行为,即宗教意义上的"基督行公正,让上帝管结果",同遵循责任伦理的行为,即必须顾及自己行为的可能后果,两者之间有着极其深刻的对立。但是,韦伯也指出,唯有将信念伦理和责任伦理两者结合在一起,才构成一个真正的人——一个能够担当"政治使命"的人,此时,信念伦理和责任伦理便不是截然对立的,而是互为补充的。参见韦伯《学术与政治:韦伯的两篇演说》,冯克利译,北京:生活·读书·新知三联书店,1998年,第107、116页。

大禹谟》),"天生民而立之君,使司牧之,勿使失性"(《春秋左传·襄公十四年》),圣贤在位,善政养民,以全其性,保其生,这是先秦儒家"圣贤保生"民本思想践行的道揆。"道揆,谓以义理度量事物而制其宜。"①其中,庶富教是积极保生策略,此乃万世之经;不嗜杀是消极保生策略,这是时措之宜;而将民本思想推进与落实到王制层面,使民本思想转化为民本制度,方才是"合外内之道"(《中庸》),彰显了理论建构与制度设计者"善建者不拔"(《老子·第五十四章》)的高超的政治智慧。然而,正如梁任公所说:"商周以前,民本主义极有力,西周之末尚然,东迁以后渐衰,至春秋末几无复道此者。"②也就是说,得圣贤保生,则民得以全性保生,即民本思想得以施于实处而保其生;不得圣贤保生,则民难以全性保生,即民本思想难以施于实处而保其生。这是先秦儒家民本思想的生死之辨,它的目的在于回答先秦儒家民本思想当为谁之民本思想与民本思想何为。

庶富教。《论语·子路》记载,子适卫,冉有仆,子曰:"庶矣哉!"冉有曰:"既庶矣,又何加焉?"曰:"富之。"曰:"既富矣,又何加焉?"曰:"教之。"朱子注:"庶而不富,则民生不遂,故制田里,薄赋敛以富之;富而不教,则近于禽兽,故必立学校,明礼义以教之。"③孔子与冉有的对话虽然是针对卫国的情形,但大体上也符合治国理政的一般规律:保障人民的生命安全,使人口增加;提高人民的生活质量,使人民富足而有教养。在《孟子》中,"后稷教民稼穑,树艺五谷,五谷熟而民人育"(《孟子·滕文公上》),这是庶;"易其田畴,薄其税敛,民可使富也"(《孟子·尽心上》),这是富;"圣人有忧之,使契为司徒,教以人伦"(《孟子·滕文公上》),这是教。特别地,孟子还提出了"保民而王"(《孟子·梁惠王上》)的王道思想。在《荀子》中,"省工贾,众农夫,禁盗贼,除奸邪,是所以生养之也"(《荀子·君道》),这是庶;"不富无以养民情,不教无以理民性。故家五亩宅,百亩田,务其业而勿夺其时,所以富之也。立大学,设庠序,修六礼,明七教,所以道之也"(《荀子·大略》),这是富与教。可见,庶富教是先秦儒家"圣贤保生"民本思想的共同主旨。

不嗜杀。《帝王世纪辑存》中说:"平王东迁……自世子公侯以下,至于庶民,凡千百八十四万七千人……其后诸侯相并,当春秋时,尚有千二百国……至于战国,存着十

---

① 朱熹:《四书章句集注》,北京:中华书局,1983 年,第 276 页。
② 梁启超:《先秦政治思想史》,第 44 页。
③ 朱熹:《四书章句集注》,第 143—144 页。

余……计秦及山东六国,戎卒尚存五百余万,推民口数,尚当千余万。及秦兼诸侯,置三十六郡,其所杀伤,三分居二。"①可见,从周平王东迁到秦兼并诸侯,这是一个"争地以战,杀人盈野;争城以战,杀人盈城"(《孟子·离娄上》)而孟子慨叹"今夫天下之人牧,未有不嗜杀人"(《孟子·梁惠王上》)的时代!"今此下民,亦孔之哀。"(《诗经·十月之交》)根据时代状况,先秦儒家提出了"不嗜杀"的政治理念与民本思想。《论语·颜渊》记载,季康子问政于孔子,孔子说:"子为政,焉用杀?"《论语·季氏》记载,季氏将伐颛臾,孔子说:"远人不服,则修文德以来之。"《论语·子张》记载,阳肤为士师,曾子对他说:"上失其道,民散久矣。如得其情,则哀矜而勿喜。"这里,从孔子的"为政焉用杀"与"修文德"到曾子的"哀矜而勿喜",都是"不嗜杀"的题中应有之义。到了孟子,他更是直接提出了"不嗜杀人者能一天下"(《孟子·梁惠王上》)的民本思想与政治理念。苏辙说:"予观战国之后,更始皇、项籍,杀人愈多,而天下愈乱。及汉高帝,虽以兵取天下,而心不在杀人,然后乃定……王莽之乱,盗贼蜂起,光武复以不嗜杀人收之。及桓、灵之祸,曹公、孙、刘皆有盖世之略,而以喜怒杀人……及唐太宗,始复不嗜杀人,天下乃定。其后五代之君,出于盗贼乞养,屠戮生灵……及宋受命,艺祖皇帝虽以神武诛锄僭伪,而不嗜杀人之心,神民信之……盖自孟子以来,能一天下者四君,皆以不嗜杀人致之。"②诚哉斯言!"不嗜杀"而后战争息,战争息而后人口得以生息繁衍。然而,这也不过是先秦儒家"圣贤保生"民本思想在衰乱世所提倡的消极策略与底线伦理罢了,"为政焉用杀"!

王制。"好生之德,洽于民心"(《尚书·大禹谟》),无论是积极保生策略,还是消极保生策略,贵在落实到制度上,如此,才配得上是万世之经与时措之宜,合外内之道。在《礼记·王制》与《荀子·王制》中,对职官、爵禄、刑法、典礼、学校、土地、国用(财政)、战争等制度皆有论述,皆可视为从王制层面完善保生制度以惠民安政。而从关注社会底层,善待弱势群体,到养育万民,《礼记·王制》中说:"少而无父者谓之孤,老而无子者谓之独,老而无妻者谓之矜,老而无夫者谓之寡,此四者,天民之穷而无告者也,皆有常饩。瘖、聋、跛躃、断者、侏儒、百工各以其器食之。"《荀子·王制》中说:"等赋、政事、财万物,所以养万民也","五疾,上收而养之,材而事之,官施而衣食之,兼覆无遗","选贤良,举笃敬,兴孝弟,收孤寡,补贫穷。如是,则庶人安政矣。庶人安政,然后

---

① 徐宗元:《帝王世纪辑存》,北京:中华书局,1964 年,第 119—120 页。

② 苏辙:《古史》,载《三苏全书》(第四册),北京:语文出版社,2001 年,第 234—235 页。

君子安位"。可见,先秦儒家"圣贤保生"民本思想不仅强调统治者或政府要"保护他们的生命、特权和地位(此即洛克'称之为财产的东西')"①,更要做到"上以饰贤良,下以养百姓而安乐之"(《荀子·王制》),而安乐,不仅仅是物质层面所能满足和做到的,还有精神层面的东西在里面。

最后,使先秦儒家"圣贤保生"民本思想茁壮成长、挺立不倒的,是思。欧克肖特曾说:"在理性主义者看来,做事情就是解决问题","政治生活被消解为一连串危机,每一个危机都得运用'理性'来克服","让不完美消失可以说是理性主义者的第一信条"。②与欧克肖特所批评的理性主义者不同,先秦儒家所推崇的圣人,虽然"仁且智",但是"不居",不自以为圣(《孟子·公孙丑上》)。尧舜在上,治理天下,修己安民,博施济众,常思"有所不足"③。此固然有圣人谦虚之成分,但亦是现实状况使然。因为,无论统治者有多么圣贤,能够将"保生"理论与制度建构得多么完备,世易时移,统治者是人而非神的局限性终将凸显出来,终归会面临孔子所说的损益问题(《论语·为政》)。这是因为,"道者万世亡弊"(《汉书·董仲舒传》),"若乃制度文为,或太过则当损,或不足则当益。益之损之,与时宜之,而所因者不坏,是古今之通义也"④。而为补偏救弊,解决政治生活中的不完美,先秦儒家和中国古代圣贤非常重视"思"。《尚书·洪范》说,洪范九畴,敬用五事,其五曰思,思曰睿,睿作圣。《周易·既济·象》说:"君子以思患而豫防之。"孔子说:"思无邪"(《论语·为政》),"君子有九思"(《论语·季氏》)。孟子说:"心之官则思,思则得之,不思则不得也"(《孟子·告子上》),"周公思兼三王,以施四事;其有不合者,仰而思之,夜以继日"(《孟子·离娄下》),"圣人……既竭心思焉,继之以不忍人之政,而仁覆天下矣"(《孟子·离娄上》)。荀子说:"圣人积思虑,习伪故,以生礼义而起法度。"(《荀子·性恶》)等等,不一而足。可见,思,乃所以成圣也,乃所以防患也,乃所以建礼义法度也,乃所以仁覆天下也。"禹思天下有溺者,由己溺之也;稷思天下有饥者,由己饥之也"(《孟子·离娄下》),伊尹"思天下之民匹夫匹妇有不被尧舜之泽者,若己推而内之沟中"(《孟子·万章上》),此有在位圣贤之思保生也。"凶年饥岁,君之民老弱转乎沟壑,壮者散而之四方者,几千人矣;而君之仓廪

---

① 洛克:《政府论》(下篇),叶启芳、瞿菊农译,北京:商务印书馆,1964 年,第 77 页。
② 欧克肖特:《政治中的理想主义》,张汝伦译,上海:上海译文出版社,2004 年,第 5 页。
③ 朱熹:《四书章句集注》,第 92 页。
④ 同上书,第 60 页。

实,府库充,有司莫以告,是上慢而残下也"(《孟子·梁惠王下》),"且王者之不作,未有疏于此时者也;民之憔悴于虐政,未有甚于此时者也"(《孟子·公孙丑上》),此无在位圣贤之思保生也。换言之,有圣贤思救民、济民、养民、富民、教民,则民保生矣;无圣贤思救民、济民、养民、富民、教民,则民不保生矣。如此,先秦儒家"圣贤保生"民本思想便可以挺立了吗?笔者以为未必。"逝者如斯"(《论语·子罕》),乃道体之本然①;"众生必死"(《礼记·祭义》),是个体生命之归宿。于"生生之谓易",先儒云:"生必有死,易主劝戒,奖人为善,故云生不云死也。"于"成性存存,道义之门",先儒云:"物之存成,由乎道义也。"②"生,人之始也;死,人之终也。终始俱善,人道毕矣。"(《荀子·礼论》)也就是说,从先秦儒家民本思想的生死之辨来看,唯有建立在生死俱善与人道完备的道义觉解与终极关怀之思上,才能使先秦儒家"圣贤保生"民本思想茁壮成长、挺立不倒。

四、治:先秦儒家民本思想追求之实

天下平治。孟子说:"平治天下,当今之世,舍我其谁也?"(《孟子·公孙丑下》)孟子此话,在"地球没谁照样转"思想观念甚嚣尘上的今天,或许容易被人讥刺或指责为"这是传统知识分子无谓的狂妄自大"③,但是,对于信奉"天地生君子,君子理天地"(《荀子·王制》)学说,并且"自任以天下之重"的先秦儒家来说,践行"尧舜之道",使君成为"尧舜之君",使民成为"尧舜之民",享受"尧舜之泽"(《孟子·万章上》),实现"尧舜之世"(《孟子·告子下》),即平治天下,却是先秦儒家及其后世儒家共同的政治使命与政治思想。先秦儒家民本思想的终极实现,寄托于天下平治,与天下平治一荣俱荣,一损俱损,故其也可以称为先秦儒家"天下平治"民本思想。为了实现这个崇高而伟大的政治理想,先秦儒家创建了明分使群、无为而治与王道仁政等较为系统而完善的政治学说。先秦儒家以为,这些学说如果得以践行于天下,则可以平治天下,使先秦儒家民本思想开花结果,反之,其学说不能践行于天下,则天下大乱,先秦儒家民本

① 朱熹:《四书章句集注》,第 113 页。
② 参见王弼注,孔颖达疏,李申、卢光明整理《周易正义》,载李学勤主编《十三经注疏》,北京:北京大学出版社,1999 年,第 271、274 页。
③ 郭齐勇:《孔孟儒学的人格境界论》,《华中师范大学学报(人文社会科学版)》2000 年第 6 期。

思想便会苗而不秀或秀而不实(《论语·子罕》),这是先秦儒家民本思想的治乱之辨,它的目的在于回答先秦儒家民本思想之意欲何为与如何实现。

明分使群。政治或治国平天下,归根到底是要面向人的,是要解决人的事情的。先秦儒家认为,治国理政应该明确分工和名分,这是平治天下的前提。孔子说的"君君,臣臣,父父,子子"(《论语·颜渊》),孟子说的"劳心者治人,劳力者治于人;治于人者食人,治人者食于人"(《孟子·滕文公上》),与《荀子·王制》"序官"中所说,都是这个道理。"有君之名,必有君之权责,有臣之名,必有臣之权责。"[1]对于未尽责任或不尽责任的角色,先秦儒家主张正治其罪或声讨其罪。比如,《孟子·梁惠王下》说"士师不能治士"则已之,《荀子·王制》说"政事乱,则冢宰之罪也;国家失俗,则辟公之过也;天下不一,诸侯俗反,则天王非其人也"。特别是先秦儒家对于汤武革命事件的看法,让我们印象深刻。孟子说:"闻诛一夫纣矣,未闻弑君也。"(《孟子·梁惠王下》)荀子说:"桀、纣无天下,而汤、武不弑君。"(《荀子·正论》)先秦儒家所处时期,正是"上无天子,下无方伯,力政争强,胜者为右,兵革不休,诈伪并起"[2],即"礼乐征伐自诸侯出"(《论语·季氏》)的天下无道时期,为此,"救患除祸,则莫若明分使群矣"(《荀子·富国》)。而统治者明分使群之急先务也,在于正名。孔子说:"名不正,则言不顺;言不顺,则事不成;事不成,则礼乐不兴;礼乐不兴,则刑罚不中;刑罚不中,则民无所措手足。"(《论语·子路》)这是因为,"这里的'正名'不是名实之间的逻辑关系,而是指规范了社会等级与秩序的社会关系"[3],其本质上是"确定各统治阶层的名分及其相应的权力与责任"[4]。职是之故,萧公权先生说:"孔子正名之术若行,则政逮大夫者返于公室,国君征伐者听于天王。春秋之衰乱,可以复归于成康之太平。战国可以不兴,始皇莫由混一。"[5]由此可知,"明分使群"通过正名,可以走向"明分达治"(《荀子·君道》)。当然,从"明分使群"到"明分达治",中间有两个重要问题(或环节)需要加以讨论,即由谁"明分"与如何"达治"。对于前一个问题,孔子说:"惟器与名,不可以假人,君之所司。"(《孔子家语·正论解》,又见《春秋左传·成公二年》,文字小异)荀子说:"人君者,所以管分之枢要也。"(《荀子·富国》)先秦儒家认为明分(使群)的政治主体

①　萨孟武:《中国政治思想史》,北京:东方出版社,2008 年,第 9 页。

②　范祥雍:《战国策笺证》,上海:上海古籍出版社,2006 年,第 2 页。

③　杨朝明、宋立林主编《孔子家语通解》,济南:齐鲁书社,2009 年,第 469 页。

④　郭齐勇、陈乔见:《孔孟儒家的公私观与公共事务伦理》,《中国社会科学》2009 年第 1 期。

⑤　萧公权:《中国政治思想史》,沈阳:辽宁教育出版社,1998 年,第 56 页。

是人君。在中国古代,"天子诸侯及卿大夫有地者,皆曰君"①。由于先秦儒家乃至先秦诸子大多心系天下,所以,先秦儒家认为明分(使群)的最高政治主体是天子(或称天王、圣王)。确定了明分主体,我们就可以接着讨论下面一个更有意思的问题,即天子如何"达治"。之所以称之为"一个更有意思的问题",是因为我们脑海里马上就会联想到系统而全面的《大学》"三纲领八条目"与《中庸》"九经",由此认为平治天下,必然不易,需要大有作为。我们清楚地知道,孔子说过,博施济众,修己以安百姓,尧舜其犹病诸。吊诡的是,孔子也说:"无为而治者,其舜也与! 夫何为哉? 恭己正南面而已矣。"(《论语·卫灵公》)孔子称赞帝舜是"无为而治"的政治典范。

无为而治。何谓无为而治? "恭己正南面"与"无为而治"之间的内在关联是什么? 现代学者进行了研究②,然"我思古人,实获我心"(《诗经·绿衣》)。"圣贤所说千言万语,都无一字不是实话"③,朱子的教导,于心终不忘。而宗主《易经》,归宗孔子④,熊十力先生的学思历程,是治儒学之轨范。循此途辙,对《论语》孔子"无为而治"章,笔者略为训释与疏通如下。第一,天道无为,圣人法天,无为而治。《易》说:"黄帝、尧、舜垂衣裳而天下治,盖取诸乾、坤","天地之大德曰生,圣人之大宝曰位"。(《周易·系辞下》)圣人继位,法天而治,"为政以德,则无为而天下归之"⑤。第二,君道无为,君子时中,无为而治。"允执其中"(《论语·尧曰》),尧以命舜。"舜既得中,言不易实变名,身兹备惟允,翼翼不懈,用作三降之德。帝尧嘉之,用受厥绪"⑥,文王以命武王。此言中道是尧舜、文武政治之传统与道统。"君子壹于道而以赞稽物。壹于道则正,以赞稽物则察。以正志行察论,则万物官矣。昔者舜之治天下也,不以事诏而万物成。"(《荀

---

①　郑玄注,贾公彦疏,彭林整理:《仪礼注疏》,载李学勤主编《十三经注疏》,北京:北京大学出版社,1999 年,第 553 页。

②　参见陈洪杏《孔子"无为而治"说辨微》,《哲学研究》2015 年第 7 期;黎红雷《"为政以德"与"无为而治"——〈论语〉集译三则》,《齐鲁学刊》2015 年第 1 期;耿加进《儒家"无为而治"思想发微》,《北方论丛》2015 年第 1 期;刘全志《孔子眼中的舜"无为而治"新论》,《中国哲学史》2013 年第 1 期;周甲辰《舜帝无为论》,《齐齐哈尔工程学院学报》2012 年第 1 期等。

③　朱熹撰:《晦庵先生朱文公文集》(五),载朱杰人、严佐之、刘永翔主编《朱子全书》第二十四册,第 3594 页。

④　萧萐父主编《体用论》,载《熊十力全集》第七卷,武汉:湖北教育出版社,2001 年,第 7 页。

⑤　朱熹:《四书章句集注》,第 53 页。

⑥　清华大学出土文献研究与保护中心:《清华大学藏战国竹简〈保训〉释文》,《文物》2009 年第 6 期。

子·解蔽》)孔子说:"执其两端,用其中于民,其斯以为舜乎!"(《中庸》)"舜举众贤在位,垂衣裳,恭己无为,而天下治。"(《新序·杂事第四》)此言舜以中道自治,举贤治民,无为而天下治。第三,论恭己。帝尧"允恭克让"(《尚书·尧典》),帝舜"温恭允塞"(《尚书·舜典》),孔子"温良恭俭让"(《论语·学而》)且"恭而安"(《论语·述而》),《中庸》言"君子笃恭而天下平",朱子注:"笃恭而天下平,乃圣人至德渊微,自然之应,中庸之极功也。"①可见,"有诸内必形诸外"(《孟子·告子下》),恭乃圣德之呈现。从这个意义上来说,"'恭己',正修己以敬,乃无为而治之本"②。另外,荀子说,人君贵能"以礼分施,均遍而不偏"(《荀子·君道》),"君臣上下,贵贱长幼,至于庶人,莫不以是为隆正,然后皆内自省以谨于分,是百王之所以同也,而礼法之枢要也。然后农分田而耕,贾分货而贩,百工分事而劝,士大夫分职而听,建国诸侯之君分土而守,三公总方而议,则天子共(即恭)己而止矣"(《荀子·王霸》)。此言以礼分施,公正不偏,各安其分,则天子恭己,无为而治。也就是说,恭己,其实是圣德与礼法和合之结果。第四,论正南面。《唐虞之道》说:"尧禅天下而授之,南面而王天下,而甚君。"甚君,即孔子之"君君",荀子之"善群"(《荀子·王制》)与"能群"(《荀子·君道》)。换言之,孔子之"正南面",即是荀子"君道"与"群居和一之道"。荀子论"君道",讲究人君能群,善于生养人,班治人,显设人,藩饰人。"省工贾,众农夫,禁盗贼,除奸邪,是所以生养之也。天子三公,诸侯一相,大夫擅官,士保职,莫不法度而公,是所以班治之也。论德而定次,量能而授官,皆使人载其事而各得其所宜,上贤使之为三公,次贤使之为诸侯,下贤使之为士大夫,是所以显设之也。修冠弁、衣裳、黼黻、文章、雕琢、刻镂皆有等差,是所以藩饰之也。"(《荀子·君道》)由此,"上在王公之朝,下在百姓之家,天下晓然皆知其所以为异也,将以明分达治而保万世也"(《荀子·君道》)。"群居和一之道"是"先王案为之制礼义以分之,使有贵贱之等,长幼之差,知愚、能不能之分,皆使人载其事而各得其宜"(《荀子·荣辱》)。显然,"君道"是"群居和一之道"之详,"群居和一之道"是"君道"之略。要之,皆是由人君(圣王)制礼,明分,而达治。第五,论恭己与正南面之间的关系。恭己是"修己以敬",正南面是"修己以安百姓"(《论语·宪问》),两者"一以贯之"(《论语·里仁》)。恭己如树之根本,正南面如树之枝叶,树木厚植根柢则枝繁叶茂,君子笃恭而天下平。总之,孔子之"无为而治",是指人君(圣王)自治,

---

① 朱熹:《四书章句集注》,第40页。
② 冯梦龙:《四书指月》,载魏同贤主编《冯梦龙全集》(15),第216页。

修中道以达天德,法天无为,制礼明分,使人载其事而各得其所宜,笃恭而天下平。其所为,无论是自治,还是治天下,都是圣德之自然与礼分之道揆,"不思而得,不勉而中,从容中道",此乃"诚者,天之道也","诚者非自成己而已也,所以成物也"(《中庸》),"无为而物成,是天道也"(《礼记·哀公问》),所以,圣王无为而治,必先诚;诚,不仅是一种关乎品性诚伪与否之道德伦理,更是一种关乎能力高低与否之功夫境界,既要成己,也要成物。

王道仁政。无为而治譬如是方圆,王道仁政譬如是规矩,"不以规矩,不能成方员"(《孟子·离娄上》),故非王道仁政,无以尽无为而治之善。又,王道仁政譬如是圣力之事,无为而治譬如是智巧之事,"由射于百步之外也,其至,尔力也;其中,非尔力也"(《孟子·万章下》),故非无为而治,无以尽王道仁政之美。可见,无为而治与王道仁政是相辅相成与相得益彰的关系,它们都是先秦儒家"天下平治"民本思想的题中应有之义。周平王东迁之后,王纲解纽,凌迟至于战国,圣王不作,孔子之道不著,孟子惧,辟异端,阐扬王道仁政学说,"功不在禹下"①。孟子的王道仁政学说,理论上渊源于尧、舜、禹、汤、文、武、周公、孔子之道,实践上是为了平治战国乱世,使天下政治秩序得以重建,其主旨大义有五。其一,只有王道能够平治天下,霸道以及其他诸如杨墨、许行等人之道,适足以乱天下,不足以治天下国家。其二,"尧舜之道,不以仁政,不能平治天下"(《孟子·离娄上》),"当今之时,万乘之国行仁政,民之悦之,犹解倒悬也"(《孟子·公孙丑上》)。其三,"欲为君尽君道,欲为臣尽臣道,二者皆法尧舜而已矣。不以舜之所以事尧事君,不敬其君者也;不以尧之所以治民治民,贼其民者也"(《孟子·离娄上》),当今天下无尧舜之君,当务之急,是"务引其君以当道,志于仁"(《孟子·告子下》),即"格君心之非"(《孟子·离娄上》),使君"为尧舜之君"(《孟子·万章上》)。其四,圣人治天下,要尊贤使能,俊杰在位,市廛而不征,法而不廛,关讥而不征,耕者助而不税,廛无夫里之布,使天下之士、商、旅、农、民悦服归往(《孟子·公孙丑上》)。其五,"夫仁政,必自经界始"(《孟子·滕文公上》),其终则以使民至足归仁为鹄的(《孟子·尽心上》)。学者对于孟子的王道仁政学说已经耳熟能详,故不赘述。孟子之时,梁惠王、齐宣王、秦惠王等时君世主皆不行王道仁政,有王而无道,有政而无仁,非王道仁政能行于古而不能行于今也,"不为也,非不能也"(《孟子·梁惠王上》),之所以不为,是因为王非圣王。王非圣王,则王道仁政不可一日得行于天下。

---

① 韩愈:《与孟尚书书》,载《韩昌黎集》(四),上海:商务印书馆,1930年,第85页。

最后，使先秦儒家"天下平治"民本思想开花结果、硕果累累的，在于行。载之空言，不如见之于行事。"人是宇宙的观察者、欣赏者、参与者，也是共同创造者。人可以与天地万物形成一体，也可以成为粗暴的掠夺者和对立者。"①"人类由于志趋善良而有所成就，成为最优良的动物，如果不讲礼法、违背正义，他就堕落为最恶劣的动物。悖德（不义）而又武装起来，势必引致世间莫大的祸害。"②先秦时期，周失其鹿，天下诸侯共逐之，"争地以战，杀人盈野；争城以战，杀人盈城"，以强凌弱，以众暴寡，"入其国家边境，芟刈其禾稼，斩其树木，堕其城郭，以湮其沟池，攘杀其牲牷，燔溃其祖庙，劲杀其万民，覆其老弱，迁其重器"（《墨子·非攻下》），人与自然之间、人与人之间，因国与国之间的战争（根源于统治者的私欲），而"充斥着悖德乃至罪恶"。虽然先秦儒家"秉持道德理想主义，以'吾非斯人之徒与而谁与'的执着责任感，对现实的方方面面进行综合衡虑、动态调适以及道德转化，以期为注定生存于现世的众生造就一个合乎人伦乃至天伦的境界"③，向时君世主敬献儒家平治天下学说（"天下平治"民本思想），但是，正如朱子之感慨，"尧、舜、三王、周公、孔子所传之道，未尝一日得行于天地之间"④，先秦儒家"天下平治"民本思想于其时也未尝一日得行于天地之间。孔子带领弟子周游列国十四年，孟子"后车数十乘，从者数百人，以传食于诸侯"（《孟子·滕文公下》），"孙卿迫于乱世，鳍于严刑，上无贤主，下遇暴秦"，"天下不治"，"不遇时也"，"不得为政，功安能成"！（《荀子·尧问》）可见，先秦儒家并非不愿平治天下，也并非不传圣人之道与"天下平治"民本思想，但是，在圣王不作的时代，先秦儒家所能做的，只能是"知其不可而为之"（《论语·宪问》）与"守先王之道，以待后之学者"（《孟子·滕文公下》）而已。即使世人以为先秦儒家"天下平治"民本思想是"道则高矣，美矣，宜若登天然，似不可及也"，先秦儒家却仍然坚守"大匠不为拙工改废绳墨，羿不为拙射变其彀率。君子引而不发，跃如也。中道而立，能者从之"（《孟子·尽心上》）的初衷与信念。《周易·系辞下》曰："苟非其人，道不虚行。"说的就是这个道理。也就是说，从先

---

① 杜维明：《儒家贡献给人类的共同价值——在第二十四届世界哲学大会启动仪式上的发言》，《船山学刊》2017 年第 5 期。

② 亚里士多德：《政治学》，吴寿彭译，北京：商务印书馆，1965 年，第 9 页。

③ 郭齐勇、胡治洪：《儒家思想是德性贯通的整全体系》，《武汉大学学报（人文科学版）》2011 年第 5 期。

④ 朱熹撰：《晦庵先生朱文公文集》（二），载朱杰人、严佐之、刘永翔主编《朱子全书》第二十一册，第 1583 页。

秦儒家民本思想的治乱之辨来看,要有人(圣贤)出来行道(即平治天下),并且天下之政治生态适合行道(即君臣相遇),才能使先秦儒家"天下平治"民本思想开花结果、硕果累累。

五、结　论

综上所述,先秦儒家民本思想是一个至少包含公("天下为公")、生("圣贤保生")与治("天下平治")三个方面重要内容的思想体系。先秦儒家"天下为公"民本思想通过公私之辨,强调最高统治者天子之位应当实行禅让制以使圣人当王,这是先秦儒家民本思想生存之根。先秦儒家"圣贤保生"民本思想通过生死之辨,强调统治者应当完善保生制度以惠民安政,这是先秦儒家民本思想挺立之干。先秦儒家"天下平治"民本思想通过治乱之辨,强调统治者应当施行王道仁政以平治天下,这是先秦儒家民本思想追求之实。根滋养干与实,干捍卫根与实,实显荣与回馈根与干,生生不息,悠久无疆。天下为公,圣人当王,选贤与能,则圣贤在位;圣贤在位,惠民安政,即圣贤保生;圣贤保生,明分使群,无为而治,则终可以王道仁政平治天下。天下平治,"大道之行也,天下为公,选贤与能"(《礼记·礼运》),则圣贤在位;圣贤在位,以天下为公,施行王道仁政,惠民保生,无为而治。也就是说,天下为公、圣贤保生与天下平治,三者内在勾连,相互发明,系统化、理论化地构成了先秦儒家"公、生、治"三位一体民本思想体系。它回答了先秦儒家主张何种民本思想、谁之民本思想、民本思想何为与如何实现民本思想等重大问题,并且从立志于天下为公、致思于圣贤保生与从事于天下平治三个方面,回答了如何能使先秦儒家民本思想生根发芽与根深蒂固、苗壮成长与挺立不倒、开花结果与硕果累累。

最后,虽然诚如梁任公所说,"古代之民本主义,曾否实现,用何种方法实现,实现到若何程度,今皆难确言"[①],但是,这并不能阻止学者对中国古代的民本思想进行研究,甚至可以说,正是因为如此,更能激发好学深思的学者对其进行研究,以期能在一定程度上回答梁任公之所难确言者。

---

① 梁启超:《先秦政治思想史》,第38页。

论"倾听"的哲学意蕴

伍 龙[*]

摘 要："倾听"是一种"听"的类型，它蕴含丰富的哲学意蕴。第一，谦卑是"倾听"的态度。它要求"听"的主体将自己置于一种谦卑、居下的状态。第二，身心齐备是"倾听"的具体方法。它要求听者以全部之身心，迎接"听"的内容和对象，不仅用"耳"，而且用"心"去听。第三，整全融合是"倾听"的意义。以虚心的态度，全心投入，个体得以迎来整全的世界，在与外在的非我（他者与他物）交织的同时，与其融合为一。与伽达默尔的相关论述予以比较，可以看到，中国哲学视域中的"倾听"不仅体现为"听"的具体方法，而且展现为个体经由"听"认知自我、世界，进而完成主客同一的有效方式。后者彰显出"听"更为深沉的内在品质。

关键词：倾听；哲学；融合

自古希腊以来，西方便奠定了以"视觉"为主导的认知传统。"眼睛是比耳朵更为确实的依据。"[①]"我认为，视觉是给我们带来最大福气的通道。"[②]"我们总爱好感觉，而在诸感觉中，尤重视觉。……较之其他感觉，我们都特爱观看。"[③]希腊先哲们对于

* 作者信息：伍龙，1985年生，安徽安庆人，哲学博士，上海师范大学哲学与法政学院副教授，硕士生导师，主要研究方向为中国哲学、中国伦理学。本文为国家社会科学基金后期资助项目"先秦听觉思想研究"（项目编号：22FZXB020）的阶段性成果。

① 赫拉克利特：《赫拉克利特著作残篇》，楚荷译，桂林：广西师范大学出版社，2007年，第113页。
② 柏拉图：《蒂迈欧篇》，谢文郁译，上海：上海人民出版社，2005年，第32页。
③ 亚里士多德：《形而上学》，吴寿彭译，北京：商务印书馆，2007年，第1页。

视觉的偏好,自然与视觉具有的特征相关,"视觉是一种距离性感官,它具有直接性、不介入对象等特征,此视觉所获得的经验最'客观',最接近对象本身的形质"①。然而"距离性"虽成就了"客观性",但同时也可能造成"看"的施动者与对象的彼此分离,无法彼此进入、相互交融。"'看'总是意味着这样的意思,即'谁'在'看',且'看'什么,这'谁''什么'就已经前定了'看'的主体和客体。"②

相较于"看","听"可以促成主体与客体的相互进入,融合为一。"听"总是内在地要求听者在场,要求"听"的主体时刻自觉于"听"的发生、发展的过程,并将自身置于其间。同时,"听"也在逐步消弭听者与听之对象的界限,促进彼此的交融。③ 这一特点内在地要求听者在具体践行的过程中,掌握并运用正确的"听"的方法。由此,"听者"方能借助"听"进一步完成自我与非我(包括他者与他物)的交流,从而更好地认知自己和世界。"倾听"作为"听"的类型之一,在达成上述效果的过程中,发挥着重要作用。

一、谦卑居下:倾听的态度

"倾听"作为"听"的类型之一,首先内蕴着一种"谦卑"的姿态。此处的"谦卑"乃是要求"听者"在践行"倾听"时,面对听的对象,自觉地放低姿态。

"倾听"具体展现为怎样一种"听"?所谓"倾听",关键在于"倾"。《说文解字》中将"仄"与"倾"互训。"倾,仄也。"④"仄,倾侧也。"⑤段玉裁解释说:"倾下曰'仄'。"⑥所谓"仄",是指超过一定的度而有所倾斜的意思。"倾"亦有倾倒、倾斜之意,"日极则仄,月满则亏"(《管子·白心》)。在这个意义上,"倾听"是指听的主体有意识地向听之内容倾倒,以谦卑之心展开"听"的行为。

应注意的是,这里的"倾"所表现的"倾倒"之意,并不是指有失公允,偏向一边的

---

① 贡华南:《味与味道》,上海:上海人民出版社,2008 年,第 25 页。

② 邹诗鹏:《"倾听":哲学生存论的意义阐释与反省》,《江海学刊》2006 年第 3 期,第 60 页。

③ 具体可参见拙文《论"听"与"圣"的关系——以先秦为中心的考察》,《社会科学》2017 年第 12 期。

④ 许慎:《说文解字》,北京:中华书局,2005 年,第 164 页。

⑤ 同上书,第 194 页。

⑥ 许慎撰,段玉裁注:《说文解字注》,上海:上海古籍出版社,1981 年,第 447 页。

"倾"。因为,在一些文献中,"倾"往往与"正"相对,表达上述意义。"率道而行,端然正己,不为物倾侧。"(《荀子·非十二子》)遵循"道"的规定行事,然后端正自己的德性和德行,则可以不为外物所影响,不致偏离正轨,导向一边。"修饬端正,尊法敬分,而无倾侧之心。"(《荀子·君道》)修习并达成"端正"是为了去除"倾侧之心"。可见,在这里"端正"的反面是"倾侧"。与"正"相对的"倾"表现出的是有所倾向,偏好之意。从这个角度出发,便不难理解,"水至平,端不倾,心术如此象圣人"(《荀子·成相》)。如果能够端之不倾,而如水一般至平,则靠近圣人了。这里的"正"和"平"有公正、公平之意,能够不偏不倚,依据一定的原则、规定,做到"平"和"正",这是很高的要求。可以看到,在以上表述中,因为"倾"与"平""正"相悖,所以,"倾"多表现出某种负面的意义,这显然不是本文所言说的"倾"。

除此之外,还应看到,因为"倾"所呈现的"倾倒"之意,"倾听"呈现为在内在意识中对于"听"之内容的倾心以听。在这个意义上,这种"听"便具有了积极而正面的作用。《礼记》曾将"倾"与"听"连用,"立必正方,不倾听"(《礼记·曲礼上》)。与上面一样,这里的"倾"因与"正"相对,同样表示某些负面的意义,它具体指"不歪头侧耳而听"①。可以看到,这里的"倾"指的是外在的"听"的姿态②,与我们这里的"倾听"指向内在的意识不同。"是故正明目而视之,不可得而见也;倾耳而听之,不可得而闻也,志气塞乎天地。"(《礼记·孔子闲居》)这里的"倾"更多地展现为一种努力、倾其全部去听的内涵。只是,虽然"倾耳而听之",但因为"听"的对象的缘故,而无法"得闻"。"听"的对象何以不能"闻"是另一重要问题,这里我们更多地将关注点放在"倾"字上。"倾"在这里同样内含"倾斜"之意,但与前相异的是,它不再指倾向于某一方,因此偏离正道、有失公正,而是指主体用尽"耳"的能力去听。当然,如果从更广的意义来理解,这里便不限于"耳",而是指尽其所能、倾其所有地去听,这才是我们所说的"倾听"。由此可见,这里所说的"倾"并非表现为一种外在的姿态,而是指向内在的态度。

那么,主体为何要以"倾听"来践行"听"的行为?这主要涉及两方面的原因,一是

---

① 杨天宇:《礼记译注(上)》,上海:上海古籍出版社,2004年,第7页。

② 这里的"倾"和上面所说的在行事过程中,自我的意识和心念不应有所倾向而失之公允、端正,有相通之处。因为,外在的姿态与内在的心念是密切关联的:内有如何之心,决定外践何种之行。

立足于"听"的内容,二是源自"倾听"自身的特点,此两者都关联着"倾听"的态度。

　　"听"的内容并非一般意义上的"声",即仅仅表现为物理意义上的声响,而是具体展现为一些负载"意义"的"声"。这样的"声"大体分为两种类型:一是自然之声,一是人为之声。后者又具体展现为人为制造的声音(音),或者人的话语声(言)。从前者来看,自然之声是自然发出的声响。人在面对自然的时候,应自觉地摒除自高自大的"人类中心主义"的前见,应以更为谦逊的姿态面对自然。"故道大,天大,地大,人亦大。域中有四大,而人居其一焉。"(《老子·第二十五章》)"人"不过是"四大"中的一大,而非中心,亦非主宰。"人法地,地法天,天法道,道法自然。"(《老子·第二十五章》)"人"的存在最终还要取法于"自然",让自己达到自然而然的状态。基于这样的姿态,在"听"来自自然的声音时,同样应报以"谦卑"的态度。唯有如此,才能真正实现对自然之声的"倾听"。① 换言之,若以自我为中心,将"自然"踏于脚下,则自然之声一方面容易被忽视,另一方面将成为我们实现某种目的的手段,而不被尊重,从而令我们无法完成真正的"倾听"。由此看来,对于自然的态度决定了我们以何种姿态去"听"自然之声,而这一态度所展现的"听"的类型,便是我们这里所论说的"倾听"。

　　从"人为之声"的角度来看,凡是能被我们听纳的人为之声,从内容来说,都应该是符合礼仪规范,具有正面价值的。在内容上呈现的这一基本性质,决定了这些"人为之声"应被"倾听"。这一方面源自听者对是否值得"听"的标准予以尊重,另一方面出自听者对于言说对象的尊重与敬意。在"礼义""道"等标准面前②,"听"的主体需报以"谦卑"的姿态,以"倾听"为具体方法来践行"听"的行为。这既是"听"来自"礼义"和"道"的声音,也是积极地"听从"它们的规定。在"明君""圣君"或者"贤臣"面前,"听"的主体一样应该以"谦卑"的态度来展开"听"的行为。虽然"君"之于"臣"不需要"卑",但这里的"卑"并非只是"低人一等"的意思,而是类似于《老子》所言说的"水"的精神,"上善若水。水善利万物而不争,处众人之所恶,故几于道"(《老子·第

---

① 这里需要说明的是,《老子》中所言说的"自然"相比于文中所言及的"自然的声音"之"自然"(更多地指自然界,与人类社会相对),有更为广阔的意思。王弼解释说:"自然者,无称之言,穷极之辞也。"(王弼著,楼宇烈校释:《老子道德经注校释》,北京:中华书局,2008年,第64页)但不可否认的是,老子所说的含义更为丰富的"自然"包含了这里所说的"自然"(即自然界),换言之,"自然界"乃是老子所说的"自然"的一个部分或表现。

② "礼仪"和"道"为什么能成为是否需要"听"的标准,可具体参见拙文《论荀子哲学中的"听"》,《烟台大学学报(哲学社会科学版)》2015年第1期。

八章》)。所谓"恶"便有"卑"的喻指,"人恶卑也"①。像"水"那样居下,居众人皆不想去的"卑"处,才能听取、汇聚各方面的意见和建议。如果说"兼听"②是达成这一效果的"听"的方法,那么,"倾听"在这里则更多地表现为"听"的态度:在听取意见的过程中,以"谦虚""虚心"的态度,听取各方面的意见,方能在此基础上兼而听之,兼而取之。

综合上面两个方面,不难看到,出于对"听"的发生对象(自然和人),以及对"听"之衡量标准(礼仪、道等)的尊重,听者应用"倾听"来迎接"听"的内容,同时,配以谦卑的态度来践行"听"的行为。

除了"听"的内容以外,"倾听"自身所具有的特点,也决定了听者应以"谦卑"的态度来展开"倾听"的行为。如前所述,"倾"有"倾倒""倾下"之意,以倾倒的姿态来展开"听"的行为,并非会失之偏颇,而是更多地展现为尽其所能地去听。从外在的行为来看,"倾听"乃是"倾耳而听之"(《礼记·孔子闲居》),即用尽"耳"之能力去"听";从内在的机制来看,"倾听"要求听者能够净其心、静其心、虚其心地去"听"。这种内外的结合决定了"倾听"应以"谦卑"之态度展开具体之行为。事实上,唯有"谦卑",才能"倾听"。如果趾高气扬,自以为是,则不会在"听"的过程中倾注全部之身心,倾其所有之能力。因为一方面,听者会觉得"听"之内容不足以听;另一方面,总以自我为中心来筛选"听"之内容,容易导致偏听偏信。这同样说明,"倾听"所展现的并非是"倾向一方"的"听",即因"倾"所包含的与"正"相对的意义,而使"倾听"在某些情况下带有负面意义。相反,"倾听"正是以"谦卑"为内在要求,才使得听者在面对"听"的对象时,居下而听,从而保障了诸类"声"能更为全面地被"听取",从而实现更为合理的"听"。

二、身心齐备:倾听的方法

从日常语言的表达出发,"听"与"闻"常被自然关联。"闻"虽不能完全等同于听,但无疑与听密切相关。总体来看,"闻"是一种"有往有来"的听。《说文解字》中说:

---

① 王弼著,楼宇烈校释:《老子道德经注校释》,第 20 页。
② "兼听"出现在先秦的很多文献中,集中阐述的有荀子和墨子。所谓"兼听",简单地说,是指兼而听之,即通过"兼"较为全面地听取各方面的意见,为做出正确的判断和决策提供前提。

"闻,知声也。从耳门声。"①这里已经展现出"闻"与"声"的关联。段玉裁解释说:"知声也。往曰听,来曰闻。大学曰:心不在焉,听而不闻。"②闻,从于"耳"部,进一步彰显了它与听的关系。从段氏的解释出发,可以看到,"闻"表现为对声的认知。但相比于一般的"听",它需要听之主体运用心的作用。所谓的"来曰闻"是要求个体主动用耳迎来声。在这一过程中,个体加入了心的作用。听的对象在人的认知过程中被体认、感知,从而不再呈现为一种被动的听取,而是主动的听闻。换言之,这是听者以耳为"路径",积极、主动地向声迈进。由此可见,"闻"是融入了人的理性认知能力的"听"。这一"听"的状态,在一定意义上,与本文所讨论的"倾听"之"听"有关联,这是说,个体在谦卑以听的过程中,将听的对象主动而谦虚地迎来。这种"倾听"带有听者理性的积极参与。

　　事实上,"倾听"内蕴的"谦卑居下"的态度,便已经体现了听者在践行"听"的过程中所内蕴的主体的自觉意识。而这一态度,在一定程度上决定了听者应以"倾听"来实践"听"的行为:唯有倾听,才能更好地践行"听",才能由"听"迎来万事万物,发挥和落实"听"的价值和意义。此外,"倾听"在具体践行中所使用的方法,一样回应着"主体为何要以倾听来实践'听'的行为"这一问题。要想实现真正的"倾听",听者需要"身心齐备"。这是指,主体在"听"的过程中,不仅要"倾之以耳",而且要"倾之以心"。

　　首先,"听"很多时候是通过"耳"实现的。"耳"是"身"的一部分,是听觉的器官。其次,如上所述,"身"在"倾听"之中具体表现为身体的倾斜。两者相结合,便展现为"洗耳恭听"的状态。所谓"洗耳"是用"洗"这一动词,表达摈除一切杂念专注去"听"的状态。站在"耳"的角度来说,便是洗尽杂念后用"耳"去收取"听"的内容。"恭听"反映在"身"上,即是用身体的倾斜或弯曲,来表示对于"听"之对象的尊重与恭敬。"耳"与"身"都指向外在,"心"则与内在关联。"倾之以心"的"听",主要是指听者在"听"的过程中,注意力高度集中于"听"的内容,排除一切干扰,运用"心"将"听"的内容迎入认知过程,并运用"思"的能力对其进行加工和消化,完成"声"由外而内的转化。③

---

① 许慎:《说文解字》,第250页。
② 段玉裁:《说文解字注》,第592页。
③ 这里涉及"身"与"心"的关系问题,王阳明对此多有论述,可单独考察,此处不赘。

不难看到,这里的"听"并不是被动的听取,而是积极主动的听纳,内在地要求听者将外在之声迎入自身的认知过程中来。这和一般意义上的"听"是有差异的,与前面所谈及的"闻"是有关联的,证显了"倾听"乃是一种加入了人的理性认知能力的"听"。由此也可看到,"倾听"之"倾"有着其内在的深意,同与"正"相对的"倾"有所区别。

当然,"倾之以耳"和"倾之以心"并非彼此分离,而是外在的状态以内在的心理为依托。能用尽"耳"的能力去"倾听",必然是因为内在的"心"一方面摈除了杂念,另一方面对"听"的内容予以了高度的关注。外在的"身"之所以会倾斜,在表情上显得专注而认真,乃是因为内在的"心"在起作用。事实上,"恭听"中的"恭"既呈现为外在身体的行为,也内蕴主体内在的"恭敬""专注"。《说文解字》中说:"恭,肃也。"①段玉裁注释说:"肃也。肃者,持事振敬也。《尚书》曰:恭作肃。此以肃释恭者,析言则分别,浑言则互明也。《论语》每恭敬析言,如居处恭,执事敬,貌思恭,事思敬皆是。"②事实上,正是因为内心"恭敬",才能在外在行为、身体语言上表现出"恭听"的姿态。这在彰显与"听"的态度——"听必恭"(《礼记·曲礼上》)相关联的同时,也帮助我们理解了"倾听"的必要性。

结合两者,"倾听"的方法呼之欲出,即用尽全部的身、心去"听",结合"身""心"两方面的作用,对"听"的对象展开"听"的行为。在这里,全部之身心已经成为"听"之行为的载体:"听"的行为在"身"与"心"的双重作用中展开。一方面,正是付出全部地去"听",才能促使"听"真正实现,即真正发挥"听"的主动性,全面、正确地将"听"的内容迎入人的认知过程中,对其进行理解和消化,最终或转化为反馈的"言",或转化为实际的"行";另一方面,当听者以此方式来践行"听"时,才能最终化解"听"的主体与客体的两分,达成主客同一的状态。具言之,唯有在"倾听"的过程中,主体以全部之身心去践行"听",才能真正体味"听"的内容、对象等客体,进而将自我与非我(包括他者和他物)融合为一。后者(融合为一)在由"听"而"修德""体道",并最终完成"成圣"的过程中,表现得较为突出。事实上,主体要想完成由"听"而"修德""体道"最终"成圣",其所践行的"听"便已不再是一般意义上的"听",而更多地呈现为"倾听"的样态。它在实际生活中展开的过程,不仅是自我行为的完成,同时也是经由"听"将不同的概念

---

① 许慎:《说文解字》,第218页。
② 段玉裁:《说文解字注》,第503页。

范畴勾连起来,进而实现个体理想人格的培塑与形成。①

综上所述,"身心齐备"作为"倾听"实践的具体方法,促使了富有效果的"听"的达成,这在使得"听"得以更好实现的同时,也在一定程度上决定了"听"的主体运用它来践行"听"。

三、整全融合：倾听的意义

"倾听"的方法决定了经由"倾听"所达成的效果,"倾听"所具有的意义也在这一效果中得以呈现。与之相对,正是因为"倾听"本身所具有的意义和价值,才进一步决定了听之主体要运用它来践行"听"的行为。

"谦卑"是"倾听"的态度,"身心齐备"是"倾听"的方法。因为"谦卑",主体能够对"听"之内容虚心以待,从而汇聚和收获更多、更丰富的"听"的内容,这为依据一定的标准对"听"的内容进行判断、衡量、取舍提供了前提。因为身心齐备,"倾之以耳"的同时"倾之以心",所以,外在"听"的对象,能够以较为完整、全面的形态迎入"听"之主体的认知过程中来。

这一点在"闻道"上表现得尤为明显,因为运用"听"来迎接"道",在"听乎无声"(《庄子·天地》)的时候,"道"的丰富性和一切可能性都得以保全,从而能够较为完整地迎来。"道"本身没有固定之声,以"无声"之姿态去迎接"道"之声,才保存了"道"无固定之声的特质,从而成就了其可以为一切声的可能。"听"之"无声"在这里,恰恰是听"道"发出的一切可能之声。由此出发,"道"在这样的"听"的过程中,以完整、全面的姿态被迎来。②

此外,如前所述,在践行"倾听"的过程中,因为以全部之身心去面对"听"之对象,故而以"听"迎来的世界,也是整全的,并在"听"的过程中,与"听"之主体相互交织,融为一体。值得注意的是,这里的"融为一体",一方面指向"知",即因为倾之以全部身心去听,从而主体对"听"之内容,有一个"知"的层面的理解和把握;另一方面指向"行",

---

① 经由"听"修德、体道,进而成圣的过程,具体展现为借助"听"培养理想人格的过程。这涉及"听"与"成人之道"的问题,并非本文讨论的重点,且内容涉及较多,需做单独阐述,故此处不赘。

② 具体还可参见拙文《听之以气与以神听者——以〈庄子〉与〈文子〉为中心管窥道家"听"思想》,《求索》2018 年第 6 期。

即积极将"倾听"的内容转化为实际行动,将我所"听"到的与我需"做"到的自觉结合。这个"知"与"行"的过程,有时呈现为"先知后行"的相继状态,有时则表现为"知"与"行"的相互作用与融合。

同样以"闻道"为例,主体在经由"听"迎接"道"的同时,亦在不断地体认、把握"道",最终实现与"道"的融合为一,后者便具体表现为对于"道"的理解与践行:一方面,通过"听"对"道"予以理解和把握;另一方面,自身成为"道"的践行者。这说明经由"倾听"能完成"听"之主体与客体的交融,同时,也从一个侧面反映出"倾听"所具有的不同一般的特质。虽然"倾听"作为"听"的一种方法,在实际的生活中展开,帮助主体正确地践行"听",但与此同时,它已不再是一种简单的"听"的方法:经由"倾听",主体能与外在的非我融合,实现同一,这就使得"倾听"有别于"兼听"和"衡听"①,而展现出"听"更为深沉的意义。

关于"倾听",伽达默尔的相关论述也有借鉴意义。伽达默尔将"倾听"与"理解"密切关联,指出"倾听与理解是不可分割的"②,"没有理解的纯粹倾听是不存在的"③。他之所以如此强调,同他重视语言的作用分不开。从日常经验来看,"听者必须在倾听中理解,言说是在倾听的无声回答中被接受"④。所以,倾听意义上的理解,是帮助个体更好地完成言说,完成与他者的交流。因此,伽达默尔对于"倾听"的阐发,与语言哲学的论述背景密切关联。

在进入"倾听哲学"之前,他明确提出"我们必须坚持首先要反对'观'的世界史上的优先性"⑤,即通过"听"来反思"观"存在的问题,从而彰显"倾听"的作用和价值。伽氏还不忘提示我们,亚里士多德同样重视"倾听"——"谁在倾听,也就随之而听到了更多的东西……因为那里存在语言"⑥。他进一步认为"如果倾听涵盖了人们可以想象的整个宇宙,那便意指语言"⑦。可见,伽达默尔在经由"倾听"反思"观"的优先性地

①　"衡听"是荀子的独创,它要求听者依据一定的标准,对听的内容进行权衡、判断,在此基础上做出决定。关于"衡听"具体可参见拙文《论荀子思想中的"听"》,《烟台大学学报(哲学社会科学版)》2015年第1期。

②　伽达默尔:《论倾听》,《安徽师范大学学报(人文社会科学版)》2001年第1期。

③　同上。

④　同上。

⑤　同上。

⑥　同上。

⑦　同上。

位时,依然立足于语言哲学的立场,最终要经由"倾听"回归"语言",回归言说。

对于"倾听"的上述思考自觉拒斥对世界的抽象思辨。在《论倾听》一文的开始,伽氏便指出"我在此提出被人们称为生活世界的思维着的理解"①。他期望在"平常的日子",在"目前当下"来思考"倾听"的问题。在论述的过程中,伽氏举了"阅读""音乐""讲演厅里的演讲"等例子。这表明其思考的现实性:不仅关心现实问题,具有现实的人文关怀,而且将对这些问题的思考放置在现实的具体事例中展开。

可以看到,伽达默尔关于"倾听"的思考与中国哲学背景下的"倾听",既有相异也有相通:两者都有认识论意义上的考察。伽氏自觉于"看"存在的问题,反思"听"之于"看"的制衡作用,中国哲学则在"视听并举"的过程中,突出"听"的地位和价值。② 伽达默尔立足于语言哲学的立场,强调回归语境的具体理解。中国哲学则通过听,实现听者与对象融合为一的状态。两者都有回归现实、拒斥抽象思辩的倾向,只是伽达默尔主张回归具体的语境,以此来理解丰富的世界。中国哲学则主张回归道德生活,以倾听完成个体的成就,实现成己与成物。进一步考察,则不难发现,中国哲学背景下的"倾听"对于伽氏所讨论的"倾听"有进一步的反思和补充意义。

伽达默尔说:"'观'的优先性的对立面是什么呢?"③使用"对立面"一词,在某种意义上内蕴着将"观"与"听"对立起来的预设。事实上,在认知过程中,"观"与"听"无法截然分离、彼此对立。作为认知方式的两者并不能互相逼退,只有相互作用、补足,才能更好地经由看与听来认知自己和世界。我们总不能脱离"观"来面对世界,所以,这里的"反对",更为合理的解释可能是反对"观"的优先性,而非取消"观"本身。这便与中国哲学中"视听并举"的传统相契合。其实,即便是在将"观"与"听"对立起来的情况下,"观"依然不能退场,它所发挥的作用,不能也无法被忽视。基于这一基本立场,对"倾听"的反思,并不是要以"听"压制、逼退"观",而是在反思"优先性"的同时,用"倾听"来弥补"观"可能存在的不足。

其次,"倾听"的意义具有某种现实性。这里所谓"现实性"有两方面的含义,一是立足现实问题而发,二是自觉拒斥抽象的思辨。"倾听"具有的谦卑态度,是塑造"听德"的重要条件。"倾听"的特质正是要人以"居下"的姿态去面对听的内容和对象,整

---

① 伽达默尔:《论倾听》,《安徽师范大学学报(人文社会科学版)》2001 年第 1 期。

② 具体可参见贡华南《中国早期思想史中的感官与认知》,《中国社会科学》2016 年第 3 期。

③ 伽达默尔:《论倾听》,《安徽师范大学学报(人文社会科学版)》2001 年第 1 期。

全地迎接它们的到来,从而使人们经由"听"完成自我与他者的交流与融合。当下,我们总是急于说,而无法静心、耐心听,于是执着于己见,无法倾听他者、迎来他者,自我与对象彼此隔绝而相分,不能融洽而相合。正是基于这一现实,才需要阐明"倾听"的意义与价值,为问题的解决提供依据和方法。现实的考量决定了不能也无法对"倾听"进行抽象的思辨,必须将它置于现实的具体情境中来考察,比如"声"的具体分析,从听不同类的声看人与不同对象的关系;又如"听之以耳"与"听之以心"的结合,乃是基于不同的听之对象的综合考虑。它们在具体情境中彰显着"倾听"所具有的现实作用,同时也帮助我们更好地理解"倾听"。

最后,伽达默尔对于"倾听"的研究,与"理解""声音"密切联系,彰显了其语言哲学的背景,这是站在西方哲学的传统中来考察"倾听"。当我们借助中国传统的资源来思考和研究"倾听"时,便会发现既可以把"倾听"当作一种日常经验中的认知方式来加以理解,也能将其置于天地之间,期望以"听"来"下学而上达"(《论语·宪问》)。前者是经验性的"听",后者则体现了"听"的形上之维。综合两个方面,"听"成为听者明于"人道",体味"天道"的途径之一。就"人道"层面来说,个体经由听修德,成圣,逐步塑造理想人格。就"天道"层面来说,个体经由听,逐步经历闻道、体道、践道的过程,从而完成对"天道"的体认与把握,并将其践行于人世。此两者作为"道"的重要内涵密不可分,个体既是"推天道以明人事"①,也是不断由人道体味、把握天道。这便不再局限于语言哲学的论域,而促使相关思考走向更为宽广的理论场域。

从实质上看,"道"与"智慧"密切关联。从一定意义上说,对于"道"的不断探问,即是对"智慧"的不断追寻。众所周知,哲学的本意是"爱智慧",一个"爱"字便深切地表现了哲学的存在方式,"爱,表示主体与所爱对象融为一体且不分主客的向往;爱是一种融合,它不存在异化,我们对于智慧之爱表明我们欲与这一'对象'融为一体。……这便需要'听',且是聆听、谛听或倾听"②。可见,"智慧"的真正获得需要"爱智者"的全心投入,最终达成的是与"智慧"的融合为一,"倾听"无疑为这一状态的到来提供了可能。作为哲学家,南希始终相信"有一种哲学的耳朵,可以听到存在的真实"③。这种关于"存在"的真实的声音,便与"智慧"和"道"有关,唯有用"倾听"才能将它迎来。正是在

---

① 《四库全书总目》(上),北京:中华书局,2003 年,第 1 页。

② 邹诗鹏:《"倾听":哲学生存论的意义阐释与反省》,《江海学刊》2006 年第 3 期。

③ 耿幼壮:《倾听》,北京:北京大学出版社,2013 年,第 135 页。

与"道""智慧""存在"相互关联的意义上,"倾听"具有了形上的依托,展现出更为丰富的意蕴。

四、小 结

"倾听"所体现的哲学意蕴主要体现在三个方面:第一,谦卑是"倾听"的态度。以"倾"的姿态展开"听"的行为,即是将自己置于一种谦虚、卑下的状态,处处小心谨慎,居下而听。第二,身心齐备是"倾听"的具体方法。它要求听者以全部之身心,迎接"听"的内容和对象,不仅用"耳",而且用"心"去听。第三,整全融合是"倾听"的意义。以虚心的姿态、全心的投入,个体得以迎来整全的世界,在与外在非我交织的同时,与其融合为一。前两点(态度和方法)是"听"的能力的具体展现,最后一点(意义)则是"听"达成的效果,它们共同回答了"主体为何要以'倾听'来实践'听'的行为"这一问题。由此可见,"倾听"一方面体现为"听"的具体方法,另一方面展现为个体经由"听"认知自我、世界并完成主客同一的有效方式。这在彰显"倾听"的意义与价值的同时,体现出"听"更为深在的品质。

自律道德

——再论儒家与康德之会通

王林伟[*]

摘　要： 牟宗三先生以自律道德会通儒家与康德的道德哲学，对儒家伦理思想做出了创造性的诠释。学界对其诠释有多方的讨论：批评者有之，辩护者亦有之。这些讨论推进了学界对相关问题的理解，但依然有继续发掘的空间。借现象学伦理学及原始儒家伦理所提供的视野，牟先生的会通工作以及由此引发的讨论可得到总体上的澄清：自律道德彰显了儒家伦理的某些关键维度，但并未穷尽儒家伦理的丰富意蕴。

关键词： 自律道德；康德；儒家；孟子

五四新文化运动之后，以儒家为主的传统文化只能在欧风美雨的强烈吹打中步履蹒跚地前行。各种全盘西化、反传统的思潮此起彼伏、纷纭鼎沸，思想界始终处于动荡不安的情形之中。在此背景下，现代新儒学思潮应运而生。新儒家学者试图以儒家思想为本来融会现代西方思想，以期开出中国文化的新生命。牟宗三先生便是其中的杰出代表。牟先生东西会通工作的核心便是借康德哲学来阐发儒家的道德形上学，而自律道德概念则在此中扮演了极为关键的角色。牟先生以自律道德来疏解儒家道德哲学的精意，这种诠释具有相当的创造性和启发性，因此也引发了学界

* 作者信息：王林伟，男，1983 年生，江西安福人，哲学博士，武汉大学中国传统文化研究中心副教授，主要研究方向为儒家哲学、现象学、东西方哲学思想比较等。

多方面的讨论。例如：中国台湾地区既有来自黄进兴、孙振青等学者的批评，也有李明辉的辩护；中国大陆则有郭齐勇、杨泽波等学者的响应，亦是批评和认可相杂。在笔者看来，这场讨论虽然对中西思想的融会做了不少推进，但仍有意犹未尽之处，值得进一步探讨。本文即试图从整体上对此讨论加以梳理并力图借现象学伦理学的视野在义理上做些推进，以期为古代思想的阐发提供新的可能性。与此意图相应，本文将分三节来展开论述：首先梳理牟先生以自律道德阐释儒家道德哲学的工作，这是整个讨论得以展开的基础；其次，分别梳理中国台湾地区和中国大陆对此诠释工作的响应以聚焦并深化讨论；最后，综括这些讨论并尝试借现象学伦理学及原始儒家的视野来做些推进。

一、始基：牟宗三先生的会通工作

如所周知，牟宗三先生将康德视为沟通中西两大思想传统的桥梁，并终身致力于此桥梁为本的会通工作。在其著作中，《认识心之批判》是牟先生消化康德思想的真正开端。在所谓的"新外王"三书中，牟先生已将康德哲学的要义（超越的分解）作为立论的基础。① 在《心体与性体》中，牟先生正式借康德的道德哲学以建立其道德的形上学，并以此作为哲学原型统摄各种哲学思想体系。在此后的著作中，牟先生的哲学立场有深化而无改辙。此处以《心体与性体》的"综论"以及《康德的道德哲学》中的相关按语为本，对牟先生以自律道德会通儒家和康德道德哲学的工作进行考察。盖前者指明了此会通工作的基本纲领，后者则具体而深入地阐明了两者的异同及其会通之道。

（一）借康德之道德哲学开显儒家道德的形上学

以对《道德底形而上学之基本原则》的纲领性把握为基础，《心体与性体》"综论"部分第三章"自律道德与道德的形上学"试图以康德的自律道德为本，并用心学传统对其加以调适上遂，从而建立其道德的形上学。其具体策略可展示为如下三个环节。

---

① 参见李明辉《当代儒学的自我转化》之"牟宗三思想中的儒家与康德"章，北京：中国社会科学出版社，2001 年。

（1）借由康德对自律道德的阐明（先验而普遍的道德法则属于自由意志的自我立法），彰明"道德性当身之严整而纯粹的意义"或"道德理性之澈底透出"①：亦即道德法则不依赖于任何经验现象、人性的实际构成乃至形而上学的圆满概念而有其先验性与普遍性，儒家亦承认道德的纯粹性和先天性，此即理性分析层面上的截断众流句。

（2）自由意志所引发的心、情问题：康德将私人幸福和道德情感俱视为经验原则，故而在其自律道德中须被排除在外。康德又将自由意志视为一个设准，我们无法对其加以直觉，却又在实践上必须预先设定之，意志的自律由此只具有某种纯形式的意义。在牟先生看来，这样的意志自律对真正的道德实践而言只是空说，无法落到实处。此中的关键在于：自由意志能否真实地呈现？这就涉及道德情感问题：盖心或情归属于呈现原则、活动原则。牟氏依据儒家的传统，肯认自由意志即是性体心体的真实呈现。牟先生说道："照正宗的儒家说，一看到康德讲这样的意志，他们马上就能默契首肯，而且必须视为我们的性体心体之一德。其所以肯定这样性体心体之为定然地真实的，之为人人所固有的'性'，其密意即在能使这样的意志成为真实的、呈现的。"②这就从完整意义上成立了截断众流句。

（3）从道德的形而上学、道德的神学到道德的形上学：由于自由意志不再被视为某种虚悬的设准，而是成为性体心体的真实呈现，牟氏就超越了康德的《道德底形上学之基本原则》所作的形而上的解析，使得道德实践有真实的下手处。自由意志既然可以真实呈现，那么它就是所谓的称体起用，而且它起作用的不仅仅是道德行为的纯亦不已，在践仁尽性的无限扩大中它且因着一种宇宙论的情怀，成为一种本体宇宙论意义上的体用因果。这就意味着，应然领域的道德实践可以直接贯通实然的领域，从而在完整的意义上成就道德的形上学。这就超越了康德经由自由意志、灵魂不朽和上帝存在三个设准所建立的道德的神学，而且无须用审美判断的无目的性原则来沟通道德界和自然界这两个领域。

经由此上的思路，牟氏正式建立其道德的形而上学。其规模在于道德理性的三重意涵："拆开而明其义理之实指，便是在形而上（本体宇宙论）方面与道德方面都是根据

---

① 牟宗三：《心体与性体》（一），载《牟宗三先生全集》（5），台北：联经出版事业有限公司，2003 年，第 121、125 页。

② 同上书，第 142 页。

践仁尽性,或更具体一点说,都是对应一个圣者的生命或人格而一起顿时即接触到道德性当身之严整而纯粹的意义(此是第一义),同时亦充其极,因宇宙的情怀,而达至其形而上的意义(此是第二义),复同时即在践仁尽性之工夫中而为具体的表现,自函凡道德的决断皆是存在的、具有历史性的、独一无二的决断,亦是异地则皆然的决断(此是第三义)。"①这段论述的要点在于揭示:道德行为拥有属于自身的纯粹根源(体)和表现(用),此为道德理性第一义(截断众流句);这种根源同时就是宇宙生化的根源,此为道德理性第二义(涵盖乾坤句);所有的道德决断均为具体而普遍的决断,此为道德理性第三义(随波逐浪句)。

(二) 儒家(基于孟子)与康德道德哲学之比照

牟先生在翻译《实践理性批判》第三章"纯粹实践理性的动力"时有如下按语:"此第三章非常重要,正面的主要义理俱在内,它可与孟子学作一深入的比较……它可使人对于孟学有一警惕的反省。它的纲脉大体与孟子同,只是不以'性善'之方式说。但是'性善'是儒学开发的基本方向。"②牟先生于此正式点出了康德的道德哲学与孟子学的相通性和相异性:义理纲脉可以相通,而说出方式则有不同。

两者的相通之处在于:(1)道德行为的本质在于自由自律:康德认为不能从任何质料当中建立起道德法则,道德法则必须是自由意志的自我立法。孟子则认为仁义内在,其终极根源亦在于心性自身,不可外求。(2)两重人性的架构及道德实践的动力:康德区分了两重本性,亦即感性维度以及作为第二本性的对法则的尊重,前者只能造就他律的道德,后者则可作为道德情感产生某种动力(然非道德法则之客观根据)。孟子亦有大体和小体之区分,大体是本心、性体,是动力之源,而小体则代表了感性维度。

两者的相异之处在于:(1)理性义 VS 心觉义:在康德那里,对法则的尊敬只是道德法则对于意志(通过感性而达成)的影响,不是意志决定的客观根据(客观根据只能是纯粹的道德法则),这是因为自由意志在康德那里只是设准,不能真实地呈现。所以在康德那里,自律道德所凸显的只是理性自主的形式义,但孟子则有明确的心觉义(本心、四端之心即是性体自身的呈现)。(2)人性论上的差异:康德虽然点出了两重人性

---

① 牟宗三:《心体与性体》(一),载《牟宗三先生全集》(5),第 121 页。
② 牟宗三译:《康德的道德哲学》,载《牟宗三先生全集》(15),第 313 页。

论,但并未将其所谓的第二本性提升到本心即性(性善)的层次,因而其两重人性论的区分虚而不实。但孟子对于本心即性的层次却把握得很紧。①

统会此上的同异情形,牟先生认为应该用孟子学对康德的道德哲学加以调适上遂。首先可以追问的是:康德为什么不承认心觉义?这是因为康德不承认人有智的直觉。如此,则自由意志的自律性实际上被虚置,而道德法则也就跟着被虚置。因为康德只在感性的层次上肯认自愿(康德的自律在睿智界,自愿在感性界),所以道德法则对实际的意志而言永远具有某种强制性、压抑性,它总不能自愿地、愉悦地遵循道德法则(此被康德视为道德的狂热)。由此,康德说自律而实有他律之嫌疑。牟先生则认为:就真正意义而言,自律必然包含自愿(孟子所言"理义之悦我心"),因而儒家的孟子学才能极成康德的自律道德。

(三) 小结:澄清思路并指明其间可能存在的问题

从以上梳理可看出:从《心体与性体》到《康德的道德哲学》,牟先生借康德的自律道德以建立道德的形上学的思路有深化而无改辙。其要点在于:以道德自律为基础,用儒家孟子学的本心来落实康德视为设准的自由意志,并进而将此本心提升至本体宇宙论的形上层次,最后点出道德实践的具体普遍性,从而成就道德的形上学。

在此会通工作中,有两点需加以指出:(1)牟先生接受了康德哲学的一些基本预设,例如现象与物自身的区分、形式与质料的区分、感性维度只属于现象界、本体是纯然的形式(无感性的异质以间杂之者)等。它们或多或少都会成为牟先生的某种思想负担或盲区。(2)其改造工作的存疑之处:例如牟先生说道德情感可以上下其讲,但这种上下其讲如何能够成立?康德尊敬法则的道德情感显然不是纯然感性的情感,但也不是牟先生所谓的上提的本心(敬体),对此我们该如何定位?如何同为敬的情感,却又分属两个层次?我们又能依据什么标准来区分这些层次?又如牟先生说道德本体可通过"寂感真几"转为宇宙的生化之理,由此即打通道德界和自然界。但我们于此可以追问:如果这两界真是绝对相互隔绝的,那么任何打通都是不可能的;而如果这两

---

① 关于两者同异的具体论述,请参见牟宗三在《康德的道德哲学》中关于《实践理性批判》第三章"纯粹实践理性的动力"的相关按语,尤其是第284—288、288—293、304—306、312、313—318页。

界本来是互通的(亦即它们共同扎根于更原始的根源之中),那么打通的工作就不是必须的。这些预设和疑问要求我们做更深入的讨论。

二、批评与辩护：学界的回应

牟先生的会通工作在学界引起了不小反响,批评者有之,辩护者亦有之。在此,我们无法覆盖所有的讨论文献,因而只能选取某些具有代表性的批评和辩护,并聚焦在某些关键性的论题之上,以便凸显学术探讨的意义以及思想推进的可能方向。我们将从中国台湾地区和中国大陆两个方面来展示这些具有代表性的讨论。

(一) 中国台湾地区学界的探讨：批评及辩护

牟先生的会通工作虽精彩而富有启发性,但并非没有反对者。实际上,当时在台湾学界即有明确反对其说者,例如：黄进兴和孙振青。① 当然也有为牟先生的思想做辩护者,其最著者即为李明辉。以下即对他们的讨论加以梳理以便凸显核心问题。

黄进兴认为：康德的道德哲学和儒家的伦理学之间虽然存在不少相似之处,但其间的相异之处却可能更多。他特别指出：儒家伦理学以经验的道德情感为出发点,与英国的道德感学派很近似,却不同于康德的自律道德。因为康德的自律道德反对把道德情感作为道德行为的出发点,所以按照严格的道德自律学说,儒家伦理学(无论是程朱还是陆王)当属于他律伦理。而如果仅仅将自律理解为"为德性而德性",那么陆王和程朱都可视为自律道德。就此而言,引入自律道德来诠释儒家的伦理学是不妥当的。②

孙振青的批评围绕着"自律"概念而展开,主要包含以下几点：孟子那里没有康德

---

① 前者直接反对牟先生的诠释,后者则反对李明辉的辩护,因而亦可谓反对牟先生的诠释。

② 参见黄进兴《所谓"道德自主性"：以西方观念解释中国思想之限制的例证》,《食货》复刊第14卷第7、8期。在另一篇文章《"道德自主性"与"责任伦理"：康德与韦伯的分歧点》(黄进兴：《优入圣域——权力、信仰与正当性》,台北：允晨文化出版公司,1994年)中,黄进兴表示不可能同时用"存心伦理"和"责任伦理"来定位儒家的伦理学,盖此两者本是互相冲突的。对此,李明辉在《存心伦理学、责任伦理学与儒家思想》(《台湾社会研究季刊》第二十一期,1996年1月,第217—244页)一文中予以反驳,认为这两者是相含而非相互冲突的关系,因而可以同时用来定位儒家的伦理学。

式物自身与现象的区分(不能将其等同于大体、小体之分);孟子的自我不是立法者而是接受法令者;孟子的道德法则预设天作为其源头,但康德否认道德法则是上帝的意旨;孟子所理解的心性不是完全自足的,有其情境性特征,但康德(及陆王)则不如是。要而言之,一方面,孟子的思想中没有康德哲学的预设;另一方面,孟子的心有其限制性:不是立法者、不能完全自足、有其情境性。由此不能用康德的自律伦理学来诠释孟子学。①

针对黄进兴的批评,李明辉辩护如下:他首先澄清了康德的"自律"概念,指明"意志之自律就是意志之自我立法"。在李明辉看来,这种意义上的自律是任何伦理学或道德哲学的本质含义,儒家伦理学亦不能外乎此。但另一方面,在此基础上可以产生不同的伦理学体系,康德的伦理学体系只是其中的一种。其间的关键在于:在承认道德自律的同时,我们可以选择不同的哲学人类学架构。康德的伦理学体系属于情、理二分的体系,但孟子一系的儒家伦理学则是情、理为一的体系。实际上,孟子一系的伦理学在真正的意义上完成了康德的自律道德学说。因而用自律道德来诠释儒家的伦理学是相应的、恰当的。②

针对孙振青的质疑,李明辉有如下的辩护:只要真切地把握康德"物自身"概念的价值意味,那么孟子关于大体与小体的区分就含有现象与物自身的区分(自由底因果性 VS 自然底因果性)。至于心、性、天的确切关系,李明辉认为心即性即天:本心在伦理学的意义上是完全自足的立法者,孟子的仁义内在说就是要表达这个意思。由此李明辉进一步区分了"纯粹的道德哲学"和"应用的道德哲学",所谓的情境依赖性,正是属于应用伦理学的范围。由此,孟子伦理学的自律性得到澄清和肯认。③

从效果来看,李明辉对牟先生立场的辩护似乎是成功的。这一方面是因为他对康德哲学有专门的研究,另一方面也在于他能紧握牟先生思想的要义。但这并不表明其他学者所做的批评完全是无的放矢。在更深入的思考中,他们的批评将获得相应的意义。此外在辩护之际,李明辉对牟先生的会通工作更有所引申,亦即结合席勒关于义务与爱好的学说以及现象学伦理学的成就来点出从康德道德哲学到孟子学之发展的

---

① 参见孙振青《关于道德自律的反省》,《哲学与文化》1988 年第 15 卷第 6 期。
② 参见李明辉《儒家与康德》第一章"儒家与自律道德",台北:联经出版事业有限公司,1990 年。
③ 李明辉:《儒家与康德》,第 93 页。

某种内在理路。这个理路循情感问题而来,大有深度挖掘的空间,后文将会就此继续展开讨论。

(二) 中国大陆学界的探讨: 批评与响应

牟先生以自律道德会通儒家和康德的工作,在中国大陆学界也引起了不少反响。此处我们以郭齐勇和杨泽波为例对此略加展示。郭齐勇大体认可牟宗三、李明辉以自律道德来诠释儒家伦理学的理路,但认为将朱子列入他律道德的做法有失公允,应该说朱子的伦理学具有很强的自律色彩。① 郭齐勇的论述主要围绕着牟宗三、李明辉的相关诠释而发,因对后者我们在前面已有阐发,故于此不再详细展开。杨泽波则认为牟宗三用自律道德来诠释儒家的伦理学存在着某种内在的困境,只有在区分智性自律道德和仁性自律道德的基础上才能摆脱这种困境,从而对儒家伦理学做确切的定位。② 具体而言,杨泽波基于其对儒家伦理学的研究,将人性划分为欲性、智性、仁性三个层面,孔子的心性之学是仁智并举的自律伦理学,孟子则主要发扬了仁性的伦理学,而朱子和康德都属于智性的伦理学。他认为牟宗三之诠释的困境在于: 未能区分智性和仁性的伦理学,并用属于智性的康德道德哲学来诠释孟子的仁性伦理学,从而没有看到孟子和康德之差别以及朱子和康德之相似。杨泽波对康德与牟宗三之思想的理解不无偏差,但其仁性、智性并举之说则颇有启发意义。

三、尝试: 对相关问题的澄清与推进

此上的梳理表明: 以自律道德来诠释儒家的伦理学,这种会通工作既带来了澄清也带来了困惑。现在的任务是: 对于已澄清者要加以深化并牢固地确立之,对于困惑之处则要继续做澄清的工作,以期达成透彻的领会。此中,困惑的根源在于: 当我们戴着康德的眼镜去看儒家的时候,感觉总不是那么顺适,盖不同思想之间的格义总不免有所龃龉。解除困惑的出路在于: 不能将思想对话停留在格义的层次,而是要深入思

---

① 参见郭齐勇《牟宗三先生以"自律道德"的理论诠释儒学之蠡测》,《哲学研究》2005 年第 12 期。

② 参见杨泽波《牟宗三道德自律学说的困难及其出路》,《中国社会科学》2003 年第 4 期。另外,也请参见杨泽波《"康德与孟子"还是"康德与朱子": 牟宗三以康德研究孟子质疑》,《陕西师范大学学报(哲学社会科学版)》2009 年第 3 期。

想体系的成立根源,进入事情所在的本真领域去直面问题自身,亦即回到本真的生活世界以贞定思想之关联。这要求我们展开如下两项工作:一是回到康德道德哲学的成立根源以显示其洞见与局限,对此我们将参照现象学伦理学所提供的视野;二是回到儒家思想的原初世界并展示其真正源头,盖儒家的伦理学必有其活水源头。

(一) 康德道德哲学之洞见与局限

在道德哲学领域,康德的思想也有其划时代的意义。康德的道义论至今仍是规范伦理学的主流范式,这种地位自然与其伦理学洞见密不可分。但康德的道德哲学同样也有其局限性:这种局限性在康德的同时代人中就已经有人指出,在德国古典哲学的发展进程中也不断地得到突破。而在舍勒(Max Scheler)的现象学伦理学中,康德的道德哲学被视为伦理学中的形式主义并由此成为主要的批判和对话对象。① 以下我们就以舍勒所提供的视野为本,来看看康德的道德哲学到底包含了哪些洞见和局限。

首先,舍勒认为康德的道德哲学具有不可磨灭的意义。这主要体现在以下两点:(1)康德对善业伦理学、目的伦理学、功效伦理学、幸福主义伦理学的批判是强劲有力的,他恢复了伦理学的本质与尊严。(2)康德的先天、先验伦理学进路指明了伦理学的正确方向。只有在康德的基础上,才有可能建立真正的、完善的伦理学。康德之后的伦理学只有在接受康德洞见的基础上才有继续推进的可能性。

其次,舍勒认为康德的道德哲学含有八个基本的预设,而这些预设都是不能成立的。且在舍勒看来,只有破除康德形式主义伦理学的羁绊,才能建立起质料的价值伦理学。为此舍勒对康德的道德哲学基础展开了全面的批判。其要害在于:借现象学的方法与洞见,舍勒指出康德将先天和形式加以等同的做法是错误的;实际上,先天/后天的区分与形式/质料的区分不是等同而是交叉关系。由此舍勒就在伦理学中开辟出先天、质料的领域。在开辟此领域之后,舍勒眼中康德道德哲学的局限可简要归纳如下:

(1) 错失了价值认知或价值给予的原初领域:康德在道德认知领域错失了对价值

---

① 参见舍勒《伦理学中的形式主义与质料的价值伦理学》,倪梁康译,北京:商务印书馆,2011年。此下本文所述舍勒对康德道德哲学之肯定与批判皆出自对此书内容的概括,因牵涉过广,故不一一指出其文献上的依据。此外,在辩论的展开中,李明辉已经关注到舍勒的现象学伦理学所提供的新视野,并且也部分地采用了其见解来论证自己的立场,但此中还有很大的空间有待开发,本文即尝试在这方面做些推进。

先天的发现,我们甚至可以说康德的伦理学根本上就缺乏道德认知的部分。因为没有道德明察的奠基,所以道德行为的善恶也就无从判断(在康德那里只有负的标准)。最后,因无道德认知的自主源泉(伦理明见的缺乏),康德伦理学是无法落实的伦理学。

(2)未能看到意欲现象的丰富性及其原初性:康德将所有低于意志现象的行为领域视为本能倾向领域(就如在认知领域他将感觉视为有待整理的杂乱无章的原始材料),因而没有看到意欲现象中价值给予的丰富情形。实际上,意欲现象是原初的现象,是各种价值的原始涌现场所,它为意志选择行为提供了可能的范围。

(3)未能看到情感所具有的奠基性地位:在舍勒这里,情感行为具有十分丰富的内容,它不仅具有价值认知的功能,还是整个价值世界的开显者。爱与恨作为情感根基(自发、主动的情感行为)引导整个价值世界的开显,是情感生活中的最高者。要言之,正是在这些意向感受中,世界及其价值维度打开自身,它们提供了实践的原初场域和方向。

(4)未能看到存心或意志的先天、质料特征:康德的伦理学被称为存心(Gesinnung)伦理学,但是康德的存心也是纯形式的。康德没有看到:存心总是预先被给予的,它在各种行为、行动、目的乃至指向行动的身体意向中划出某个质料的先天领域,它贯穿所有的道德行为直至功效层面,因而它也可以在各种层次上被直观地给予。

要而言之,康德错看了情感(取最广义)的本性,他只将情感视为某种感受状态。①此外,舍勒也不接受现象和物自身的区分,对他来说,事物和价值物具有同样原初的给予性。这两者之间不能相互还原,他们都根源于某个更原初的事情领域。归纳而言:第一,舍勒指明了一个价值直接给予自身的原初领域,道德实践即在此领域中展开自身。第二,伦理学既有认知的维度,也有情感的维度;既有意欲(欲)的维度,也有存心的维度;其间情感维度具有基源性的地位。

---

① 张子立教授在《道德感之普遍性与动力性——谢勒与牟宗三的共识》(《鹅湖月刊》第 32 卷第 7 期,总号第 379,第 51—62 页)一文中指出:对于道德情感的普遍性和动力性,谢勒(即舍勒)与牟宗三不谋而合,亦即二人都赋予道德情感以某种超越的地位,而不是像康德那样仅将其视为感性之物。但两者之间亦有差异,盖谢勒是现象学进路,而牟宗三则是存有论进路。张教授的见解与本文的立场有相通之处,但本文认为舍勒的价值伦理学对康德道德哲学的批判恰恰可以更好地推进牟先生对康德道德哲学的改造,盖后者的改造仍未突破康德哲学的某些预设,而借助现象学伦理学的视野,我们可以更进一步地突破这些预设,从而在更完整的意义上以自律道德来展示儒家的伦理学。

（二）回到原始儒家的思想世界：以孟子为本

现象学的伦理学为我们打开了某种原初的视野，借此我们得以朝向伦理或价值生活的事情本身。赢得这种通道之后，现在我们可以尝试返回原始儒家的思想世界，看看伦理生活在那里是如何被把握和展示的。如果这种返回能取得其相应的成果，那么我们就获得了考察此上各种诠释的基础。这就构成本节及下节所要处理的内容：首先是遵循现象学的精神以回到儒家的伦理思想世界（以孟子为本），其次则依据这种领会对此上的诠释进行定位，这种定位主要依照牟先生道德形上学的规模来展开。

关于孟子的伦理思想世界，我们可简要展示如下①：（1）伦理生活的根源：孟子将心-性本体（孟子将其展示为四端之心、本心、仁义之心等）视为伦理生活的根源所在。此心-性本体是所有价值与道德行为的终极真源，这也是孟子仁义内在说的真正意蕴。（2）伦理生活的展开场域：伦理生活的展开必有其相应的场域，孟子将形色与天下视为此基本场域，亦即道德实践只能在本于形色、达于天下（基于五伦）的具体场域中展开。此心-性本体、形色、天下皆根源于至诚的天道运行，因而都是真实无妄者，这里不存在现象与物自身的区分。（3）完整的道德主体性具有三重意涵：心-性本体是道德主体性的核心所在，它可以被称为狭义或本质义的道德主体。然在此之外，气与形色的维度也不可忽视，故孟子有养气、践形之说。完整的道德主体应包含心-性、气、形三个层次。（4）心-性本体之呈现的描述性特征：伦理实践当以心-性本体为主导，孟子认为心-性本体可以直接呈现，且其呈现具有如下的描述性特征。首先，它是某种先天、本源的呈现，孟子举出"孺子将入于井"的范例即意在揭示这种特性。其次，这种呈现是价值认知（知）、价值感受（情）、存心（意志）的密切融合，而情感则在其中具有关键性的地位。（5）伦理或道德实践的立体维度：伦理实践根源于心-性，展开在本于形色、达于天下的场域中，这种展开既有修身的维度（集义、养气等工夫论），也有社会-政治的维度（王道政治的理念），还有宇宙论的维度（万物皆备于我）。

---

① 具体论证参见笔者《情感与价值：试论孟子的广义伦理学》（《道德与文明》2020 年第 4 期）一文。此外，李瑞全教授在《儒家道德规范之情理一源论——孟子不忍人之心之解读》（《国学学刊》2014 年第 3 期）一文中指出：以孟子为代表的儒家伦理所展现的是知、情、意三者密切交融的整全道德意识，对道德主体的特性以及道德实践的立体规模有透彻而圆融的展示。这与本文的总体展示虽不完全一致，但大体可以相通。

（三）对会通以及相关讨论的总体衡定

赢得对孟子伦理思想世界的领会之后,现在可以回过头来分环节地考察牟先生所开启的会通工作。(1)关于道德行为的先天性和纯粹性:这自然可以在孟子那里发现,心-性本体正是先天而纯粹之道德行为的根源。但同时也必须指出:这种纯粹性和先天性并非只具有形式的意义,它因应不同的处境而有其真实的内容。(2)自由意志可以真实呈现:在孟子这里,自由意志当然可以呈现,其呈现即所谓的"志"(孟子又称之为恒心)。但孟子的心-性本体不止有这种呈现方式,确切地说,这种呈现至少有不自觉(如四端之心、夜气)、自觉(持志集义养气、扩充存养、思)、超自觉(圣、神)三种方式,自由意志的呈现应置于自觉层次(这也是康德的本意)。此外,心-性本体的呈现体现为情、理合一(李明辉所谓判断原则与践履原则之合一、杨泽波所谓的仁智并举)。在心-性本体的先天呈现中,知、情、意俱有其位置(但在构成层次上存在着区分):自根源、动力而言,孟子将情视为根本。自修身工夫而言,孟子则认为志最为重要。(3)心-性本体具有宇宙论的意义:孟子不会否认心性本体所具有的宇宙论意义(如万物皆备于我、浩然之气塞乎天地之间),但孟子史为重视的是心性本体的社会-政治的维度(亦即天下)。另外孟子并未将心性本体与宇宙本体合并为一(虽有尽心知性知天之说,但心体毕竟不能等同于天道本体,故有事天、俟命之说,此即如孙振青所言"心有其限制性")。(4)道德决断的具体普遍性、独一无二性:孟子的伦理学确实也有这个维度("易地而皆然",此即所谓的具体的普遍;权、义内、集义、圣之时等说则凸显道德实践的独一无二性。实则凡具体的普遍者,皆是独一无二者,此即所谓的生存论维度),具体性来源于情境,普遍性则根源于心-性本体;道德实践本是即工夫即本体、即本体即工夫的(孙振青的情境说由此获得其意义,而李明辉关于纯粹道德哲学和应用道德哲学的区分只有置于这个层次才能得其实义)。

由此上考察可见:以康德的自律道德来会通儒家并建立道德的形上学,的确发掘出了儒家思想中的不少精彩面向,但同时也对儒家思想的丰富性造成了某种遮蔽。前者体现在:(1)将道德从实然的事实领域中解放出来,彰显道德所具有的纯粹本性;(2)以智的直觉落实自由意志的设准,使得道德实践有其真实的下手处(智的直觉-智知、超越的道德情感-仁);(3)展现了道德实践的宇宙论意涵及其当机性。要言之,道德的形上学为现代学人探讨儒家伦理学提供了体系性的架构,具有重大的理论和学术价值。后者则体现为:(1)现象与物自身的区分割裂了原始儒家伦理实践的源始统一性,亦即心-性、气、形色与天下的源始统一被分裂为自由和自然这两个相互分离的领域,伦理实践的原发场域由此被隐没;(2)与此相关,心-性本体被形式化,而感性则被质料化,因而未能看到心-性本体的呈现本是具有各种丰富内容的,而感性也同样有其先验的维度;(3)对情感的某种贬低与狭隘化:道德的形上学虽然肯定超越的道德情感,但对经验情感有贬低的倾向并且未能看到情感自身所具有的丰富类型和层次,原本在孟子那里极为丰富的情感体验被扁平化;(4)伦理实践之立体维度的减损:道德的形上学未能彰显原始儒家伦理实践的丰富维度,例如对社会-政治维度的忽视。① 造成这种遮蔽的根源在于:道德形上学在建构自身的同时不可避免接受了康德哲学的某些预设。这些预设在西方的思想传统中诞生并沉淀,却不能将它们移植在中国思想的诠释中。经过这种澄清之后,我们发现:以孟子为本的儒家思想不仅可以涵化康德的道德哲学,也可以涵化牟先生的道德形而上学,现象学伦理学正可于此发挥其攻玉之效。

四、余　论

此上本文梳理了牟宗三先生的会通工作及其引发的一系列讨论,并借现象学伦理学与原始儒家伦理学的视野做了进一步的探讨。它试图表明:原始儒家的伦理学其实具有极为丰富的意蕴,基于自律道德而建立的道德形上学体系虽然有助于发掘其中的某些面向,但实则并未充分穷尽其丰富的意蕴。诠释的空间依然还很大,重建的任务依然是任重而道远。这并非是要否定牟先生等人的会通工作,因为居今之时,中西互释的思想会通工作是不可避免的,我们只能昂首承担。况且若不是已有这些会通工作在先,我们又如何能看出原始儒家伦理学的丰富意蕴。会通是儒家思想乃至整个中国文化现代展开的题中应有之义,是现代思想者必须肩负的责任。只有尊重并继承前人已有的工作,思想会通工作才会有未来。同时,只有回到真实的伦理生活世界这个源头,思想会通工作才能产生积极有效的成果。

---

① 　在某种意义上,这种批评似乎是不公正的。牟宗三先生对社会-政治问题极为关心,且有所谓的"新外王"三书之作,并提出了三统并建的主张。牟先生之后的新儒家学者(如李明辉)也对这些问题极为关注。但牟先生将政治问题放在现象界来谈,认为这是属于理性之架构运用的问题,笔者认为这种视野与先秦孔孟的伦理思想还是存在某些间距,需要进一步展开讨论。

知识论研究在当代中国的发展历程
及其未来展望

——以"葛梯尔问题"为中心

张永超*

摘 要：1963 年的"葛梯尔问题"作为当代知识论的转型标志，在当时中国并未引起共鸣。知识论在当代中国的发展有其自身路径，一方面接续近现代以来对西方知识论思想资源的引介与绍述，逐渐形成马克思主义知识论主要流派；另一方面结合本土语境侧重讨论"思维与存在""真理标准"等问题，并进一步形成了对中西方认识论史的自觉梳理和反思。1990 年以后，中国知识论学界对"葛梯尔问题"及其引发的"确证"问题逐渐予以密切关注，代表性论著有《知识论引论》(胡军，1997)、《知识与确证》(陈嘉明，2003)、《怀疑论、知识与辩护》(徐向东，2006)。尤为要者，陈嘉明教授尝试提出"理解"知识论，值得学界关注，其团队在"实验知识论""德性知识论"等领域亦有着开放的视野。在未来展望视角下，值得留意的问题是知识论教育的规范和普及，知识论研究亦应逐渐由"翻唱"走向原创，尤其是应与国际知识论界接轨同步、彼此深度互动。

关键词：知识论；葛梯尔问题；理解

* 作者信息：张永超，男，1982 年生，河南登封人，哲学博士，上海师范大学哲学与法政学院教授、博士生导师，主要研究方向为中国现代哲学、中西哲学比较、知识论等。本文为国家社会科学基金项目"当代中国哲学转型中的知识论问题研究"(22BZX063) 的阶段性成果。

1963 年,美国韦恩国立大学①哲学教授葛梯尔(Edmund L. Gettier)在杂志《分析》(*Analysis*)上发表了题为《有证成的真的信念是知识吗?》(Is Justified True Belief Knowledge?)②的论文,通过两个案例(随后的类似案例被称为"葛梯尔案例")对于"知识"的传统三元定义展开讨论,由此引发了旷日持久的讨论。曹剑波对此评论道:"葛梯尔案例的出现在知识论领域引起了强烈的反响,葛梯尔这篇短短的论文也前所未有地成为引用率最高的论文;标志着当代西方知识论的诞生,开创了当代西方知识论的议题:'什么是知识的充分必要条件?''确证是内在的还是外在的?''知识是否要规避认知运气?'等等。"③曹剑波此种评论确实道出了知识论研究在当代哲学领域的发展转向及其问题域侧重。

就中国哲学现代转型中的"知识论"问题而言,若中国传统哲学中"认识论意识缺乏"可以得到辩护的话④,我们将可以看到,近现代以来中国哲学领域的知识论研究主要是从西方引进的。尽管在知识论问题侧重上,中西并不对应,在时间节点上,二者也并不同步,但是,从大的趋向上说,中国哲学界对西方知识论的引介与融合确实可以以"葛梯尔问题"作为一个参照地标。1963 年以前,中国哲学界的知识论研究,无论是介绍还是体系性尝试建构,基本都是西方近现代知识论的"翻唱",当然逐渐形成了马克思主义实践认识论的主流地位。在 1963 年以后,尽管中国学界对此并无第一时间关注和回应,但是,在 20 世纪 80 年代以后,随着西方知识论著作的翻译,中国哲学界逐渐关注到了"葛梯尔问题"对知识论学界转向的影响。而在此之后,中国哲学界,尤其是知识论领域,也逐渐接续着"葛梯尔问题"予以引介和融合,比如胡军、陈嘉明、徐向东的

① 关于此文写作背景可参考普兰廷加的介绍,参见路易斯·P. 波伊曼《知识论导论——我们能知道什么》(第 2 版),洪汉鼎译,北京:中国人民大学出版社,2008 年,第 90 页;洪汉鼎、陈治国编的《知识论读本》(北京:中国人民大学出版社,2010 年,第 669 页)介绍葛梯尔时说其"曾任麻省理工大学哲学教授"。

② 原文汉译可参见洪汉鼎、陈治国编《知识论读本》,第 668—671 页;需要留意的是对于 justified,洪汉鼎先生的翻译为"有证成的",而陈嘉明先生的翻译为"确证",曹剑波沿用了其导师陈嘉明的翻译,尽管他认为"有理由的""有根据的""辩护的"更准确(参见曹剑波《实验知识论研究》,厦门:厦门大学出版社,2018 年,"前言"第 11 页);徐向东采用了"有辩护的"译名,笔者倾向于认同"有理由的""有辩护的"这一译名。

③ 曹剑波:《实验知识论研究》,第 127 页。

④ 参见张永超《中国知识论传统缺乏之原因》,《哲学研究》2012 年第 2 期;张永超《中国知识论传统是"历史缺乏"而非"现实忽略"》,《学术月刊》2013 年第 5 期。

知识论研究论著对此有着自觉的继承和接续。

一、当代中国学界对认识论的历史把握及其当代反思

1949 年以后,中国学界经历了"思维与存在"的关系问题、"真理"标准的讨论问题,随后逐渐引发了"认识论"史的梳理热忱。此种研究思潮,与当时学者受列宁说法的影响有关,列宁在《哲学笔记》中说哲学史"简略地说,就是整个认识的历史"①。据陈卫平的研究,"整个 80 年代的中国哲学史研究,大体上都是以此为指导的"②,此种对于认识论史的兴趣不限于中国哲学领域,对西方哲学的研究,也同受此影响。下面择要论述。

(一) 对西方认识论史的梳理

关于对西方认识论史的梳理,1983 年就至少有三本著作出版,分别为朱德生等合著的《西方认识论史纲》③、张尚仁著的《欧洲认识史概要》④和章士嵘著的《西方认识论史》⑤。《西方认识论史纲》总计分三编,分别为"对客体规定性的追求"(第一至三章)、"对主体认识能力的探索"(第四至八章)和"对主客体统一性的研究",此种梳理框架,很明显是处在马克思主义理论指导下的。尤其是在"结语"部分,此种指导地位明确而凸显:"主客体的具体的历史的统———马克思主义认识论的基本特点",由此展开实践认识论和辩证法的论述。此种写作很明显地在马克思主义认识论框架下对西方哲学史中的认识论予以评判和扬弃。此种诠释模式,让人联想到《四库全书》编纂时将西方"七科之学"分门别类纳入"四部分类"中⑥,但是后来又倒了过来。⑦ 对于认

① 列宁:《哲学笔记》,北京:人民出版社,1974 年,第 399 页。

② 陈卫平:《从突破"两军对阵"到关注"合法性"——新时期中国哲学史研究之趋向》,《学术月刊》2008 年第 6 期。

③ 朱德生、冒从虎、雷永生:《西方认识论史纲》,南京:江苏人民出版社,1983 年。

④ 张尚仁:《欧洲认识史概要》,北京:人民出版社,1983 年。

⑤ 章士嵘:《西方认识论史》,长春:吉林人民出版社,1983 年。

⑥ 可参见张永超《以中释西何以可能?——〈四库全书总目〉对西学文献的分类问题探微》,陈晓华主编《四库学》第一辑,北京:社会科学文献出版社,2017 年,第 112—125 页。

⑦ 可参见左玉河《从四部之学到七科之学:学术分科与中国近代知识系统之创建》,上海:上海书店出版社,2004 年。

识论史研究的马克思主义化处理,原因或在于,毕竟 20 世纪 80 年代,整个认识论史的转向与研究都是在列宁理论指导下进行的,上面陈卫平的研究可以参证。

而《欧洲认识史概要》总计分七章,分别为"直观的认识""概念的认识""怀疑的认识""二重化的认识""反省的认识""主体和客体统一的认识""认识史的革命变革",自然,此种变革便是马克思主义认识论科学地位的确立。《西方认识论史》的写作框架略有不同,除导论外分述十章:"古代希腊的认识论""中世纪的认识论""近代前期的认识论""近代后期的认识论""马克思主义认识论的形成和发展""辩证唯物主义认识论的列宁主义阶段""现代几个主要哲学流派的认识论""现代科学哲学中的认识论""现代心理学、逻辑学、语义学理论中的认识论思想""现代自然科学发展中的认识论问题"。尽管马克思主义认识论涵盖两章内容(第五、六章),但是,章士嵘此书对于西方认识论有着较为客观的绍述,而且对于现代的主要哲学流派、科学哲学的认识论思想多有介绍,这在当时是比较早的。

(二) 对中国认识论史的梳理与当代反思

关于中国认识论史的梳理并不多见,值得留意的是姜国柱著的《中国认识论史》①,若考虑金岳霖对于中国传统哲学中"认识论意识"缺乏的评判,以及我的专题辩护,面对这本 46.3 万字、584 页的"中国认识论"专著,不免有些"尴尬"。在写作框架上,全书分五章:"认识的童年——原始思维""主体和客体——认识论和认识对象""感性和理性——认识的产生和发展""知和行——认识的实践""真理观——检验认识的标准",很明显此种写作框架也是处在马克思主义认识论指导下的。然而,在写作模式上,似乎与晚清的"以中化西"以及后来的"以西释中"有着异曲同工之妙,冯友兰在 20 世纪 30 年代写作《中国哲学史》时就说"哲学本一西洋名词。今欲讲中国哲学史,其主要工作之一,即就中国历史上各种学问中,将其可以西洋所谓哲学名之者,选出而叙述之"②。如今的认识论研究,基本上是依照马克思主义认识论"选出而叙述之"了。根据本书提要可以知道该书是"我国第一部中国认识论史专著。作者坚持马克思主义哲学基本观点,总揽中国哲学史发展全局,在详尽占有资料的基础上,运用历史和逻辑相统一的原则,把一部宏大的中华民族的认识历史放在几个专题中。沿着中

---

① 姜国柱:《中国认识论史》,郑州:河南人民出版社,1989 年。

② 冯友兰:《中国哲学史》(上),上海:华东师范大学出版社,2000 年,第 3 页。

国认识范畴产生、发展和演变的轨迹,全面、具体地考察和精辟地论析了中国认识论的基本内容、发展规律、民族形式和思想特点"①。从中可以看出,这很明显是对中国哲学"马克思主义化"的尝试。

此种模式可以与夏甄陶的《认识论引论》相互印证。夏甄陶先生讲"从 1984 年上半年到 1985 年上半年,中国社会科学院研究生院哲学系认识论专业的(硕士)研究生,学习认识论原理这门课程。每隔几个星期,我同他们座谈一次"②。座谈的结果就是《认识论引论》的出版。根据夏先生所说,可以看出当时中国社科院是有认识论专业的,而目前的哲学八个二级学科硕士点并无"认识论",这是很值得留意的现象。另外,《认识论引论》完全没有涉及 1963 年以后二十年来讨论得如火如荼的"葛梯尔问题",这也是值得留意的现象。《认识论引论》共分八个章节,分述"导论:认识论是对认识的反思""主体和客体""实践——主体和客体之间实际的相互作用""认识——主体对客体的观念反映关系""主体观念地掌握客体的基本形式""主体观念地掌握客体的基本方法""认识在观念领域的任务是获得真理""主体对客体的实践掌握方式"。应当说此种撰写框架与上述的西方认识论史以及中国认识论史的处理是雷同的,都是对于主流马克思主义认识论的宣扬和强化。③ 对比而言,与"葛梯尔问题"之后侧重的"辩护""论证"(justification)问题完全没有关联;虽然都是以"认识论"或"知识论"的名义,但是中西走着"名同实异"的不同道路。

对 1949 年以后上述认识论思潮的梳理,以陈新权博士的《当代中国认识论(1949—1986)》④为代表。本书分为三个部分,总计八章,分别为"第一部分　两个高潮",讲述中华人民共和国成立之初对于"思维与存在"关系的讨论和 1978 年前后对"真理标准"的讨论;"第二部分　当前倾向",分述了"开放倾向"、"分析倾向"、"多维倾向"和"主体性倾向";"第三部分　未来发展",分述了"未来发展的趋势"和"亟待解决的问题"。公允地说,本书是用功之作,对于中华人民共和国成立后的认识论思潮能有较好的梳理和呈现。但是,他对于"当前倾向"尤其是"未来发展"的预测则基本没有落实。原因或许在于,他对于"当前倾向"的描述限于 20 世纪 80 年代的汉语思想语

① 　姜国柱:《中国认识论史》,"内容提要"。
② 　夏甄陶:《认识论引论》,北京:人民出版社,1986 年,"附记"。
③ 　另可参见童克勤等主编的《当代中国认识论》,北京:军事谊文出版社,1993 年。
④ 　陈新权:《当代中国认识论(1949—1986)》,北京:北京大学出版社,1989 年。

境,对于国际知识论的发展趋势基本没有了解。因此,在"未来发展"部分,经过三十年的发展历程,其预言基本落空。在 20 世纪 90 年代以后,中国学界的知识论发展,其中重要的一条脉络是对"葛梯尔问题"及其引发的影响予以重新接续,而且陆续有学者来回应三十年甚至四十年前的问题。① 这是中国学界,尤其是知识论领域值得留意的现象。

二、当代中国学界对葛梯尔问题及其回应研究的引介与融会

关于当代知识论的引介与研究,据笔者观察,陈嘉明功不可没,他的《知识与确证》②甚至在出版之初就被称为"补白之作"③。作者在"引言"中明确声称"本书的目的,是力图提供一个有关当代知识论的全面介绍与分析"④。所言不虚,对于当代知识论的介绍,无论是从前后脉络梳理还是从涉猎范围来说,这本书都是很好的"当代知识论引论"。自然其中一个原因在于关于知识论的汉语著作本来数量就很少,对知识论的研究本来不多,"知识论引论"之类更少。然而,在中国哲学现代转型视域下,我尝试较全面地呈现中国学界对于葛梯尔问题的引介与研究。除了知识论学界大名鼎鼎的陈嘉明及其团队之外,我还想提一下另外两位知识论研究学者:北京大学的胡军和徐向东。除此之外还有复旦大学的徐英瑾等都有较好的研究。限于篇幅和笔者学力,目前仅选择胡军、陈嘉明、徐向东的知识论研究予以评述。在后续新方向上会评析曹剑波的《实验知识论研究》、方红庆的《德性知识论》以及魏开琼的《女性主义知识论》。

(一) 胡军对当代知识论的引介与研究

尽管提到胡军的知识论研究,一般会以他 2006 年北京大学出版社出版的《知识论》为例,但是,若仔细比对,此书的前身正是 1997 年黑龙江教育出版社出版的《知识

---

① 比如陈嘉明先生在 2000 年和 2004 分别撰文回应 1963 年提出的"葛梯尔问题",详见陈嘉明《"葛梯尔问题"与知识的条件》(上、下),《哲学动态》2000 年第 12 期、2001 年第 1 期;陈嘉明《知识论的"葛梯尔问题"及其解决方式》,《东南学术》2004 年增刊。

② 陈嘉明:《知识与确证:当代知识论引论》,上海:上海人民出版社,2003 年。

③ 秦建洲、陈英涛:《当代西方知识论研究的补白之作——评〈知识与确证:当代知识论引论〉》,《哲学动态》2003 年第 12 期。

④ 陈嘉明:《知识与确证:当代知识论引论》,第 1 页。

论引论》，而且在内容和主题框架方面并无大的改动。① 不过，若拿《知识论引论》与金岳霖的《知识论》相比，二者有着重大转换，此种区别便是传统认识论和当代知识论的区别。对此分别，陈嘉明的论述是明确而自觉的，传统认识论"这种形态的认识理论主要是发生学意义上的，它们从研究认识的起源（感性和理性）开始，到探讨认识的有效性（普遍必然性、客观有效性），并断定认识的范围（是否只是可见的现象、经验范围之内），也正是由于这种认识理论的发生学性质，所以国内学界以往一般将 epistemology 称为'认识论'"，而"当代知识理论中，它的研究内容有较大的变化，从有关认识的发生学的研究，转变为有关知识本身之所以为真的条件的研究，特别是有关知识的确证（justification）问题的研究"②。而这一标志就是 1963 年"葛梯尔问题"的提出。

在 1997 年版《知识论引论》中，胡军在第二章"知识的分析"中明确提出"什么是知识""盖特尔的挑战"，由此可见该书的主题已经明确不同于金岳霖的《知识论》系统。依照陈嘉明的区分，胡军由研究金岳霖传统认识论转向当代认识论的引介。而且在后续章节中分别讨论了"知识的证实"（第四章）、"基础主义"（第五章）、"外在主义"（第五章）、"联贯论"（第八、九、十章），对当代知识论熟悉的人一看便知这些主题正是陈嘉明 2003 年版《知识与确证：当代知识论引论》的核心章节。所以上面所言陈嘉明的著作为当代知识论的"补白之作"似乎有欠妥当，因为 1997 年胡军的《知识论引论》已经在深入讨论"葛梯尔问题"了。自然这种争论大约意义不大，因为在葛梯尔问题如火如荼地热论三十乃至四十年后③，汉语思想界才能引进和讨论，无论如何，值得深思。

不过，若认可前面陈嘉明和曹剑波关于"葛梯尔问题"对于当代知识论转向的"里程牌"式意义，那么考察一下中国学者如何在相对封闭的学术环境下，在国际知识论学

① 这两版明显的改进是《知识论》第一章专门讨论了"知识与怀疑论"，这里可以看出他试图在回应怀疑论对知识的质疑的基础上再去讨论"知识的定义"，这明显更为合理；比如波伊曼的《知识论导论》同样也重视怀疑论的讨论，但是他放到第二章，感觉就有些不妥。其他各章（六七章顺序调整）内容上并无大的改动，都是十章规模。据我观察，两书改动不大，许多想法在 1997 年的《知识论引论》中就有了，比如"知识与人性""知识与社会"的关系问题。

② 陈嘉明：《知识与确证：当代知识论引论》，第 1—2 页。

③ 葛梯尔文章的汉译，检索最早信息如下——盖梯尔：《有理由的真信念就是知识吗?》，《哲学译丛》1988 年第 4 期；本文原载 A. 格里菲思编辑的《知识和信念》1983 年英文版，张晓玲译，黄宪起校；《知识论读本》（洪汉鼎、陈治国编）"编选说明"中称洪汉鼎先生对此文的翻译是"首次面世"，不确。

界如火如荼地热烈讨论了三十年"葛梯尔问题"之后逐渐转向了"当代知识论""确证"这一核心问题是有趣的。是何种契机促进了这一转向呢？我们知道胡军对于金岳霖的研究固然精细，但是其问题域是传统认识论范围。而且其参考书目也多是洛克、休谟、罗素等人的著作，包括当时学界可以看到的 20 世纪 80 年代翻译的齐硕姆的《知识论》①，也是他的第一版（1966 年版），而第一版并不侧重 justification 问题，在后续 1977 年版尤其是第三版即 1989 年版中才逐渐将"葛梯尔问题"引发的研究作为讨论重点。在 2002 年出版的《道与真》"后记"中，胡军称"我对金岳霖的哲学所涉及和讨论的问题感到特别有兴趣。这样，在最近的六年里，我翻阅了大量的有关形而上学，尤其是有关知识论的著作，对于这些领域中的一系列理论问题也进行了长期的思考和探索，自以为对这些理论问题有了新的看法"，"这本书就是这一思考的结果"。②

　　依据胡军《道与真》的"后记"，他对当代知识论的研读在 1991 年前后，也就是北大博士毕业之后。从其研读书目来看，Chisholm 的 *Theory of Knowledge*（1989 年第三版）、Goldman 的 *Epistemology and Cognition*（1986 年）、Lehrer 的 *Theory of Knowledge*（1990 年）等皆是当代知识论的经典作品。而《道与真》的参考文献并没有"当代知识论"研究论著，基本限于传统认识论范围。胡军由传统认识论研究转向当代知识论研究，应当说主要基于对认识论的兴趣，尤其是他所说的"我对金岳霖的哲学所涉及和讨论的问题感到特别有兴趣"。但是，随着研读的深入，其实他的问题兴趣逐渐由金岳霖知识论研究而深入到当代知识论的确证问题了，但是，他并没有将二者割裂开来，对于"现象与实在""所与问题"，无论是在《知识论引论》还是在北大版《知识论》中他都有所保留，毕竟这些是知识论的老问题，难以回避，尽管当代知识论已经不再将其视为处理重点。

　　回到"葛梯尔问题"，胡军用了 10 页篇幅分析"葛梯尔问题"引发的挑战，应当说是

---

① 齐硕姆：《知识论》（《文化：中国与世界》系列丛书："新知文库"），邹惟远、邹晓蕾译，杨君游、范广伟校，北京：生活·读书·新知三联书店，1988 年；本书为"新知文库"之一，其实翻译的是 1966 年的旧书，当时齐硕姆已于 1977 年修订了第二版，第三版于 1989 年出版。20 世纪 80 年代的许多新知其实只是重拾西人牙慧而已。对比一下，该书同时纳入台湾地区的"三民文库"，其出版时间为"1967 年 1 月初版、1979 年 2 月四版"，译者何秀煌，三民书局股份有限公司出版。问题在于，知识界二十多年的差距多少年可以补齐呢？

② 胡军：《道与真——金岳霖哲学思想研究》，北京：人民出版社，2002 年，"后记"第 526 页。后记初写于 1999 年 3 月 1 日。

比较精彩的回应①,他说"根据上述的分析和论证,我们认为,盖特儿对传统知识定义的反驳并不具有决定性,但它表明了信念要成为知识必须至少要满足什么样的条件。我们认为给出知识的充分必要的条件是绝对不可能的,但对知识给出一个最低限度的条件或定义应该说是可行的"②。胡军的《知识论》一书据他说是介于"教材与专著"之间③,但是在一些具体问题上,作者既专业又精深的分析,颇有洞见,是值得留意的,远非一些"引介"性论著可比。应当说这是一种"当代知识论"的神髓的体现:注重论证、辩护、反思批评和提供理由。不过,有个现象值得留意:胡军所指导的学生多未继续从事"当代知识论"的研究。④

(二)陈嘉明及其团队对"当代知识论"的引介与研究

若说胡军是基于对金岳霖《知识论》中的问题兴趣而逐渐自学,由传统认识论转入"当代知识论研究",那么陈嘉明则一方面出于兴趣,另一方面似乎有着更正统的训练。而且,陈坦言"二十年来,我一直致力于推动知识论的发展,通过培养博士生的途径,逐渐形成厦门大学与上海交通大学的团队,在这方面做出来了一些努力。按照自己的构想,我们在出版方面要做如下四件事情:一是推出研究系列的专著,二是出版一套名著译丛,三是编选几本知识论文集,四是编写一部好的教材"⑤。应当说陈先生于此四项

---

① 可对比一下陈嘉明的改进方案"P 是真的,加上一个限制条件:'P,包括其前提,是真的',这样可防止葛梯尔问题的发生"。参见陈嘉明《知识论的"葛梯尔问题"及其解决方式》,《东南学术》2004 年增刊,第 163 页;详细论述可参见陈嘉明《"葛梯尔问题"与知识的条件》(上、下),《哲学动态》2000 年第 12 期、2001 年第 1 期。

② 胡军:《知识论》,北京:北京大学出版社,2006 年,第 76 页。

③ 同上书,"前言"第 12 页。

④ 胡军指导的博士多选择中国现代哲学的人物做个案研究,对于知识论领域而言,比如选择金岳霖、牟宗三、张东荪作为选题,但是对于胡军 1997 年后《知识论引论》引发的"当代知识论研究"则多未跟进,其学生的研究基本停留在胡军 20 世纪 80 年代硕博期间的研究领域,不可不说这是一种遗憾。可参见刘爱军《"识知"与"智知"——牟宗三知识论思想研究》,北京:人民出版社,2008 年;邵明《金岳霖所与理论研究》,北京:北京大学出版社,2012 年;张永超《经验与先验——张东荪多元认识论问题研究》,北京:中央编译出版社,2012 年。不过胡军指导的硕士生胡星铭后来赴美国攻读博士学位,有着较好的分析哲学训练,对于当代知识论亦关注较多。

⑤ 陈嘉明:"知识论译丛"总序,载理查德·费尔德曼《知识论》("知识论译丛",陈嘉明、曹剑波主编),文学平、盈俐译,北京:中国人民大学出版社,2019 年。

尽心尽力,对于国内知识论的引介、研究与推动之功无人出其右。另外需要说明的是,他培养了一批研究知识论的人才,比如个中翘楚之一曹剑波就出自他的门下。他与他培养的人才形成了一个知识论研究团队。

据陈教授介绍,由陈嘉明主编的在上海人民出版社出版的"知识论与方法论丛书",目前已出版 11 部,比如《科学解释与人文理解》《知识与语境:当代西方知识论对怀疑主义难题的解答》《当代知识论中的认知分歧问题》①等。多部著作是陈先生所指导博士生的博士学位论文出版,但是,就国内知识论研究状况而言,大约可以说陈嘉明及其团队占据了半壁江山以上。不仅在知识论研究方面,而且在知识论翻译方面,形成知识论翻译规模的,其他学者以及院校都难以与陈教授的师生团队相比。在翻译方面,由陈嘉明、曹剑波主编的"知识论译丛"由中国人民大学出版社出版,涵盖了《判断与能动性》(厄内斯特·索萨[Ernest Sosa])、《认识的价值与我们所在意的东西》(琳达·扎格泽博斯基[Linda Zagzebski])、《含混性》(蒂莫西·威廉姆森[Timothy Williamson])、《社会建构主义与科学哲学》(安德烈·库克拉[André Kukla])、《知识论的未来》(斯蒂芬·海瑟林顿[Stephen Hetherington])、《当代知识论导论》(阿尔文·戈德曼[Alvin Goldman]、马修·麦克格雷斯[Matthew McGrath])、《知识论》(理查德·费尔德曼[Richard Feldman])。尽管关于当代认识论的翻译有陈波等翻译的《证据与探究:走向认识论的重构》②、陈真翻译的《当代知识论》③、洪汉鼎先生翻译的《知识论导论》④,但是,这些知识论翻译似乎难与陈嘉明、曹剑波主编的"知识论译丛"相比,这是个体与团队的差别。对于知识论论文集,据陈嘉明所说,目前有两部国外的知识论论文集在联系出版,对于知识论教材,他有自己的初稿,感觉

①　陈嘉明等:《科学解释与人文理解》,上海:上海人民出版社,2010 年;曹剑波:《知识与语境:当代西方知识论对怀疑主义难题的解答》,上海:上海人民出版社,2009 年;宋群:《当代知识论中的认知分歧问题》,上海:上海人民出版社,2013 年。

②　苏珊·哈克:《证据与探究:走向认识论的重构》,陈波、张力峰、刘叶涛译,北京:中国人民大学出版社,2004 年(该书纳入"当代世界学术名著·哲学系列")。最新修订版为苏珊·哈克的《证据与探究:走向认识论的重构》(修订版),刘叶涛、张力峰译,陈波审校,北京:中国人民大学出版社,2018 年。

③　约翰·波洛克、乔·克拉兹:《当代知识论》,陈真译,上海:复旦大学出版社,2008 年(该书为黄颂杰主编的"哈佛教学用书哲学译丛"之一)。

④　路易斯·P. 波伊曼:《知识论导论——我们能知道什么》(第 2 版)(该书为陈波主编的"国外经典哲学教材译丛"之一)。

"不尽如人意,所以一时还搁置着。值得欣慰的是,郑伟平已经完成初稿,并进行了多轮教学工作"①。我们期待着郑伟平的知识论教材能尽快纳入出版,并且期待着在"知识论教材"相对成熟的领域中②,其教材能更适合中国学生进入知识论研究之门。

除此以外,我还想提一下《知识论读本》,因为陈波发现仅有"国外近代哲学教材译丛"是不够的,要同时引进一本与之配套的"读本",这是国外哲学教育的通行做法,类似于我们所说的"原著选读",只是我们更注重"哲学史"和"原著选读"的配套,以问题为核心的哲学专业分科与哲学史是截然不同的。但是,引进读本的困难在于版权,因此陈波决定干脆邀请国内知名专家编选"读本"系列,因此有了国内第一个《知识论读本》③,该书分为"古代知识论""近代知识论""当代知识论"三部分,类似于西方哲学史框架,问题在于"当代知识论"部分把洪汉鼎先生翻译的葛梯尔《有证成的真的信念是知识吗?》作为末篇。依照陈嘉明和曹剑波的说法,葛梯尔问题是"当代知识论"的转折点和标志,而在《知识论读本》中则处于"结尾",这似乎是不妥的。不过考虑到陈波所说的种种困难,此读本还是对推进汉语学界知识论研究有所贡献的,聊胜于无。然而,陈波所说的引进读本的困难,被陈嘉明带领的"厦门大学知识论与认知科学研究中心"团队给克服了,他们主持编译了《人类的知识:古典和当代的方法》④,此书虽然是牛津大学出版社2003年出版的第三版,但是其范围、选文,包括导言都堪称地道、精当。"当代来源"部分就占去了一半以上篇幅,可见其对"当代知识论"研究原典的侧重。我们期待本书在推进汉语学界知识论研究

① 陈嘉明:"知识论译丛"总序,载理查德·费尔德曼《知识论》"总序"第2页。

② 除了前面所提洪汉鼎翻译的《知识论导论》(他认为波伊曼此书"最全""最新")、陈真翻译的《当代知识论》(黄颂杰选的书目),以及文学平翻译的《知识论》(他感觉本书"适合作为知识论的入门教材")之外,笔者目力所及,Noah Lemos. *An Introduction To the Theory of Knowledge.* Cambridge University Press, 2007 和 Dan O'brien. *An Introduction to the Theory of Knowledge.* Polity Press, 2006(2016 第二版)以及 Keith Lehrer. *The Theory of Knowledge* (second edition). Westview Press, 2000 都是不错的知识论入门教材。这意味着中国学者自己写一部较好的知识论教材反而是有压力的,胡军的北大版《知识论》依然是经典之作。

③ 洪汉鼎、陈治国编:《知识论读本》,北京:中国人民大学出版社,2010 年(陈波主编"哲学元典选读丛书"之一,另有《逻辑学读本》《形而上学读本》《科学哲学读本》等)。

④ 保罗·K. 莫塞、阿诺德·范德·纳特编:《人类的知识:古典和当代的方法》,厦门大学知识论与认知科学研究中心译,厦门:厦门大学出版社,2018 年。

方面能起到里程牌式的作用。

　　回到本节主题"葛梯尔问题"的引介和研究，从时间上看，胡军《知识论引论》于1997年出版，要早一些，但是陈嘉明的《知识与确证》确实是"一个有关当代知识论的全面介绍与分析"①。该书对于"确证"概念、"内在主义与外在主义"、"基础主义与一致主义"都有着详细的介绍和讨论，同时对于"证据与语境""方法论与新分支"（比如德性知识论、社会知识论）都有所介绍，这确实是胡军1997年版《知识论引论》包括2006年北大版《知识论》所未涵盖的领域。根据陈嘉明的介绍，他"对当代知识论的研究，始于1995—1996年间"，后来"在哈佛期间，适逢麻省理工学院邀请美国著名的知识论专家理查德·费德曼（Richard Feldman）前来系统讲授'当代知识论'，为时一学期，包括本科生课程与研究生的研讨班。我坚持参加了这两门课程，它加深了我对这门学科的概念、问题与发展脉络的梳理"②。若考虑到金岳霖所说"中国哲学的特点之一，是那种可以称为逻辑和认识论的意识不发达"③，以及洪汉鼎先生所说"我深感到我国大学哲学系教学最薄弱的也应是知识论，我们过去只是从认识的起源来探讨知识论是不够的，似乎简单地谈谈认识与实践的关系就代表了知识论"④，应当说陈嘉明对于当代知识论在汉语思想界的推介功不可没。尽管与胡军相比，他不是最早的，但是其功劳是最大的。胡军的当代知识论研究，是基于一种对知识论问题的兴趣，自学而成；陈嘉明的当代知识论研究，在兴趣之外，直接受教于当代知识论专家。这也是值得留意的现象。

　　陈嘉明对于"葛梯尔问题"的研究，介绍比较详细，所提供的方案为"P是真的里，加上一个限制条件：'P，包括其前提，是真的'，这样可防止葛梯尔问题的发生"⑤。随后陈又从"专名"与"摹状词"混用角度予以讨论⑥，可与胡军对"葛梯尔问题"的精细分析相互参照。

———————————

①　陈嘉明：《知识与确证：当代知识论引论》，"引言"第1页。

②　同上书，"后记"第331—332页。

③　刘培育选编：《金岳霖学术论文选》，北京：中国社会科学出版社，1990年，第352页。

④　路易斯·P.波伊曼：《知识论导论——我们能知道什么》（第2版），"译后记"第400页。

⑤　详见陈嘉明《"葛梯尔问题"与知识的条件》（上、下），《哲学动态》2000年第12期、2001年第1期；陈嘉明《知识论的"葛梯尔问题"及其解决方式》，《东南学术》2004年增刊。

⑥　陈嘉明：《专名、摹状词与葛梯尔问题》，《世界哲学》2008年第6期。

(三) 徐向东对"当代知识论"的引介与研究

陈嘉明说"有点零星的想法并不太难,难的是如何一以贯之地进行研究,加以系统地论证,使之形成一套有解释力的系统"①。在这方面,我想举徐向东《怀疑论、知识与辩护》为例予以讨论。本书大部分内容在北京大学哲学系为研究生和本科生开设的知识论课程上讲授过②,但是,本书又不同于一般的概论式教材,而更接近一种研究专著。而且,与一般的知识论专著不同,本书将"怀疑论"作为"推动认识论发展的原动力",认为"理解和把握各种各样的怀疑论论证几乎已经成为认识论的一项中心任务"③。这样,经由"怀疑论"线索贯穿,徐向东对于当代知识论的辩护问题给予了系统的梳理和批判性研究。

《怀疑论、知识与辩护》共分十三章,分别为:第一章"知识问题",讨论"辩护"(justification)与知识的关系,强调怀疑论在当代知识辩护中的核心地位,认为"怀疑论和辩护是知识论中的一对伴侣"④;第二章"怀疑论的挑战",凸显怀疑论的论证结构及其引发的深层问题;第三章"笛卡尔的怀疑论论证";第四章"休谟的怀疑论论证";第五章"知觉、经验与实在";第六章"常识、反思与怀疑论";第七章"知识的分析";第八章"认知辩护的本质和结构";第九章"认识论的基础主义";第十章"意义、真理与知识";第十一章"融贯、说明与辩护";第十二章"归纳问题";第十三章"人类知识与人类状况"。作者指出"如果怀疑论的预设是可接受的,如果怀疑论者根据预设提出的论证是可靠的,那么人类知识确实没有一个绝对确定无疑的基础。……不过一种温和的怀疑论仍然体现了认识论研究的本质精神——如果没有这种怀疑论,那么也就没有哲学认识论这门事业;如果没有对人类知识的反思性的理解,那么人类的自我理解也就丧失了一条重要途径"⑤。毋庸讳言,本书的许多章节是徐对于当代知识论的"介绍与评价",但是,研读此书,也不得不承认,本书是研究式的作品,不仅有作者独有的架构和线索贯穿,而且作者对不同学派、不同立场的当代知识论脉络进

---

① 方红庆:《德性知识论》,北京:中国社会科学出版社,2018 年,陈嘉明"序言"第 2 页。
② 徐向东:《怀疑论、知识与辩护》(爱智文丛),北京:北京大学出版社,2006 年,"序言"第 3 页。
③ 同上书,第 18、19 页。
④ 同上书,第 13 页。
⑤ 同上书,第 574 页。

行了清晰的论证展示。从某种层面讲,本书代表了当时汉语知识论界的最高水准。自然,提到汉语学界对"怀疑论"问题的研究,曹剑波在其博士和博士后论文基础上"修改而成"的《知识与语境:当代西方知识论对怀疑主义难题的解答》(2009,上海)亦可谓功力深厚之作。①

三、知识论研究在当代中国的新开展

(一)"理解"的知识论之提出

陈嘉明尝试提出一种"理解的知识论",这是值得留意的现象。尽管陈《知识与确证》是"有关当代知识论的全面介绍与分析",但是,毋庸讳言,对于学者来讲,仅限于译介是不够的,还需要有创见。近些年来陈嘉明在着力阐释的便是尝试提出一种有别于传统知识论对"自然事件"的认知方式的新的知识论——理解的知识论。而理解的知识论着眼于"行为事件",他举例说"地面湿了"与"美国加州发生了恐怖袭击事件",前者涉及"自然因",后者涉及"目的因"②,前者归属于"自然事件",后者则是"行为事件"。因此传统知识论的认知方式并不足以覆盖"行为事件",他因此提出一种针对"行为事件"的"理解的知识论"予以补充。在《"理解"的理解》一文中,陈嘉明又引用诸葛亮"空城计"的例子来说明此种"行为事件"的复杂心理情境,在论证上他对比了"自然因"和"心理因",而"理解"的知识论则正是侧重心理意向性这一"心理因"③的。

对于陈嘉明对"行为事件"提出的"理解的知识论"的创见④,尚有待观察,但是,此种在当代知识论语境下中国学者尝试原创的努力是令人敬重的。然而,不必讳言,此种创新更多是一种独辟蹊径而非迎难而上。不是在当代知识论的现有脉络里面原创推进,而是审视其整体路径的缺陷,从另外的路径予以创造。另外,关于"认识"与"理解"的区分也有待商榷:"理解是一个心理活动""理解是从'个别'到个别""理解是透明的,而认识不必是透明的""理解是内在的,而认识不必是内在的"。直观而言,即便

---

① 曹剑波因这本专著而成为国内知名的知识论学者,在当代怀疑主义研究中,发表论文 30 多篇,其中 C 刊 20 多篇,是近 20 年内发表怀疑主义论文最多的学者。

② 陈嘉明:《"理解"的知识论》,《哲学动态》2016 年第 11 期。

③ 陈嘉明:《"理解"的理解》,《哲学研究》2019 年第 7 期。

④ 陈教授对此的进一步论证可参看陈嘉明《理解、理由与解释》,《自然辩证法通讯》2019 年第 5 期。

对"自然事件"而言,认识也是一种心理活动,也是内在的,心理经验与外在实在无法等同;即便是"行为事件",也很难说理解是从"个别"到"个别"的,若只停留在此层面,则理解只处于被动的理由回溯层面,而且不具有可普性,但是,任何理解其实都是处在可普性以及类客观性语境下的,单纯的"个别"认知是无法实现的。至于"透明"的说法,无论对"认识"还是"理解"似乎都难以界定。再次,从认识论的原初理想,由"多"而"一",由"意见"而"知识(真理)"的思路而言,无论是"自然事件"还是"行为事件",在认知模型上并无本质上的差别。而且,陈嘉明所举"加州恐怖事件"以及"空城计"的例子,似乎在犯罪心理学、军事心理学等领域能给出更好的说明,就此而言或许应做的是加强跨学科研究,而非独立提出"理解的知识论"①。"心理因"是动态的、复杂的,但是一旦纳入认知对象探究,无论是在心理学领域还是在知识论领域,它都是作为静态"事件"存在的,否则无法研究。对象存在情境的复杂性与作为研究对象的存在事件,似乎应区分开来。

(二)"知识论"研究的新方向

相比于陈嘉明的独辟蹊径,其所带领团队的其他尝试,也值得一提。比如曹剑波的《实验知识论研究》②、方红庆的《德性知识论》③,另外还有曹剑波作为合著者之一的《女性主义知识论》④。其中《实验知识论研究》"系统地介评实验知识论 10 余年来的研究成果,具有补白的作用",并尝试"提出知识归赋的广义语境主义理论来解释知识归赋直觉的多样性",而且运用实验知识论研究方法"系统地调查了中国普通大众对知识定义的看法以及他们是如何进行知识归赋的"。⑤ 而且曹剑波明确提出"实验知识论为中国分析哲学家走向世界舞台提供了很好的机会。实验知识论要求的数据分

---

① 即便基于知识论视角分析,笔者愚见,台湾大学关永中的分析更细致谨严,他引用《韩非子·说林》"隰斯弥见田成子"以及《柏拉图对话集·克利东》"克利东的心路历程"为例予以分析,提出"三重询问""三重洞察",最后形成"抉择"。这些都比陈嘉明教授对"加州恐怖事件"以及"空城计"的分析更精细谨严。关永中对两个事件的分析收入邬昆如主编的《哲学概论》(北京:中国人民大学出版社,2005 年,第 37—41 页)和沈清松主编的《哲学概论》(贵阳:贵州人民出版社,2004 年,43—46 页)中。

② 曹剑波:《实验知识论研究》,厦门:厦门大学出版社,2018 年。

③ 方红庆:《德性知识论》,2018 年。

④ 魏开琼、曹剑波:《女性主义知识论》,北京:光明日报出版社,2013 年。

⑤ 曹剑波:《实验知识论研究》,"前言"第 10 页。

析技术并不很艰深,要求的哲学基础并不太厚实,对哲学问题的讨论完全符合分析哲学的规范,中国的分析哲学家比较容易借助实验知识论的方法,依据中国文化的独特性,对知识论的发展做出自己的贡献"①。此种说法大约反证了中国的分析哲学家在知识论的主流领域"做出自己的贡献"是很难的,而新兴的"实验知识论"因为要求不高("不艰深""不厚实"),所以我们可以做出贡献。

此种对于中国学界的忧心是令人敬重的,但是此种研究路径及其创新前景则有待观察。以"葛梯尔问题"为例,在本书第四章"经典案例的实验研究"第一节"葛梯尔案例的实验研究"中,曹剑波分别论述了"斯塔曼斯和弗里德曼的实验支持外行没有葛梯尔型直觉""内格尔等人的实验支持外行与哲学家共享葛梯尔型直觉""图瑞的三分结构实验支持外行与哲学家共享葛梯尔型直觉""鲍威尔等人的语义整合法支持外行没有葛梯尔型直觉"。将知识论问题纳入实验研究,以"葛梯尔问题"为例,其症结之一在于,"葛梯尔问题"确实以两个反例作为论证依据,但是,其问题针对性恰恰不在于个案,甚至不依赖于个案,其问题针对性在于"知识的定义";尤为要者,此种定义上的缺陷也并不依赖于某些群体是否具有"葛梯尔型直觉"。所以,通过实验研究,无论"外行是否支持",其实对于"葛梯尔问题"都没有任何回应;换句话说,大众心理无法赋予知识定义的有效性。而且上述四个实验之所以出现结论相反的情形,是因为实验场景设计、样本选择都会影响实验结果。但是,知识的定义,并不依赖这些场景和人群的心理倾向。

笔者对曹剑波的研究并无苛责之意,相反,对其研究,我深表敬重。在《女性主义知识论》后记中魏开琼博士评价他有着"强大的收集资料和理解资料的能力,以及他对研究的投入与热爱"②,而且他对于整个汉语思想界知识论研究的活跃与推进都贡献良多。比如"怀疑论研究"、"中国知识论年会"、"知识论与实验哲学研究"学术沙龙、"知识论前沿问题研究"、国内首个哲学实验室建立等等,都是大家有目共睹的事实。中国学界逐渐融入国际知识论研究领域,是有难度的;逐渐能有所推进,后来居上,则更是难上加难。但是,陈嘉明所带领的团队很明显处于此种攻克难关的"先锋队"地位,他们的许多论著,对于国内学界而言确实具有"补白"作用。至少在当代知识论的"引介"上,他们走在了最前沿。

_____

① 曹剑波:《实验知识论研究》,"前言"第8页。
② 曹剑波:《女性主义知识论》,"后记"第196页。

再比如陈先生的另一名博士方红庆所著《德性知识论》，就汉语思想界而言，"是一部写得不错的介绍与评价德性知识论的专著"①。在此我们可以参考陈嘉明的勉励话语："有点零星的想法并不太难，难的是如何一以贯之地进行研究，加以系统的论证，使之形成一套有解释力的系统。在这方面，对于作者而言，应当说是任重而道远。不过也正是因为它不容易，我才更加殷切期待作者在知识论的研究上走出一条自己的道路，说出自己的话语。"②我想这可以视为中国知识论界的勉励话语。对于当代知识论研究而言，我们确实任重而道远，像洪汉鼎先生所说的那种以为"似乎简单地谈谈认识与实践的关系就代表了知识论"③的时代一去不复返了，然而面对渊源有自、规范严明的当代知识论研究，仅仅"介绍和评价"其他学者的成果是远远不够的。然而，如何"在知识论的研究上走出一条自己的道路，说出自己的话语"呢？

四、小　结

对于"葛梯尔问题之后"的知识论研究，本文凸显了汉语知识论界的独特路径，尽管"葛梯尔问题"在当时国际知识论界引起"轩然大波"，但是中国学界形成了马克思主义认识论的主流地位。在20世纪80年代之后，尤其是20世纪90年代之后，中国学界对葛梯尔问题的研究与回应逐渐增多，汉语学界的知识论研究也逐渐转入当代知识论论题。以三个人物为代表：胡军由研究金岳霖的知识论而逐渐转入"当代知识论研究"，代表作为1997年的《知识论引论》（修订版为2006年北大版《知识论》）；陈嘉明则亲炙于当代知识论研究专家理查德·费德曼，对于当代知识论有着全面的介绍与分析，代表作为2003年版的《知识与确证：当代知识论引论》；第三位代表人物为徐向东，他在分析哲学上有着专业的训练，对于当代知识论研究则尝试以怀疑论为中心予以贯穿和推进，代表作为2006年北大版的《怀疑论、知识与辩护》。或可以说，上述三位学者代表了当代中国学界知识论研究的最高水准。尽管汉语哲学界有陈嘉明提出的"理解"的知识论这一原创性洞见，但是，基于本文以"葛梯尔问题"为中心的审查，可以看出我们更多的研究尚处于"译介和绍述"阶段，

①　方红庆：《德性知识论》，陈嘉明"序言"第1页。
②　同上书，第2页。
③　路易斯·P.波伊曼：《知识论导论——我们能知道什么》（第2版），"译后记"第400页。

原创性不足是最大缺陷。① 如陈嘉明所说,有"零星的想法",但是,与国际知识论界的接轨乃至共同推进还有很长的路要走。以哲学教育为例,知识论教育在大部分大学并未开设,在一些哲学系也并无此课程,这是极其严重的问题,同时也是我们审视当代中国知识论研究时值得留意的现象。

---

① 有学者提到:一批国外知识论博士回国,他们在国际知名刊物上发表论文,与国外一流学者探讨,基本可以做到接轨了,难的是中国化或中国话语的彰显。我对此保留看法,我感觉接轨很难,引领更难,彰显"中国话语"还在其次。

经解与经论

惠栋《易》著三种新考

谷继明[*]

摘　要：惠栋早年的易学代表著作为《周易古义》《周易本义辩证》《易汉学》。这三种著述皆有多种稿本、抄本传世。考辨其增删改易的时间,对了解惠栋学术之发展有重要意义。苏州博物馆所藏《周易古义》手稿的《述首》落款为雍正乙卯(1735),这是《周易会最》改名为《周易古义》时间下限的确证,不宜据其他第二级证据否认此证据。《周易本义辩证》的文本形态更为丰富,其初稿当在苏博本《周易会最》之前;省吾堂刻本之底稿的时代,亦当在雍正乙卯惠栋改名《九经古义》之前;而上海图书馆藏五卷抄本则在《九经古义》更名之后。惠栋始撰《周易本义辩证》时,其考订汉《易》之作尚名《汉易考》,《易汉学》之命名当在《九经古义》更名(即1735年)之前;后来修订《周易本义辩证》时将称引的《汉易考》校改为《易汉学》,但其中有些未能尽改。

关键词：惠栋;汉学;《周易古义》;《周易本义辩证》;《易汉学》

清代汉学以惠栋为先导,惠栋之学又以易学为根底。自惠栋《易汉学》出,汉学之名风行;自《周易述》出,纂辑新疏之学始著。惠栋弱冠学《易》,虽在饥寒困顿、颠沛流离中,仍不辍读书、撰述。其一生著作,可分早年和晚年两个时期,以乾隆十四年己巳(1749)为分界线。《九曜斋笔记》卷二"道味"条载:"正月二十一日睡觉,道味满于胸

* 作者信息：谷继明,男,1986年生,山东济南人,哲学博士,同济大学人文学院哲学系教授,主要研究方向为《易》学、宋明理学。

中。数年乐境,唯此为最。(己巳正月记)"①是此年惠栋有一次重要觉悟,亦《周易述》撰述之始年。惠栋读书、撰述无比勤劳,其手稿往往增删数次。特别是早年著作的稿本,尤其能反映惠栋学术从宋学走出、建立汉学的过程。

惠栋治《易》的早期成果,为《周易古义》《易汉学》《周易本义辩证》。《周易古义》初名《志(识)小编》/《周易会最》,《易汉学》名《汉易考》。雍正十三年乙卯,惠栋三十九岁,作《九经古义述首》,改《九经会最》为《九经古义》。1739 年,惠栋作《重卦考》,此时《周易本义辩证》进一步修订。三部著作中,《周易本义辩证》称引了《九经会最》与《汉易考》。三书似乎主题不同,实则相互补充:惠栋求古义,在研读九经注疏的时候便将特别的古训摘出加以考订,此即《九经会最》;但欲明汉易的"故训",仅凭零星的文字考订是不够的,必须通师法,此即《汉易考》。复兴汉易,须面对朱子易学,且惠氏本即习朱子学,欲从中走出也要做一反思,故作《周易本义辩证》,以见汉宋异同。三书的初稿,著作时间相近,亦有共同的征引文献。且每种著作皆有多种稿本、抄本传世,故有必要根据文献的形质特点和思想内容考订其先后,作为惠栋学术发展的坐标。

一、《周易古义》更名之时间

在《九经会最》中,最为特殊的是《周易会最》,因惠栋于《易》用力最深,对此反复推敲增删。比较能反映该书改订情况的版本有三种:一是苏州博物馆(以下简称"苏博")藏《周易会最》稿本,二是上海图书馆藏《九经古义》稿本(线善 802660—61),三是李文藻刻本(后周永年收其板片集入《贷园丛书》中)。三者相互对比,可知其前后改订情况。

据上海图书馆所藏《九经古义》手稿可知,此书最早名《志(识)小编》,后名《九经会最》,最后定名《周易古义》。邓志峰曾据稿本指出:

> 前四卷的"某某经考"下方或右侧有"九经会最卷某"字样。后五卷的"识小编"经勾抹后,或下题"改九经会最",或于右侧题"九经会最卷某"。由此可知,《九经会

---

① 惠栋:《九曜斋笔记》卷二,《丛书集成续编》(20),台北:新文丰出版公司,1988 年,第 634 页。

最》一名在《识小编》之后。另外,各卷改题篇名中的"会最"二字,或被勾抹,或被保留,其右侧皆另题"古义"二字,知《九经古义》一名又在《九经会最》之后。①

《九经会最》改为《九经古义》的时间,根据苏博藏《周易古义》手稿即可断定为雍正乙卯。王欣夫曾见此书,谓:

> 今于苏州文物管理委员会见有《周易古义》手稿一册,序题乙卯,为雍正十三年。则其时长子九岁,次子七岁,定宇盖甫三十有九,半农尚健在。故序又云:长闻庭训。核之无不适者。②

稿本卷端有《述首》曰:"作《九经古义》二十卷……乙卯春日,东吴松崖惠栋识。"其卷端本题"志小编卷一",端楷,与正文一致;又勾去,于右旁题"九经会最",墨色稍淡;而"会最"旁又题"古义"二字,大题之左,正文之前,又夹入"周易古义"题。凡"古义""周易古义"皆墨色较浓,行书书写,与《述首》字迹完全一致。知此为乙卯岁新改。

但在苏博本《周易古义》公布前,赵四方曾据《后汉书补注》的称引推断为乾隆七年壬戌(1742):

> 惠栋所著《后汉书补注》卷十三、十五、十七尚称引《九经会最》,至卷十八则称引《九经古义》,则书名改《九经古义》必在撰写《后汉书补注》卷十八之时。……惠书原稿《范氏后汉书训纂》,"自始至列传第二订为第一本,列传第三至十五订为第二本……六十六至七十二为第八本……"今检《后汉书补注》卷十八内容,正为《儒林列传》第六十九、《文苑列传》第七十,则该卷在原稿第八本无疑。惠氏在原稿第七本末题"壬戌二月艮受丙撰毕",第八本末题"壬戌三月巽受辛撰毕",则可知第八本内容撰写于乾隆七年壬戌二三月间。而其中已称引《九经古义》,则《九经古义》的定名很有可能就在此时。③

---

① 邓志峰:《九经古义校点说明》(未刊稿),转引自赵四方《九经古义与惠栋汉学思想的形成》,《学术月刊》2016 年第 3 期。
② 王欣夫:《蛾术轩箧存善本书录》,上海:上海古籍出版社,2021 年,第 1317 页。
③ 赵四方:《九经古义与惠栋汉学思想的形成》,《学术月刊》2016 年第 3 期。

赵四方之推测甚精巧,然亦有可疑之处。根据其逻辑,《后汉书补注》卷十七称引《九经会最》,在《后汉书》列传第六十五"绍非袁氏子"条。据漆永祥所载薛氏说,在原稿第七本中,而第七本则题"壬戌二月艮受丙撰毕"①。此用月体纳甲法,即二月廿三日。由此而推,惠栋壬戌二月廿三尚称"九经会最",三月十六日便改为"周易古义",何其突然?三月既名"古义",二月底稿何不回改?

此外还有两个基本问题:第一,惠栋著作具有流动性和不确定性。德裕堂刻本是定稿,而《后汉书训纂》(以下简称《训纂》)是初稿,两者不可等同。赵四方所引证的《九经古义》那一条,在朱邦衡的《训纂》抄本中便仅有"经籍志曰"至"又加润益",无"九经古义曰"以下文字。②可知此段文字为后来订补。③第二,薛寿所记录的稿本撰写信息,是《训纂》初稿撰作的时间,但并不意味着此时惠栋才开始《训纂》的撰作。这涉及惠栋著作的第二个特点,即往往先在书上作批注、作笔记,而后汇集成书。《易汉学》《周易古义》等莫不如此。王欣夫即曾指出此特点,如谓:"先生群经注疏校阅本,虽多已采入所著《九经古义》,但《九经古义》为早岁所编订,晚年续有心得,皆随手笺记于书眉。"又论京房《易传》三卷本惠氏批校谓:"其说(惠氏父子校语)之精者,已入《易说》及《周易述》,此为其著书之朴。"④是以《训纂》初稿之前,当还有零星批注甚至草稿。而称引《九经会最》的文字,最早也可能是眉批在《后汉书》上⑤,及至正式撰作时,因而不改。第六本题"寓金陵库使署抄"的"抄"字表现了此种状态。

张素卿又提出了一种看法。他根据惠栋批阅《荀子》"吹律定姓之说,详余所撰《九经会最》"一条,认为改名《九经古义》在乾隆十五年(1750)以后。他对批注时间判断的依据是:"此书卷六末页惠栋跋云:'《荀子》六册,先君子手阅,内缺一册,此册为栋补阅也。庚午十二月谨识。'卷五、卷六同册,惠栋批阅的时间在乾隆十五年庚午。"⑥然

---

① 漆永祥:《东吴三惠著述考》,载袁行编《国学研究》第十四卷,北京:北京大学出版社,2004年,第401页。

② 惠栋:《范氏后汉书训纂》卷十八,见《二十四史订补》第三册,北京:书目文献出版社,1996年,第755页。

③ 其实前面称引《九经会最》时称"详余所撰《九经会最》",而此处征引却作《九经古义》曰",称引体例不同,亦令人疑其为后补。

④ 王欣夫:《蛾术轩箧存善本书录》,第1321、363页。

⑤ 今苏州大学图书馆藏有《后汉书》惠栋批校本,因各种阻隔暂未得见,深以为憾。

⑥ 张素卿:《惠栋周易古义稿本及其学术价值》,见"第六届中国古典文献学国际学术研讨会"宣读论文。

而题记的时间是否就是批阅的时间呢？恐亦未必然。① 要言之，将《九经会最》更名为《九经古义》的时间定在 1750 年，既与苏博藏《周易古义》乙卯(1735)题识的确证不符，亦与惠栋学术思想变化的历程不协调，是说不通的。

根据上海图书馆藏《九经古义》稿本及苏博藏《周易古义》稿本，可知《九经古义》最初名《识小编》。赵四方指出："《识小编》，说明惠书最初仅是治经所得的零言积累。会最即会聚，由散殊而渐至综会之意。《九经古义》手稿中，每页眉端、行间、地脚处，多有增补，则惠氏将《识小编》改题《九经会最》，必是取上述之意。"②惠栋先读书作批注和零碎的笔记，因其零碎，故曰"识小"；将之汇编，即为"会最"。

二、《周易本义辩证》之修订

《周易本义辩证》现存版本，主要有四种稿本，两种刻本。稿本四种即上海图书馆藏叶景葵跋六卷手稿本(线善 T00474)、上海图书馆藏叶景葵跋五卷抄本(线善 T00452)、北京大学图书馆藏红豆斋抄本、复旦大学图书馆藏翁方纲所批抄本。刻本两种，一为常熟蒋光弼省吾堂四种刻本，一为日本享和二年江户官刻本，后者为省吾堂本的翻刻本。翁批本与北大藏抄本略同，而其他三种稿本皆与惠栋本人有关，故今对两种稿本进行考订，并及省吾堂刻本。

(一)

上海图书馆藏叶景葵跋六卷手稿本(线善 T00474)当为惠栋手稿(以下简称上图藏六卷手稿本)，我们可选其中一则做对勘。先举一条看手稿本总体的面貌：

---

① 按：今上海图书馆所藏惠栋批注世德堂本《荀子》有两部，一部为过录叶林宗所校(线善786119—28)，一部为沈大成过录惠士奇、惠栋并已批校(线善 786308—13)。漆永祥《东吴三惠诗文集》所附惠栋《荀子》题跋(张素卿论文所据者)乃录自王欣夫《蛾术轩箧存善本书录》(第 561 页)。王氏所录惠栋跋，其"荀子六册，先君子手阅"云云，见于上海图书馆所藏，或即王氏所见之本。又上海图书馆藏过录叶林宗批校本，多系叶氏批校，而惠栋所批阅仅卷四、五、六，即第二本；较之另一部沈大成所临者，差别甚大。然则叶氏批校本盖如惠栋所谓"内缺一册，此册为栋补阅"者。而其中各处批阅时间，则不可确定。

② 赵四方：《九经古义与惠栋汉学思想的形成》，《学术月刊》2016 年第 3 期，第 130 页。

黄，中之色也。[荀《九家易》言："乾为衣，坤为裳。"]裳，下之饰也。[乾在上，坤在下，故]六五虽在尊位，宜居下体，故有是[黄裳之]象。[言坤五当降乾二也，其说本之]以荀慈明之易参之，乾之九二利居坤五，坤之六五利居乾二)，[今坤虚无阳，五无居上之理。然卦辞言先迷后得主，象辞言乃顺承天，是知]乾坤气相通也。详见《汉易考》。[二卦旁通之义也。荀氏之说为有据矣。]

以上"[ ]"表示夹批增入的部分，删除线表示涂抹去的部分，而增入的部分又有涂抹。其最初的版本应该是：

黄，中之色也。裳，下之饰也。六五虽在尊位，宜居下体，故有是象。以荀慈明之《易》参之，乾之九二利居坤五，坤之六五利居乾二，乾坤气相通也。详见《汉易考》。

而上海图书馆藏叶景葵跋五卷抄本（线善 T00452，以下简称上图藏五卷抄本）作：

《九家易》言："乾为衣，坤为裳。"裳，下之饰也。六五虽在尊位，宜居下体，故有是黄裳之象。言坤五当降乾二也，其说本之荀慈明。

北大藏抄本作：

《九家易》言："乾为衣，坤为裳。"裳，下之饰也。六五虽在尊位，宜居下体，故有黄裳之象。言坤五当降乾二也，其说本之。卦辞言先迷后得主，象辞言乃顺承天，是乾坤二卦旁通之义也。荀氏之说为有据矣。

由此可见，上图藏六卷手稿本未涂抹的文字在四种版本中最早，其涂改的部分也是层累地形成的。最初的改动，反映在省吾堂刻本之底本；其次反映在上图藏五卷抄本；其后反映在北大藏抄本。有意思的是，北大藏抄本所据可能就是手稿本的最终样态，因为有个地方抄错了，即"其说本之。卦辞言先迷后得主"，漏掉了"荀慈明"。大概此处反复删订涂抹，文字混乱，故抄者有此疏漏。类似例子还有数则。

上图藏六卷手稿本卷首题名"刻朱子本义辩证凡例"，后涂去"刻朱子"三字，改作

"周易"，则惠栋本或应人之邀刊刻朱子《本义》，以己说厕朱注下。正文最初的修订，以方框圈出，或删或改。比如卷一第 8b 页"驯 至 其道"，"至"字圈出，旁改"致"字；卷一第 15a 页"吴氏 曰慎 曰"，"曰慎"圈出，旁改为"曰慎"（小字）①；卷一第 20a 页"京君明以 西 为西郊"，"西"圈出，旁改为"兑"。凡此种种，可知此手稿本因欲刊刻而校过一遍。

由此上图藏六卷手稿本引用《九经会最》而非《九经古义》可知，《周易本义辩证》的初稿当在雍正乙卯《九经会最》更名《九经古义》之前。文本校勘也支持此判断，比如屯卦"君子以经纶"条，上图藏六卷手稿本作：

> "经纶"，《释文》《音训》作"经论"。音郑氏读如字，荀氏读为伦。姚信读释为经纬字，后人始改为纶。[《礼记·]中庸》云"经论天下之大经"，后人亦读为纶。**[郑氏注云："经论，谓论撰书礼乐，施政事。"刘勰《文心雕龙》曰："《论语》以前经无论字。"乃知俗学之盛于六朝。盖汉以前论字皆读为伦。]**

原稿中的红字，此处以粗体表示。今以苏博藏《周易古义》（《周易会最》）做一对比：

> 君子以经纶。纶，《释文》作论。郑注云："谓论撰《书》礼乐，施政事。"刘勰曰："《论语》已前，经无论字。"晁子止以《书》有"论道经邦"。愚谓《周官》后出，不足难刘氏，当引《屯·象》以折之。

若《周易本义辩证》初稿在苏博藏《周易古义》初稿之后，则直接写入郑注及刘勰说即可，不必用红字补入。可知《周易本义辩证》初稿在苏博《周易古义》前。苏博《周易古义》手稿也是一个层累迭加的文本，其初稿名"志小编"，当在雍正乙卯改名《周易古义》之前。

漆永祥曾言《周易本义辩证》成书在雍正十三年（1735）之前，张素卿驳之，谓"《重卦说》撰于乾隆四年，六论移入《易汉学》卷末乃乾隆九年以后事。《周易本义辩证》一

---

① 《周易本义辩证》凡称引人名，名用小字。

书在乾隆四年犹撰稿不辍,随时删修"①。按《周易本义辩证》一书初稿必成书在 1735 年之前,证据已如上论。张素卿之辩驳,乃对惠氏稿本流动性的认识有问题。我们认为,不能把附录的六论作为判断凭据。

(二)

其次论省吾堂刻本所据底本与上图藏五卷抄本之间的先后关系。叶景葵曾指出,省吾堂刻本所据底本在其藏五卷抄本之前。今节录叶氏题跋如下:

> 顷又见常熟蒋氏省吾堂刻本,与稿本对校,发现不同之点甚多。兹将已校出者录下:
>
> 凡例,稿本共十条,刻本八条,缺第九、第十。
>
> 卷一,坤六五"黄裳元吉"条,刻本"以荀慈明之说参之"至末十七字,稿本作"其说本之荀慈明"七字。
>
> 蒙"以亨行时中也"条,刻本云"详汉易考",稿本"汉易考"三字朱笔改为"易汉学"。
>
> ……
>
> 凡稿本朱笔圈点及校改增注,均系松崖先生手笔,大约蒋刻本出于及门传抄,而稿本则先生写定后随时修正。名家著述,精益求精,得此原稿,洵足珍重。且据此可知先生所著《易汉学》原名《汉易考》,《周易述》原名《易述》也。②

叶氏所论不误,今更补充几则校勘证据。

(1) 乾卦"君子体仁足以长人"条,上图藏六卷手稿本作:

> 胡氏炳文曰:"元亨利贞,释《彖》分而二之,一阴一阳之谓也;《文言》分而四之,四时五行之谓也。前四句《程传》从人事上说,《本义》兼天人说。"汉易彖辞、《文言》一例,与此异。

---

① 张素卿:《从典范转移论惠栋之〈周易本义辩证〉》,《国文学报》2013 年总第 53 期,第 103 页。

② 惠栋:《周易本义辩证》,上海图书馆藏叶景葵跋五卷抄本,卷首页。

[《周语》曰："言义必及利。"韦昭曰："能利人物，然后为义。"《礼记》所谓以义为利也。]

「王氏应麟曰："贞者元之本，周公曰：'冬日之闭冻也不固，则春夏之长草木也不茂。'可以发明贞固之说。"**周公语出《韩非》**。」

以上［］表示眉批增入的内容；「是手稿原有标记，表示应当删去；加粗表示朱笔。省吾堂刻本此三段俱全①，说明手稿当时增入了"《周语》曰"一段，尚未打算删去"王氏应麟曰"一段。而上图藏五卷抄本则已无"王氏应麟曰"一段，是在省吾堂刻本所据抄本之后。

（2）上引叶景葵题跋指出分卷的问题，"刻本卷二首谦，稿本首泰"。按今上图藏六卷手稿本在泰卦上用线引出一眉批"周易本义辨正卷二"，②由此可见最初手稿忘题卷二标识，省吾堂刻本所据底稿亦无，故刻者以己意分卷，遂误分谦卦为卷二首卦；而上图藏五卷抄本则在惠栋眉批插入卷二标题之后。③

（3）卷首凡例，省吾堂刻本阙最后两条，上图藏五卷抄本不阙。此处显然不是省吾堂刻本漏掉，而是初稿本即无此二条。上图藏六卷手稿本卷首凡例共4页，其中主要为惠栋笔迹，但第2b页末三行及第3、4页，全然是另一笔迹。盖有他人补写。然则卷首页亦非最初手稿之旧观。"一本义前列九图"条（倒数第二条），眉批有"见陆氏游《剑南集》"云云，而其封面浮签即载陆游《跋蒲郎中易老解》一文。及至上图藏五卷抄本，已抄入后两条凡例。

（三）

《周易本义辩证》称引《九经会最》凡四见，其上图藏六卷手稿本，两处皆先作《九经会最》，后改作《九经古义》，即艮卦"厉熏心"与《系辞》"圣人所以极深而研几也"两条。④ 省吾堂刻本皆作《九经会最》⑤，而上图藏五卷抄本皆作《九经古义》⑥。这说明

① 惠栋：《周易本义辩证》卷一，省吾堂刻本，第6b页。

② 惠栋：《周易本义辩证》卷一，上海图书馆藏叶景葵跋六卷手稿本，第23a页。

③ 上图藏六卷手稿本最初第十卷亦未标出，仍在革卦前以墨线引出眉批曰"周易本义辨正卷四"，而省吾堂刻本从革卦分第四卷，不误。

④ 惠栋：《周易本义辩证》卷三，上海图书馆藏叶景葵跋六卷手稿本，第28b页、卷五第9a页。

⑤ 惠栋：《周易本义辩证》卷四，省吾堂刻本，第8b页、卷五第12a页。

⑥ 惠栋：《周易本义辩证》，上海图书馆藏叶景葵跋五卷抄本，卷四第8b页、卷五第12a页。

省吾堂刻本之底稿的时代,亦当在雍正乙卯(1735)惠栋改名《九经古义》之前,而上图藏五卷抄本则在《九经古义》更名之后,当时只改两处,有两处不及更改,一直到北大藏抄本誊录之时犹未及改订。

另外,省吾堂刻本的底稿与上图藏五卷抄本的时间应该在《汉易考》更名为《易汉学》之后。坤卦用六条,段末小注,上图藏六卷手稿本先是朱笔"说详汉易考",又墨笔改作"易汉学"。① 省吾堂刻本②与五卷抄本③皆直接作"说详易汉学"。至于蒙卦"以亨行时中也"注,上图藏六卷手稿本先作"说详汉易考",后改"易汉学";省吾堂刻本则作"说详汉易考"④,上图藏五卷抄本用朱笔改作"易汉学"⑤。由此可见,惠栋始撰《周易本义辩证》时,其考订汉易之作尚名《汉易考》,后来改名《易汉学》,遂在修订《周易本义辩证》时将称引的《汉易考》校改为《易汉学》,但其中有些未能尽改,如省吾堂所据底稿及上图藏五卷抄本是也。其后批阅手稿本,又发现未尽改者,复加改订;而上图藏五卷抄本后来亦将《汉易考》尽改为《易汉学》。

三、《周易本义辩证》末附录六论

《周易本义辩证》上图藏六卷手稿本卷末附论六篇,题"周易附录",与正文笔迹不一致,省吾堂本及上图藏五卷抄本皆不附。是《周易本义辩证》初稿写作时,尚无此六论。⑥ 又手稿本封面题"凡例一卷,附录一卷。一载卷首,一附卷末",可知此附录六论,实为后来撰写而附入。题下又添"入《易汉学》卷末"六字,知后来并入《易汉学》。今复旦大学藏《易汉学》稿本无此六论,而《四库全书》本《易汉学》则有之,《经训堂丛书》本《易汉学》较之四库本则缺最后的《重卦说》《卦变说》两篇,则或与其学术观点变化有关。⑦

---

① 惠栋:《周易本义辩证》卷一,上海图书馆藏叶景葵跋六卷手稿本,第10a页。
② 惠栋:《周易本义辩证》,省吾堂刻本,第13a页。
③ 惠栋:《周易本义辩证》,上海图书馆藏叶景葵跋五卷抄本,第12b页。
④ 惠栋:《周易本义辩证》,省吾堂刻本,第18b页。
⑤ 惠栋:《周易本义辩证》,上海图书馆藏叶景葵跋五卷抄本,第18a页。
⑥ 凡例末两条,与卷末所附六论无关,叶景葵跋文失考。
⑦ 卦变说惠栋晚年犹信;神农重卦之说,惠栋晚年似已放弃。他晚年以为伏羲作《易》之大义在成既济,则必以为重卦而非三画卦。

最初附入《辩证》的六论，与四库本《易汉学》卷八篇目并不完全一致。今先列《辩证》所附：

第一论河图洛书　　第二论先天后天

第三论两仪四象　　第四论重卦

第五论卦变　　　　第六附论太极图

四库本《易汉学》卷八篇目(《经训堂丛书》本无最后两篇)：

辨河图洛书　　　　辨先天后天

辨两仪四象　　　　辨太极图

重卦说　　　　　　卦变说

《周易本义辩证》所附的次序是最初次序，也是最合理的排布。其排列逻辑，乃是对应《周易本义》卷首九图逐一辩驳：《第一论河图洛书》对应《本义》卷首的《河图》《洛书》；《第二论先天后天》对应《伏羲八卦次序》《伏羲八卦方位》；《第三论两仪四象》批评邵雍一分为二的画卦逻辑；《第四论重卦》以为伏羲作八卦、神农重卦，强调"因而重之"，从而进一步否定邵雍所谓伏羲六十四卦之说；《第五论卦变》，则针对最后一图《卦变图》。驳《周易本义》已毕，而周敦颐《太极图》犹是朱子所尊信，亦是宋代《易》学之大宗，故又另论之，称为"附论"，以其与驳《周易本义》九图不相关也。

篇中最可考证其层次的，为《论重卦》(重卦说)一篇。目前可见五个文本：(1)稿本《周易古义》(识小编)底稿；(2)稿本《周易古义》所加两处浮签；(3)《松崖文钞》所载《重卦考》；(4)上图藏六卷《周易本义辩证》手稿本所附《论重卦》；(5)四库本《易汉学》卷八之《重卦说》。今先载其最初文本(即苏博《周易古义》初稿本)：

重卦之始，其说纷纭。康成以为神农，[虞翻]王弼以为伏羲，孙盛以为夏禹，马迁、扬雄以为文王。案《系辞》云："包牺氏作结绳而为网罟，盖取诸离。"离者，包牺所作十言之一，非重卦也。至神农氏作，始有盖取益与噬嗑之事。故郑氏以为神农重卦。京房《易积算法》引夫子曰："神农重乎八纯。"《系辞》"因而重之"，因伏羲也。淳于俊亦云。愚窃谓郑说近之。《周礼》："太卜掌三《易》之法，一曰《连山》，二曰《归藏》，三曰《周易》。其经卦皆八，其别皆六十有四。"古文"别"字重八，八八六十四。三《易》首《连山》。《连山》夏《易》，故孙盛以为夏禹重卦。《洪范》"二衍忒"者,谓贞悔也。内卦曰贞,外卦曰悔。此商时重卦之明文也。惟夏商用七八,文王用九六,以此异耳。《乾凿度》曰:"益卦演德者文。"故马迁、扬雄据以为文王重卦。惟[翻]、王弼之说绝无所据,而唐宋诸儒皆从(王)[其]说。《周礼》"太卜掌三《易》之法",干宝注云:"伏羲之易小成,为先天;神农之易中成,为中天;黄帝之易大成,为后天。"《系辞》云"庖牺始作八卦,八卦而小成",是干氏亦以为伏羲不重卦也。《隋经籍志》有《神农重卦经》二卷,今亡。①

《重卦说》前后有不同的文本结构,不同的文本结构来自不同的写作逻辑,进一步说则来自撰作时不同的学术背景和问题意识。苏博本《周易古义》可以认为是惠栋初读《周易正义》《周易集解》《周易本义》的结果,问题意识受《周易正义》卷首八论影响很大。《周易正义》八论"第二论重卦之人",其"王辅嗣等以为伏牺画卦,郑玄之徒以为神农重卦,孙盛以为夏禹重卦,史迁等以为文王重卦"②,直接即惠栋所本。③《周易正义》赞同伏羲重卦说,此说通过邵雍先天次序而益得其信众。惠栋则主神农重卦说,首先就是列举神农重卦的证据,其次列举夏禹、文王的证据,而后批评伏羲重卦说,以为无所本。以上基本可以视作对《周易正义》讨论的延续。今再对照《辩证》所附《论重卦》:

　　重卦之始,其说纷纭。虞翻、王弼以为伏羲,郑康成以为神农。愚以《系辞》考之,郑氏之说是也。《系辞》云:"八卦成列,象在其中矣。因而重之,爻在其中矣。"又曰:"古者庖牺氏之王天下,仰则观象于天,俯则观法于地,于是始作八卦。"继之曰:"作结绳以为网罟,以佃以渔,盖取诸离。"离八纯卦,则知庖牺未尝重卦也。庖牺氏没,神农氏作,始云"盖取诸益""盖取诸噬嗑"。二卦皆有贞悔,则神农重卦明矣。八卦成列,谓伏羲也;因而重之,谓神农也。凡作者曰造,述者曰因。《礼器》曰:"夏造殷因。"《论语》曰:"殷因于夏礼,周因于殷礼。"古有因国。《王制》:"天子诸侯祭因国之在其地而无主者。"《春秋传》曰:"迁阏伯于商丘,商人是因。迁实

---

①　惠栋:《周易古义》卷一,苏州博物馆藏手稿本,第1页。

②　王弼注,孔颖达疏,李申、卢光明整理:《周易正义》,载李学勤主编《十三经注疏》,北京:北京大学出版社,1999年,第7页。

③　王应麟《玉海》亦讨论此问题。

沈于大夏,唐人是因。"又齐晏子对景公曰:"昔爽鸠氏始居于此地,季蒯因之,有逢伯陵因之,蒲姑氏因之,而后太公因之。"盖古有是国,而后人居之者为因;犹古有是卦,而后人仍之者亦为因。因而重之,非因伏羲所作之八卦而重之者乎? 若云自作之而自重之,则不得言因矣。

京房《易积算法》引夫子曰:"八卦因伏羲,暨乎神农,重乎八纯。"《易积算法》已亡,载见《困学纪闻》。魏博士淳于俊曰:"庖牺制八卦,神农演之为六十四。"《隋书·经籍志》有《神农重卦经》二卷。①

《松崖文钞》所载基本与上文同。对比初稿可知,此处增加的部分,主要为论证神农重卦,一是对"因而重之"之"因"字的发挥,通过"因国"之典证明因者与被因者不同,说明重卦者与三画卦作者不同;二是仔细比较了《系辞传》"十三盖取"中伏羲与神农的不同。这两个新增加的段落,不是一蹴而就的,我们在苏博《周易古义》稿本的浮签中发现了这两条内容,一条曰:

京房《易积算法》引夫子曰:"八卦因伏羲,暨于神农,重乎八纯。"魏博士淳于俊曰:"包牺制八卦,神农演之为六十四。"《周礼》三易,一曰《连山》。杜子春曰:"《连山》,神农。"郑康成亦曰"神农重卦"。案下《系》云:"古者庖牺氏之王天下,于是始作八卦",继之曰"作结绳以为网罟,以田以鱼,盖取诸离"。离,八纯卦也。则知庖牺未尝重卦也。庖牺氏没,神农氏作,始云"盖取诸益""取诸噬嗑"二卦,皆有贞悔,则神农重卦明矣。

以上与《周易本义辩证》附录《论重卦》相同的部分,我们在彼处已用下划线标出。另一条曰:

《礼器》曰:"夏造殷因。"《论语》曰:"殷因于夏礼,周因于殷礼。"古有因国。《王制》:"天子诸侯祭因国之在其地而无主者。"《春秋传》曰:"迁阏伯于商丘,商人是因。迁实沈于大夏,唐人是因。"又齐晏子对景公曰:"昔爽鸠氏始居于此地,季蒯因之,有逢伯陵因之,蒲姑氏因之,而后太公因之。"盖古有是国,而后人居之

① 惠栋:《周易本义辩证》附录,上海图书馆藏叶景葵跋六卷手稿本,第7页。

者为因;犹古有是卦,而后人仍之者亦为因。因而重之,非因伏羲乎? 如云自作之而自重之,则不得言因矣。

以上与《论重卦》相同的部分,我们在彼处以粗体表示。

对比可知,《周易本义辩证》附录《论重卦》实为惠栋增删所作,而此文本的立意,已非与孔颖达为难,不必辨夏禹和文王重卦说之非。此处惠栋着力证明神农重卦,否定伏羲重卦,如前文所指出,放在整个六篇辩论的结构中看,乃是为了否定邵雍的伏羲画卦说。《周易本义》卷首《伏羲六十四卦次序》,朱子谓"此图即所谓因而重之者也"①。今惠栋既辨明"因而重之"者为神农,则所谓加一倍法不出自伏羲可知矣。

《松崖文钞》所载《重卦考》与此文本相同,而与四库本《易汉学》所附不同。其文末署"己未稿"。可知此文惠栋曾专门撰写,己未(1739)即其成稿之岁。而后惠栋将之附入《周易本义辩证》,题作"第四论重卦"。据此可推,《辩证》卷末六论,或在己未(1739)所附。《周易本义辩证》之省吾堂刻本和上图藏五卷抄本皆在此年之前作,故无此附录一卷也。

又张素卿怀疑省吾堂刻本之凡例,谓:

> 今各本《辩证》均无"附录"。然而"手稿"《凡例》十条,并未删改,而且"稿本"、红豆斋抄本之"凡例"也都保留未改。顾氏《墓志铭》亦明言"凡例十条",唯独省吾堂本"凡例"仅存八条,将涉及《河图》《洛书》与八卦取象歌的第八、第九两条删去。省吾堂本所据底本传抄较早,于此反而符合最后的修改,何以如此? 只能阙疑待考。②

张素卿之怀疑,或许受到叶景葵错误理解的影响,即认为凡例第九、十条与卷末附录有关,实则第九、十条仅言及卷末附《周易本义》卷首九图、八卦取象歌等事,并未言及自己对于《易》图的辩驳。不然,五卷稿本凡例为十条,何以也没有附录的六论呢? 故其怀疑实无必要。至于顾栋高为惠栋作墓志铭称"早岁著《周易本义解正》五卷,中

---

① 朱熹撰:《周易本义》,载朱杰人、严佐之、刘永翔主编《朱子全书》(修订本)第一册,上海:上海古籍出版社,合肥:安徽教育出版社,2010 年,第 20 页。

② 张素卿:《从典范转移论惠栋之〈周易本义辩证〉》,《国文学报》2013 年总第 53 期,第 99 页。

有凡例十条"①,张素卿据以论《辩证》初稿名《解正》;又以为顾氏所见为早期稿本,遂以顾氏所谓"凡例十条"与省吾堂凡例为八条相龃龉,而生疑问。今按此墓志铭既系顾氏为卢见曾代笔,而顾氏乾隆十九年(1754)与惠栋晤于卢见曾幕,时《周易本义辩证》早已定稿。又按墓志之作,多来源于死者家人所作行状,此墓志亦明言"承绪等具状请余文其墓中之石"。是"周易本义解正"之名,或家人误记,或顾栋高误认,或抄者手讹,要非本名,不可据以疑其定名也。

四、从《汉易考》到《易汉学》

叶景葵据《周易本义辩证》手稿本,指出《易汉学》初名《汉易考》②,漆永祥亦尝言之。③ 又湖北省图书馆藏汲古阁刻本《毛诗注疏》,有清张尔耆录惠栋、卢文弨批校,其中一处惠栋批校曰:"栋案:康成注《易》主爻辰,爻辰与十二律合,见余所撰《汉易考》。"④

然则惠栋何时改名《易汉学》?《易汉学·自序》曰:"先君子即世三年矣。"⑤惠士奇卒于乾隆六年(1741),则此序文当在乾隆九年(1744),时松崖四十八岁。然我们不可以序文之年为更名之年。前文提及省吾堂刻本《周易本义辩证》称引《易汉学》及《九经会最》,则其底稿之修订当在《汉易考》改名《易汉学》之后,《九经会最》改名《周易古义》之前。是故《易汉学》之命名当在《九经古义》更名(即1735年)之前。

需指出的是,《九经会最》是大题,而其各经小题初名"某经考",如《周易》部分即名《周易考》。这并不意味着《周易考》与《汉易考》可混同。《周易考》侧重于零星故训的考订,而《汉易考》则专门系统地介绍汉易师法。盖《周易》《春秋》在五经中最特殊,其微言、大义、条例,非经过一系统论述不可。⑥ 惠栋既致力于《易》,则专门论述汉易

---

① 顾栋高:《万卷楼文稿》第7本,国家图书馆藏清抄本,第46a页。

② 惠栋:《周易本义辩证》,上海图书馆藏叶景葵跋五卷抄本,卷首页。

③ 漆永祥:《惠栋易学著述考》,《周易研究》2004年第3期,第55页。

④ 本条承蒙华中师范大学历史文献研究所樊宁兄赐告,特此致谢。

⑤ 惠栋:《松崖文钞》,《续修四库全书》第1427册影印《聚学轩丛书》本,第270页。

⑥ 惠栋批校《周易集解》曰:"宋元三礼有胜汉儒处,《诗》《书》《易》《春秋》远不逮汉。以解《诗》《书》好立异,解《易》《春秋》无师法故也。"(上海图书馆藏韩应陛跋本《周易集解》卷四第24a页)可见其对《易》《春秋》之条例的重视。

师法的《汉易考》为不得不作之书。《九曜斋笔记》卷二"趋庭录"条谓：

> 汉人传《易》，各有源流。余尝撰《汉易学》七卷，其说略备。识得汉《易》源
> 流，乃可用汉学解经。否则如朱汉上之《易传》、毛西河之《仲氏易》，鲜不为识者
> 所笑。①

未知此处《汉易学》是刻本讹误抑或有意为之。惠栋批评了朱震和毛奇龄的易
学。二人亦皆推崇汉《易》，惠栋却不认可，因二人未明白孟、京、郑、荀、虞各家的家法，
混而一之，颇有杂烩之嫌。仅从文字考订的角度无法把家法说明白，故《汉易考》之作
为不容已。

《汉易考》更名《易汉学》，标志着惠栋学术意识的一次觉醒。以前的学术以"会
最"和"汉易考"命名，是零星考订和汇纂性的学问，虽有师法的模糊概念，但还没有完
全摆脱朱子学和文人好奇之学的影响。《易汉学》的更名，表明惠栋擎起了"汉学"的旗
帜，明确地意识到汉学是一个结构复杂的义理系统，只有在这个系统的基础上，才能进
一步达到对孔子之道的理解。而后他将《九经会最》改为《九经古义》，"会最"是汇纂，
"古义"则强调这些看似零星的字词训释要放在师法义理的系统（即"古义"系统）中才
得以成立，"某经考"的名字也随之不用。是知以惠栋为代表的吴派汉学倡导的实为汉
学之义理系统，与考据学是有距离的。

惠栋著书，多有改订增删，前举《周易古义》《周易本义辩证》已见。《易汉学》为惠
栋时间跨度最长之书②，其增删批阅，更当频繁。王昶《春融堂集》卷四十三《易汉
学跋》：

> 夫汉儒诸家之说，今略见于李鼎祚《易传》。颇恨其各摘数条参差杂出，不获
> 见其全，因不能推而演之也。定宇采撷排次，稿凡五六易。丁丑与余客扬州，始定
> 此本，命小胥录其副，以是授余，盖其所手书者，今下世已十年矣。③

---

① 惠栋：《九曜斋笔记》卷二，《丛书集成续编》(20)，第 646 页。
② 盖《九经古义》及《周易本义辩证》在晚年已无暇措意，故王欣夫曾谓，《九经古义》有惠栋未
　 定之论，其后来精义亦未采入。
③ 王昶：《春融堂集》卷四十三，《续修四库全书》第 1438 册，影印清塾南书舍刻本，上海：上海
　 古籍出版社，2002 年，第 108 页。

　　"稿凡五六易",是说明其稿本更迭的状况已有五六次,更何况每种稿本还有不同时期改订的叠加。《周易本义辩证》数种稿本,已令人难理其头绪,而《易汉学》情况更为复杂。其前后去取,亦能见惠栋思想之变化,笔者曾对此有考订。①

五、结　语

　　惠栋本为官宦子弟,然三十五岁时因其父惠士奇奏对不称旨,家产被查,徙居陋巷。四十八岁时惠栋还参加乡试,结果因用《汉书》为考官所黜,从此不再参加科举。五十四岁时他被举荐为经明行修之士(所谓"制科"),最终仍未入选。为维持生计,他前期做塾师,后半生多在扬州卢见曾署中做幕宾。其《与王兰庵书》诉苦道:"只以饥寒谋食,终岁作客,味同鸡肋。老病颓唐,离家四百里外,沉疴渐作,去留无计。暮境之苦,真不堪为知己告也。"②在这样一种恶劣的环境中,惠栋仍读书、撰述不辍,学问不断地精进,新的观点也直接在手稿上进行改订。一份手稿可能是其十几年思考历程的展现。惠栋因漂泊困顿,自己的批校、手稿往往不自保留,如将《易汉学》手稿赠予王昶,将《后汉书补注》手稿赠予汪棣。也正是因这种状态,他有多种稿本面世,许多学友弟子将其著作抄去,甚至将其批校全部过录,从而使惠栋阅读、撰述的各种"迹"留在了世间。我们如今阅读这些惠栋的批校、稿本、抄本,深叹其学问的广博、治学的精进,更能从细节上了解到吴派的"汉学"是如何一步步建立起来的。

---

① 谷继明:《从易汉学易例看惠栋的治易历程》,《中国经学》第二十五辑,桂林:广西师范大学出版社,2019 年,第 141—150 页。
② 王欣夫辑:《松崖文钞续编》,复旦大学图书馆藏稿本,第 26 页。

书　评

孔子"学"的重光

——何益鑫《成之不已：孔子的成德之学》述评

张洪义*

黑格尔写完《精神现象学》后，能够从容地面对自己的作品，专门谈到作者与读者的关系。他说："(哲学)作品比较缓慢的效用，对动人的言辞所引起的那种重视以及对旨在制造蔑视的那种谴责，都起纠正作用，并且只在一个相当的时间之后才使一部分作品享有一批广大的读者，而另外的一部分则流行一时以后，再也找不到继起的读者了。"[1]黑格尔预言，自己的作品在发表伊始，不会立马吸引到广大读者，尤其与那些耸人听闻的书籍相较，肯定黯淡无光，但他坚信自己的作品能够永久地传承下去。历史印证了这一点，《精神现象学》迄今仍是被广泛研读的西方哲学经典。黑格尔的这份自信和经历，用《中庸》的话来说，即"君子之道，暗然而日章；小人之道，的然而日亡"。

似乎这是伟大作品的宿命。何益鑫兄大著《成之不已：孔子的成德之学》[2]已问世两年有余，就笔者观察，尚未引起读者的关注、共鸣与讨论。这不能不说是一个遗憾，

---

* 作者信息：张洪义，1987 年生，陕西安康人，中山大学哲学系博士后，主要研究方向为宋明理学。

[1] 黑格尔：《精神现象学》(上卷)，贺麟、王玖兴译，北京：商务印书馆，1979 年，第 50 页。这应该是伟大哲学家的品格。康德在面对《纯粹理性批判》的"枯燥""晦涩"批评时，动容地说："如果我不把自己从事如此之久的这门科学的繁荣放在心头，我本来是能够让我的陈述具有通俗性的。此外，把早受欢迎的诱惑置于对一种迟到但却持久的赞同的期望之后，那是需要很大的毅力，甚至需要不小的自我克制的。"见康德《未来形而上学导论》，载《康德著作全集》第 4 卷，李秋零译，北京：中国人民大学出版社，2013 年，第 264 页。

[2] 何益鑫：《成之不已：孔子的成德之学》，上海：复旦大学出版社，2020 年。

与笔者的期待有相当的落差。《成之不已》是益兄在博士学位论文的基础上修改而来,博士学位论文写定于 2015 年。作者落笔不久,笔者就拿到打印稿,一口气读完。根据作者的说法,笔者是本书的第一个读者。实际上,作者送审与答辩的论文已是第二版,第一版博士学位论文主体部分完成于 2014 年年初,笔者也满怀兴奋地读过好几遍。时间轮轴再往前拨,作者的开题报告、中期报告刚出来,笔者第一时间就拿到原稿,全新的提问角度、解决进路、叙述方式让笔者眼前一亮,备受振奋,掩卷回味,孔门为学场景朗现目前,孔门论学謦欬如会一堂,语词萦绕脑际,久久无法离去,笔者感到后学本应如此领会与叙述孔子之学。作者的文笔如同缕缕馨香,直透笔者心肺,涤荡净尽笔者胸中陈腐已久的旧见,那种旧见闷住了笔者的胸肺,使笔者几乎无法接受经典的光照雨露滋养。作者的文字,唤醒了笔者天性中成德的欲望,歆动笔者内心原有的道德种子,使之发露、破壳。一句话,笔者一路见证了《成之不已》起初萌芽、中间苗壮、最终矗立天地间的完整历程,这同时也是笔者受到熏陶和滋养的过程。很自信地说,笔者是《成之不已》的第一位受益者。作为本书的第一位读者和第一位受益者,笔者有义务将书里书外的思想线索与读者朋友分享。

一、孔子之学是"成德之学"

《论语》成书迄今已两千多年,一直被持续不断地阅读和注解。历代影响较大的注疏如何晏《论语集解》、皇侃《论语集解义疏》,是汉魏注家解说渊薮;朱熹《论语集注》,充分展现宋代理学思路;刘宝楠《论语正义》,集结清代考据家言;民国学者程树德《论语集释》,尽可能网罗他所能见到的各家解说。在他们中,唯有朱注将"成德之学"视为孔子学问的核心命脉,力图从"学孔子(和孔门弟子)"的角度来解读《论语》。明确的主旨定位、深厚的解读功力将深微的义理体贴、披揭出来,这使得朱注自问世后,即成为学者研读《论语》无法绕过的高峰。但由于强烈的理学观念,比如认为"孔子生而知之""孔子天生禀赋义理大全",与孔子的自我定位"好学""学而不厌"有相当的距离,加之理学预设的形而上学前提未必为其他思想背景的学人所接受,因而不可避免地引起争论。尤其在反理学思潮中,朱注被激烈地批评,以至于凡是朱注正解处都要加以批驳。其结果是,连朱注的"合理内核"也一并丢掉了。长时间以来,《论语》虽然被广泛阅读,但"成德之学"的本来面目和为学经验渐被遮蔽,学人无法契入、玩味自得。钱穆先生对此感慨道:"《论语》虽为一部中国人人必读书,注《论语》者虽代不乏人,而就今言之,则仍缺一部人人可读之注。"①

有鉴于此,钱先生致力于恢复《论语》"成德之学"的精神宗旨,用现代语言观念来注解《论语》,是有《论语新解》(以下简称《新解》)之作。在今天看来,《新解》取得了相当的成功,是 20 世纪极为难得、上乘的《论语》学佳作。实际上,《新解》之所以成功,得益于注者独特的思想学术道路。其中的关键,便是尊崇朱注,在《论语集注》基础上展开继承和损益,以进入《论语》原来的思想生活世界。这项工作被钱先生视为自己"用心用力所在",也是《新解》的"价值所在"②。所谓继承,指的是《新解》秉承朱注对《论语》的定位,也采用不少朱注的内容。钱先生认为:"朱子之所以善言义理者,则在凡遇《论语》所及实人实事,其中所涵义理,朱子最能阐发得细腻而熨帖。"③这种紧贴实人实事来讲义理的思想进程,需要学者在把握谈话发生场景、玩味辞气、体贴孔子用心的基础上确立义理方向,这是《新解》的基本立场,也根本上契合《论语》思想的表达方式。据钱先生自述,这种解读理念源于朱注。所谓"损益",指的是对朱注中理学色彩较重之处采取慎重的回避态度,如"孔子为圣人并天生禀赋性理大全""仁者,心之德,爱之理""礼者,天理之节文,人事之仪则"等。他说:"冲淡宋代理学气息来直白作解,好让不研究宋代理学的人也能直白了解《论语》;由此再研究到宋代理学,便可以迎刃而解,更易契悟。"④在具体解释中,钱先生先致力于寻找孔子"原义"和朱子"引申义"间的"限断"⑤,再分别呈现各自背后的义理体系。这样做的好处是,既能回到《论语》的思想世界,又能方便对比出《论语集注》的思想特色。在这种思路的指导下,《新解》不仅成为《论语》的导读,而且也成为朱注的导读。这应该是《新解》受到学界推重的原因所在。钱先生的工作,指引出一条切实回归孔子实践生命世界的正路,不少解释恰切肯綮,可视为定解。但或许受限于注疏体例,无法主题化地对相关问题展开讨论,也或许在某些地方仍然受到传统注疏的束缚,钱先生未能将自己对《论语》的定位及解读路线彻底化,没能勾勒出孔子成德之学的全貌。

《成之不已》作者对《论语》历代注疏和现代学者的解读了然于胸。在古代注疏中,他最看重朱注;在现代学者中,他最推崇《新解》。读者从文中频繁的引证就可看

---

① 钱穆:《论语新解·序》,北京:生活·读书·新知三联书店,2002 年,第 1 页。
② 钱穆:《孔子与论语》,北京:九州出版社,2011 年,第 105 页。
③ 钱穆:《孔子与论语》,第 100 页。
④ 同上。
⑤ 同上书,第 107 页。

出。当然,引证的多寡只是表象,关键还是理解思路上的相契。作者赞同朱子对《论语》"成德之学"的定位,也赞同钱先生对朱注继承与损益的思路。而《成之不已》精彩之处,固然在于吸收、消化前人的深思洞见,但其根本原因是作者走出独特而具有充分解释力的思想道路。具体说来:第一,作者对"孔子成德之学"的独到理解,使得"身入其中"、内在融贯理解《论语》得以可能;第二,作者对关键章节展开恰切的解读,使得《论语》内部贯通得以实现;第三,作者探索出与内容相适应的表达方式,从而使得文字富有弹性,引导我们既能深入《论语》的精神世界,又能回归我们自己的实践生命中来。

我们先来看作者对"成德之学"的理解。"成德之学"可以从"好学"和"成德"两个方面讲。"好学"是孔子最为自信、自豪、自我期许的生命状态。他自述曰:"学而不厌,诲人不倦"(《论语·述而》),"发愤忘食,乐以忘忧,不知老之将至"(同上),"十室之邑,必有忠信如丘者焉,不如丘之好学也"(《论语·公冶长》)。孔子以"好学"自任,也以"好学"教学生,"好学"是孔子实践生命的基本底色。作者在《成之不已》第一章全面论述"学"各方面的问题:为什么要"学","学"什么,怎么"学"。作者认为:"学"是孔子的一种生活方式,贯穿孔子生活的一切场域,也贯穿孔子一生。人的生存活动有四重维度①,孔子之"学"也有四重维度,因而《成之不已》正文分四章内容来呈现孔子之"学"("好学")。孔子之"学"既体现在所有的生存场景中,又贯穿他的一生。孔子自述曰:"吾十有五而志于学,三十而立,四十而不惑,五十而知天命,六十而耳顺,七十而从心所欲,不踰矩。"(《论语·为政》)又曰:"发愤忘食,乐以忘忧,不知老之将至。"(《论语·述而》)"学而不已",使得孔子生命一直保持开放。《成之不已》作者除了在第一章第三节刻画孔子"不已"的为学精神、在第五章第二节凸显"不已"的为学实践是孔子法效天道的精神外,没有其他专题的论述,因为这种精神气质体现在具体的实践活动中,需要在具体的为学活动中呈现。

孔子的"好学",以"成德"为依归。子曰:"志于道,据于德,依于仁,游于艺","德之不修,学之不讲,闻义不能徙,不善不能改,是吾忧也"(《论语·述而》)。志道成德,

---

① 四重维度是:自己与自己的关系,自己与他人的关系,自己与文化传统的关系,自己与世界整体的关系。当然,还有自己与物(上手之物的实用关系和对"客观物"的研究)的关系,只是这个维度不能算作与人的实践直接相关,在人的实践世界中占的比重较低,因而不做专题的论述。

是孔子一生既为之快乐也为之忧心之事,是他好学不已的目的,也是他好学不倦的基础,或者说"好学不已"本身是最大美德。尤为需要说明的是,孔子"道德"或"德"观念与现代哲学中的道德观念有很大的不同。在作者看来,现代西方道德哲学(规范伦理学)把道德狭窄化了,表现在四个方面:"首先,是将道德限定于人际间的某些特定的实践关系,而放弃了道德人生的总体追求;其次,是将人际间某些特定的实践关系的问题,压缩为这些关系中的判断及其规则问题,而不涉及具体的行为者的因素;再次,受普遍性要求的制约,这些判断及其规则只能涉及底线的要求,而不能全面表达良善关系的层次性;最后,也是受普遍性要求的制约,这些判断及其规则必须'超越于'具体的历史、文化背景而形式地确定,于是判断及其规则的历史性、文化性也干瘪了。"①简单地说,规范伦理学将道德从实践生命中抽离出来,变成人与人之间关系中局部领域的行为规则问题,无法反映出道德是实践者的整体存在,也无力促进个体乃至社会道德的培养。而规范伦理学的批评者美德伦理学虽然强调对"行为者"的关注,但其主要目的是对德目进行知识化把握,与孔子在为学活动中对德采取灵活把握("知意味之实")有相当距离。孔子对道德的理解则远为饱满,他将"德"视为个体存在者的本己属性,一个人的"德"决定了他生存之所是。在此意义上,"德"实际上是个体面对各种生存维度时的实践能力,有德者必能安顿自己,必能处理好人伦事务,必能理解文化传统。因此,对君子来说,"德"是自足的,他能够在其中实现生命的安顿,产生"乐"感。而道德实践、道德培养需要在生存活动中进行,这也就意味着"德"之领会,拒绝一切现成化、知识化的方式。作者指出:"'德'的真实意义,也唯有在成德实践以及由成德实践而来的道德解悟中,方能有所把握。"②如此,德、德之知、德之行最后归结于"学"上。

在孔子"学"的世界中,是以"德"为依归,而"德"又在"学"的实践中呈现,甚至可以说"好学"本身即是"德"。如此说,"好学"与"成德"或"学"与"德"是相互诠释、支撑的:"德"要求着"学","学"以"德"为依归。因此,作者将孔子之学界定为"成德之学"。他做了如下说明:

> 孔子成德之学对今人最具启发性,或最值得借鉴的主要有以下两点:其一,是将人生视为一个开放的学习过程,在不断的学习中完善自己以成就德行。这是将

---

① 何益鑫:《成之不已:孔子的成德之学》,第6页。
② 同上书,第13页。

人视为一个"去存在"的过程,一个"待完成"的存在者。与之相对的是,今天人们总是从"现成性"来理解人,并以物的眼光来看待和管理人。人的尊严,人在精神上的自我实现的要求,在其中丧失殆尽。其二,是以成德贯穿一切具体的生活实践领域,使一切实践活动都具有了道德的意义。这是将人的存在视为无法割裂的一体,将道德视为人生的整体成就。与之相对的是,今人总是生活在相互割裂的碎片化的生活中。道德被理解为人与人之间某种特殊的实践关系的处理,也与其他领域的生存处于时时的紧张之中。由于第一点,本论文希望表现孔子的成德之学如何是一个生生不息的开放的成德过程;由于第二点,本论文希望阐明这个成德的过程如何在人生实践的一切维度或领域得到全面的展开。①

可以说,这是建立"成德之学"的"宣言书"。在作者的诠释下,孔子的"成德之学"与今人的"道德"观念,形成明显的对比。这也就意味着,作者诠释出来的孔子道德哲学跟当下思想界的道德理解有相当的差异。作者对此有充分的自觉与明察。这主要表现在他对现代西方道德哲学基本特征、美德伦理学核心关切和近代以来孔子研究理论取向的反思和批评上。因此,《成之不已》不仅是一部崭新的《论语》学、孔子哲学的研究大著,同时也是道德哲学领域的大论,提出了新的道德哲学形态。

根据作者在该书"后记"中的回顾,他最初"对道德的向往,不是出于理性的思考,而是出于自然的体认"。这很自然,凡是受过伟大宗教、艺术熏陶的年轻人,内心深处必然蕴藏着这样一种诉求,对人类文明经典中所描绘的道德境界有着强烈的向往,怀着诚挚的热情去探索抵达的进路,全身心投入实践。但摆在作者眼前的问题是,现代学术所要求的不是质朴的愿望和诚挚的实践,而是理性的表达。因此,作者本着那份初心与至诚,积极地探索能够与之相应的思想道路与学术表达。作者将伦理学界通常的"为什么需要道德"(Why be moral)的问题转换成"我为什么需要道德",强调第一人称的道德需求,这种提问方式具有显著的切己性。当作者准备通过"自受用"来回答时,他感到这一回答虽然能够关切到自我生存、道德生命的安顿,但在义理上缺乏根基。于是,他转变提问方向,问道:"我们需要什么样的道德?"这是对道德型态本身的追问。应该说,西方道德哲学传统,无论是美德伦理学还是规范伦理学,均是对这个问题的回答。作者认为,这一发问方式最大的缺憾是发问者将自己从道德中抽离出来。

---

① 何益鑫:《成之不已:孔子的成德之学》,第 23—24 页。

而我们一旦与道德形态分离,便很难再将两者合一,最终造成道德实践的缺位。因此,作者又转出新的提问方式:"人可以如何发展道德?"这是一个切身的实践问题,要求回答者通过亲身的实践工夫或道德"活动"来呈现。从发问者的角度看,回答这一问题,必然要准备好可供参考的道德实践经验。毫无疑问,孔子及孔门弟子的成德实践正是笔者心目中最佳的探讨范例。因而,对"人可以如何发展道德"的回答,和对"孔子成德之学对我们意味着什么"的回答,正好相遇。在这个意义上,孔子的道德哲学形态与现代学术中人们熟悉的道德形态完全不同,学者或许可以暂时"悬置"已有的道德哲学见解,跟随《成之不已》的作者,一起进入孔子的道德世界,或许能看到不一样的风景,获得不一般的感受。

对孔子之学的定位,提问方式的转向,最终都要体现在文本的解释中。如果作者的整体思路能够深入贯穿到具体章节的解释中,则表明作者整体思路的成功。反过来,只有通过对具体篇章的深入解读,整体思路才能得到真正的理解。让我们欣喜的是,作者对《论语》关键篇章的解读,均属别出心裁,切中孔门的成德之学,让他们的道德生命情态栩栩如生起来。这正是孔子成德之学的魅力所在,也是作者新的道德哲学发问方式的指向所在。

二、"学"的思维方式切入《论语》关键篇章的解读

成德之学渗透进孔子所有生存境遇和一生,孔子总是以"学"的思维方式来理解他所碰到的人与事,从而丰富自己的义理世界,实现"学"的生命本身的安顿和更新。《成之不已》力图呈现出孔子的"好学"精神贯穿于所有"重大时刻",以"学"的眼光看待《论语》世界。我们抓住五个聚光点来欣赏作者的精彩解读。

(一) 颜子的"为己——自得之学"

在孔门弟子中,颜子最为好学,最得孔子真传。学者在面对孔子的学问时,有"大哉"的感叹和"隐"的困惑,感到很难进入。因而有后世学者主张,学孔子,当跟随颜子的脚步。明道曾说:"孟子才高,学之无可依据。学者当学颜子,入圣人为近,有用力处。"①

---

① 程颢、程颐:《二程集》,北京:中华书局,2004 年,第 19 页。

"学者要学得不错,须是学颜子。(原文注:有准的。)"①甚至在心学传统中出现"颜子没而圣学亡"②的主张。儒学史上,对颜子之学的性质有经典的论述,如伊川《颜子所好何学论》,但对颜子的为学方式鲜有发明之论。《成之不已》在这个问题上有突破性的阐发。

　　颜子的为学方式总是在与孔门其他弟子的对比中呈现。孔子说:"吾与回言终日,不违如愚。退而省其私,亦足以发。回也不愚。"朱子以"愚闻之师曰"的形式引用其师李延平的解说,曰:"颜子深潜纯粹,其于圣人体段已具。其闻夫子之言,默识心融,触处洞然,自有条理。故终日言,但见其不违如愚人而已。及退省其私,则见其日用动静语默之间,皆足以发明夫子之道,坦然由之而无疑,然后知其不愚也。"③延平完全就颜子的为学方式来谈,其中的关键是颜子在"圣人体段"上用工。《成之不已》作者抓住这一关键,融入自己的经验,铺陈开来解释道:

　　　　颜子的好学,不在对孔子的教诲作当下的诘难。颜子自身义理涵泳之深,使其对夫子之言,总能依据自身已有的见识,得其一定的条理。若当下领悟了其中奥义,便默而识之,使义理在内心中涵泳沉潜,消融于整体的思想体段(所谓的"圣人体段")之内;整体的思想体段,也借此经历了一次重新的调顺与印证,最终著见于语默动静之间。若当下尚未完全领会其中的奥义,也默而识之,在燕居独处的时候,反复咀嚼、从容涵玩、比类会通,使所蕴含的义理尽情彰显。一旦玩味纯熟,这一义理也将消融于整体的思想体段之内,布达于语默动静之间。因此,颜子的为学工夫,是为了自得;其工夫之所致,也是自得。这正是颜子的自得之学。④

　　颜子的自得之学,关键是形成一个内在的"思想体段"。日常之所默识、之所领会,无非是在这一体段上添一些子、减一些子;而这个思想体段本身,始终保证着内部的一贯性、统一性。故对颜子来说,具体的义理不是一条一条单独出现和理解的,它与其他义理之间有着内容的关联性;或者说,乃是思想体段之整体投射在具体实践情境中的特殊表现。故由义理之一端,便可通往义理之全体,回归思

---

① 程颢、程颐:《二程集》,第 62 页。
② 吴震:《心学道统论——以"颜子没而圣学亡"为中心》,《浙江大学学报(人文社会科学版)》2017 年第 5 期。
③ 朱熹:《四书章句集注》,北京:中华书局,1983 年,第 56 页。
④ 何益鑫:《成之不已:孔子的成德之学》,第 108 页。

想之整体体段。表现在外,便是"闻一知十"的能力。这个"圣人体段",就是颜子所"为"的那个"己"。这样的自得之学,也就是"为己"之学。①

颜子是"为己-自得之学"的典型代表。所谓为己,即是在一切生存场域中,全幅敞开自己,让自己与世界发生深度的关联,将所得义理归于自己的实践生命中。所谓自得,即是将一切新见义理与已有义理碰撞、融会,安顿在义理体段中。为己,是儒学的基本思维方式,是一切具体工夫得以可能的前提;自得,是为己之学的目标,也是为己之学继续展开的基础动力。孟子曾把"自得之学"描绘为:"君子深造之以道,欲其自得之也。自得之,则居之安;居之安,则资之深;资之深,则取之左右逢其原,故君子欲其自得之也。"(《孟子·离娄下》)学问自得之后,实践生命就能获得安顿,一切义理将成为滋养道德生命的养料,一切生存领域中的事为都能成为调适自己"义理体段"的机缘。通过这段文字,我们能感到作者以自己深度的为学经验来理解颜子之学,已完全深入颜子的心灵结构中,与颜子一同感受和思考他的"世界"(包括已有的"思想体段"和尚待理解的新见闻)。之所以能够做到这一点,原因在于作者考虑到现实为学活动的复杂与曲折,认为颜子在听闻义理时,不仅有当下能够领悟奥义的时候,也有当下不能领悟奥义的情况。这是我们日常为学活动中常会出现的,作者特意提点出来。颜子的过人之处在于:当下领悟奥义时,自我涵泳义理体段,已有的义理体段得以印证和调顺;若当下不能领悟奥义,通过愤悱类推、举一反四,总能理顺弄通其间的义理关联,自己的义理体段借此机会得以充养、深度调整。就此而言,作者貌似"拉平"了我们与颜子之间的距离,颜子不再是难以企及、天赋异禀的"圣人胚胎",这实际上使得颜子之学获得真正的理解,作为读者的我们也能在这种理解中实现自己为学方式的反思与调整。需要说明的是,为了避免落入"圣人禀赋性理大全"理学的观念中,作者用"思想体段""义理体段"来代替"圣人体段"的说法,这既合乎先秦的思想世界,也更方便学者切入。

作者的解读,不仅揭开了颜子为学方式的秘密,还揭示了义理本身的存在方式。应该说,义理之间的内在关联、内在统一是义理体段成为"体段"的客观保证。"体段"一词,来源于《孟子》"知言养气章"公孙丑的话:"子夏、子游、子张皆有圣人之一体,冉牛、闵子、颜渊则具体而微"。公孙丑用"昔者窃闻之",说明这是当时儒门的普遍流行

---

① 何益鑫:《成之不已:孔子的成德之学》,第108—109页。

说法。朱子注曰："一体,犹一肢也。具体而微,谓有其全体,但未广大耳。"意思是说,子夏、子游、子张的学问只是圣人的一个肢体,未能进入圣人学问的生命体,永远无法成为圣人;而冉牛、闵子、颜渊都具备圣人学问的生命体,只是较小而已,若假以时日,一定能够长成圣人。"具体而微""体段"都是形象的说法,用于说明:那个道德生命体虽然现在比较小、有相当的局限,但它内在贯通、能够自我生长。"圣人体段""义理体段""思想体段"均含有这层意思。换句话说,不同学者身上的"义理体段"有差异,而且同一学者在不同时间中的"义理体段"也不一样。学者只有在自反、自察、自我涵养活动中才能觉察、确证自己身上的"义理体段"。"义理体段"是"为己"之学的那个"己","自得"之学的那个"得"。学者在自家整全的"义理体段"上做增添或减少的工夫,又回到"义理体段"的调整、长养上,自然出现"融释洒然"的境界觉受。

颜子平日为学,有"博文约礼""讽诗崇礼"的日课。颜子曰:"夫子循循然善诱人,博我以文,约我以礼。"(《论语·子罕》)又从事于"克己复礼""非礼勿视,非礼勿听,非礼勿言,非礼勿动""由乎中而应乎外,制于外所以养其中"(伊川语)的工夫,《成之不已》中都有精彩的揭示。作者引《孔子家语·弟子行》子贡眼中的颜子形象,"夫能夙兴夜寐,讽诗崇礼,行不贰过,称言不苟,是颜回之行也",认为"讽诗""崇礼"是颜子日常修为的功课,两者并举,昭示着《诗》的讽诵与"克己复礼"的关联。① 作者认为:《诗》教是礼教之本,《诗》教兴发、涵养人的道德情感,再通过礼的形式完成外在的发越,《诗》教与礼教互动,成就道德生命生生不息的循环。② 诗礼之学,是孔门的日常教法,但只有在颜子身上才体现出它的魅力来,这应该与他在涵养"义理体段"上用工有关。

颜子本来是孔子最为嘱心的衣钵传人,遗憾的是,颜子早逝,未得及将自家学问撑开来讲。在后世学者眼中,曾子最终肩负孔门"传道"重任,孔子之学通过曾子传承下来。如此,颜子与曾子学问的异同,就是一个无法回避的儒学问题。作者对此有精到的论述:

> 孔颜的生命精神,殆非常人所及,就连孔门其他贤哲也难以相契。即便是下同一种工夫,味道也往往不同。例如,孔子的"反"与"忧",在弟子中,也有所继承。曾子曰:"吾日三省吾身:为人谋而不忠乎? 与朋友交而不信乎? 传不习乎?"

① 何益鑫:《成之不已:孔子的成德之学》,第 272 页。
② 同上书,第 273 页。

(1.4)子夏曰:"日知其所亡,月无忘其所能,可谓好学也已矣!"(19.5)这些都是各自从孔子处学得的自省工夫。其中,固然可见其用功之绵密,及其自觉不满之心。然而,曾子反省的,是忠、信的德行,及学业的传习;子夏反省的,是自身的所无与所能。他们都以实践生命的具体内容为反省的对象,并且有已得、未得的心念,已经不同于孔子直接以生命之生机所在,以不厌不倦不息不已的生命精神本身为忧。①

"反求诸己"是孔子之学最基本的思维方式,是其他为学工夫的前提基础,只有"反求"的用心方向,才有可能实现学问的"自得"。然而,不同学者的"反求"深度有差别。作者认为,孔子的"自反""忧学",是对自己为学生命的整体反思,所忧者主要是自己的为学的心思。颜子深契孔子的自反精神,而曾子、子夏"自反"的对象则是实践生命中的局部事件、片段时间。这是曾子与颜子为学的差别所在。有意思的是,曾子对颜子为学方式有一段评价语:"以能问于不能,以多问于寡,有若无,实若虚,犯而不校,昔者吾友尝从事于斯矣。"(《论语·泰伯》)作者解释道:

> 对颜子来说,不是先认定自身之有、自身之实,在此基础之上要求自己放下身段,"以能问于不能,以多问于寡"。如果是那样,颜子的内心便不是通透的,颜子的生命便是有隔的。其实,在颜子自身的心念中,本来就无所谓人我、多寡或能不能。也就是说,曾子所言,不是颜子的存心,而是曾子对颜子之状态的一个外在描述。颜子的存心,只是对义理或善的无间的通透。他所关切的,只是义理善恶之所在,只是自身所当行之道。也只有如是存心,颜子才能"不迁怒,不贰过",才能"有不善未尝不知,知之未尝复行",才能"得一善则拳拳服膺而弗失之"。如果稍有勉强,或有"已得"之念,那么颜子便不是这番形象。②

尽管曾子善于观察、揣摩和描述颜子的为学方式,但曾子仍然停留在表象上。作者对这一章的解读,令人拍案叫绝。当然,这并不意味着曾子学问浅薄,曾子的深切有得于孔门的精神,他以"笃实"精神,通过一步步、一件件的积累,最终达到极高的成就。关于曾子的为学方式和思想创发,作者在专著《成性存存:孔门成德之学的演进》中有

① 何益鑫:《成之不已:孔子的成德之学》,第88—89页。
② 同上书,第86页。

详细的刻画,笔者在此先不赘述。① 套用程明道评价孔子、颜子、孟子的话②,我们可以说,"孔子无迹,颜子微有迹,曾子其迹著"。他们的为学在方向上是一致的,而他们功力上的差异恰好呈现出"为己-自得"之学的层次性。可以说,《成之不已》对这些方面的揭示,使得读者跟随作者的笔触进入丰富的成德之学世界。

(二)"三年无改于父之道"章

人伦实践同样是儒学的核心关切,在中国文化史上,儒者常常把人伦常道作为捍卫文化立场的盾牌。因而人伦实践领域往往成为"文化冲突"之焦点所在。《论语》"三年无改于父之道"章即是一例。子曰:"父在,观其志;父没,观其行;三年无改于父之道,可谓孝矣。"(《论语·学而》)历代注疏颇多争论,既有整章的核心是论观人之法还是论孝的争议,又有局部论断"三年无改于父之道"的"三年"是否合理的讨论。总的来看,古贤基本是依据儒学中局部的义理来讨论,未能切入孔子的整体思路来解读。在传统的解释中,"子"面对的是"父"遗留下来的实践准则,"子"更多处于被动"接受"的地位,"无改"几乎是一条义务,在今人的观念中,几无可取之处。作者从"为学"的角度,独辟蹊径地解释:

> 我们认为,这一章应从论孝的角度来理解。为人之子,父亲在的时候,观察父亲的志意;父亲不在的时候,反思父亲的作为;三年居丧期间,不改父亲之道。其实,"观其志""观其行",是为了深切领会父亲之道的内在用意,以便在这个过程中继父之志、述父之事,所谓"父在则能观其父之志而承顺之,父没则能观其父之行而继述之"(范祖禹语)是也。之所以"三年无改",一方面是因为居丧期间,父亲宛如尚在,一仍其旧可以表达孝子敬亲、念亲之情;一方面也是希望通过父亲往日作风的沿袭,进一步体贴其间的蕴含(包括利弊)。后人在"三年无改"上颇多争论。其实,这里的三年无改之道,应该不涉及大是大非问题。否则,父亲生时,孝子即当谏言,而不待殁后才改。因而,孔子说"三年无改于父之道"的本意,未必是以之为实践的普遍准则,而只是强调父子职志的绍述传承之意。③

---

①　何益鑫:《成性存存——孔门成德之学的演进》,上海:上海古籍出版社,2022 年,第 61—87 页。

②　程颢、程颐:《二程集》,第 76 页。

③　何益鑫:《成之不已:孔子的成德之学》,第 177—178 页。

作者将“观”字的主语从“他者”转变成“自我”，“其”字所指代的对象从“自我”转变成“父亲”。如此，本章的核心议题，就从“观人子的志行与孝道”变成“孝子如何观摩、学习父亲的志行以善绍述其志事”。从论述语脉上看，“观志”“观行”“无改”的主语统一起来，前后没有转折，语气更为通顺；从意义上讲，“孝”的前提是学习、继承父亲的德行从而完成父亲的志愿。《中庸》言：“夫孝者：善继人之志，善述人之事者也。”实际上，“善绍述父之志事”的前提是对父亲行事表象及用心身处的观察与体贴，这就对孝子提出为学的要求了。由此可见，“尽孝”这种人伦行为需要在反躬为己的为学实践中完成。这与本书的根本思路“成德之学”（在一切生存领域展开成德实践）的定位高度一致。作者的解读，可谓在“情理之中、意料之外”。

（三）子夏、子贡“始可与言《诗》已矣”两章解

孔门的成德之学是在诗礼乐文化中展开的，所谓“兴于诗，立于礼，成于乐”，学者成德开始于学《诗》，确立于学礼，大成于学乐。学《诗》可以兴发道德情感，涵养道德意志。孔子教伯鱼曰：“不学《诗》，无以言。”（《论语·季氏》）字面意思是，不学《诗》，无法理解他人、自我表达。在春秋中后期，在外交场合中，政治诉求的传达是通过“断章赋诗”来实现的。所以，孔子说：“诵《诗》三百，授之以政，不达；使于四方，不能专对；虽多，亦奚以为？”（《论语·子路》）可见，学《诗》，通乎德行涵养，政事言语以及文学，是孔门教学的常课。

但孔子对“言《诗》”却有极高的要求。《论语》记载：

> 子夏问曰：“‘巧笑倩兮，美目盼兮，素以为绚兮。’何谓也？”子曰：“绘事后素。”曰：“礼后乎？”子曰：“起予者商也！始可与言《诗》已矣。”（《论语·八佾》）
>
> 子贡曰：“贫而无谄，富而无骄，何如？”子曰：“可也；未若贫而乐，富而好礼者也。”子贡曰：“《诗》云：‘如切如磋，如琢如磨。’其斯之谓与？”子曰：“赐也，始可与言《诗》已矣，告诸往而知来者。”（《论语·学而》）

子夏向孔子问诗，由“绘事后素”得到“礼后”的新解。子贡由自己本有的“贫而无谄，富而无骄”的生存状态勉进于“贫而乐，富而好礼”的生存状态，用诗句来表达。在古往今来的解释中，基本上用“引譬连类”“联想”来解释子夏、子贡的问《诗》与言《诗》，着眼于诗句与义理之间的逻辑必然性。《成之不已》作者完全站在子夏、子贡为学的立场展开解读。

从子夏的角度说,他在平日的习礼实践中,已然对文质关系有所领悟,只是这种体悟还是潜藏的,尚未通透。借由"巧笑倩兮,美目盼兮,素以为绚兮"的兴起,以及孔子"绘事后素"的点拨,这种蕴蓄于心的体悟一下子活跃起来,从而发出了"礼后"的感叹。在这一过程中,诗句是一种触发的媒介。子夏平日的义理蕴藉,因这一媒介的触发,而豁然开朗起来(兴)。只有这样,我们才能理解孔子表现出的惊喜。"起予者商也",一般解为"发明我意"(包咸),"起发我意"(朱子)。孔子本来没有自觉到这句诗还可以做这样的发挥,不知道文质关系还可以通过这句诗得到如此贴切的表达。这种关联的建立,诚然也能使孔子感到欣喜。但真正使孔子感叹的,是子夏的自得。子夏的自得,不是在逻辑层面的理解,而是在诗句的引发之下的真切感悟。这是一种全新的意义境界的打开,是真正的"兴"。这不期而至的"兴",使子夏的道德生命瞬间变得明朗而通透。这种感受足以使子夏内心激起强烈的道德志意。这个时候,孔子"始可与言《诗》已矣"的感叹,既是对子夏之兴的肯定,它本身也成了营造、兴发这种意义境界的重要环节。孔子的这一肯定,使子夏确证了这一解诗活动。①

在此,我们也应站在子贡的立场理解孔子的肯定,才能展现这一解诗活动对子贡来说的真实意味。从"贫而无谄,富而无骄",到"贫而乐,富而好礼",两种不同的状态意味着两种不同的实践境界。之前,子贡只是以前一阶段自居,还带有一些沾沾自喜。孔子则要求他应在"后一阶段"上勉进。从逻辑上理解,"未若"是"可也"的下一阶段,子贡既然能领悟"可也",便能展望"未若"。但从实践上看,"未若"对当前的子贡来说,仍然是难以企及的。本来足以自满的东西,现在成了需要进一步超越的东西,子贡在其中感受到了实践的压力。唯有以全身心投入的人,才能感受到它的分量,并在内心激起无力的兴叹。这种感受直逼在子贡面前,这种心绪似乎在读《诗》的时候体会过。刹那间,"如切如磋,如琢如磨"一句涌上了心头,与当下的人生体悟发生了深切的共鸣。在某种意义上,"如切如磋,如琢如磨",也便是子贡的实践承诺。表面上,"告诸往而知来者",是说子贡能以所告之义理,发明诗句的义理。其实,子贡的解诗,是将诗嫁接到生命实践的体悟中。孔子的赞叹,也应视为对子贡的生命感悟的赞叹。也就是说,真正令孔子欣喜的,是子贡兴起的黾勉修身的志意,并将这种状态以相关的诗句恰切地表达了出来。

---

① 何益鑫:《成之不已:孔子的成德之学》,第233—234页。

这一诗句,由所兴发的境界而引出;其吟咏,反过来又对此境界产生了回护与共振。最终,在孔子的肯定中,子贡完成了一次完整的兴发过程。①

作者紧紧握住子夏、子贡的"前理解"(或者说他们各自的"义理体段"),循着共通的学思经验来理解他们与孔子问答过程中内心所蕴、所感,口中所言。作者认为,子夏平日用力于礼,对礼的文质关系有所体味但尚未通透,借由诗句的讽诵和孔子的点拨,内心所蕴当下跃动、喷发而出,其所言是子夏本人以前所未预计,也超出了孔子的想象,因而师生二人的互动,刚好形成一个意义生发的场景。这正是读《诗》的内在要求,能够兴发、营造出意想不到的思想点和思想氛围。而子贡也是从自己所处的修为阶段发问,待孔子提点勉进之后,用"如切如磋,如琢如磨"来表达其间的艰苦,孔子感叹子贡能够"告诸往而知来者",所谓"诸往"指的是两重实践境界的差异,所谓"知来者"指的是用诗句来表达两重实践境界之间所需要付出的努力。出乎意料的是,诗句竟然能够在此语境中被贴切地使用,让孔子惊呼不已。

作者的解读,殊为精彩,一方面立足于共通的为学经验来刻画子夏、子贡二人的学思心理,将当时的教学画面丰满地描绘出来,另一方面又切入"断章赋诗"的言《诗》传统,将孔门诗教的根本特征揭示出来。孔门诗教最本质的特征是:诗句与学者生命实践双向诠释,学者通过诵诗达成情感的蕴藉、转化和自我理解,在这个过程中又使诗句的意义得到生长。作者对"始可与言《诗》已矣"两章的解读,完全立足于"成德之学"的定位,展现了孔门在"与于斯文"维度上践行成德工夫的方式,丰富了我们对"成德之学"的理解。

(四)"吾与点也"章

"孔颜之乐"在儒家传统中是被反复拈提的话题,一度成为理学兴起的触发契机。与之相似,孔门还有"曾点之乐",也吸引了众多儒者的探讨兴趣。不过,与前者获得一致赞赏相比,后者却充满了争论。"曾点之乐"源于"子路曾皙冉有公西华侍坐"章。此章解释的难点在于:第一,曾皙与三子的真正区别在哪里,孔子为何表示出与曾皙高度相契;第二,曾皙为何再次逐句向孔子请问三子之志,孔子又为何再次肯定三子之志。他们的对话恰好构成了一个回环。历代注疏往往只集中在第一个问题的回答上,未能

---

① 何益鑫:《成之不已:孔子的成德之学》,第234—235页。

注意到第二个问题。即使是对第一个问题的回答,也往往出现反复纠结。比如,朱熹《论语集注》一方面根据二程之意"孔子与点,盖与圣人之志同,便是尧、舜气象也",认为"曾点之学,盖有以见夫人欲尽处,天理流行,随处充满,无少欠阙。故其动静之际,从容如此。而其言志,则又不过即其所居之位,乐其日用之常,初无舍己为人之意。而其胸次悠然,直与天地万物上下同流,各得其所之妙,隐然自见于言外。视三子之规规于事为之末者,其气象不侔矣,故夫子叹息而深许之"①。另一方面,总感觉曾点之学有很大的局限,"曾点见处极高,只是工夫疏略","曾点言志,当时夫子只是见他说几句索性话,令人快意,所以与之。其实细密工夫却多欠阙,便似庄列。如季武子死,倚其门而歌,打曾参仆地,皆有些狂怪"。② 晚年,朱熹曾表示过对单提"吾与点也"的不满:"某平生便是不爱人说此话。《论语》一部自'学而时习之'至'尧曰',都是做工夫处。不成只说了'与点',便将许多都掉了。"③由此可见朱子在解释这一章时的矛盾。另外,朱注始终未能解释这一疑问:既然曾点已经见得"天理流行",为何他又逐句向孔子请教三子的述志语,貌似他仍然未能真正理解三子。有学者解释说,孔子赞赏的是曾点的"不汲汲用世"的心态。但这明显与此段对话伊始孔子的设问"居则曰:'不吾知也!'如或知尔,则何以哉?"不符,同时也与"吾与点也"之后孔子对三子之志的肯定不一致。

《成之不已》独辟蹊径,抓住此章的关节,紧贴原文语脉,展开解读。

其实,"鼓瑟"正是此中眼目。孔子转问曾点,《论语》特意记载:"鼓瑟希,铿尔,舍瑟而作。"其他三位言志之时,曾点只在一旁鼓瑟;及至孔子问起,铿的一声,舍瑟起对。可想而知,曾点当时还沉浸于乐的和乐境界之中。因孔子点名,便顺着这种精神体验,演绎成了一幅和乐的人生画面。这幅画面出于和乐的状态,也表现为和乐的人间生活。它充满了融融的乐感,而与人伦道德的理想境界相通。朱子所谓"人欲尽处,天理流行""胸次悠然""上下同流""各得其所",这些人伦道德的理想境界的特征,也自然地体现在了曾点所描绘的和乐的人生场景中。

曾点对"大和"境界的契入,本于乐的体验,而不是道德的证悟。曾点由乐的

① 朱熹:《四书章句集注》,第 130 页。
② 黄士毅编,徐时仪、杨艳汇校:《朱子语类汇校》,上海:上海古籍出版社,2016 年,第 1086 页。
③ 同上书,第 2771 页。

体验,契入道德的境界,基于两者在本质上的相通性。乐以"和"为特质,人间生活也以"和"为归趣,乃至天地也以"大和"为生物之道。就此而言,君子的成德,最终乃是为了实现"和乐"的人伦生活之道。这便是"成于乐"的一方面意义。①

作者认为,曾点描绘的"莫春者,春服既成。冠者五六人,童子六七人,浴乎沂,风乎舞雩,咏而归"这幅和乐的人伦生活,直接源自他的乐教实践。当孔子与三子言志时,曾点只在一旁鼓瑟。当孔子转问曾点时,他还沉浸在乐的"和乐"中,顺着这种艺术体验,描绘出一种人伦的理想境界。这种乐的体验(所谓艺术境界)与道德境界相通,都能达到"和"的境地。此时,学者沉浸于深度的艺术体验中,没有丝毫的个体欲望掺杂其中,也能"人欲尽净",但是否"天理流行"却要分疏。区别在于,艺术体验只能"偶见道体",无法达到自我理解,而道德境界则能理解此种"天理"的真实所在。这正是曾点与孔子的差异所在。曾点由艺术体验契入,而孔子已然达到道德境界。这正是曾点在为老师称赞之后仍然不断提问的原因所在,因为他还不能真切地理解自己。②

在明确曾点之乐后,就出现了孔颜之乐与曾点之乐的关系问题。这个问题在历史上也曾广泛讨论,如朱子曾指出:"颜子底较恬静,无许多事。曾点是自恁说,却也好;若不已,便成释老去,所以孟子谓之狂。颜子是孔子称他乐,他不曾自说道我乐。大凡人自说乐时,便已不是乐了。"③朱子从"恬静"与"张狂"、"孔子称之乐"与"自说乐"来区分颜子之乐与曾点之乐。《成之不已》解释道:"如果说孔子'与点',所与的是'和乐'的人伦理想;那么,孔颜在日用伦常中随处体验的,则是个人'和乐'的内在心境或道德境界。前者是'和'在人伦社会的体现,后者是'和'在有德者自身的体现。两者都是孔子成德之学的实践理想,也都是'成于乐'的题中之义。"④前者是在艺术体验中所感受到的人伦社会和乐场景,后者是学者修为境界所至的觉受。《成之不已》从"成德之学"(包括习乐实践)的立场来理解颜、曾之别,可谓深切著明。

---

① 何益鑫:《成之不已:孔子的成德之学》,第315—316页。

② 当然,从乐教实践的角度来理解"吾与点也",历史上也有学者从此进入,如宋翔凤《论语发微》主张:"盖三子者之撰,礼节民心也。点之志由鼓瑟以至风舞咏馈,乐和民声也。乐由中出,礼自外作,故孔子独与点相契。唯乐不可以伪为,故曾皙托志于此。"宋氏只看到了曾点与孔子之所同,未能指明他们之所异,不可谓善解。

③ 黄士毅编,徐时仪、杨艳汇校:《朱子语类汇校》,第1089页。

④ 何益鑫:《成之不已:孔子的成德之学》,第320页。

（五）管仲"如其仁"解

在儒学传统中，管仲的形象不佳。孔子批评管仲"器小""不知礼"。孟子说过"仲尼之徒无道桓、文之事者"，并借曾西不屑于将自己与管仲比较的典故，进一步发挥："管仲得君，如彼其专也；行乎国政，如彼其久也；功烈，如彼其卑也。"荀子、董仲舒直言"仲尼之门，五尺童子羞称五霸"。但孔子在与子贡、子路的两次对话中，均给予管仲"如其仁，如其仁"的肯定。表面上看，孔子几处对管仲的评价语相互矛盾。作者解释道：

> 管仲本是公子纠的辅臣。公子纠与公子小白争夺王位失败。公子纠被杀而管仲不死，反而辅佐杀公子纠的桓公（即公子小白）。子路和子贡都认为，管仲这样做不是仁者之所为，管仲不是仁者。显然，他们对这一论断相当确信，以致再三向孔子求证。确实，按一般的逻辑，仁道至大、仁德至高，而管仲器量不大、名节有亏，当然不能称为仁。然而，令人吃惊的是，孔子面对两人的非议，力陈管仲文化匡定之功，而许之曰："如其仁，如其仁。"对孔子的这一评价，后人聚讼纷纷。其实，孔子乃是直指管仲护持人道之功，赞叹其加被天下之业。钱穆说："人道之大，则尚有大于君臣之分者。华夷之防，事关百世。"试想，如果没有管仲在当时之世严华夷之防，华夏文明垂垂危矣，也不会有像孔子、子路、子贡这样接受礼乐文明熏陶的人。可以说，从人格理想而言，管仲自然有其瑕疵，甚至是重大的缺憾。不过，从功业与恩惠而言，则不得不极力襃扬。孔子置身文化历史之中，以全幅的情感参与具体的道德判断。"如其仁，如其仁"，实是出于感怀不已的内在要求，是饱含人类温情的感叹。在这个例子中，孔子仁道精神的人类关怀和文化关切，得到了最为贴切的表达。①

作者认为孔子赞叹管仲，是出于其抵挡夷狄入侵中原、维护华夏文明存在的功业。如此解释貌似与历代注疏一致，如程朱也认为管仲"有仁之功"。其实，如果简单地只从功业的角度来讨论，就会进入"义利之辩"的话题。比如，伊川就力主桓公是兄、公子纠是弟，管仲先事公子纠与桓公争位本为不义，后来辅佐桓公乃是归正于义，其功业建

---

① 何益鑫：《成之不已：孔子的成德之学》，第 202—203 页。

立在正义的基础上,不容抹杀,与魏征先事太子建成后事太宗的情况根本不同。朱子按语曰:"管仲有功而无罪,故圣人独称其功;王魏先有罪而后有功,则不以相掩可也。"①程朱的解释至少会带来两个困难:一是多数史料记载均以公子纠为兄、桓公为弟;二是管仲没有"仁者之心"却有"仁之功",这让人难以理解。相较于程朱的客观评价,作者站在孔子"为学"的立场,紧扣"微管仲,吾其被发左衽矣"一句来解释孔子眼中的管仲功业。孔子之意是,若没有管仲匡扶华夏文化之功,华夏文化会消亡,自己就没有机会接触到"周文"了,正因为有了管仲的匡扶之功,自己才有可能学习"周文"。他称许管仲以"仁",将自己置身于华夏文化的学习和传承中,是带着充沛的感恩之情而做出的具体判断。而两次"如其仁"的感叹,就是孔子"感怀不已"内在积淀情感的喷发而出。这两章内容貌似是在讨论管仲的道德评价问题,实际上是被孔子转化成"成德之学"的历史文化条件问题,而珍视历史文化传统本身就是"好学""仁德"的体现。在《成之不已》的第五章,作者又将"微管仲,吾其被发左衽矣"作为孔子发出"天生德于予"感慨的实在内容所指。作者认为,孔子的成德之学是在具体的文化世界中展开的,在孔子心中,若没有周文的滋养,自己也就不可能从事成德之学,也不可能真正地实现道德成就,因而孔子并不把道德成就全归为自己努力的结果,而是归功于文化命运及上天的眷顾。② 这样的解释,使得孔子的生存经验完全打开,道德形象也更为具体丰满。

作者从"学"的视角对这两章展开解读,恢复了有限存在者的经验,一定程度上弥合了道德判断与历史判断之间的紧张。③ 在以往解释中,出于道德判断,就会否定

①　程子曰:"桓公,兄也。子纠,弟也。仲私于所事,辅之以争国,非义也。桓公杀之虽过,而纠之死实当。仲始与之同谋,遂与之同死,可也;知辅之争为不义,将自免以图后功亦可也。故圣人不责其死而称其功。若使桓弟而纠兄,管仲所辅者正,桓夺其国而杀之,则管仲之与桓,不可同世之雠也。若计其后功而与其事桓,圣人之言,无乃害义之甚,启万世反复不忠之乱乎? 如唐之王珪魏征,不死建成之难,而从太宗,可谓害于义矣。后虽有功,何足赎哉?"(朱熹:《四书章句集注》,第153—154页)

②　何益鑫:《成之不已:孔子的成德之学》,第356页。

③　牟宗三先生曾说:"对于历史,道德判断与历史判断无一可缺。道德判断足以保住是非以成褒贬,护住理性以为本体,提挈理想以立纲维;而历史判断足以真实化历史,使历史成为精神之表现与发展史,每一步历史事实皆因其精神之表现与发展上有其曲折之价值而得真实化。无道德判断,而只有历史判断,则历史判断只成为现象主义、历史主义,此不足以真实化历史。无历史判断,而只有道德判断,则道德判断只是经,而历史只成为经之正反事例,此亦不足以真实化历史。"(牟宗三:《政道与治道》,载《牟宗三先生全集》(10),台北:联经出版事业有限公司,2003年,第245—246页)

管仲的功业;出于历史道德,就不顾管仲的修为。作者的解释富有启发意义,在做历史判断时,判断者只有把自己置身于历史生命中,才能真正地进入历史,把自己的实践生命融入历史生命中,方能促使历史生命健康发展。这或可成为人类历史实践的一条通义。

我们以《成之不已》对《论语》注疏史上争议较大的五章内容的解读为例,这五章内容对应于成德之学的三个维度("为己之学——己与己的维度""与人之学——己与人的维度""与于斯文——己与文化的维度"),几乎覆盖了人类生存实践的全部领域。由此看出作者将孔子哲学定位为"成德之学"的准确。作者的解释很成功,从根本上说是来源于作者对孔子问题意识的体贴、对孔子思维方式的独到把握。这对思想家和实践家来说具有最根本的意义,能够把那些看似零散的表达统一起来。可以说,作者的解读完全基于第一人称"我"的视角,他与孔子及弟子一起疑问、一起探索、一起自得,从而呈现出孔子及弟子是如何展开"学"的、如何"成德"的,展现出孔子学问"一以贯之"的真实所在。

三、写作方式所蕴含的"学"精神

《成之不已》的表达方式也很独特。对作者来说,能够沉入《论语》的学思方式,生动地带出成德之学的深微经验然后呈现出来;对读者来说,可以跟随作者的笔触一同感受孔门的所思、所得,在其中受到熏染。作者对表述方式有强烈的自觉:"哲学不仅关乎言说的内容,更关乎言说的方式。一种哲学,必须找到一种相应于自身的表达方式,才能成为它自己。"①从根本上说,哲学是哲学活动,当动词看,哲学言说即是哲学活动的一个方面,哲学言说关乎哲学活动的质量。从语言方面说,不同的哲学风格从它的言说方式体现出来。提出一种新的哲学,就意味着言说方式的更新。《成之不已》不啻为重新显示孔子的实践哲学,自然就需要一种全新的言说方式。而作者对言说方式的探索也经历了一番苦心探索,见《成之不已》之"后记二"。

相对于博士学位论文第二版和本书的写作风格,笔者更喜欢第一版的表达。在第一版中,作者的论述几乎完全身处孔子的思想世界来开展,情感更为饱满,刻画更为细致,逻辑整合和理论话语较少,更像是对《论语》重要章节的注疏。读者面对它,更像面

---

① 何益鑫:《成之不已:孔子的成德之学》,第 397 页。

对诗集,每一首诗都可以单独拎出来品味涵玩,都能从其中领略完整的意义世界;同时,不同诗篇之间相互映照,共同反映出一个更为丰富的整体世界。它又如同海边沙滩上的贝壳,每一个贝壳都是孩童眼中的完整世界,不同贝壳点缀在海沙上,点出更大的世界。这种写作方式是作者主动的追求。他在博士学位论文的开题报告中展望自己的写作方式:"本研究由六个主要部分构成,然而这六个不是无关的六个主题,它们之间也不是单线条的逻辑展开。可以说,其中每部分都能基本上含摄其他各部分。其所以如此者,在于人生和成德过程本身是一个统一的过程,不是在分离之后的再统一,而是事实上不曾分离过。故对成德过程中任一具有本质重要性之方面的论述都是牵一发而动全身的。比如,要把'好学'讲清楚,便不得不涉及'择善''为己''复礼'等方面,乃至全部。同样,要真正理解《论语》中的道德理想,也必然要从头开始论述,这种论述若求完整而深刻,则不得不包含上述全体。说一而必及其余,在成德过程的口头表述中是如此,在成德工夫实践中更是如此(实际上正是后者决定前者)。故此六者不是一个整体的六个部分,而更像是对整体从不同角度所做的六次叙述。"①作者本来设想以"好学""择善""为己""复礼""就正""瞻仰"六章内容来呈现孔子成德之学,每一章(话题)都是进入孔子成德之学的窗口,而且每一话题都能含摄其他话题,独立展现孔子的为学世界。虽然作者后来放弃了这一写作计划,但其言说方式的核心诉求并未丢弃,而是将它融入具体写作中,集中体现在博士学位论文第一版中。第一版共有八章内容,章题为:"好学不倦""反躬为己""择善固执""兴之以《诗》""约之以礼""文之以乐""仰之钻之""天人之学"。从章节安排来看,第一版论述方式仍然是从八个窗口来呈现孔子那"浑无罅缝"的成德之学,只是作者按照"逻辑先后"的顺利重新排列,即从作为"好德"的"原初的生命倾向"和"人生质朴"开始展开"好学",经过"反躬为己"和"择善固执"这两步基本成德思维方式的贞定,进入到"诗-礼-乐"的文化学习中,抵达"就正-瞻仰"于师长、圣贤,与道德生命产生互动,最后祈向、回归到成就道德的最终力量——超越者"上天"那里。在作者的叙述中,最后一章"天生德于予"和第一章"人生质朴""原初生命倾向"形成一个回环,即是在更高层次上回到"天生人成"上,消泯了道德主体色彩。博士学位论文第二版虽然受限于严密的逻辑框架,但叙述宗旨未变,每一章节、每一论点都是通向孔子完整成德生命的窗口。作者在孔子"散碎"的言说指引与孔子完整的实践生命之间"牵线",这种解读方式,应该说是遵循了古人阅读

---

① 何益鑫:《成之不已:孔子的成德之学》,第392—393页。

经典的正道。伊川教导学生"求仁"："此在诸公自思之，将圣贤所言仁处，类聚观之，体认出来。"①作者的书写方式，即是"类聚观之，体认出来"，不仅从"有字"概念体认出来，而且是从"无字处"体认出来。②

在具体的论述中，作者将所引用的原文(《论语》及历代注疏)与自己的评述、解释融为一体，毫无扞格。貌似通过作者搭建的平台，他们之间在亲切地对话。孔子及弟子(以颜子、子贡、子路、曾子、子夏为代表)的道德生命都鲜活起来，注疏的思路都完整地暴露出来，让它们各归于其所是。作者让每种思想及其背后的实践生命都站立起来，充分地对话，对读者来说，就是与各种道德性格、思维方式打交道，这也是一个与前人一起思考、接受熏陶的过程。这种写作方式及其效果非常类似于陀思妥耶夫斯基小说的"复调"③手法(巴赫金语)。试举一例：

子路不对，不是不愿回答，确实是不知怎么回答。换句话说，限于自身造诣，及其对孔子生命的理解程度，子路还没有能力直揭孔子之德。其实，圣贤德行境界的披揭，本来就是一件大难事。蘧伯玉使人于孔子。孔子与之坐而问焉，曰："夫子何为？"对曰："夫子欲寡其过而未能也。"使者出。子曰："使乎！使乎！"(14.25)孔子向使者问蘧伯玉的近况，一般人或许会以具体的实事来回答，或者以常用的客套话来搪塞。这位使者，却能直指蘧伯玉最近修为的用心。透过这一心迹，蘧伯玉老而好学、勤勉于德的生命状态，一下子鲜明了起来。孔子遂叹"使乎！使乎！"以美使者善言其德。蘧伯玉之贤，还有着意用功的地方，通过把这种用心提拎出来，就可以窥见其用力之方，由是而识其所造之境。夫子之贤，过于蘧伯玉远甚，已经没有特意据守、着意用功之处。其所成就，已经浑然天成，不着一边。达巷党人遂曰："大哉孔子，博学而无所成名。"(9.2)达巷党人叹孔子之大，是极尽

---

① 程颢、程颐：《二程集》，第182页。

② 朱子曰："道理在那无字处自然见得。"参见黄士毅编，徐时仪、杨艳汇校《朱子语类汇校》，第284页。

③ 巴赫金对"复调"概念的界定比较复杂，除了我们在正文中的引述之外，最重要的便是"主人公"思想的多变，这正好与《成之不已》所揭示出的孔门学者的思想状况相反，后者基本在同一方向上，摇摆在一定范围内。因而，我们并不认为《成之不已》的写作手法与"复调小说"完全相同，只认为它们有相近之处。参见巴赫金《陀思妥耶夫斯基诗学诸问题》，刘虎译，北京：中央编译出版社，2010年。

称美之言，也是不得已而为之。孔子的成就，实在已经无法正面指呈，任何具体德目的称颂，都将失于片面。或许，唯有通过语言的某种引导，通过形式的指示，我们才可以顺着这种指示，进窥其道德的完整成就。也只有这样，孔子的道德成就，才能保持为一个“浑无罅缝”的整体。①

叶公向子路询问孔子其人如何，子路没有回答。不少注家认为，叶公所问有讥讽孔子之意，故而子路不对。作者认为，子路不对的原因在于“德之难言”。孔子曾感慨“知德者鲜矣”，朱注曰：“非己有之，不能知其意味之实也。”②作者认为，“德”之“知”根本上是实践之知，对评判者的德行修为有一定的要求。孔子学问造诣之高，本身很难形容，加上子路一直亲随孔子身边，受到浸润至深，大概很少想到要用简要的语言来描述老师的学问造诣，因而一时语塞。作者分别站在子路、孔子、使者、蘧伯玉、达巷党人的角度，体贴出他们各自的用心或者他们的困惑及其德行所止之境。作者通过这五个人的“对话”，呈现出孔子的道德形象，同时也让其他几人的道德修为获得理解。因此，作者的叙述方式不是一种声音的“独白”，而是两种或者多种声音在“对话”中各自呈现自己的思路，同时他们也在“对话”中彼此启发、助益。这种理解与写作方法，使得《论语》中的人物都“活灵活现”起来，他们虽然在《论语》的大背景、大幕布中，或者仅仅只是偶尔“出镜”，但他们的生命立起来了，乃至他们的道德生命在与其他人物的交流中获得成长。

就成德之学来说，道德生命通过学思实践，在一段生命历程之后获得成长，是其内在要义。“对话”是学者道德生命调适、生长的契机。我们再以《成之不已》对子贡的解读为例。当太宰心疑孔子是圣人、才艺多端，向子贡询问时，子贡认为自己老师的圣人修为和才艺都是上天赋予的，显然这与孔子的自我评价相去甚远。后来孔子提醒子贡自己的学问不是“多学而识之者”而是“一以贯之”。作者解释道：“这一告诫，是希望子贡能够透过孔子博学的表象，看到孔子之所以为孔子的实质，经此提点之后，子贡显然有所领悟。后来，关于孔子之所学，子贡有如是的阐发。”③遂引用子贡与卫公孙朝的一段对话为证。

---

① 何益鑫：《成之不已：孔子的成德之学》，第 83 页。
② 朱熹：《四书章句集注》，第 162 页。
③ 何益鑫：《成之不已：孔子的成德之学》，第 58 页。

　　作者以"对话"的方式恢复了道德实践"活动"的原貌,使得读者也能参与进来,与自己已有的道德理解产生碰撞,一定程度上能够改变读者自己的思维方式,在其中受到感染、熏陶。这种写作方式,"代入感"极强,为的是引导读者与作者、"主人公"一同体验孔门在"成德之学"中的困惑、探索与最终解决的过程,与先贤君子一同"做工夫"。希望读者通过阅读此书,获得一次"灵魂的转化"。伊川曾说:"今人不会读书。如读《论语》,未读时是此等人,读了后又只是此等人,便是不曾读。"在他看来,只有改变了自己,学者才算真正读过《论语》。伊川正面点出他心目中的读书方法:"学者须将《论语》中诸弟子问处便作自己问,圣人答处便作今日耳闻,自然有得。虽孔孟复生,不过以此教人。若能于《语》《孟》中深求玩味,将来涵养成甚生气质!"①要真正进入《论语》,学者需要将自己放置于孔门的"对话"并参与其中。这就意味着,首先要复原《论语》中的对话;其次是自己参与到对话中,触动自己固有的思维方式。从根本上来讲,二者是同步进行的,只有读者参与到对话中,才能"复原"书中的对话。这是非常艰难的工作,《成之不已》的作者做到了。读者可以跟随《成之不已》的标记,进入《论语》的对话世界。

　　正如伊川指出的,学者通过阅读《论语》来涵养气质,与圣贤"对话",实际上是一种瞻仰人格典范的学问方式。成德之学的本性是,学问最终要沉淀为一个人的言行风格、生命状态,如孔子的言行气貌神态均是"夫子之道"的体现。成德之学,一定在人际间展开,一定要跟"现实"人格学习。《荀子》指出:"学莫便乎近其人。《礼》《乐》法而不说,《诗》《书》故而不切,《春秋》约而不速。方其人之学君子之说,则专以遍矣,周于世矣。故曰学莫便乎近其人,学之经莫速乎好其人,隆礼次之。"(《劝学》)相对于"六艺"经典的学习,跟随师友学习("近其人")是更为方便、鲜活、切己和迅速的途径。子贡问为仁,孔子曰:"工欲善其事,必先利其器。居是邦也,事其大夫之贤者,友其士之仁者。"(《论语·卫灵公》)孔子教导子贡,成就仁德的方式在于与仁者为友、与贤大夫一起做事。孔子的教导,固然针对子贡好与人较高下的毛病,但也是成德的通义。孔门最为善学的颜子便是"瞻仰"学问方式的典范,自述曰:"仰之弥高,钻之弥坚;瞻之在前,忽焉在后。"(《论语·子罕》)他对孔子的效法、"模仿",已到了无以复加的地步。《论语·述而》篇、《论语·乡党》篇中对孔子日常生活,待人接物的方式、风格给予了详尽的描绘。比如,"子温而厉,威而不猛,恭而安",宋儒就认为:"门人熟察而详记之,亦

---

① 　朱熹:《四书章句集注》,第44页。

可见其用心之密矣。抑非知足以知圣人而善言德行者不能也，故程子以为曾子之言。"①孔门弟子的细密观察和记录，体现了他们在为学活动中善于以老师为榜样，这也反映出他们学问的笃实细密。孔子对学生影响之大，以至于孔子逝后，学生一时无法接受，遂推选有子为孔子"代言人"。据《史记·仲尼弟子列传》记载："孔子既没，弟子思慕，有若状似孔子，弟子相与共立为师，师之如夫子时也。"②这也是孔子"瞻仰之学"的体现。而子贡更加难以承受孔子逝世后"无所依归"的状态，独自庐墓守丧六年。作者"对话"式的写作方式，"将《论语》中诸弟子问处便作自己问，圣人答处便作今日耳闻"，本身就是"瞻仰之学"的体现。

需要指出的是，这种"复调"式的叙述，还体现在标点符号的使用上。按照一般的叙述方式，引文内容需要用双引号标出来，与论述者的语言明显区隔开来。这种做法在形式上也造成经典与解读文字间的"隔阂"。作者打破了这一惯例。如"蘧伯玉使人于孔子"章原文内容与作者论述语之间没有任何标点或字号上的区隔，完全融为一体。这种处理方式在书中比较多见，其好处是"不隔"。

作者在语言表达上，文句平顺通畅，娓娓道来，不使力，不险涩，在不觉中消掉粗戾之气，生起一股仁厚之风。这主要归功于作者语言的"音乐性"，行文以短句为主，间以长句，乃至用对仗句来表达某种"对立统一"的意义，或者用分号隔开，意思层层递进。据笔者了解，作者这种做法深受钱穆先生的影响。钱先生非常注重经典辞气的玩味，在《论语新解》注解语中常常提示读者注意玩味孔子的言语辞气，也依据辞气展开义理判断。据钱先生的说法，《论语新解》最初用白话注释，后来考虑到"《论语》难在义蕴，不在文字。欲以通俗之白话，阐释宏深之义理，费辞虽多，而情味不洽"，于是改用文言注释，以使得读者"凝其神智，浚其深慧"。语言表达直接关联思想的展开，作者深谙此理。

笔者曾对比作者两个版本博士学位论文和本书的行文特征：第一版的文字饱含深情，处处体现出作者的感动以及与孔子的共鸣；而第二版文字要冷静得多，与"主人公"保持一定的距离，更加符合现代学术的"客观性"。朱子曾说："《论语》要冷看"，"论语逐文逐意各是一义，故用子细静观"，"论语却费思索"。③ 作者的语言风格也体现了这

---

① 　朱熹：《四书章句集注》，第102页。
② 　司马迁：《史记》卷六十七，2006年，第416页。
③ 　黄士毅编，徐时仪、杨艳汇校：《朱子语类汇校》，第460页。

一点。不过,《成之不已》文字间仍然充满"温情与敬意",尽可能地体贴《论语》人物所感、所思、所言、所行之意蕴,而不是"零度写作"①。用朱子的话说,作者的文字"从孔子肚里穿过,孔子肝肺尽知了"②。

四、《成之不已》的典范意义

傅雷先生教导傅聪先生说:"做人第一,其次才是做艺术家,再其次才是做音乐家,最后才是做钢琴家。"③这句话对专业技术领域的工作者具有普遍的借鉴意义。我们想套用这句话:作者在《成之不已》中,首先是在做哲学,其次是在做中国哲学,再其次是在做先秦儒家哲学,最后才是做《论语》研究。反过来说,作者通过研究《论语》来研究先秦儒家哲学,进而研究中国哲学,最后进入哲学活动本身。《成之不已》的意义远不止在《论语》学研究领域,也不止在儒学研究领域,而在更大的范围内——中国哲学乃至哲学活动本身——具有典范意义。分开来说,《成之不已》的典范意义有四重。

首先是工夫实践及工夫研究的意义。在过去的儒学工夫问题研究中,主要是对工夫论话语进行讨论,考察古代儒者主要说了什么,对相关概念、命题进行界定和重构。而《成之不已》考察的不仅是工夫论话语,还是孔子及弟子是怎样做的、怎样学的,考察的是他们如何将这些工夫论话语融入自己的生命实践中从而达到"自得"。这就改变了人们一般对工夫的理解。作者认为,道德不是人生实践的特殊领域,而是人面对自己、他者、文化、绝对者的能力,成德工夫面向人生实践的一切领域敞开。借用宋代儒者刘彝的说法,成德之学有"体"有"用"有"文",能够成就自己、安顿他人、修明六艺之道。成德工夫的关键在于形成自己的"义理体段",在一切生存活动中展开"学-思"活动,不断调适、充养已有的"义理体段"。作者认为这是颜子"闻一知十""不违如愚"的真实原因。成德工夫总是基于已有"义理体段",在差异化的生存经验中拾取义理,融入、打并形成新的"义理体段",处在不断差异化——同一化的循环进程中。成德工夫必然要落在"内时间意识"中来呈现,在个体生命成长道路上呈现,这要求研究者进入

---

① "零度写作"由法国文艺理论家罗兰·巴尔特提出,指的是不介入情感、价值判断,"中性""不动心"的语言风格,尤以加缪《局外人》为代表。见罗兰·巴尔特《写作的零度》,李幼蒸译,北京:中国人民大学出版社,2008 年,第 48 页。

② 黄士毅编,徐时仪、杨艳汇校:《朱子语类汇校》,第 460 页。

③ 傅雷:《代序:傅聪的成长》,载《傅雷家书》,太原:北岳文艺出版社,2017 年,第 7 页。

研究对象的生命内部,与其一起体贴问题、探索进路、反躬自得。《成之不已》采取的是这样的研究进路,其文字也自然能够感动读者。

其次是对经典解释的意义。人文经典的魅力在于被反复阅读和解释,后学阅读经典无法绕过历史上那些经典的注释文本。而注释文本之所以能够成为经典,在于它提供了一种"一以贯之"的解释思路。《成之不已》的出彩之处是,明确了先秦思想与宋明理学的分际,为以朱子《论语集注》为代表对宋明理学确立思想边界。如果说作者本着自己体贴出来的生存经验来解读《论语》是其成功的根本立足处,那么作者自觉地区分先秦思想与宋明理学思想是其成功的思想保证。需要说明的是,作者做出思想边界的区分,并不是简单地肯定或否定一种思想体系,而是看出其间的关联和差异,让它们各归于其是。比如,作者从"学"的生存经验来解读《论语》中孔子自述、曾皙言志,而《论语集注》则是用"圣人天生禀赋性理大全""无一毫私欲之杂,天理流行"来指认孔、曾所造之境。作者并未否定宋明儒的理解,而是认为他们的理解出于思想建构,不符合先秦思想的"原义"。"原义"的标准在于能够"融贯地解释"经典,这是一条内在标准,通过解释的有效性来判断。如果我们进一步放大视野,就会发现:"区分思想边界"在理解思想活动中具有普遍意义。因为,只有确立了思想的边界,我们才能真正理解一个思想。如果思想是无限的,我们就无法规范性地把握它。这正如,我们要理解一个圆,只有站在圆圈边界外,才能知道这个圆圈有多大、其内部各要素之间是一个有机的整体。如果不确立或无法确立思想边界,不少哲学语言(大全、无限之语,读起来感觉很高妙)就会变成宗教性语言或者宣传性话语,大家反复说,但没有真正地理解。《成之不已》中审慎的"思想边界意识",对经典解释活动来说具有普遍的参考价值。

再次是哲学活动的意义。海德格尔区分出闲谈哲学(philosophieram)与哲学活动(philosophieren),"只有当我们此在之处境成为对存有之整体之问题的真正急需时,我们才能算是在哲学活动"①。从根本上讲,哲学是"为己-自得之学",哲学活动者不断觉悟"自由""德性",凝铸打开"世界"的道德能力。真正的哲学著作,总能引导读者进入那个根本问题的思考,体验问题的复杂性,在其中挣扎痛苦、切己自得。作者曾区分了哲学活动的三个层面:学术层面、思想层面和洞见层面。三者之间有着先后本末关系,思想是学术之本,洞见是思想之本;因而有了洞见的引导,才能刺穿思想体系的障碍,使得知识层面的学术讨论有了依归;哲学洞见来源于对道德经验的体察和道德生

---

① 海德格尔:《谢林:论人类自由的本质》,王丁、李阳译,北京:商务印书馆,2018 年,第 20 页。

命修炼。作者本人就是如此进行哲学活动的,《成之不已》也处处体现了这一点。

最后是哲学写作的意义。如作者所说,不同型态的哲学要求不同的表达方式,《成之不已》塑造了新型的哲学写作风格,那就是充满"对话"和"学"的精神。哲学写作最重要的目的不是提供哲学知识,而是产生"哲学对话",让不同的思维方式之间实现碰撞,最后回归到基本的生存经验或义理上,以实现"自己"思维方式的更新。这就要求哲学写作对生存经验、诸多话语的分析兼具准确性和弹性,兼顾知识、思想和人的特殊存在,在"有差异的同一"生存世界中展开学思活动。

《成之不已》取得极大成功,在诸多方面均会产生重要意义。但这并不意味着它没有瑕疵。《成之不已》开头,作者就对"现代道德哲学"(指的是以康德的义务论和功利主义为典型代表的"规范伦理学")进行反思,提出四点批评。其中虽颇多洞见,但或许受限于论述视角,作者未能完全照顾或同情理解现代道德哲学尤其是康德道德哲学的思路。笔者在此只想站在康德道德哲学的立场,审视和回应作者的批评。第一个批评,康德道德哲学的"'道德'概念非常狭窄,肢解了实践领域"①。这是一个误解,实际上,在康德那里,道德的根基"纯粹实践理性"不仅为道德实践提供根据和动力,还为人类实践活动的其他领域,如法权政治领域、宗教信仰领域提供依据。换句话说,道德实践是人类实践活动的中心,道德实践要贯穿到人类所有的自由活动中,包括伦理政治、审美实践、宗教实践乃至科学活动中。道德也不仅针对人与人之间的某些特定的关系行为及其规则,也针对自己与自己的关系(对自己的完全义务、不完全义务),对自己的德性修养提出要求。又,根据康德道德哲学中"在尘世促进至善属于人的义务"这一观念,人们完全能够在不同语境中推出具体的道德义务来。因而,康德的义务体系是保持开放的。第二个批评,康德哲学"关注人的行为选择及其规则,而不关心具体行为者的道德能力","人的'自由意志'是主体的先验能力,这种能力对具体的人来说并不具有直接的现实性"。② 诚然康德在"道德三书"(《道德形而上学奠基》《实践理性批判》《道德形而上学》)中没有专门论述培养具体行为者的道德能力问题,但他为之留下空间,现实道德能力培养属于"道德人类学"的范畴。再者,"自由意志"能够自我制定、遵行道德法则,本身是"理性的事实"(das Faktum der Vernunft),不是经验意义上的事实,具有"客观实在性"(die objektive Realität),能够直接规定行动者的"意志"(Willkür)、

---

① 何益鑫:《成之不已:孔子的成德之学》,第 2 页。
② 同上书,第 3—4 页。

促发行动。这是康德反复论证的一点。第三个批评,"出于普遍主义的要求,现代道德哲学只有人际间的'底线要求'","道德生活的实质,就是无条件地遵守和服从这些道德规则或道德规范"。①　实际上,康德所说的道德法则——"要这样行动,使得你的意志的准则任何时候都能同时被看作一个普遍的立法原则"——不仅是人际间的"底线",也是自我要求的"高线";道德生活的实质,尽管要遵守和服从道德规范,但那些规范本身出于自由意志、纯粹实践理性的自我立法,因而道德生活的实质是"自由"。第四个批评,"出于普遍性的要求,现代西方道德哲学排斥特殊的文化传统","事实上,自律、义务、责任这些现代西方道德哲学的核心概念,也无不在基督教传统中有其滥觞。因此,现代西方道德哲学想要通过拒斥具体文化而达到普遍性,只能是一厢情愿的事情"。②　作者所说的"现代西方道德哲学"指的是"规范伦理学",包括康德的道义论和功利主义伦理学。实际上,两者差距甚大,康德的道德哲学从纯粹形式出发拒斥一切质料性因素,无论它是利益意义上的质料还是历史文化传统意义上的质料,而功利主义不拒斥质料(包括历史文化传统意义上的质料)。康德道德哲学诚然受基督教传统的影响,但康德关于道德问题的诸多思考是对基督教思想的批判和"革命",不能简单地强调康德道德哲学与基督教传统的渊源。需要特别指出的是,康德道德哲学(实践哲学)基于纯粹形式法则即普遍性法则,对各文化传统的宗教、伦理、政治进行反思,消泯各传统之间相互冲突之处,尽可能取得一致理解,最后走向"永久和平"。这是康德哲学的追求及其伟大、深刻之处。当然,道德法则并不完全拒斥特殊文化传统中对道德义务的理解,只要它们符合普遍性要求就能得以保留,道德法则拒斥的是各文化传统中那些非理性、自相矛盾的因素。

简单地说,《成之不已》作者与康德的最大分歧在于,作者从情感质料、文化质料、生存的特殊性出发来培养道德,而康德考虑的是人类道德实践得以可能的根据、展开的条件以及界限问题。实际上,在笔者看来,这两种思路并不需要拒斥对方。孔颜的实践之(哲)学基于差异化的生存经验,通过不断地进行"学-思"活动,将之转换、融释为个体道德生命的"义理体段",由此实现"仁者安仁""成己成物",这是实践哲学的一条进路;康德以实践理性(自由意志)为根基,通过细密的义理辨析,划分了人类实践活动的条件、规则与界限,成为现代社会原则的真正确立者,这是实践哲学的另外一条进

---

① 何益鑫:《成之不已:孔子的成德之学》,第4页。
② 同上书,第5页。

路。对我们的实践生活来说,这两条进路是互补的,只有将它们融释贯通,我们的意义世界才是完整的。需要郑重说明的是,作者对康德道德哲学的"误解",并不影响《成之不已》的价值。书中值得商榷之处,基本上属于边缘性观点,而作者成功揭示了孔颜成德之学,引导我们进入《论语》"学"的世界,这是本书永恒的价值所在。

　　就笔者的理解,《成之不已》是作者学思生命的源发地,作者借此确立了自己的思想学术道路,开启了之后一系列研究,如"孔孟之间成德之学的演进——出土与传世文献的综合研究""《周易》卦爻辞历史叙事研究"。这些研究都奠基在《成之不已》之上,以孔子为思想坐标。这些后续的研究反过来印证了《成之不已》诸多洞见之深沉稳固。作者说:"对于先秦儒学的理解来说,《论语》的把握是如此之根本。它曾经是先秦儒者共同的思想基础,也应该成为我们理解先秦儒家思想文本的基本背景。同时,顺着我对《论语》和孔子的理解,可以自然地条贯七十子后学的其他文本。这也让我更加确信,我对孔子和《论语》的理解,可能是真的进入了它的思想世界,把握住了它的内在脉络。这是我对博士学位论文敝帚自珍的一个原因。"①作者未来的哲学研究,基本上会围绕着《成之不已》确立下来的思想道路展开,会与《论语》中的思想坐标遥相呼应,共同搭建起先秦思想世界的整体图景。这是我们竭诚盼祷的!

---

① 　何益鑫:《成之不已:孔子的成德之学》,第 401 页。

编者的话

　　《东方哲学》之创刊,有日出东方、光被四表之志,亦有立足本土、海纳百川之意。刊物旨在发扬中国传统哲学与文化思想,兼容中西、求同存异,以求思想之撞击与充廓。本刊前身为《哲学与宗教》(创刊于 2007 年,共出七辑,第八辑改名为《东方哲学》),目前已出到第十七辑,即将推出第十八辑。敝刊常年征稿,有关经子之论释、中国哲学史各个时期的思想文献、问题与人物,相关哲学与经学文献校勘,中外哲学与思想比较之研究,以及原创思想和观点争鸣,乃至围绕话题组稿形成有分量的主题专栏等等,均受欢迎。一经录用,本刊即奉薄酬,并赠当期刊物,以求友声。

投稿邮箱: dongfangzhexue@ yeah. net

来稿须知:

1. 标题请用三号字,宋体。

2. 作者姓名用小四号字,宋体。

3. 关键词、摘要用五号字,宋体。

4. 正文用五号字,宋体。

5. 整段引文需另起一行,五号字,楷体,出注。

6. 注释一律用页下脚注小五号,宋体,请选择每页重新自动编号。格式如下:

　　苏舆:《春秋繁露义证》,北京:中华书局,1992 年,第 19 页。

　　李泽厚:《论语今读》,北京:生活·读书·新知三联书店,2005 年,第 139 页。

　　杨国荣:《心物、知行之辨:以"事"为视域》,《哲学研究》2018 年第 5 期。

若一部论著全篇大量出现,可省略如:

　　按：本文所引《四书》原文，皆引自朱熹《四书章句集注》，北京：中华书局，2012年第二版。以下仅列书篇名，略去出版信息，以免繁芜。

　　7. 请在文章首页作者姓名右上角标注＊，注释简单作者信息：姓名，性别，出生年月，籍贯，单位，职称，基金项目号等信息。

　　8. 来稿应符合学术规范，严禁抄袭、一稿多投等行为。

　　9. 凡在本刊已刊发之稿件，本刊即获得其版权，及其电子版推广之权利。

　　10. 来稿字数一般需控制在两万字以内，本刊采用与否，将会在六个月左右通知作者，也欢迎作者来信咨询。

东方哲学编辑部